Hoorns van de Godin

door
Dolores Cannon

(Nederlandse vertaling door Michael Wouters)

© 2022 door Dolores Cannon
Eerste Amerikaanse druk - 2022
Eerste Nederlandse vertaling - 2023

Alle rechten voorbehouden. Geen enkel deel van dit boek, in deel of in zijn geheel, mag worden gereproduceerd, verzonden of gebruikt, in geen enkele vorm of middel, zij het elektronisch, fotografisch of mechanisch, inclusief fotokopie, opname, of in de vorm van informatieopslag- of opvraagmiddel zonder schriftelijke toestemming van Ozark Mountain Publishing Inc. Met uitzondering van korte citaten in literaire artikelen en recensies.

Voor toestemming, digitalisering, samenvattingen, aanpassingen of voor onze catalogus of andere publicaties: schrijf naar Ozark Mountain Publishing Inc., P.O. Box 754, Huntsville, AR 72740, t.a.v. Permissions Department.
Library of Congress Cataloging-in-Publication Data
Hoorns van de Godin [Horns of the Goddess] Cannon, Dolores, 1931-2014
   De vorige levens van drie vrijwilligers die teruggingen naar de tijd van de Druïden.
1. Hypnose 2. Vorige levens 3. Moeder Aarde 4. Metafysisch
I. Cannon Dolores, 1931-2014 II. Metafysisch III Vorige Levens IV. Titel

ISBN: 9781956945737

Nederlandse vertaling door Michael Wouters
Omslagdesign en Opmaak: Victoria Cooper Art
Boekopmaak: Times New Roman
Boek ontwerp: Summer Garr

Uitgegeven door:

PO Box 754, Huntsville, AR 72740
800-935-0045 or 479-738-2348; fax 479-738-2448

WWW.OZARKMT.COM
Gedrukt in de Verenigde Staten van Amerika

Bericht van Nancy

Mijn moeder, Dolores Cannon, ontving voor het eerst deze informatie in 1983. In die tijd was ze nog steeds haar vakmanschap aan het verbeteren en er waren verscheidene mensen die haar wilden assisteren door sessies met haar te houden. Naargelang de reis vorderde, ontdekte ze diverse verhalen die informatie bevatten welke onbekend voor ons was: manieren om te leven, geloofssystemen, hoe mensen werden behandeld vanwege hun geloof en de geheimhouding daarvan om te kunnen overleven. Niet alleen voor henzelf, maar voor dergelijke geloofssystemen en de bijbehorende manier van leven. Het tijdperk dat zij ontdekte was een tijd waarin men niet werd toegestaan om te geloven in wat men wilde, maar in wat men werd verteld waarin men moest geloven. Dolores hield dit materiaal vele, vele jaren achter om de eenvoudige reden dat ze dacht, dat zij zelf zou worden gekruisigd voor het openbaar maken ervan en voor het vertellen van de geheimen van wat zich werkelijk afspeelde in dat tijdperk. Ja, vandaag de dag mag je zeggen wat je wilt en geloven wat je wilt, maar zijn we diep van binnen niet nog steeds hetzelfde, als die mensen van vele jaren geleden die het woord wilden verspreiden, maar die bang waren dat erover te spreken zou leiden tot een eind aan niet alleen hun eigen leven, maar ook aan de kennis die zo kostbaar was? Ik geloof dat de [gewone] mensen, niet de heersers of degenen die belangrijk waren, veel dichter bij de natuur en bij God stonden dan we vandaag de dag staan. Dit is iets dat naar voren moet worden gebracht. Onze Aarde, de natuur en God zijn en zouden moeten worden beschouwd als het belangrijkste in onze manier van leven. We zouden nooit meer moeten toestaan, dat anderen ons bang maken om te geloven in wat juist is. Want waar zouden we zijn zonder deze Aarde?

Nancy Vernon
3 Januari, 2022

Er is alles aan gedaan om de identiteit en privacy te beschermen van de cliënten die betrokken waren bij deze sessies. De locatie waar de sessies werden gehouden is accuraat, maar alleen de voornamen zijn gebruikt en deze zijn vervangen door fictieve voornamen.

Wanneer je dit werk leest, zal het je misschien opvallen dat Dolores woorden heeft gebruikt, die we niet dagelijks tegenkomen. Dit is zo, omdat wanneer ze spreekt met een client die zich in een vorig-leven bevindt, die persoon dan communiceert als een persoon uit dat tijdperk. Vaak werden er woorden gesproken die Dolores alleen fonetisch kon uitdrukken. Soms werd dit veroorzaakt doordat de persoon in dat leven een zeer sterk accent had.

Noot van de vertaler: ik heb geprobeerd om zo dicht mogelijk te blijven bij de oorspronkelijke bewoordingen van zowel Dolores Cannon als de hypnosesubjecten, daarbij zo min mogelijk eigen interpretatie toe te passen. Hierbij heb ik af en toe het oorspronkelijke (oud) Engelse woord toegevoegd tussen [haakjes] om de lezer de mogelijkheid te bieden om het oorspronkelijke woord zelf nog te kunnen opzoeken. Tevens heb ik het gebruik van liggende streepjes gehandhaafd, zoals dat in het originele werk werd toegepast. Deze geven pauzes weer, of 'veranderingen van gedachten' die plaats vonden tijden deze unieke interviews. Dit leidt hier en daar misschien tot wat vreemde zinstructuur of gebruik van grammatica, waarvoor mijn excuses.

Speciale dank gaat uit naar Käthie Schene voor het proeflezen.

Inhoudsopgave

Introductie: De Tijdreiziger   i

Sectie 1: Leven als een Druïde [Oorspronkelijk Druidess, vrouwelijke Druïde]
Hoofdstuk 1: De Druïde (Karen)   3
Hoofdstuk 2: De Druïde, Deel 1 (Bernadine)   44
Hoofdstuk 3: De Druïde, Deel 2 (Bernadine)   57

Sectie 2: Brenda's verhaal as Astelle
Introductie: Astelle   75
Een Opmerking van Dolores   76
Hoofdstuk 4: Een Volger van de "Oude Manieren"   77
Hoofdstuk 5: De Test   97
Hoofdstuk 6: Pentagrammen en Meer   119
Hoofdstuk 7: Praat met de Dieren   149
Hoofdstuk 8: De Kleine Mensen   174
Hoofdstuk 9: Tekenen en Symbolen   194
Hoofdstuk 10: Legenden en Verhalen   222
Hoofdstuk 11: De Inquisitie komt terug   240

Sectie 3: Meer Levens met Karen
Hoofdstuk 12: De Minstreel, Deel 1   259
Hoofdstuk 13: De Minstreel, Deel 2   270
Hoofdstuk 14: De Minstreel, Deel 3   283
Hoofdstuk 15: De Dokter, Deel 1   309
Hoofdstuk 16: De Dokter, Deel 2   319
Hoofdstuk 17: De Dokter, Deel 3   341
Hoofdstuk 18: Het Meisje dat Elfjes zag   358
Hoofdstuk 19: De Griekse Priesteres   368
Afscheidsboodschap   378
Over de Auteur   379

Introductie
De Tijdreiziger

Ja, ik beschouw mijzelf als een tijdreiziger, omdat ik een zeer effectieve manier heb gevonden om door de tijd te reizen met behulp van de regressieve hypnose-methode. Om preciezer te zijn, noem ik mijzelf een verslaggever, een vorser en een onderzoeker en verzamelaar van verloren kennis. Dit heb ik bereikt door middel van een hypnosetechniek die ik heb geperfectioneerd gedurende de dertig jaar dat ik heb gewerkt op dit fascinerende gebied. Mijn wortels in hypnose gaan terug naar jaren '60 toen oudere, meer tijdrovende inductiemethoden werden gebruikt. Hypnose werd voornamelijk gebruikt om mensen te helpen met het stoppen van gewoontes zoals te veel eten, roken enz. Het idee om het toe te passen, om mensen te helpen door middel van vorig-leven regressietherapie was ongehoord. Zelfs in de jaren '70 werd er nog op neergekeken door serieuze therapeuten. Ik ben gedurende al die tijd deelgenoot geweest en heb het zien ontwikkelen tot waar het nu is, als een geaccepteerde en waardevolle vorm van therapie. Zo gaat het nou eenmaal: methoden die ooit als radicaal werden gezien, worden nu breed toegepast, omdat hun waarde inmiddels is bewezen. In de jaren '60 waren er nog geen boeken om een therapeut te helpen dit fenomeen te begrijpen. Het enige boek in die tijd was 'De Zoektocht naar Bridey Murphy' [The Search for Bridey Murphy], een verhaal over een therapeut die toevallig tegen het idee van reïncarnatie aanliep. Het boek veroorzaakte in de tijd dat het werd uitgegeven, een hoop contraversie. Een dergelijk boek zou vandaag de dag niet eens meer worden uitgegeven, omdat het zou worden beschouwd als te gewoon en alledaags. Ikzelf en vele andere therapeuten in dit veld komen dergelijke eenvoudige gevallen constant tegen in ons werk en het idee van het herbeleven van vorige levens, wordt niet langer gezien als uitzonderlijk. Dit boek was destijds een baanbrekend concept. Een boek voor het juiste tijdvak in onze geschiedenis.

Ik liep ook tegen het idee van vorige-levens en reïncarnatie aan in 1968, toen ik werkte met een vrouw die probeerde af te vallen. Met behulp van haar dokter, probeerden mijn echtgenoot en ik haar te helpen bij haar nerveuze eetbuien die nierproblemen veroorzaakten. Gedurende het traject van haar behandeling, gleed ze plotseling in een vorig-leven in Chicago in de jaren 1920, het Charleston tijdperk [the flapper era]. Aangezien er geen boeken werden uitgegeven in die tijd om een hypnotherapeut te begeleiden in zulke gevallen, moesten wij onze eigen regels uitvinden. Met niets anders dan onze nieuwsgierigheid om ons te leiden, namen we de vrouw mee door vijf levens. Dit verhaal van mijn begintijd werd verteld in mijn eerste boek: "Vijf Levens Herinnerd [Five Lives Remembered]" **. Dit boek is nooit eerder uitgegeven, omdat ik het nu als te simpel beschouw. Het is het verhaal van mijn eerste ervaringen, maar sinds die tijd heeft mijn pad mij op onvoorstelbare en ongelofelijke avonturen meegenomen. Misschien wordt het op een dag uitgegeven, omdat mensen mij tijdens mijn lezingen altijd vragen hoe ik ben gestart, hoe ik aan deze fantastische reis ben begonnen. De reis die mij door ruimte en tijd en dimensies heeft gevoerd en diverse keren rond de wereld, sinds dat bescheiden begin. Het is een pad waarvan ik nooit kon hebben gedroomd in de jaren '60, toen ik druk bezig was om een marinevrouw en een moeder van vier kinderen te zijn. Het illustreert dat ieders leven een 180 graden draai kan maken, als je maar gelooft in het onbekende plan van het universum.

** Update: Hett boek, Vijf Levens Herinnerd, is nu vanwege een overweldigende vraag onder Dolores' lezers uitgebracht [en vertaald in het Nederlands]. Ze geloofde dat het alledaags zou lijken, maar iedereen wilde weten: "Hoe is het allemaal begonnen?"

Ik moest wachten totdat mijn kinderen waren opgegroeid en aan hun eigen levens waren begonnen, voordat ik in 1979 mijn volledige tijd kon besteden aan hypnotherapie en onderzoek. Ik had nooit kunnen dromen dat de mensen die naar mij toekwamen met problemen, alle informatie zouden verschaffen die resulteerde in negentien boeken. Soms is het misschien maar beter als we niet weten wat de toekomst voor ons in petto heeft, anders zouden we nooit aan de reis beginnen. Gedurende mijn levenspad kreeg ik vaak de kans om te stoppen, om te keren of een andere weg te volgen. Elk van deze keren zou mijn leven volledig zijn veranderd en zou ik in een totaal andere richting zijn gegaan. Ik noemde deze jaren mijn 'tijden van test". Het lot probeerde uit te vissen hoe toegewijd ik was aan het pad dat ik was ingeslagen. Het pad dat leidde naar een onbekende toekomst, gehuld in mysterie. Maar zodra je een verplichting aangaat, is er geen weg meer terug. Eén van mijn lezers stuurde mij het volgende citaat, dat ik als zeer toepasselijk beschouwde. Het hangt boven mijn bureau en het herinnert mij dagelijks aan de taak, waar ik mijzelf als vrijwilliger voor heb opgegeven. De taak om onbekende en verloren kennis aan de wereld te presenteren.

Totdat iemand zich verplicht, bestaat er twijfel.
Het moment dat men zich definitief verplicht, zal voorzienigheid gaan bewegen.
Allerlei dingen vinden plaats om iemand te helpen, die anders nooit zouden hebben plaatsgevonden.
Een hele stroom van gebeurtenissen komt voort uit de beslissing, in het voordeel van deze persoon; allerlei onvoorziene incidenten, ontmoetingen en materiële bijstand waar niemand van had kunnen dromen, zal hun kant opkomen.
Wat je ook denkt of droomt dat je kunt doen, begin het;
Want stoutmoedigheid heeft genialiteit en kracht en magie in zich.

-Johann Wolfgang von Goethe

Ik weet dat er onvoorziene krachten zijn geweest, die al deze jaren mijn pad teder hebben begeleid. Ze zijn er geweest om mij te helpen en ik heb wonderbaarlijk bewijs gehad van hun zorg. Ze hebben mij nooit meer gegeven, dan ik op dat moment aankon en ik weet dat mijn weg een stuk hobbeliger zou zijn geweest zonder hen. Fantastische mensen zijn in mijn leven gebracht en mijn boeken zijn nu overal ter wereld vertaald. Niets dat heeft plaatsgevonden kan worden beschouwd als ongeluk of toeval.

Sinds 1979 is mijn werk in vorig-leven-regressie therapie gegroeid en uitgebreid. Door de jaren heen heb ik mijn eigen techniek ontwikkeld en geperfectioneerd. Ik ontdekte dat veel van de normale hypnosetechnieken tijdrovend en onnodig waren, dus begon ik de procedures waarvan ik dacht dat zij niet nodig waren, te ontmantelen en was zodoende in staat het inductieproces te verkorten. Daarna heb ik geleidelijk een techniek ontwikkeld, die het subject in een somnambulistische staat van trance [gelijk aan die van slaapwandelen] brengt. Dit is de staat waarin ik graag werk, omdat ik daar toegang tot alle kennis heb gevonden. Veel hypnotiseurs zijn bang om in zo'n diepe staat te werken, omdat ze menen dat daar vreemde dingen kunnen gebeuren. Degenen die mijn boeken over mijn avonturen hebben gelezen, weten dat vreemde dingen daar kunnen en zullen gebeuren. De somnambulistische staat van trance is het diepst mogelijke niveau. Als je dieper gaat dan dat, zal de persoon in slaap vallen en dan is het moeilijk voor hen om te antwoorden. Het somnambulistische niveau wordt door iedereen tenminste twee keer per dag bereikt. Het is de staat waar je doorheen gaat, wanneer je gaat slapen en wanneer je wakker wordt. Mijn taak is, om het subject naar dat niveau te brengen en hen daar te houden gedurende de sessie. Er wordt gezegd dat één op de twintig tot dertig mensen spontaan dit niveau van hypnose bereikt. Maar in de techniek die ik heb ontwikkeld, is het omgekeerde het geval: één op de twintig tot dertig zal daar niet terecht komen. Gedurende de meeste vorig-leven sessies wordt een persoon in de lichtere niveaus van trance gebracht. In deze staat zullen zij zich herinneren, wat ze zagen en bij ontwaken zullen zij denken dat ze alles hebben verzonnen, of dat ze een verhaaltje hebben bedacht om de hypnotiseur een plezier te doen. Dit is het geval, omdat de bewuste geest nog steeds actief is en zal functioneren als een censor en kibitzer [criticus]. Wanneer de somnambulistische staat wordt bereikt, zal de persoon zich niks kunnen herinneren. De tussenkomst van de bewuste geest is volledig geblokkeerd en kan de persoon niet beïnvloeden met gedachten als: "Dit is belachelijk. Je verzint dit. Je hebt dit in een film gezien, of in een boek gelezen." In het geval van vorig-leven regressie waarbij de bewuste geest niet actief is, wordt de persoon volledig de persoonlijkheid uit het verleden. Dit huidige leven bestaat dan niet meer. Ze zijn dan alleen bekend met dat andere leven. Ik heb dat vele malen bewezen in mijn andere boeken. Als je iets vermeld uit het huidige leven, dat niet bestaat in het vorige leven, dan zullen ze niet weten waar je het over hebt. Het subject wordt zo volledig de andere persoonlijkheid, dat als zij kunnen schrijven [ik heb bijvoorbeeld het handschrift door grafologen laten vergelijken met hun huidige handschrift], het handschrift volledig veranderd. Ze beweerden, dat de voorbeelden niet konden zijn geschreven door dezelfde persoon. Ik heb meegemaakt dat zij plotseling in andere talen begonnen te spreken, zelfs onbekende of 'dode' talen. Wanneer de persoon ontwaakte uit de regressie, hadden zij geen herinnering aan wat zich had afgespeeld. Vaak zeiden ze: "Oh, sorry! Ik ben vast in slaap gevallen!" Ze hebben er geen idee van, dat de tijd is verstreken en het feit dat ik twee uur lang op tape heb opgenomen.

De meerderheid van mijn cliënten gaat naar dit diepe niveau en we zijn dan in staat om de oorzaak te vinden van problemen in dit leven, omdat het vaak kan worden getraceerd naar andere levens. Deze gevallen van therapie zouden veel boeken kunnen vullen, en ik gebruik er veel voorbeelden van wanneer ik lesgeef in mijn hypnoseklas. Maar zelfs als zij dit diepe niveau bereikten en de andere persoonlijkheid werden, bleek dat de meerderheid van de levens simpel en alledaags waren. Dit is parallel aan de levens van mensen vandaag de dag. Er zijn veel meer alledaagse mensen, dan degenen die hun naam in de krant zien verschijnen. Ze kunnen je alleen vertellen, wat ze weten uit hun eigen levenservaring. De boer op het land weet niet wat de koning bespreekt in zijn kasteel. Ze kunnen alleen rapporteren waar ze zelf mee bekend zijn. Dit geeft hun verhalen meer validiteit, omdat ze niet beweren één of andere beroemdheid te zijn geweest. De scepticus zal zeggen dat een persoon altijd beweert een beroemd persoon te zijn geweest, zoals Cleopatra of Napoleon. Ik heb dit nooit kunnen bevestigen. Uit de duizenden en duizenden gevallen van over meer dan dertig jaar, heb ik nooit iemand gevonden die 'de' belangrijke persoon was. Maar ik heb wel personen gevonden die 'de' belangrijke persoon kenden of ermee geassocieerd werden, of die in dezelfde historische periode leefden. Dat is waar ik mijn boeken over heb geschreven.

Ik heb in meer dan dertig jaar tijd een enorme hoeveelheid aan informatie verzameld. Dit heeft geresulteerd in mijn negentien boeken welke vrijwel alle onderdelen van het paranormale behandelen, van profetie tot geschiedenis tot Ufo's en metafysica. Er ligt nog steeds een enorme hoeveelheid informatie te wachten, om op het juiste moment in boekvorm te worden gegoten. Terwijl ik over de hele wereld reis om sessies te houden, vind ik stukjes informatie die uiteindelijk de stukken van een puzzel vormen. Ik vind een stukje in één land en jaren later ergens anders het volgende stukje. Ik probeer ze te rangschikken op onderwerp. Ik heb nu zo veel en ik blijf verzamelen, zodat er geen gevaar bestaat dat ik komende jaren zonder materiaal zal komen te zitten.

Dat is waar de informatie die ik in dit boek heb gebruikt, vandaan komt. Ik heb veel mensen ontmoet, die vorige levens hadden in antieke samenlevingen of gnostische groepen, die enorm veel kennis en vaardigheden bezaten. Dit moest geheim worden gehouden voor hun eigen veiligheid. Er zijn altijd groeperingen geweest in de loop van de geschiedenis, die naar mystieke kennis verlangden voor hun eigen gebruik. Deze mensen mochten die kennis niet in handen krijgen, omdat ze dit vaak negatief en in hun eigen voordeel zouden willen gebruiken. In mijn boek "Jezus en de Essenen [Jesus and the Essenes]" werd getoond hoezeer de Essenen zichzelf lieten martelen en vermoorden, voordat ze hun geheimen prijs zouden geven aan de Romeinen. Dit is het geval geweest in de loop van de geschiedenis. Veel van deze groepen hadden krachten en vaardigheden, die wij vandaag de dag niet eens zouden kunnen begrijpen of aan zouden kunnen tippen. Maar het komt terug in onze tijd, omdat het nodig zal zijn in de nieuwe dimensie waar wij onszelf naar ontwikkelen. Ik heb vele cliënten die de verloren kennis, die zij in vorige levens bezaten, opnieuw willen vergaren. Doktoren willen zich de psychische helingsmethoden herinneren, therapeuten willen zich het gebruik van energie om te helen herinneren en herbaristen of soortgelijke werkers willen hun kennis van planten, kruiden en oliën terugbrengen. Artiesten zowel als musici willen hun artistieke vaardigheden en technieken hervinden. Ik heb ontdekt dat dit gemakkelijk te doen is. Alle informatie is opgeslagen in de onbewuste geest. Als een persoon een leven heeft gehad, waarin zij deze antieke kunsten of vaardigheden hebben beoefend, dan is die kennis nooit vergeten. Het is opgeslagen als in een gigantische computer en deze kan worden opgehaald wanneer dat van toepassing is. Dat is altijd de sleutel: 'als het van toepassing is'. Het onbewuste oordeelt erover, of het aan te raden is voor de persoon, om zich deze vaardigheden te herinneren. In mijn techniek communiceer ik direct met de onbewuste geest en die maakt de beslissing of een vaardigheid mag terugkeren naar het huidige tijdperk. In het merendeel van de gevallen zal het dit toestaan, omdat het de motivatie van de persoon beter kent, dan wie dan ook. Vandaar dat ik kan zien, dat onze wereld hier baat bij heeft en ik denk dat het zal helpen om de wereld te verbeteren en te veranderen. Dit is wat ik een "vloedgolf" of een "onderstroom" noem, waarvan de gemiddelde persoon zich niet eens bewust is. Vele van mijn cliënten openen genezingscentra over de gehele wereld. Deze centra zullen antieke genezingsmethoden toepassen, gebaseerd op reeds lang geleden vernietigde samenlevingen en zelfs genezingsmachines uit het oude Atlantis. Deze worden gereconstrueerd, evenals vrije-energie machines die werden gebruikt in Atlantis en op andere planeten. Ik heb overal ter wereld mensen ontmoet, die werken aan deze dingen die afkomstig zijn uit andere levens en die onze huidige wereld zeer ten goede zullen komen. Mijn inbreng in dit alles is, om als mediator te functioneren, welke de persoon toegang geeft tot zijn verloren talenten en deze terug laat keren naar onze tijd. De kennis en vaardigheden van antieke tijden waren ongelofelijk en we zijn nog niet eens echt begonnen om deze talenten te ontwikkelen. Maar we bevinden ons op het pad om dit te hervinden en het zal in onze tijd gaan plaatsvinden. We zullen dit in onze toekomst gaan meemaken. Hier ben ik van overtuigd.

In dit boek, zal ik enkele gevallen van verloren informatie en kennis presenteren, die ik door de jaren heen heb gevonden. De "kleine mensen", feeën, elven en kabouters zijn echt. Zij maakten deel uit van het dagelijks leven. Er wordt gezegd, dat zij nog steeds bestaan, maar dat we te zeer bezig zijn met onze hectische levensstijl, om ons bewust van hen te zijn. Mensen uit het verleden leefden een meer agrarische levensstijl en stonden dichter bij de natuur, zodoende waren deze verschijnselen zeer werkelijk. Vandaag de dag in onze moderne, technologische samenleving lachen we om deze verschijnselen, totdat de 'gremlins' in onze computers terecht komen, spelletjes gaan spelen en ravage aanrichten.

De oude religies stonden ook zeer dicht bij de natuur en wisten hoe ze konden samenwerken met de krachten van de Aarde, welke heel werkelijk voor hen waren. Magie was en is echt. Het is slechts het gebruik en de manipulatie van energie. Het resultaat van deze manipulatie kan óf positief óf negatief zijn. Het probleem zit hem niet in de energie, maar in de manipulator. Zij kunnen de energie in elke gewenste richting sturen, zodra ze eenmaal weten hoe ze deze methoden kunnen gebruiken. Men moet er altijd bij stil staan, dat het gebruik van energieën terugkoppeling en karma creëert. De wijze manipulator of beoefenaar wist dat de manier waarop de energie werd uitgestuurd, zo tienvoudig naar henzelf terugkeerde. Derhalve waren ze zeer voorzichtig om de energie niet voor negativiteit te gebruiken, omdat de gevolgen voor henzelf desastreus zouden kunnen zijn. Zij respecteerden het gebruik van deze kracht.

Het plaatje dat werd geschetst van deze antieke gnostici en beoefenaars, dat men vandaag de dag nog heeft, is er één van negativiteit, maar de wijzen kenden de prijs van het bezit van deze krachten en zouden deze niet op een negatieve manier gebruiken. Maar zo vaak door de tijd heen, werden deze mensen niet begrepen en wanneer anderen erachter kwamen dat ze deze vaardigheden bezaten, werden ze vervolgd of vermoord. Geen wonder dat de zielen vandaag de dag zo aarzelend zijn om deze krachten en kennis nieuw leven in te blazen, voor gebruik in onze tijd. Zij herinneren zich onbewust, hoezeer zij de prijs hebben betaald voor hun vaardigheden. In bepaalde tijdvakken was de kerk er zeer bedreven in, om eenieder die iets beoefende dat zij als 'tegen de kerk' beschouwden, uit te vagen. Zoveel van dit werk moest in het geheim worden uitgevoerd uit angst voor hun leven. Zoals ik in mijn lezingen heb gezegd: "Ze hebben ons opgehangen, op de brandstapel gezet, vermoord en gemarteld, maar we zijn terug!" Ze dachten dat ze de kennis hadden vernietigd, toen ze onze lichamen vernietigden, maar het is nooit verloren. Het is opgeslagen binnen de onbewuste geest, waar het wacht om opnieuw te worden opgewekt.

-Dolores Cannon

** Dit is één van de boeken waar Dolores aan werkte toen ze overleed. Ze voelde dat de tijd nu rijp was om deze verhalen te vertellen. **

Sectie 1
Leven als een Druïde

Hoofdstuk 1
De Druïde (Karen)

Ik had het geluk in mijn begindagen, dat ik kon werken met enkele uitstekende somnambulistische subjecten. Dit vond plaats gedurende de tijd dat ik nog steeds aan het verkennen en ontdekken was, wat ik mogelijk kon bereiken met deze vorm van diep-trance hypnose. Veel van het materiaal wat ik in deze vroege dagen heb ontdekt, is al in boekvorm verschenen. Er wacht nog veel meer op de juiste categorie. Gedurende 1982 en 1983 werkte ik op regelmatige basis met Karen. Ik ontdekte de werkelijke betekenis van tijdreizen tijdens mijn sessies met haar. We hebben uiteindelijk dertig verschillende levens onderzocht en de gedetailleerde informatie die uit haar stroomde, was fenomenaal. Ze was zo in staat om de andere persoonlijkheid aan te nemen, dat ze zowel historische als culturele en theologische informatie kon verschaffen. Met mijn 'verslaggeversnieuwsgierigheid' stelde ik haar elke vraag die ik maar kon bedenken, over welk tijdperk we haar dan ook maar in aantroffen. Karen was een jong meisje van tweeëntwintig jaar, dat was gestopt met school toen ze zeventien was zonder eindexamen te halen, omdat ze vrijheid wilde. Ze kwam er al snel achter, dat vrijheid niet zo eenvoudig kwam. Het is moeilijk om een baan te vinden zonder opleiding. Dus ging ze bij het leger en werd een computerexpert in de vroege dagen, voordat computervaardigheden gewoongoed werden. Nadat ze ontslag nam uit het leger, vestigde ze zich in onze streek in noordwest Arkansas en kreeg een baan bij een bedrijf, dat net was begonnen met het gebruik van computers. Haar gebrek aan opleiding bleek echter een aanwinst te zijn voor ons werk, omdat ze niet genoeg was beïnvloed om verhalen te verzinnen over verafgelegen geografische plaatsen. Sceptici zeggen altijd, dat een subject onder hypnose altijd gebeurtenissen zal beschrijven in een locatie en een tijdperk waarmee ze bekend zijn, of enige kennis van hebben vanuit boeken, films, TV etc. Ik heb ontdekt dat dit niet waar is, omdat veel van mijn subjecten gedetailleerde levens beschrijven in tijdperken en locaties waar maar weinig over bekend is. Dat is waarom ik mijzelf beschouw als de verslaggever, de onderzoeker van "verloren" kennis. Ik vergaar informatie over de onbekende culturen en samenlevingen. In het geval van dit boek, samenlevingen die gnostische kennis en vergeten vaardigheden bezaten.

Mijn werk met Karen vond vaak plaats in het huis van mijn vriend en collega hypnotiseur, Harriet. Ze werkte al meer dan twintig jaar met mij en was een vertrouweling in mijn verkenningen van het onbekende. Zij nam deel aan de sessies en stelde soms vragen. Haar energie voegde altijd een extra dimensie toe aan het avontuur door de tijd.

Deze sessies waren een onderdeel van de serie met Karen. Op dat moment geloofde ik nog steeds, dat tijd lineair was en werkte ik vanuit dat perspectief. Ik probeerde georganiseerd en ordelijk te zijn in mijn aanpak. Het zou tenminste vijftien jaar later zijn, voordat ik de ontdekkingen deed die resulteerden in de "Spiraliserende Universum" [Convoluted Universe] serie. Tegen die tijd ontdekte ik, dat tijd helemaal niet bestaat. Het is slechts een illusie en alles bestaat tegelijkertijd. Maar in de vroege jaren '80 was dit concept nog niet aan mij gepresenteerd. Ik dacht dat teruggaan in de lineaire tijd opwindend was en ik dacht, dat ik alle antwoorden had. Ik dacht indertijd dat ik het hele concept van reïncarnatie had uitgevogeld. Ik wist niet, dat het slechts mijn babystapjes in het onbekende waren en dat menig choquerend en verbijsterend concept aan mij zou worden voorgelegd, terwijl ik groeide in mijn onderzoek. Op elk moment had ik kunnen stoppen en weigeren om verder te onderzoeken, omdat mijn basisovertuigingen werden bedreigd. Maar ik bezat de nieuwsgierigheid om verder te onderzoeken en nu zijn er in mijn werk geen grenzen aan wat ik kan ontdekken, zolang de menselijke geest het maar kan accepteren. Maar in de vroege jaren '80 toen ik werkte met Karen, dacht ik dat ik heel gedurfd bezig was door haar terug in de tijd te nemen met sprongen van 100 jaar. Deze verkenningstocht resulteerde in mijn boeken: "Een Ziel herinnert zich Hiroshima [A Soul Remembers Hiroshima]" en "Jezus en de Essenen [Jesus and the Essenes]", maar de vele andere levens die we ontdekten waren tot nu toe nog niet in een boek verschenen. Ze lagen te wachten op hun juiste plekje.

Toen ik deze sprongen door de tijd maakte, wist ik nooit waar ze terecht zou komen. Ik maakte notities, zodat ik alle andere entiteiten kende die we ontdekten, terwijl we terugkeerden in de tijd. Het werd zo overduidelijk dat ik alleen maar het jaartal hoefde te noemen en dezelfde persoonlijkheid kwam naar voren. Deze waren altijd hetzelfde en veranderden nooit. Ze kwamen mij heel bekend voor. Al gauw begon ik de verschillende persoonlijkheden te herkennen aan hun spraakpatronen en maniertjes. In sommige gevallen veranderden zelfs haar gezichtsuitdrukkingen. Ze begonnen op oude vrienden te lijken als ze tevoorschijn kwamen. Maar we gingen nog steeds terug in de tijd en ik wist niet welke nieuwe persoonlijkheid we als volgende zouden ontmoeten. Dit was onze eerste ontmoeting met de Druïde [letterlijk 'Druidess' in vrouwelijke vorm]. Ik weet niet eens zeker of de data correct zijn, omdat ik sindsdien heb geleerd dat de ziel de tijd en begrenzing van de jaren niet kent, zoals wij dat doen. We hadden een conversatie afgerond met een entiteit, in wat we dachten dat de jaren 800 was. Dus liet ik haar honderd jaar terugspringen naar de jaren 700. Nadat ik klaar was met haar daarheen te 'tellen' [in de methode van Dolores telt ze terug 3, 2, 1 en je bent nu 'dan of daar'], vroeg ik haar wat ze aan het doen was.

K: We gaan naar het eiland. 't Is in de 'Zee der Nevelen [Sea of Mists]'
D: *(Dit was verwarrend.) In de Zee der Nevelen? Oh, daar ben ik niet bekend mee.*
K: Het is het eiland van de Dame.
D: *Waar ben je? Heeft deze plaats een naam?*
K: Brittannië [Britain]. (Ze fronste en was niet zeker van het antwoord.) Dit is hoe het wordt genoemd. We noemen het 'het land'. Dit is de naam die iemand het heeft gegeven. (Haar stem was erg zacht. Brittannië werd uitgesproken als Brita'n.)
D: *Dus dan noem je het niet echt Brittannië?*
K: Het is gewoon ons land.
D: *Hoe ga je naar het eiland toe?*
K: We lopen over het pad. Het is een bruggetje. Het is de tijd van de maan en het pad is vrijgemaakt. Op andere tijden rijst en daalt het water en is het bedekt.
D: *Oh, ik begrijp het. Dus op andere tijden gedurende de maand is het overdekt met water? (Jawel [Aye]). En dan gedurende de tijd van de maan, is het boven water en kun je oversteken? Wat is je naam? Hoe noemen mensen je?*
K: Het is Ariana (fonetisch).

D: Ben je een man of een vrouw?
K: Ik ben een vrouw.
D: Is dit waar je woont?
K: Niemand woont op het eiland, alleen de Dame. Het is de kapel.
D: Waar is jouw huis?

Ze aarzelde en had er moeite mee om het uit te leggen. Toen zei ze abrupt: "We mogen het niet vertellen."

D: Waarom? Is het gevaarlijk om dat te doen?
K: Velen willen het vinden zodat ze ons kunnen gebruiken voor macht.
D: Dan moet je zeker geheimhouden wat je doet, is dat wat je bedoelt? (Jawel)

Dit is vaker voorgekomen wanneer ik mensen aansprak die lid waren van geheime groeperingen (in het bijzonder de Essenen in mijn boek 'Jezus en de Essenen). Ze wantrouwen vreemdelingen en ik wist dat ik haar vertrouwen moest proberen te winnen. Karen kende mij en voelde zich comfortabel bij mij, maar ik sprak nu niet met haar in de twintigste eeuw, maar met haar voorgaande persoonlijkheid waarbij dit individu een andere standaard van moraal had. Het is moeilijk om een individu tegen zijn moralen in te laten gaan, of het nu in een huidig of vorig leven is. Dit laat zien, hoe zeer een persoon zich identificeert met de vorig-leven-persoonlijkheid. Het wordt dominant.

D: Maar je weet dat je mij altijd alles kunt vertellen, omdat ik het nooit doorvertel aan anderen. Ik ben niet iemand die je kwaad wil doen. Ik probeer je te helpen.
K: We wonen in de heuvels met de Ouderen. [Old Ones]
D: Dan woon je niet in een stad of dorp. (Ze fronste.) Weet je wat een stad is?
K: Ik ken fort. We wonen niet in fort.
D: Een stad is waar een heleboel mensen allemaal samenwonen op één plek.
K: Dat klink als fort voor mij.
D: Dat kan. Een fort, zoals ik het begrijp, is een plaats met een muur er omheen? (Jawel) Waar mensen leven en beschermd zijn binnen de muur? (Jawel) Ja, dat is heel erg vergelijkbaar met wat een stad zou zijn.

K: Daar gaan wij niet heen.
D: Is het gevaarlijk?
K: Het, 't wordt niet gedaan.
D: Wie woont er in het fort?
K: Degenen van over het water.
D: Dus je woont in de heuvels? Je hebt geen eigen stad? (Nee) Wonen jullie in huizen in de heuvels?
K: We vinden beschutting in grotten of soms in hutten.
D: En je hebt geen plek waar je altijd verblijft?
K: Nee. We moeten altijd in beweging blijven.
D: Waarom?
K: Ze proberen ons te vertellen dat wat wij doen, fout is. En misschien zullen ze ons doden.
D: Waarom zouden ze denken dat je verkeerde dingen doet?
K: Omdat we niet zoals hen zijn.
D: Op welke manier zijn jullie niet zoals zij? Zien jullie er anders uit? Gedragen jullie je anders, of wat?
K: Ze zijn donkerder dan ons, maar ze zeggen dat het verkeerd is om de geesten te aanbidden en de 'fee' [fey] en de ...

Ik begreep dat woord niet en vroeg haar om het te herhalen. Het woordenboek spelt het als "fee" [fay] en het betekent: fee.

** na uitvoeriger onderzoek ontdekten we dat "the fey" de wereld was van de kleine mensen, kabouters, feeën, geesten, gnomen, enz.

D: De feeënwereld? En ze denken dat dat slecht is?
K: Ze zeggen dat wij afkomstig zijn van wat zij hun "demonen" noemen, of zoiets.
D: Oh, is dat waar? Aanbidden jullie demonen en zulke dingen?
K: (Empathisch) Nee!
D: Denk je dat ze gewoon niet begrijpen, wat jullie echt doen?
K: Ze wensen het niet te weten. Ze weten dat we krachten hebben en ze willen ons corrumperen of ons vernietigen.
D: Dus daarom moeten jullie schuilen? (Jawel) Het klinkt alsof dit jullie geloof is, jullie religie? Ken je het woord "religie"?
K: Het heeft geen betekenis voor mij.
D: Het is een geloof. Wat je zou aanbidden en waar je in zou geloven.
K: Aanbidden, ja.

D: *Heb je een naam voor je geloof? Ik bedoel, noem je het iets?*
K: De anderen, sommigen noemen ons Druïden, maar dat is niet hoe wij onszelf noemen. We zijn gewoon de dames van de Godin.
D: *Dat is wat ik bedoelde. Een religie is waar je in gelooft. Weet je, datgene wat je als jouw God beschouwt, of je ... nou ja, het kan verschillende betekenissen hebben, begrijp je wat ik bedoel?*

Ik verwarde haar alleen maar meer in mijn poging om het woord uit te leggen, dus ik gaf het maar op.

D: *Maar jij bent één van de Druïden? Is dat hoe je jezelf noemt? (Ze sprak Druïden een beetje anders uit, dan dat ik het deed.) En je aanbidt—Ik neem aan dat dit het juiste woord is—je aanbidt de Vrouwe van het eiland? [Lady of the island]. (Ja) Heeft de Vrouwe een naam zoals je haar benoemt?*
K: Ze heeft een naam, maar die wordt nooit uitgesproken, want die is niet toegestaan op de lippen van een sterveling. Het is heel erg heilig.
D: *Je mag haar naam niet uitspreken.*
K: Het uitspreken van de naam is een macht die niet aan stervelingen is toegestaan.
D: *Spreek je deze zelfs niet tijdens je ceremoniën uit? (Nee) Deze mensen, die proberen om jullie deze dingen aan te doen, hebben zij een naam?*
K: Ze komen van Gaul. Ik heb hen nog nooit ontmoet.
D: *Ze komen van over het water?*
K: Ja. Ze komen binnen en vernietigen de dingen van onze vrienden, en ze roepen naar ons. En wanneer we hen neerslaan, proberen ze ons te doden.
D: *Maar jullie zijn geen gewelddadig volk, of wel?*
K: Dat zijn we niet. Ik heb gehoord over degenen die de mensen offeren, die ze gevangennemen. Maar dat doen wij niet. De Ouderen, zij houden daar niet van.
D: *Nou, je zei dat je overstak naar een eiland over een brug en dat het een landbrug is.*
K: Ja. Het water rijst en bedekt het, met het komen en gaan van de maan.
D: *Je bedoelt zoals met de getijden?*

K: Ik weet dat niet... Het water, het komt omhoog en dan lijkt het alsof het er niet is. Maar er zijn ook tijden dat het voor iedereen zichtbaar is.
D: Het water zakt op bepaalde tijden en dan kun je de brug zien om over te steken? (Ja) Nou, als je dan oversteekt, moet je dan wachten totdat je weer terug kunt komen?
K: De ceremonie vindt deze nacht plaats, voordat het water weer stijgt.
D: Oh dan moet je het snel uitvoeren, in één dag? (Ja) En dan de brug weer oversteken, voordat het water weer stijgt? (Ja) Je zei dat er een vrouw was die daar leefde?
K: De Vrouwe. Niet een vrouw. De Vrouwe.
D: Ik probeer het te begrijpen. Je moet even geduld met mij hebben. De Vrouwe leeft op het eiland in de Zee der Nevelen? Is dat correct?
K: Ja. Dat is haar plaats van kracht. En wij zijn haar kinderen.
D: Oh ze is niet een echt persoon. Is dat wat je bedoelt?
K: (Zucht) Ze is zo echt als jij of ik, maar ze is veel meer. Ze is grootser.
D: En dan op deze ene nacht... is het één keer per maand?
K: Het is één keer per maand.
D: Eén keer per maand ga je daarheen en hou je een ceremonie. Is dat ter ere van haar?
K: Ter ere van haar? Ja. Om haar te laten zien... om haar te laten weten dat we haar herinneren en ontzag voor haar hebben en ...
D: Ja, ik denk dat ik begrijp wat je bedoelt. Het is gewoon moeilijk voor mij om het in woorden uit te drukken, die jij kunt begrijpen. Je zei dat je haar gekozen volk bent? Is dat juist? (Ja) Wat moet je voor haar doen? Verlangt ze bepaalde dingen van jullie?
K: We houden de wacht en we luisteren naar dingen die zij misschien zou moeten weten en we helpen de mensen die het nodig hebben. De Vrouwe, ze is een genezer en als iemand ons nodig heeft, dan zouden we gaan en dit doen.
D: Dan is ze echt een mens van vlees-en-bloed. Ik dacht dat ze misschien een geest zou zijn.
K: (Zucht) Ze is niet zoals ik, ze is veel groter. Ze gaat de priesteres binnen en stuurt haar aan. Ze is niet een persoon zoals jij denkt. Ze is een kind van de schepping.
D: Een kind van de schepping. Maar ze is niet een persoon zoals jij of ik, die voedsel en drinken nodig heeft en een plek om te leven.

(Nee) Toont ze jou hoe je moet genezen? (Ja) Als je erop uit zou gaan om iemand te genezen, hoe zou je dat dan doen?
K: Als we worden geroepen, moeten we gaan en terwijl we daar zijn, zouden we een vuur maken. En door het vuur in onszelf te nemen, zouden we de kracht in ons nemen en dan zouden we... (Ze had er moeite mee om het woord te vinden.) deze energie te sturen [channel] in de persoon die ziek is. En hen te ondersteunen terwijl de kruiden en de dingen die we samen moesten stellen, hun werk zouden doen.
D: Je gebruikt ook kruiden.
K: Ja. Het vuur is bedoeld om naar te staren, te visualiseren, zodat we het in onszelf zouden kunnen nemen. Ditzelfde vuur, alleen grootser en dan zouden we een deel van haar worden. En het zou haar kracht en haar energie zijn, die dan door ons wordt gestuurd.
D: Dan wordt het vuur alleen door jullie gebruikt om naar te kijken, om op te concentreren. (Ja) En wanneer je je handen op iemand legt die ziek is, dan kun je kracht naar die persoon sturen om hen te helen. En je geeft hen ook kruiden. Ik probeer het alleen te begrijpen. Het is een beetje moeilijk voor mij.
K: Het is... Ik ben er niet goed in om dingen uit te leggen.
D: Ik denk dat je het heel erg goed doet. Gebruik je ook bepaalde stenen bij de genezing?
K: We gebruiken de paarse steen die wordt gevonden in de heuvels. Soms, als je ernaar staart, heeft het een deel van het vuur en dit is een goede zaak. Soms als er verschillende dingen zijn, die fout zijn, misschien moeten we dan de roze steen gebruiken, die daar ook is. Het heeft de vorm van ... (ze maakte handgebaren.)
D: Vreemd gevormd, bedoel je?
K: Ja, en het heeft ook een deel van het vuur. Bij het gevoel dat wij hierbij krijgen, weten we waar we die moeten vinden. En ieder van ons heeft zijn eigen persoonlijke stenen, omdat er verschillende andere zijn, die worden gebruikt. Maar we vinden één ding om op te focussen en dat hoeft niet noodzakelijk hetzelfde te zijn voor iedere persoon. We vinden iets dat we zouden gebruiken om onze energie uit te putten, als er misschien geen vuur gemaakt zou kunnen worden.
D: Heb je het over een echt vuur, of heb je het over energie? Zou dat een woord zijn dat je kunt begrijpen?

K: Het vuur wordt gemaakt met kracht, maar er is een echt vuur. Het is gemaakt van diverse dingen. Het wordt in de kom gehouden en het wordt aangestoken door de energie. Maar het is een brandpunt.

D: Omdat je erover sprak dat er vuur in de stenen zou zijn.

K: Nee, nee. De steen is een verlengstuk van het vuur. Het is iets, dat vergroot wat we door onszelf kunnen heen kunnen brengen.

Harriet (H) wenkte naar mij.

D: Er is hier iemand, die graag met jou zou willen spreken en je wat vragen zou willen stellen. Vind je het goed, als zij jou ook wat vragen stelt?

K: Als ik ze kan beantwoorden, zal ik het proberen.

H: Kun je mij vertellen of de stenen worden gebruikt samen met het vuur? Worden ze over het vuur geplaatst om je te helpen concentreren?

K: Normaal gesproken worden ze gerijgd en dan hangen ze rond onze nek en over het lichtpunt. Ze hangen aan een lang koord en ze worden gehangen vanaf waar jouw essentie van licht komt. En zij nemen dat licht en versterken het. En zo worden ze gebruikt.

Refereerde ze aan de solar plexus chakra als het lichtpunt?

H: En die steen verandert van persoon tot persoon. Is dit omdat verschillende mensen een verschillend energieniveau hebben?

K: En sommigen lijken beter te werken met de ene steen dan de andere, ja.

H: Hoe vindt een individu hun juiste steen? Ga je op je gevoel af?

K: Sommige stenen, als je ze in je handen neemt, stoten af en dan weet je dat het niet goed is. En bij andere voel je de warmte en bijna alsof ze liefde uitstralen en dat is het vuur. En dan weet je dat dit de juiste steen is.

H: En hou je deze steen dan constant bij je, of berg je het op?

K: Het blijft bij je, ja. Want hoe langer het bij je is, hoe meer het zichzelf op jou afstemt en omgekeerd.

H: Worden verschillende stenen gebruikt voor verschillende soorten ziektes? Met ander woorden, als iemand een paarse steen heeft, is die alleen goed voor bepaalde vormen van genezing?

K: Het hangt ervan af, hoeveel kracht deze persoon door de paarse steen kan richten. Als ze een heel hoog niveau hebben om de kracht vast te houden, dan kunnen ze er heel veel dingen mee genezen. Maar er zijn er ook die misschien een lager energieniveau hebben dan zij kunnen richten en zij zouden waarschijnlijk alleen in staat zijn, om maar bepaalde dingen te genezen.

H: Is er een manier om hun kracht te verbeteren, om het sterker te maken?

K: Door jezelf open te stellen voor wat er om je heen is. Door elke dag oefeningen te doen om te focussen, waarbij je focust op een bepaald deel van jezelf. Het lichtcentrum dat wij allemaal in ons hebben. Wanneer je leert om dit aan te raken en deze aanraking vast te houden, dan zul je in staat zijn om al jouw kracht los te laten.

H: Wanneer je 'aanraking' zegt, bedoel je dan werkelijk aanraken met je handen of aanraken met je geest?

K: Nee, het is je geest naar binnen keren en op dat punt focussen, totdat je het ziet en het herkent voor wat het is. En dan zou je ernaar uitreiken en het vasthouden en zachtjes strelen en dit is het samenvoegen van jezelf met de energie die alles omvat.

H: En dit zal je helpen je vaardigheid te vergoten, om het te delen met een ander persoon? (Ja)

D: Helpt dit om het sterker te maken?

K: Ja, maar het oorspronkelijke aanspreken [van de energie] moet van binnenuit komen. Ze kunnen je niet leren, om het aan te spreken.

D: Zijn er bepaalde preventieve voorbereidingen die je moet toepassen, zodat als je deze energie probeert te gebruiken, je niet jezelf verwond?

K: Breng je zelf in een hele kalme staat en omring jezelf met goede wil en bescherming, wetend dat je erdoor omringd bent.

H: Hebben vormen een betekenis? Bijvoorbeeld, driehoeken, pentagrammen?

K: De driehoek heeft punten die de energie binnen halen en dus is het centrale punt, het midden van de driehoek, het focuspunt. Het pentagram werkt op dezelfde manier. Er is veel aandacht besteed aan de vorm van, wat bekend staat als... (Ze had moeite om het woord te vinden.) ah, pyramide. In het echte centrum daarvan is een grote energiefocus. Ik heb gehoord, dat zij die soortgelijke kennis hebben, dat zij dit gebruiken. Er wordt gezegd dat de mensen die vóór ons kwamen, deze vormen gebruikten in hun voordeel. Maar er schuilt ook gevaar in dat ze de kracht zo kunnen versterken, zozeer dat er ook veel schade mee kan worden veroorzaakt.

D: *Je bedoelt hoe groter de pyramide, hoe groter de vorm, des te meer kracht dit genereert?*

K: Ja, het verschil is de steen, of waar het van gemaakt is.

D: *Als je een grotere hebt, is dat gevaarlijker omdat je te veel energie kunt genereren? (Ja) Maakt het iets uit van welk materiaal de vormen zijn gemaakt?*

K: Het helpt als ze ergens van zijn gemaakt dat puur is. Kristal is goed, want dat is in principe puur. Er zijn verschillende stenen die ook goed zijn.

D: *Ik bedoel, of ze van hout of van steen zijn gemaakt.*

K: Een steen is misschien beter dan hout.

D: *Bedoel je als een steen van de grond of een juweel?*

K: Ja. Weet je, als je een juweel gebruikt, dan zijn de focuslinks niet zo goed afgestemd, op waar je ze voor wilt gebruiken. Zoals je een kristal niet op dezelfde manier zou gebruiken, als een aquamarijn.

D: *Maar je kunt een steen of een kristal gebruiken en het zou werken? (Ja) En hoe zit het met hout, als het gebeeldhouwd is?*

K: Het is niet zo goed.

D: *Je zei dat er oefeningen waren, die je elke dag doet?*

K: Ja. Zoals die ik heb beschreven. Er zijn er ook waarin je ronddraait in cirkels op deze manier (Ze maakte handgebaren.) totdat je niet langer kunt gaan.

D: *Je bedoelt, dat je je lichaam ronddraait? (Ja) Word je dan niet duizelig?*

K: Elke dag voer je het op, totdat je het langer en langer kunt doen zodat je in staat bent om de duizeligheid onder controle te krijgen. En al snel voel je dan de energie in plaats van duizeligheid.

D: *Ik denk dat je ervan zult omvallen.*

H: *Als je dit doet, beweeg je dan in wat wij 'met de klok mee' noemen?*

K: Je beweegt winterschenen. [wintershins ** fonetisch. Misschien withershins?)

** Een andere term zou kunnen zijn "widdershins." Dit is een beweging in een linkshandige, foute, of tegenovergestelde richting (tegen de klok in, vergelijk met deasil) [dit is afkomstig van een oud gebruik waarbij je, als je drie keer met de klok mee om iemand heen zou lopen met een kaars of een fakkel, dan zou dit geluk brengen. Deze beweging werd in Gaelic 'deiseil' genoemd, in het Engels vertaald als deasil.]

Er was wat verwarring hier over dit woord, want het was onbekend voor ons.

D: *We begrijpen dat woord niet, wat betekent het?*

Ze bewoog haar hand tegen de klok in.

D: *De manier waarop je nu je hand beweegt is wat zij 'tegen de klok in' noemen. Dat is een gek woord, vind je niet?*
H: *Jij noemt het winterschenen. [wintershins]* (Ja)

Uiteraard begreep ze ons woord niet. Ze sprak duidelijk vanuit een tijdperk dat geen klokken had.

D: *Hoe zou je die ander kant benoemen? Heb je daar een woord voor?*

Ze was in de war.

H: *Zou je er voordeel bij hebben, als je de andere kant op zou bewegen?*
K: Het is een blokkade. We zouden die richting niet gebruiken.
H: *Zijn er plaatsen waar het beter is om deze cirkelbeweging te maken?*
K: Als je buiten in de wei bent of onder het bladerdak van de bomen, waar je de ruimte hebt om het te doen. Overal waar kracht van de Aarde is, waar je jezelf voor open kunt stellen.
D: *Je zou het niet binnenshuis doen?*
K: Waar? In de grot? Nee. Waar kracht van de Aarde is, daar zou je het gebruiken.
D: *Ik denk nog steeds dat je zult omvallen. Dat zou mij waarschijnlijk gebeuren.*

K: (Lach) Toen we voor het eerst begonnen, vielen velen van ons om. Maar dat is niet langer.

D: *Doe je dit elke dag? (Ja) Dat is dan één van de oefeningen waarin je beter moet worden. (Ja) Zijn er veel van jouw volk?*

K: Er zijn er minder dan er vroeger waren. Het is gevaarlijk geworden, om er één van ons te worden. Ze wensen dat wij niet overleven, omdat onze kracht hun veiligheid bedreigd. Ze willen de mensen van dit land wegnemen. En wanneer de mensen naar ons komen voor hulp en leiding, als wij hier nog steeds zijn, dan is dat gevaarlijk voor hen.

D: *Denk je dat ze daarom deze verhalen over jullie verspreiden dat jullie slecht zijn, zodat de mensen bang zijn voor jullie? (Ja)*

H: *Waarom zouden ze jullie mensen willen oppakken? Waarheen zouden ze hen meenemen?*

K: Ze willen hen gewoon onder controle houden. Ze willen dat ze doen, zoals zij wensen. Ze wensen te heersen.

D: *Dus willen ze jullie krachten gebruiken om hen te helpen.*

K: Dat is wat zij wensen, maar dat zullen wij niet doen.

D: *Zelfs als ze jullie zouden oppakken, dan zouden jullie geen van de dingen doen die zij willen?*

K: We sterven liever.

D: *Het zal hen dus geen goed doen? (Nee) Maar je kunt hen sowieso niks leren. Zij zijn waarschijnlijk de verkeerde soort mensen.*

K: Je kunt iemand die gesloten is sinds de geboorte niet leren, hoe hen te openen, nadat ze zoveel jaren zijn gesloten. Als ze geen verlangen hebben gehad om het te leren. En al helemaal niet, als het is om slecht te doen. De geesten weten wanneer een persoon rechtschapen met hen is. En als je dat niet bent, dan zullen ze niet komen.

D: *Nou, ik heb gehoord dat er ook slechte geesten zijn.*

K: Ja. Maar je moet jezelf beschermen met het licht en ze kunnen niet … wat jij beschouwt als een slechte geest is [iets] van het donker. En waar er licht is, is alle donker verstoten.

D: *Hoe gebruik je dit licht? Ik zou het graag willen proberen. Zou het voor mij werken?*

K: Als je in staat bent om datgene aan te raken wat in het centrum van jezelf zit. Je laat dit licht gewoon uit je komen, totdat het je omringt.

D: *En niemand kan je kwaad doen wanneer je dat beschermende licht gebruikt? (Nee) Ik heb daar over gehoord. Ik noem dit het "witte licht". Is dat accuraat?*

In mijn werk met metafysica heb ik geleerd om een wit licht rondom mijzelf en mijn cliënten te visualiseren voor bescherming tegen negatieve invloeden. Ik gebruik dit tijdens mijn sessies en visualiseer het ook rondom mijn huis en auto wanneer ik aan het reizen ben. Er is mij verteld tijdens mijn werk dat het witte licht een hele sterke, beschermende kracht is en dat niets negatiefs erbij in de buurt kan komen. Ik heb vele van mijn cliënten aangeraden, om ook deze visualisatie te gebruiken als bescherming.

K: Sommige mensen visualiseren het, als zijnde wit. Ik zie het als zijnde elke kleur van de regenboog. Het omvat alles.

D: *Er zijn nog veel meer stenen, dan degene waar je over sprak. Ik heb gehoord over witte [stenen]. Ze zijn doorzichtig, je kunt er doorheen kijken? (Ik dacht aan kristallen).*

K: Ik heb gehoord dat ze worden gebruikt om in te staren, maar niet zozeer voor genezing. Misschien zijn ze goed. Ik weet het niet.

D: *Dan zijn de roze en paarse beter?*

K: Dat zijn degene die wij hier vinden. Dat is wat wij gebruiken.

H: *Heb je een manier om de stenen te slijpen, of in een bepaalde vorm te maken?*

K: Er wordt gezegd dat lang geleden, toen we voor het eerst naar dit land kwamen, dat er enkelen waren die met hun wezen de stenen konden vormen. Maar voor ons, is het enige dat wij kunnen doen, ze grofweg vormgeven door stenen te gebruiken die harder zijn.

D: *En een gat erin maken zodat je ze om je nek kunt dragen? (Ja)*

H: *Hebben bepaalde vormen voordelen?*

K: Er wordt gezegd dat sommige vormen misschien de kracht nog meer versterken, door het een punt te geven om de kracht in of uit te stralen. Het versterkt, ja.

D: *Zijn er bepaalde stenen die je kunt dragen voorbescherming, of gebruik je alleen het licht?*

K: We gebruiken voornamelijk het licht. Het is veel krachtiger dan een steen.

D: *Draag je een bepaald type kledingstuk?*

K: Het is gemaakt van wit weefsel van de schapen. Het heeft lange mouwen en wordt bijeengebonden rondom het middel met een koord.
H: Dragen mannen en vrouwen hetzelfde kledingstuk?
K: Er zijn geen mannen die mijn Vrouwe dienen. Er zijn mannen die anderen dienen. Wij dienen mijn Vrouwe en er zijn geen mannen onder ons.
D: Ik heb gehoord dat er mannen waren die zichzelf Druïden noemden.
K: Er zijn mannen die verschrikkelijke dingen doen en zij zijn niet goed. Er wordt gezegd dat toen wij oorspronkelijk naar dit land kwamen, dat we altijd één volk waren. En dat door de jaren heen er mensen waren, die zagen dat er mogelijkheden waren om [ ] ... ze waren doelloos in het aantrekken van de kracht van de donkere zijde. En er volgde een scheuring en wij gingen naar één kant en zij gingen naar de andere.
D: Het is hetzelfde maar ze gingen allemaal in verschillende richtingen.
K: Ja, wij zouden niemand kwaad doen.
D: Dat geloof ik.
H: Hoe word je verkozen om dit te doen?
K: Eén van de dames komt naar het dorp waar wij zijn. Er is hen verteld, dat wij daar zijn en ze komen ons halen. We worden geruild voor iets van waarde. Onze ouders proberen hen niet te stoppen.
D: Is het een eer om te worden gekozen voor deze dienstbaarheid aan de Vrouwe?
K: Toen ik werd gekozen, was het een grote eer.
H: Hoe oud was je?
K: Zes.
D: Je was een klein meisje. Dan ben je hiermee opgegroeid? (Ja)
H: Is het bij de geboorte van kinderen bekend, dat zij een dienaar van de Vrouwe zullen worden?
K: Er wordt gezegd dat een priesteres wordt verteld waar zij het kind kan vinden. En ja, het is vanaf de geboorte bekend dat dit het pad is, dat zij zullen volgen.
D: En wanneer je je studie volgt, zogezegd, is dat wanneer je in de grotten leeft? Of is er een bepaalde plek waar ze je leren om deze dingen te doen?

K: Soms, tijdens een later deel van de training, gaan we naar het eiland en brengen de maand door.

D: *De hele maand?*

K: En daar worden vele dingen aangeleerd die worden overschaduwd voor andere ogen, zodat ze niet kunnen weten dat die kracht wordt opgewekt.

D: *Ik dacht dat je een school nodig had, als je weet wat een school is, een plaats om te leren.*

K: We hebben leraren, maar er is geen ... gebouw. (Ze had er moeite mee om dat woord te vinden).

D: *Kun je ons iets vertellen over het voedsel dat je eet?*

K: We eten fruit en bessen van de struiken en noten en sommige grassen.

D: *Ook vleessoorten?*

K: (Gechoqueerd) Nee! Een dier doden, is iets doden dat leeft en dat een onderdeel is van het geheel. Waarom zou je iets wensen te verwonden dat een deel uitmaakt van de natuur?

D: *Heel veel mensen eten vlees. Maar is het wel in orde om dingen te eten die zijn geplant?*

K: Om fruit van de boom te nemen of de noten, dat doodt niet datgene wat in leven is. En we laten altijd genoeg achter, zodat er meer zal komen. Dit doet niemand kwaad. Ze zijn er voor het welzijn van de Aarde. Maar iets nemen en doden dat levend is, het te doden, dat is verkeerd! (Ze rilde er helemaal van.)

D: *Als dit je van streek maakt, denk er dan maar niet meer aan. Er zijn vele mensen op de wereld en ze doen veel verschillende dingen. Sommige mensen planten wat wij gewassen noemen. Weet je wat dat zijn?*

K: Ik heb mensen gezien die de grond bewerken, om zaad in de grond te stoppen en dit is goed. Zolang er altijd meer zaad in de grond wordt gestopt is de Aarde bereid om haar wezen met allen te delen. Zolang je maar net zoveel teruggeeft als dat je wegneemt.

Ik bracht haar vooruit in de tijd, tot waar ze op het eiland was en de ceremonie hield. Ik verzekerde haar ervan dat ze ons kon vertrouwen en dat we niks zouden onthullen, dat ze met ons deelde.

K: Wij vormen met zijn allen een grote cirkel rondom het altaar op de open plek. En wij allen, een kaars vasthoudend, cirkelen naar de ronding terwijl we zingen. En we richten onze energie allemaal op het altaar. Zodat onze liefde en een deel van ons wezen wordt gefocust op mijn Vrouwe. En het is hierdoor, dat de kracht dan terug naar ons wordt gebracht, zodat we door te delen en te vermengen, meer ontvangen dan we hebben gegeven. Het altaar is zwart, maar in het midden is een steen die heel erg helder is. Maar het schijnt, het geeft een gloed van licht af. Het is het middelpunt van onze aandacht. Het wordt gebruikt als een richtpunt. Ook als een versterker.

D: *Zal de Vrouwe komen als jullie zo zingen?*
K: Als het haar wens is, dan zal ze haar geest inbrengen in de Hogepriesteres, zodat we haar wens kunnen vernemen.
D: *Dan zal ze dus spreken door de Hogepriesteres? (Ja) En nadat jullie hebben gezongen en rondgaan in de cirkel, zal ze op dat moment verschijnen?*
K: Als ze dat zo heeft verkozen, ja.
D: *Wat voor soort gezang voeren jullie uit? Is er een speciale klank of woorden die jullie gebruiken bij het zingen?*
K: Het is niet een woord. Hoe kan men dit beschrijven? Het klinkt als de wind als het voorbij ruist, of als de golven als zij op de rotsen slaan.
D: *Kun je het geluid voor mij maken?*

Eerst weigerde ze dit, aarzelde toen. Ze was besluiteloos, maar uiteindelijk zei ze: "Het is een 'ahhh' geluid, maar het heeft een 'maaa'. Maar het is niet toegestaan om te vertellen… ik kan het niet!" Ze leek verstoord. Schijnbaar overschreed ze de grens van geheimhouding. Ik stelde haar gerust.

D: *Bedankt voor het delen van de informatie. We willen niet dat je in de problemen komt. We zijn betrouwbaar, want we zullen niks doen dat jou kan schaden. Maar dit geluid helpt jullie allemaal om samen te focussen, als jullie het allemaal op hetzelfde moment zeggen? (Ja) Je zei dat je naar het eiland gaat op het tijdstip van de maan. Is dat de volle maan, of niet?*
K: Ja. Het is de tijd van de nieuwe maan, wanneer het daar is, groot in de hemel.
D: *Oh, dan is de maan heel erg groot. Dat is het moment dat de brug verschijnt en dat je over kunt gaan. (Ja) Zou het niet gevaarlijk*

zijn, als deze mensen zouden weten wanneer je daar bent, want dan zouden ze je weten te vinden?
K: Het eiland is beschermd. Het is er niet voor andere mensen.
D: Ik begrijp het. Noemen ze het daarom de 'Zee der Nevelen'? (Ja) Ze kunnen het niet altijd zien.

D: Ik heb gehoord van een plek die op jullie land zou zijn. Ik weet niet of jullie het dezelfde naam geven, die ik het noem. Heb je wel eens gehoord van een plaats genaamd Stonehenge? Ken je die naam?
K: (Pauze) Je bedoelt de Dans van de Reuzen. Het staat in het midden van het open veld en het is niet lang nadat wij hier voor het eerst kwamen, gebouwd en het was een plek om te studeren. Om krachten te focussen en om te leren over het universum.
D: Ik heb gehoord dat ze er grote stenen hebben en die staan in een cirkel? Is dit dezelfde plek?
K: Ja. Er wordt gezegd dat ze zijn opgericht door middel van muziek. Dit is waar. Door bepaalde geluiden te gebruiken, kunnen grote gewichten worden opgetild en worden verplaatst. En er wordt gezegd dat het werd gebouwd voordat dit [deze kennis] verloren is geraakt.
D: Er staan heel veel stenen rechtop en er liggen ook stenen bovenop.
K: En dan is er ook nog, wat bekend staat als de altaarsteen of de Konings-steen. En dan zijn er nog de kalkgroeven rondom.
D: Wat is daar het doel van?
K: Het enige dat ons daarvan bekend is, is om de dagen in kaart te brengen.
D: Wat was het oorspronkelijke doel om dit te bouwen?
K: Er wordt gezegd, dat het is bedoeld om de tijd te markeren... tot het eind. Dat als het mysterie zal worden herinnerd, dat dan de tijd is gekomen. Dit is een legende.
D: Heel veel mensen hebben zich afgevraagd, waarom het werd gebouwd en welk doel het diende. Het is een groot mysterie. Waarom al die moeite om het te bouwen als het geen reden zou hebben?
K: Wanneer de reden zal worden herinnerd...
D: Dan weet je dus niet precies de reden, waarom het is gebouwd?
K: Er wordt gezegd dat het bekend zal worden op de laatste dag.
H: Je hebt verteld dat jouw volk hier is gekomen van een ander plaats. Weet je, waar jouw volk oorspronkelijk van afkomstig is?

K: Het was een plaats van over het water, waarvan wordt gezegd dat het vernietigd is. Er wordt gezegd, dat zij de goden kwaad hebben gemaakt en dat ze de vaardigheden die hen gegeven waren, hebben misbruikt. En de goden wierpen hun toorn neer op hen en verspreidden hen over de vier windstreken.

D: Weet je hoe het land is vernietigd?

K: Het is gewoon in de zee gezonken.

** In veel verhalen wordt verteld, dat het volk van Atlantis hele sterke psychische vaardigheden/ krachten had, welke zouden hebben bijgedragen aan de vernietiging van dat gebied. Ze waren in staat om zware stenen op te tillen en zelfs stenen vorm te geven met hun geest. Hier in Karens leven als Druïde, gelooft zij dat Stonehenge (Dans der Reuzen) was opgericht na de val van Atlantis, schijnbaar door enkele van de overlevenden. **

D: Dan hebben de mensen zich verspreid over veel plaatsen? Is dat waarom jij je de krachten die jouw volk in die tijd bezat, herinnert? (Ja) Ik denk dat we het over dezelfde plek hebben. Het is alleen zo, dat waar we nu leven, dat we die plaats Stonehenge noemen.

K: Ik heb geen kennis van die naam. Het staat gewoon bekend als de Dans der Reuzen.

D: Vandaag de dag denken mensen, dat het te maken heeft met de tijden van het jaar.

K: Het geeft de tijd weer, ja. Maar er is ook een diepere betekenis. De altaarsteen is verlicht met het vuur van de zon in het midden van de zomer. Dit is het mysterie.

D: Maar jouw volk gebruikt dat niet meer tegenwoordig?

K: De mensen van mijn Vrouwe hebben dit nooit gebruikt. Dit was heel, heel lang geleden.

D: Dan hebben jouw mensen, de Druïden, dit niet gebouwd?

K: Het volk waar we van afkomstig zijn, hebben dit gebouwd, maar niet degenen die je nu de Druïden zou noemen. Wij hebben het niet gebouwd. Zelfs nu is het al oud.

D: Dat is het verhaal nu, waar wij leven, dat de Druïden het vele jaren geleden hebben gebouwd.

K: Geen mens die vandaag de dag op de Aarde loopt, herinnert zich de kracht om stenen op te tillen.

D: Denk je dat het gebouwd is in de tijd dat het land bestond, dat in de zee is verdwenen?
K: Er wordt gezegd, dat het is gebouwd door de mensen die daar vandaan kwamen.
D: Dan hadden ze toen de kracht nog. (Ja) Het is heel erg oud en mysterieus.
D: Hoe oud ben je nu ongeveer in deze tijd?
K: Eh, misschien... vierentwintig, vijfentwintig.
D: Dan ben je nog steeds een jonge vrouw?
K: Ik heb bijna de middelbare leeftijd bereikt.
D: Je bent in ieder geval geen kind meer. De vrouwen in jouw groep, mogen zij ooit trouwen?
K: Het komt zelden voor, alleen als de vrouwen het verlangen hebben om dat te doen, maar als ze ontdekken dat dit deel uitmaakt van hun pad, als de Vrouwe toestemming geeft, dan is het toegestaan.
D: Dan is het niet strikt verboden voor jullie? (Nee) Maar het gebeurt niet vaak?
K: Zou jij dit leven willen ruilen voor zo'n leven? Liever een kans om mijn Vrouwe en de gehele mensheid te dienen, in plaats van slechts één persoon?
H: Wat voor soort leven zou een jonge vrouw leiden, als zij niet zou worden gekozen om de Vrouwe te dienen?
K: Werken op het land, of gewoon kinderen opvoeden en haar echtgenoot helpen en ...
D: Met andere woorden, ze zou een normaal mensenleven leiden.
K: Wat voor kennis kan hieruit worden gehaald; dat weet ik niet.
H: Dan hebben deze vrouwen dus niet echt de mogelijkheid om te leren. Ze dienen slechts door meer kinderen te produceren? (Ja) Maar dat van jou is een dienst die kan helpen vanuit een standpunt van genezing en het verhogen van het niveau van de geest?
K: Ik hoop het.
H: Dan bescherm en onderhoud je echt de kracht. Als jij hier niet zou zijn om dit te doen, dan zou de kracht verloren raken.
K: De Vrouwe zal nooit echt verloren raken. Maar misschien vergeten. En het is heel erg belangrijk dat zij zal worden herinnerd, want wij geven door middel van liefde, in de noodzaak om door te gaan en te bestaan. [Deze zin is oorspronkelijk niet helemaal grammaticaal correct Engels en een beetje onduidelijk].

D: *Je zei dat je één keer per maand naar het eiland komt en dat je leeft in grotten, waar jij je kunt verschuilen. Wat doe je de rest van de tijd?*

K: We reizen en als er iemand is die ons nodig heeft, gaan wij erop uit om hen te vinden. We besteden onze tijd met het verzamelen van voedsel en we leren altijd nieuwe dingen. Verzamelen kruiden en drogen deze. We maken verschillende dingen om mee te genezen, ja.

D: *Maar is dat niet gevaarlijk, om te gaan naar plaatsen waar andere mensen zijn?*

K: We zouden niet worden opgeroepen, als ze ons daar niet zouden wensen en ons niet zouden beschermen.

D: *Zullen de mensen jullie beschermen?*

K: Ja. Wanneer ze ons nodig hebben, zijn we veilig voor kwade bedoelingen.

D: *Hoe brengen zij de boodschap aan jou over, als ze niet weten waar je schuilt?*

K: Ze laten het gewoon weten dat er iemand ziek is en dan krijgen wij dat te horen.

D: *Wordt de boodschap meestal gegeven door de Vrouwe? Vertelt zij je, waar je heen moet gaan?*

K: Of de Ouden.

D: *De Ouden? Je vertelde hiervoor dat je met de Ouden leefde in de grotten.*

K: Ja, soms delen zij de grotten met ons.

D: *Wie zijn de Ouden?*

K: Zij zijn de mensen van de heuvels. Zij zijn daar altijd al geweest. Ze waren hier al toen ons volk kwam. Ze volgen de oude goden en zorgen ervoor dat zij niet worden vergeten.

D: *Zijn de Ouden, mensen? (Ja) Ik dacht dat ze misschien net als de Vrouwe waren. En zij kunnen zowel mannen als vrouwen zijn? (Ja) En dat is de enige naam die zij hebben, de Ouden?*

K: Er wordt gezegd dat de Ouden afstammen van de Goden. Lang geleden voordat de mens de Aarde betrad, betraden de Ouden de Aarde. En het leven was goed. En toen kwamen er mannen en vrouwen van wie weet waar en de Goden stonden er welwillend tegenover, dat er ook anderen zouden zijn en sommige vrouwen werden bevallig gevonden door de Goden. En er wordt gezegd dat dit hun kinderen zijn, van deze vrouwen en de Goden. En ieder is genoemd naar de God van hun familie.

D: *Dan worden ze niet de Ouden genoemd, omdat ze zo oud zijn, maar omdat ze afstammen van deze oude…?*

K: Het is dit stervende ras. Elk jaar worden er minder van hen geboren. En ze worden verdreven naar de heuvels, vanwege alle andere dingen, zoals de vreemdelingen die naar dit land komen. En ze worden net zoals wij verdrongen. En door angst en bijgeloof zijn vele van hen al simpelweg van honger omgekomen.

Elk van hen is afkomstig van een familie die één van de oude goden diende. En de oudste van die familie is altijd vernoemd naar de God die zij volgen. En ze worden in leven gehouden door hen die het zich nog steeds herinneren en ze laten offergaven achter op kruispunten van wegen. En ze delen dit met ons in de naam van de Goden waarvan ze afkomstig zijn.

D: *En door deze goden te gedenken, houden ze hun religie in stand.*

K: Ze zijn verhongerd omdat niemand of slechts nog enkelen de gaven voor hen achterlaten op kruispunten, zoals ze dat vroeger deden.

D: *Gebruiken ze dit om van te leven? (Ja) Ze worden vergeten. (Ja) Dat is een schande. Ze zei dat ze een naam hebben. Weet je sommige van de namen van de Goden waarnaar ze zijn vernoemd?*

K: (Dit zijn fonetische spellingen. Er waren luidruchtige achtergrondgeluiden op de tape en het was moeilijk om te verstaan.) Zoals Melvin (Elvin?) en Cur en Mortan. Er zijn er honderden.

** Eén van de gebieden waar Dolores om bekend stond was haar onderzoek. Ze bracht uren en uren door in de bibliotheek om de kleinste details uit te zoeken. Dit is waar ze zich bevond toen ze overleed, werkend aan dit boek. Dus nu is het aan jou, de lezer, om dit verder te onderzoeken. Ik weet dat dit refereert aan oude mythologie, maar ik ben niet in staat om je de details te geven. **

D: *En ze weten van welke God ze afstammen, omdat ze dezelfde naam dragen. (Ja) En ze laten jouw volk soms met hen samenleven.*

K: We helpen hen wanneer we daartoe in staat zijn, en dat wordt hierom als goed beschouwd, want de Ouden hebben ons ook hun glimlach geschonken en weten dat wij hen geen kwaad zullen doen.

D: *En er zijn ook mensen die jullie wel kwaadwillend zijn. (Ja)*

H: *Kun je mij vertellen of je ooit iets hebt gehoord over krachtlijnen die door het hele land lopen? In ons land noemen wij dat 'leylijnen'.*

K: Er loopt er één dwars door de weiden waar de Dans Der Reuzen zich bevindt. Het is een kruispunt van zulke lijnen waarover je spreekt. Het is daar waar de Aarde kracht lekt vanuit het middelpunt. En wanneer iemand naar deze punten gaat en zichzelf openstelt hiervoor, dan kan men veel leren en veel kracht ontvangen om grootse dingen te doen.

H: *Is er een manier om deze lijnen te ontdekken?*

K: Gewoon door jezelf gevoelig te maken voor bepaalde krachten.

H: *Zou je het kunnen waarnemen als een kracht, als je bij dit punt bent?*

K: Ja. Er zijn er onder ons die dingen gebruiken om te heksen en wanneer we gaan heksen, dan kunnen we deze lijnen vinden. De Dans Der Reuzen is op een kruispunt van twee lijnen. Dit is een extreem krachtpunt. Er zijn plaatsen in de heuvels, waar er ook zulke krachtpunten zijn als deze en ze worden altijd geëerd door de Goden. En ze staan bekend als plaatsen van de Goden.

D: *Ze zei dat je kunt heksen om deze plaatsen te vinden. Hoe doe je dat?*

K: Je kunt een stok gebruiken die óf afkomstig is van een wilg óf van een fruitboom en door deze in je handen te houden, zal het je vertellen waar deze lijnen zijn. Je kunt er ook andere dingen mee vinden.

D: *Ik heb gehoord dat je op die manier water kunt vinden.*

K: Je kunt ondergronds water vinden. Je kunt verschillende bronnen van steen vinden, verschillende type stenen ... metaal. Je leert je te focussen op waar je naar op zoek bent.

D: *En je gebruikt dezelfde soort stok?*

K: Veel mensen gebruiken dezelfde stok hun hele leven lang. De wilg heeft hele goede energielijnen door zich heenlopen en is er gevoelig voor dingen. En het is ook buigzamer en daardoor gemakkelijker in gebruik.

D: *Ik heb gehoord dat het een vers afgesneden tak moet zijn.*

K: Vers afgesneden of één die in leven wordt gehouden.

Het lijkt er dus op dat de kunst van wichelroedelopen erg oud is en de techniek is niet erg veranderd door de tijd heen.

D: *Je bezit erg veel kennis, over heel veel dingen die wij niet weten en die je ons kunt vertellen.*
H: Het is erg aardig van je om dit met ons te delen.
D: *Want we zullen het niet op een slechte manier gebruiken of aan iemand anders vertellen.*
H: Het is een leerproces en het is erg handig om deze dingen te weten. Het is handig om te groeien.
D: *We zullen het nooit vertellen aan hen in het fort, of aan degenen waar je bang voor bent, want zulke dingen doen wij niet.*

Toen Karen wakker werd, had ze geen herinnering aan de sessie, maar ze bruiste van de energie. Ze had zoveel [energie], dat ze zei dat het voelde alsof het uit haar schoot. Ze moest er iets mee doen. Ze was heel erg opgewonden. Dus zetten we haar aan het werk en gebruikten het als genezende energie voor ons. Dit loslaten ervan kalmeerde haar. Ze wist niet waar het vandaan kwam en waarom het haar zo aangreep. Schijnbaar had ze het geabsorbeerd, terwijl ze de ceremonie beschreef rondom het altaar op het eiland.

We kwamen de Druïde niet meer tegen, totdat we een aantal weken later weer een sessie hielden. Het werd opnieuw gehouden in het huis van Harriet. Opnieuw had ik mijn procedure doorlopen en had gesproken met diverse entiteiten, die hun levens leidden in diverse tijdperken en locaties. We hadden met twee andere entiteiten gesproken, voordat we bij het nu volgende deel aankwamen. We kapten die af, omdat Karen aan het begin van de sessie had verzocht, om weer terug te worden gebracht naar de tijd van de Druïde. Ook al kon ze zich niks herinneren van de sessie, ze had genoten van het opwindende gevoel dat ze had gehad, door dat enorme energieveld aan te kunnen boren. Ze hoopte dat weer te kunnen doen en misschien iets te kunnen leren, over het sturen van de energie. We gingen ermee akkoord om dat te proberen. We konden altijd weer terugkeren naar andere entiteiten op een ander tijdstip, om meer informatie te vergaren. Ik bracht haar opnieuw terug naar de jaren 700. Aan het einde van het tellen, was ze onmiddellijk terug in dat scenario.

K: We bereiden ons voor op de ceremonie op het eiland. We doen de inwijding. (Dat woord werd heel doelbewust uitgesproken, alsof het een vreemd woord was.)

D: Waar is dat voor?

K: Om nieuwe ... (Zoekend naar het woord) discipelen te brengen naar mijn Vrouwe.

D: Heb je daar nieuwe discipelen?

K: Ja. Ze zullen worden beoordeeld en dan wordt de beslissing genomen. Of ze mogen blijven, of dat ze naar huis worden gestuurd.

D: Hoe maak je zo'n beslissing?

K: Het is niet onze beslissing om te nemen. Het is aan mijn Vrouwe.

D: Hoe weet je welke beslissing ze heeft genomen?

K: De Hogepriesteres zal het weten, omdat het haar zal worden verteld.

D: Kun je ons vertellen wat er gebeurt? Hoe wordt een nieuwe discipel gekozen?

K: Ze worden eerst gekleed in witte gewaden en dan worden ze in het midden van de cirkel geplaats. En dan beginnen we energie te focussen. Het is één voor één, voor ieder van hen. De energie wordt hun kant opgeduwd, om vervolgens geaccepteerd of afgestoten te worden. En afhankelijk van hoe het wordt geaccepteerd of niet, daarin ligt de ultieme beslissing.

D: Bedoel je, dat iedereen in de cirkel energie richt naar de persoon die in het midden staat? (Ja) En hoe reageren ze, wanneer het wordt geaccepteerd of afgestoten?

K: Als het wordt afgestoten, dan zal de persoon ... ah, (Ze zocht naar het woord) spastische bewegingen maken, waarbij het hele lichaam samentrekt. En het zal bekend zijn, dat dit te krachtig is voor deze persoon. Misschien hebben ze de vaardigheid om een kanaal te zijn, maar het is te krachtig en ze kunnen dit niet accepteren.

D: Zelfs als ze het zouden willen, dan zouden ze het niet aankunnen. (Ja) Hoe reageren ze als ze de energie accepteren?

K: Er wordt hen verteld dat als ze het kunnen voelen, dat ze het moeten laten opbouwen. En dan wordt hen verteld om het, alleen door middel van de focus van hun gedachte, terug te kanaliseren, naar de Hogepriesteres. En wanneer zij deze energie terug voelt komen, dan weet ze dat de persoon is geaccepteerd.

D: *Zij zullen geschikt zijn, om te onderrichten. (Ja) Hoe focus je deze energie? Hoe laat je het in je lichaam komen?*
K: Je opent jezelf. Voelt jezelf heel erg kalm worden. Waar alles stil is.
D: *Plaats je jouw handen op die manier?*

Ze had haar handen over haar solar plexus geplaatst, alle vingers en duimen elkaar aanrakend terwijl ze naar buiten waren gericht. Ongeveer als de vorm van een Pyramide.

K: Ja, ze worden geplaatst over het punt waar de energie bundelt. Dan, wanneer je jezelf hebt geopend, dan is het alsof je naar muziek luister. Je voelt de vibraties in je en je haalt het naar binnen. En je ademt in en uit. En met elke adem, breng je meer naar binnen.
D: *Langzaam ademend?*
K: Ja. En dan om het naar buiten te sturen, is het bijna het omgekeerde proces. Je plaatst je handen zo en dan stroomt het door je heen. (Doet haar handpalmen naar buiten.) Waarbij het voelt alsof de kracht van de stroom eruit vloeit. En je laat het gewoon door je heen stromen.
D: *En dit is de manier hoe het wordt gestuurd? (Ja) Het kanaliseren van de energie, kan dat ooit schadelijk zijn voor degene die het stuurt?*
K: Het kan misschien schadelijk zijn, als ze meer innemen dan ze toe in staat zijn. Maar normaal gesproken is er bescherming, want een enkel persoon kan niet meer innemen dan ze kan ontvangen. Het enige kwaad dat schuilt in het kanaliseren van energie, is als meerdere mensen het tegelijkertijd naar jou richten. Dat zou misschien schadelijk kunnen zijn.
D: *Als je het dus inneemt, moet je de energie ook loslaten? Moet het ergens heengaan?*
K: Ja. Je stuurt het terug naar mijn Vrouwe, of je geeft haar liefde en verspreid het naar anderen die het nodig hebben. Bij genezing of bij andere methoden, ja.
D: *Dan moet je het dus ergens naartoe sturen.*
K: Ja. Het is niet voor je eigen voordeel.
D: *Wanneer je deze energie op deze manier gebruikt, kun je dan mensen genezen door het op die manier naar buiten te sturen? (Ja) Is dat de enige manier waarop het kan worden gedaan?*

Gewoon kalm blijven en langzaam ademen en dan erop te focussen?
K: Het is één van de manieren inderdaad.
D: *Eén van de manieren. Is dit de gemakkelijkste manier? (Ja) We vragen het, omdat we hopen het te kunnen leren en het te gebruiken om goed te doen. Wat is de andere methode? Kun je dat alleen doen, of moet het met andere mensen samen worden gedaan?*
K: Het kan door iemand in zijn eentje worden gedaan.
D: *Kun je mij vertellen wat die methode is?*
K: (Empathisch) Nee!

Ik zou hier genoegen mee moeten nemen en niet ons geluk moeten beproeven.

D: *Okay. Maar deze methode is het gemakkelijkst om te leren. Je zou deze energie altijd voor het goede moeten gebruiken, of niet? (Ja) Als je nu deze energie opwekt en het naar buiten richt, raak je dan de ander aan, of plaats je je handen over de persoon?*
K: Normaal gesproken plaats je de handen over de persoon en je voelt de energie die hen omringt. En daar richt je het op.

Ze refereerde waarschijnlijk aan het aura-veld.

D: *Moet je het dan richten op de plek waar ze ziek zijn? Of gewoon over hun hoofd of zo?*
K: Soms over het deel dat ziek is. Soms gewoon over het hele lichaam. En energie richten op het gehele lichaam, want meestal is het niet slechts één punt waar de persoon problemen heeft, maar het hele lichaam lijdt.
D: *Moet je jouw handen over het gehele lichaam bewegen? (Ja) Tenzij er een specifieke plek is, waarvan ze zeggen dat die pijn doet.*
K: Dan zou je misschien meer energie naar dat deel sturen, maar je moet ook gewoon over de rest van het lichaam gaan.
D: *Als je jouw handen zo houdt, kun je dan weten of iemand pijn heeft op een bepaalde plek, zonder dat ze het zouden zeggen?*
K: Ja, je kunt de pijn door jezelf heen voelen.
D: *Heb je daar zelf last van?*
K: Soms, ja.

D: *Hoe kun je daarvan afkomen, zodat je er zelf geen last van hebt.*
K: Dan creëer je weer een focus, waarbij je het naar binnen richt, in plaats van naar buiten. Dan zou het weg moeten gaan.
D: *Je probeert het, wat, uit je eigen lichaam te wassen? (Ja) Omdat je niet wilt dat je jouzelf pijn doet.*
H: *Tijdens je opleiding, is er een manier om te herkennen of anderen op dezelfde manier zijn opgeleid zoals jij? Zelfs als ze niet samen met jou hebben geleerd? Anderen van jouw zelfde geloof.*
K: Geef me je hand.

Harriet gaf Karen haar hand. Karen hield het vast in beide handen en concentreerde zich.

K: Ik zie een tempel van licht. Er zijn daar heel veel mensen die studeren en leren. Het lijkt … een lange tijd geleden.
D: *Vóór jouw tijd?*
K: Het is de studie voor het goede en voor genezing. Ik zie het gebruik van verschillende vibraties. Ze zien deze als kleuren, maar het zijn dezelfde vibraties die ik gebruik. Ze houden zich bezig met zelfgenezing en al die genezing moet van binnenuit komen.

Karen liet Harriets hand los en haalde diep adem.

D: *Dan heeft deze persoon dat in een andere tijd gedaan? Een eerdere tijd dan jouw tijd.*
H: *Wordt dit doorgegeven van generatie op generatie?*
K: Je moet het kanaal openen. De vaardigheid is daar. Je moet leren om jezelf te openen voor wat je hebt geleerd. En je energie focussen en het naar binnen brengen en daaruit te putten, om voor anderen toe te passen.
H: *Maar de gave is nooit verloren als je het eenmaal hebt?*
K: Nee. Als het eenmaal is aangeleerd, zal het altijd daar zijn. Het moet misschien opnieuw ontdekt worden.
D: *Teruggebracht worden?*
K: Ja, of misschien zijn er zoveel dingen, zo veel verschillende ervaringen die het bedekt hebben, dat het opnieuw naar de oppervlakte moet worden gebracht. Maar het is er altijd.
H: *Het is fijn om te weten, dat het er is.*

30

Ik kon de gelegenheid niet weerstaan. Ik vroeg: "Kun je mijn hand vasthouden en kijken of je iets kunt zien?" Karen nam mijn hand vast op dezelfde manier vast tussen haar handen en concentreerde zich.

K: Ik zie een zeer geduldig persoon. Je ben erg nieuwsgierig. Je houdt van kennis omwille van de kennis. Er was ... ik zie een groot open gebouw met heel veel boeken ...

Toen begon ze hevig te schudden en gooide mijn hand abrupt weg.

D: *Oh! Wat is er aan de hand? (Ze leek ontsteld.) Was er iets dat je niet leuk vond? (Geen antwoord) Het spijt mij, ik wilde je niet verontrusten.*
K: Je moet op zoek gaan naar kennis vanwege degenen die datgene hebben vernietigd, waarvan jij voelt dat het van jou was.
D: *Heeft iemand mijn kennis vernietigd, of iets?*
K: De kennis die jij beschermde. Daarom, voel jij dat je de kennis moet zoeken die verloren is gegaan.
D: *Maar zag je iets dat verontrustend was? Is dat waarom het je stoorde?*
K: Ik zag vuur.
D: *Oh, Ik begrijp het. Nou ja, ik wil je niet verontrusten. Denk je dat ik hierdoor zo geïnteresseerd ben in deze zaken?*
K: Ja, daar heeft het heel veel mee te maken en de zoektocht naar datgene, waarvan jij voelt dat je het hebt verloren en je wilt dat hervinden.
D: *Maar het is niet verkeerd om nieuwsgierig te zijn, toch? (Nee) Ik voel dat het alleen slecht kan zijn, als je het op de verkeerde manier gebruikt. Klopt dat?*
K: Dit is waar. Maar je moet altijd oppassen voor degenen aan wie je de kennis geeft, hoe ze het gebruiken, om er zeker van te zijn dat ze het niet op een verkeerde en schadelijke manier kunnen gebruiken.
D: *Maar soms weet je niet altijd, hoe mensen het gaan gebruiken als je hen de weg probeert te tonen. Ik denk maar, dat als ik het op de juiste manier doe en hoop dat zij het op de juiste manier gebruiken, dat dit genoeg zal zijn.*
K: Als jij je energie toepast in het werk dat je doet, en je gebruikt jouw energie om het te beschermen, zodat het niet misbruikt of verkeerd

toegepast kan worden, dan zal dat er een bescherming voor vormen.

D: *Ik hoop maar, dat het een doel zal dienen en tot het goede zal leiden.*

K: Je moet niet hopen, je moet geloven. Hoop heeft geen macht of kracht, maar geloof heeft dat wel.

** Dolores heeft vaak in haar lezingen gesproken, wanneer haar werd gevraag naar haar eigen vorige levens, over haar leven in Alexandrië in de bibliotheek toen deze werd verbrand.

Naar mijn beste herinnering was zij één van de mensen die zorgde voor de rollen [geschriften] die werden bewaard in de bibliotheek. Ze was niet iemand die erop schreef of ze bestudeerde, maar was iemand die ze ophaalde wanneer een leerling of een professor erom verzocht. Het was haar taak om ze te beschermen.

Toen de Romeinen de brand veroorzaakten die de bibliotheek vernietigde, probeerde Dolores als de persoonlijkheid uit die tijd, zoveel mogelijk rollen te redden. Daarbij werd ze gedood en ze was niet in staat om haar missie te vervullen.

Dolores heeft verklaard dat zij hierdoor voelt, dat ze nu probeert de kennis terug te halen die verloren is gegaan. Veel mensen vragen haar: "Moet je de gehele bibliotheek herschrijven?"

Toen ze in Rusland was, had Dolores een sessie met een jonge man die ook aanwezig was in Alexandrië ten tijde van de brand. Hij was één van de scholieren die de rollen bestudeerde, toen de brand uitbrak. Hij probeerde ook zoveel mogelijk rollen te redden als hij kon, maar werd gedood door een vallende balk die hem tussen zijn schouders raakte.

Ik weet niet of Dolores ooit nog iemand anders heeft gevonden die daar aanwezig was gedurende die tijd, maar er één te vinden was al verbazingwekkend. **

H: *Doe je ook iets met het bestuderen van de sterren en de planeten in jouw werk? Is dat handig op een bepaalde manier?*

K: We bekijken de beweging van de sterren, want zij vertellen wat zal zijn. De verplichtingen van de mensen die hier zijn, op de hele planeet, ja.

H: *Welke is de belangrijkste ster?*

K: Je kunt niet zeggen dat de één belangrijker is dan de ander. Want het hangt ervan af welke nadruk je legt, op wat je probeert te ontvangen. Hun energie wordt gebruikt voor verschillende dingen en we kunnen niet zeggen dat de ene belangrijker is dan de andere.

H: Kun je ons wat vertellen over welke belangrijk zijn voor bijvoorbeeld jouw energie? (Pauze) Is dat mogelijk of niet? (Ze werd meer gespannen.)

Ontspan, nu, ontspan. Ik probeerde een andere tape uit de tas te pakken. Als we de sterren zouden gaan bespreken, dan wilde ik verder gaan. Anders zou deze [tape] aflopen. Maar schijnbaar wilde ze er niet over praten.

D: Ik wil je bedanken voor wat je ons hebt verteld. Is het goed als we af en toe langskomen om met je te praten?

K: Ik zal je vertellen wat ik mag [vertellen].

D: Okay, we willen niet dat je ons ooit iets vertelt dat je niet wilt vertellen, of waardoor je in de problemen zou komen. We zijn zelf ook slechts op zoek naar kennis. En we willen het op de juiste manier gebruiken. Ik waardeer echt heel erg wat je ons hebt verteld. We genieten ervan, om met je te spreken. Dank je.

H: Dank je.

Karen had ons gevraagd om instructies te krijgen voor helende energie. Toen ze wakker werd, barstte ze weer van de energie en wilde ze het ergens op richten. Schijnbaar had ze het weer gekregen van de Druïde entiteit. Ze plaatste bij ieder van ons haar handen op ons auraveld, proberend om de energie als een genezende kracht vrij te laten komen.

We konden met zekerheid een tintelend gevoel door ons lichaam voelen gaan.

Omdat Harriet niet in de stad was, werd de volgende sessie gehouden in het huis van mijn dochter Nancy. Er was niemand anders aanwezig als getuige. Aan het einde van de sessie, had ik er spijt van dat er niemand anders aanwezig was geweest. Wat tijdens deze sessie gebeurde, choqueerde mij en het was de meest verontrustende ervaring die ik heb gehad als therapeut. Nadat ik een ander entiteit had ontmoet op mijn reis terug in de tijd, bracht ik haar weer naar de jaren 700 en ze kwam tevoorschijn als de Druïde in een vredelievende scene.

K: Ik ben kruiden aan het verzamelen. Het zijn voorbereidingen om zieken te genezen.
D: *Is dat wat je aan het doen bent?*
K: Dit is een onderdeel van wat ik doe, ja.
D: *Weet je welke kruiden je kunt gebruiken? (Ja) En weet je hoe je ze moet voorbereiden?*
K: Ja, sommige worden gewoon rauw gegeten, en andere moeten worden gekookt tot een bruikbare vorm.
D: *Dat klinkt ingewikkeld.*
K: Men moet voorzichtig zijn. Sommige kruiden zijn bruikbaar als ze in de juiste hoeveelheid worden gebruikt. Maar als je te veel gebruikt, of als het niet lang genoeg heeft geweekt [verdund is], dan kan het dodelijk zijn.
D: *Dus je moet voorzichtig zijn om de juiste hoeveelheid te gebruiken. (Ja) Wat voor soort kruiden ben je aan het verzamelen? Weet je de namen?*
K: Er groeit hier nachtschade [nightshade] en vingerhoedskruid [foxglove] en dan is er ook nog scheerling [hemlock] en 'schapenvloek' [sheep's bane] ** en verschillende dingen zoals dat.

** Schapenvloek is een kruid van de Hydrocotyle of het nauwverwante Centella geslacht (waternavel). **

D: *Ik heb gehoord dat sommige van deze kruiden giftig zijn.*
K: Ja. (Ze begon te niezen.) Het zijn de bloemen die sterven in de lucht.
D: *Oh ja, ze laten dingen los in de lucht, toch, wanneer je er doorheen loopt? (Ze schraapte haar keel.)*
K: Ook zijn sommige van deze [planten] varens en die hebben ... (probeerde de woorden te vinden) ah, die dingen die van de onderkant komen, de zaadjes. (Ze nieste weer.)

Ze kon het juiste woord niet vinden voor de sporen die de varens afgeven, of de pollen die worden losgelaten door de planten. Dit veroorzaakte de irritatie in haar keel en neus.

D: *Die bevinden zich in de lucht. (Ja) Ik ken veel kruiden, maar ik weet niet of het dezelfde zijn die jij gebruikt. Zoals salie? Ken je die?*
K: Die is mij niet bekend.

Ze nieste en hoestte. Ik gaf haar suggestie om haar fysieke ongemak te verzachten. "Het zal je niet lastigvallen. Het zijn gewoon dingen in de lucht, maar je zult er helemaal geen last van hebben." Ze stopte met hoesten, dus vroeg ik verder naar de kruiden. "Er zijn er ook die rozemarijn en tijm worden genoemd. Dat zijn kruiden die ik ken."

K: Ik weet er niet van.
D: *En mei-appel?* [Mayapple /podophyllum]

Ik moest denken aan de planten die groeien in de bossen waar ik woon in de Ozarks.

K: Beschrijf het mij eens.
D: *Het is laag bij de grond. Het heeft een plant met een heel groot blad, meestal maar één blad wat de vorm heeft van een hand. En het heeft een kleine ronde vrucht. En het is grotendeels groen.*
K: Is het giftig?
D: *Ik geloof het niet.*
K: Dit ken ik niet.

Dit waren planten waar Karen bekend mee was, want ze had jarenlang in de Ozarks gewoond, maar ze waren schijnbaar onbekend bij de Druïde.

D: *Misschien groeit het niet waar jij leeft. En we hebben iets dat heet ginseng. (Ze fronste.) Ik vroeg mij af, of jij dezelfde kruiden zou gebruiken die wij gebruiken. Sommige van de kruiden waarover ik het heb, worden gebruikt bij het koken van voedsel.*
K: Degene die ik verzamel zijn voor genezing.

D: *Dat is wel een verschil. Er is er ook één die heet lamskwartier.*
[Lambsquarter]
K: Het is voor jou om te eten. (Ze hoestte weer.)

Ook al wordt lamskwartier beschouwd als een onkruid en een plaag voor tuiniers, het is eetbaar en wordt gebruikt in salades in de heuvels waar ik woon. Dus had ze gelijk.

D: *Je vertelde mij ook, dat je bessen en noten eet.*
K: Ja, en fruit. Er zijn een paar kruiden die ik eet. Sommige groeien rondom het kwart(ier) [quarter] (ik denk dat het "quarter" is. Onduidelijk. Misschien: water. Of refereerde ze aan de fase van de maan?) en verschillende dingen zoals dat, samen. Maar voornamelijk het fruit en de bessen en noten.
D: *Wat eet je in de winter?*
K: De dingen die zijn opgeborgen. Soms eten mensen de wortels van verschillende dingen en ... (Ze hoestte weer en schraapte haar keel. Opnieuw gaf ik haar suggesties om zich beter te voelen.)
D: *Ik weet dat in de winter veel planten niet groeien. Dan is het moeilijk om eetbare dingen te vinden.*
K: Als het heel erg wordt, dan is er altijd gekookte schors.
D: *Oh? Smaakt dat goed?*
K: (Lacht) Nee! Het heeft een bittere smaak. Het hangt van de schors af. De schors van de iep is bijvoorbeeld goed voor dingen die mis zijn met het lichaam.
D: *Voor genezing bedoel je?*
K: Ja. Maar eikenschors is prima om te eten en dennenschors, of spar is ook goed om te eten. Als je je over de smaak kunt zetten, ja, dan vult het je.
D: *Als er niks anders om te eten is. Kook je wel eens?*
K: Er wordt niet veel gekookt. De meeste dingen worden in hun natuurlijke staat gegeten, behalve dingen zoals schors, dat wordt gekookt. Maar er zijn veel fruitsoorten die je langere tijd kunt bewaren. De appel blijft heel lang goed, zolang deze koel wordt bewaard.

Ze begon weer te hoesten, dus besloot ik haar in de tijd te verplaatsen om haar ongemak van het rondwaaiende stuifmeel weer te verlichten.

D: *Nou, het lijkt erop dat je er last van hebt, dus laten we maar vooruitgaan. We verlaten deze scene. Laten we vooruitgaan naar een belangrijke dag in je leven. Een dag die jij beschouwt als belangrijk naarmate je ouder wordt. 1, 2, 3, het is een belangrijke dag in je leven, nu je ouder bent. Wat ben je aan het doen?*
K: Ik ben bij de ceremonie. (Het hoesten stopte onmiddellijk.)
D: *Welke ceremonie is dat?*
K: Voor de Vrouwe.
D: *Op het eiland? (Ja) Kun je mij erover vertellen? (Pauze) Of mag je mij erover vertellen? (Pauze) Ik wil je niet in de problemen brengen. Is het een fijne ceremonie?*
K: Ja. Ik zal een stap dichterbij komen.
D: *Dan is het een belangrijke dag. Hoe noem je die stappen? Hebben ze een naam of een positie?*
K: Ja. We hebben de Hoge Vrouwe Priesteres. Dat is het hoogste dat je kunt bereiken. En dan zijn er de priesteressen en dan zijn er de wachtende-dames. [ladies-in-waiting]. En dan zijn er de maagden, die zijn het laagst. Ik word priesteres gemaakt. Ik was een wachtende-dame.
D: *Zijn er veel van jullie die deze positie hebben bereikt?*
K: Nee, er zijn er slechts twee onder ons die deze positie hebben bereikt.
D: *Dan is het een hele eer, dat je zover bent gekomen. Hoeveel zei je dat er van jullie zijn?*
K: Misschien dertig in totaal. Misschien een paar meer.
D: *En er is er slechts één de Hogepriesteres. Is zij heel oud?*
K: Ik weet het niet. Het is moeilijk om haar leeftijd te beoordelen. Er wordt gezegd dat de Hogepriesteres tijdloos is, omdat ze de kracht van de Vrouwe met zich meedraagt. Slechts als de hand wordt weggenomen, kan de dood voorkomen.
D: *Zei je, dat jullie deze ceremonies elke maand houden?*
K: Het is soms.
D: *Hoeveel dagen blijf je op het eiland?*
K: Totdat we verschillende dingen leren. Zoals deze maand, blijven we bijna de gehele maand, omdat er ceremonies zijn die wij moeten volbrengen. Ook kruiden die zijn verzameld. En we moeten dit hier doen, waar wij beschermd zijn en waarbij er geen

enkele wijze is dat iemand ons kan storen, zodat het werk gedaan kan worden.

D: *Je zei dat er mensen zijn, die proberen uit te vinden wat jullie geheimen zijn?*

K: Ja, er zijn er die wensen om ons te gebruiken tegen degenen die zij niet mogen, want ze weten dat onze kracht groot is.

D: *Het zou slecht zijn, als dit soort mensen jullie kracht zouden gebruiken, nietwaar?*

K: Het zou afgrijselijk zijn. Ons wordt aangeleerd, dat als we worden gevangengenomen en er is geen andere uitweg, dat we onszelf dan moeten doden. Zodat we niet misbruikt kunnen worden.

D: *Denk je, dat ze de kracht misschien ook op een goede manier zouden gebruiken?*

K: Nee. Hoe kan iets dat laag is, leren om iets te gebruiken dat puur is, wanneer er niets dan laagheid in henzelf aanwezig is?

D: *Maar toch, als je wordt gevangengenomen, dan kunnen ze je toch niet dwingen, of wel?*

K: Misschien is het, dat we bang zijn dat ze een klein beetje kennis hebben over wie wij zijn en dat ze misschien dit beetje kennis tegen ons zouden kunnen gebruiken, om ons misschien te laten praten. We mogen dit niet riskeren.

D: *Je kunt ze altijd voor de gek houden. Je hoeft ze niet de waarheid te vertellen. Ze zouden het verschil nooit weten.*

K: Dit is de wet. Als zij zichzelf niet doodt, dan zal ze worden gedood door hen uit haar kring, want ze zouden hun vertrouwen in haar hebben verloren.

D: *Ik begrijp nu waarom je het gevoel hebt, dat je mij bepaalde dingen niet kunt vertellen. Maar ik ben geen vijand, ik ben alleen maar iemand die met je praat. Dat weet je toch, of niet? (Ja) Je hebt toch niet het gevoel, dat ik je kwaad kan doen, of wel?*

K: Dat voel ik niet, maar hoe moet ik dat de anderen uitleggen, als zij mij zouden ondervragen?

D: *Ja, ik begrijp het. Dan kun je beter geen risico nemen. Nee, je hoeft mij niks te vertellen waarvan je het gevoel hebt, dat je het niet kunt. Ook al kan ik je verzekeren, dat het absoluut veilig is om met mij te praten. Blijf je gewoon uit de buurt van die mensen die jou wel kwaad kunnen doen?*

K: Ja. We blijven zoveel mogelijk bij hen uit de buurt.

D: *Hoe zien ze eruit? Hoe herken je hen?*

K: Ze zijn lang en dragen vreemde kleren. En ze hebben speren en marcheren. Het zijn krijgsmannen.
D: Wonen ze dichtbij waar jij leeft?
K: We hebben ze hier nog niet gezien. Maar het is slechts een dag reizen, er wordt gezegd dat ze al zover zijn gekomen.
D: Wat doen ze in dit land?
K: De Vrouwe zegt, dat ze zijn gekomen om het te overmeesteren.
D: Dan willen we niet, dat zulke mensen jouw geheimen leren kennen.

Ze begon weer te hoesten. Ik dacht dat ik het hoesten had verlicht door haar te verplaatsen van de rondwaaiende pollen.

D: Waarom moet je hoesten?
K: Het is iets dat ik ... uit mezelf probeer weg te werken. Het is... laat het mij uitleggen. Wanneer iemand de energie gebruikt om te genezen, wat in die persoon zit, neem je in jezelf over. En ik ben net begonnen, om dat eruit te werken.
D: Dus als je iemand geneest, dan neem je het deel wat verkeerd was in hen, over in jezelf? Bedoel je dat? (Ja) Is er een manier om te genezen zonder deel te nemen aan de ziekte?
K: Er zijn er die hoger zijn dan ik, die deze vaardigheid hebben, maar deze empathie is een deel van wie ik ben.
D: Ik had gedacht dat je jezelf zou kunnen beschermen, zodat je de ziekte niet over zou hoeven nemen.
K: Uiteindelijk, ja. Maar ik moet het nog leren.
D: Maar het is wel goed van je, dat je bereid bent om dit op je te nemen. Maar dan moet je het er weer uitwerken. Ik vroeg mij gewoon af, waarom je hoestte.

Ik vond dat we hier genoeg hadden geleerd, dus bracht ik haar vooruit in de tijd, naar een andere belangrijke dag in haar leven. Toen ik klaar was met tellen, zag ik duidelijk aan haar gezicht dat er iets mis was.

K: Ik was opgeroepen om te gaan genezen. (Ze leek bang.)
D: Waar ben je?
K: In een kamer ... en ze hebben de deur op slot gedaan!
D: Wie heeft de deur op slot gedaan?
K: De mensen die hier zijn. Het was een truc!

D: Oh? Je bedoelt dat deze mensen niet echt ziek zijn? (Nee) Maar jij dacht dat het veilig was? Dat het goed was om daarheen te gaan?

Ze nam lang de tijd om te antwoorden. Het was duidelijk dat ze bang was.

K: Het is gewoon een hut. We zijn hier vaker geweest. En ... ze hebben hen vermoord! Ze hebben de mensen vermoord, die hier wonen.
D: Wie zijn die mensen die de deur op slot hebben gedaan?
K: Het zijn... het moeten vreemdelingen zijn. Ze praten met elkaar. Ik kan hen horen.

Ik wist niet of ze al iets opving, maar ze was duidelijk angstig.

D: Wat denk je dat er gaat gebeuren?
K: (Haar stem was geforceerd.) Ik moet sterven. Ik wil het niet doen, maar ik moet het wel!
D: Waarom? Waar praten ze over?
K: Ik weet het niet. Ik begrijp hen niet. Ze spreken met vreemde woorden.

Er stond hier iets te gebeuren, dat mij erg verontrustte. Ze haalde diep adem en stopte met praten. Ze leek ergens mee bezig te zijn, dat ik niet begreep. Ze plaatste haar handen samen over haar solar plexus. De vingers en duimen raakten elkaar en wezen naar buiten, met haar armen en de polsen rustend over haar solar plexus. Dezelfde posities die ze mij eerder had getoond, toen ze beschreef hoe ze energie stuurde naar de ingewijden. Deze keer zag het er anders uit. Er was iets niet in orde. Ze was te intens. Het maakte mij ongemakkelijk. Ze concentreerde zich heel diep op iets en haar ademhaling begon te veranderen. Ik had een gevoel, dat de entiteit zichzelf iets aan het aandoen was. Ze had gezegd, dat ze zichzelf zou moeten doden in het geval ze gevangen zou worden genomen. Was de kracht van de Druïden zo groot dat ze controle hadden over hun eigen leven en dood? Ik wist het niet en ik wilde er ook niet achter komen. Er wordt gezegd dat het onderbewuste de persoon beschermt, zelfs in deze diepe staat van hypnose en dat het subject nooit in gevaar is. Maar haar intense concentratie waarmee ze focuste en de verandering van haar ademhaling, gaven mij een ongemakkelijk gevoel. Ik was bang dat de Druïde misschien krachtig genoeg zou zijn, dat ze zelfs haar huidige lichaamsstructuur onbedoeld zou kunnen schaden, terwijl ze haar leven vernietigde in de zevende eeuw. Mogelijk? Ik weet het niet, maar ik wilde geen enkel risico nemen, door aan te rommelen met de enorme energie die ze had verkregen van deze entiteit. Ik vond het veiliger om haar uit deze intense concentratie te halen en om haar uit deze situatie te halen. Voorkomen was beter dan genezen.

D: Okay. Ik ga tot drie tellen en dan kun je uit deze situatie wegkomen en erop terugkijken en mij vertellen wat er gebeurde. Het zal makkelijker zijn op die manier, of niet? (Geen antwoord) (Ik drong erop aan.) Zal het makkelijker zijn op die manier? (Ja) (Ik had eindelijk haar concentratie verbroken.) Okay. Ik zal tot drie tellen en dan is het afgelopen, en je kunt dan terugkijken en het beschrijven zonder betrokken te zijn. Ik denk dat dit veel prettiger zal zijn. 1, 2, 3, wat er gebeurde is al gebeurd en je kunt erop terugkijken zonder emotioneel betrokken te zijn. Praat er maar objectief over.

Ik was heel erg opgelucht toen ze haar handen liet zakken en weer normaal begon te ademen.

D: Kun je mij vertellen wat er is gebeurd?
K: Er is besloten dat de beste methode waarmee een leven kan worden beëindigd, simpelweg is om het te laten stoppen met functioneren.
D: Had je de kracht om zoiets te doen? (Ja)

Ik kreeg rillingen bij de woorden "te laten stoppen met functioneren." Ik denk dat ik de juiste beslissing had genomen, om haar uit haar concentratie te halen. Anderen hebben gezegd dat waarschijnlijk helemaal niets zou zijn gebeurd, maar zij waren er niet bij aanwezig. Ik geloof dat het waarschijnlijk te riskant zou zijn geweest, om het anders te laten gebeuren. Ik probeer altijd om mijn instinct te volgen in zulke gevallen. De veiligheid van het subject is mijn belangrijkste zorg. Karen en ik waren de enige aanwezigen in het huis gedurende de sessie. Ik had niet het voordeel van de ervaring, of het advies van Harriet om mij te leiden. Dit is de enige keer in mijn dertig jaar van ervaring, dat ik een situatie heb meegemaakt die mij beangstigde en die mij deed twijfelen aan mijn vaardigheid om het in goede banen te leiden. Klaarblijkelijk bezat de Druïde een grote kracht en ik ben blij dat ik niet hoefde uit te vinden hoever die kracht zou hebben gereikt. Nu dat ze buiten gevaar was, ontspande ik mij en probeerde ik mijn kalmte te hervinden, terwijl ik doorging.

D: Denk je, dat dit de mensen waren die je kwaad zouden doen? Om te proberen je krachten te misbruiken?
K: Zij wensen kennis, ja.
D: Maar je kon hun taal niet begrijpen. Hoe hadden ze jou zo ver kunnen krijgen, om geheimen te vertellen?
K: Toen ze voor het eerst spraken, spraken ze in de taal van de mensen. Ze wisten dus hoe ze de taal konden spreken, maar ik verstond hen niet toen ze onder elkaar spraken.
D: Denk je dat ze jou iets zouden hebben aangedaan, om je geheimen te onthullen?
K: Ze zouden het hebben geprobeerd. Ik was niet van plan om te falen als ze het zouden hebben geprobeerd, daarom heb ik het probleem verholpen.
D: Je stopte gewoon met functioneren?
K: Ja. Ze waren heel erg kwaad. Ze konden de gedachte niet verdragen, dat de mogelijkheid om die kracht te verkrijgen, hen was ontnomen. Ze zochten naar een wapen en ze dachten dat ik waarschijnlijk vergif had genomen.
D: Maar je had geen keuze, of wel?
K: Ik kon de gedachte niet verdragen, dat ik zou breken onder de druk die zij op mij zouden uitoefenen. Ik zou nooit meer bij mijn vrienden kunnen zijn, en mijn Vrouwe aanbidden. Daarom was er geen enkele reden om dit bestaan te laten voortduren.
D: Dan heb je het gevoel dat je het juiste hebt gedaan. Anderen hebben hetzelfde gedaan? (Ja) In dat geval was dit het enige dat je kon doen. Zie je enkele van je andere vrienden, nu je jouw lichaam hebt verlaten?
K: Ja, ze zijn bij mij.
D: Oh, dat is goed. Je zult een tijdje bij hen kunnen blijven. Soms gebeuren er dingen die we niet echt leuk vinden, die we niet willen doen, maar dit zijn dingen die we niet onder controle hebben. Ik denk dat je een heel moedig persoon bent geweest. Een heel erg goed persoon. Je had erg veel kennis. En je wilde gewoon niet dat

het op de verkeerde manier zou worden gebruikt. Dat het in de verkeerde handen zou vallen.

K: Mijn volk, zij streven ernaar om kennis voor het goede te gebruiken. En wij zweren een eed, dat deze kracht nooit in de handen mag vallen van degenen die hebzuchtig zijn of kwaadwillend, want dit is hetgeen dat lang geleden de ondergang is geweest van de voorvaderen van mijn volk. Dit is wat wij zweren.

D: *Ja, het mag echt nooit op een slechte manier worden gebuikt. Je bent een erg nobel persoon, een erg goed mens.*

Ik bracht Karen weg van deze scene en verplaatste haar nog eens honderd jaar terug in de tijd. Ze kwam in het leven terecht van de reizende, zingende minstreel, die verder wordt verkend in een ander hoofdstuk. De ervaring had geen blijvend effect op haar, terwijl ze het leven van de Druïde achter zich liet.

Hoofdstuk 2
De Druïde, Deel 1 (Bernadine)
(Opgenomen op 9 februari, 1984)

Ik had diverse malen met Bernadine gewerkt om te proberen de oorzaak te vinden van de ontsierende aandoening die zij sinds haar tienerjaren had. Het was een aandoening waardoor zij constant pijn leed, maar ze had zich er wonderlijk goed aan aangepast en had geleerd om ermee te leven. Ze was in staat haar geest onder controle te houden om de pijn te verdragen en leidde een normaal leven, maar ze werd ook zeer bedreven in metafysica en werd een volleerd astroloog. Ik kwam er later achter dat het Scalara (fonetisch) werd genoemd. We waren in staat om het te herleiden naar een parallel leven waarin ze een Duitse soldaat was geweest tijdens de 2e Wereldoorlog in Duitsland.

**Terwijl we Dolores' archiefbestanden doorzoeken, hopen we nog heel veel andere verhalen te vinden, die zij tijdens haar werk met al deze individuen ontdekte. Zoals je je wel kunt voorstellen, zijn dat er heel veel! **

Gedurende deze sessie zouden we andere levens gaan ontdekken, die hopelijk niet gerelateerd zouden zijn aan de ziekte. Deze sessie werd gehouden in haar appartement in Fayetteville.
Ik gebruikte een methode die ik niet langer gebruik. Ik vroeg haar om door een groot fotoalbum te bladeren en een foto te vinden die was genomen gedurende dit leven en zich dan te herinneren wat er plaatsvond, op het moment dat de foto was genomen. Deze methode werkt goed bij regressie tijdens het huidige leven. Ik geloof dat we opzoek waren naar het moment, waarop de aandoening zich voor het eerst voordeed.

D: *Twaalf jaar oud. Een gelukkige dag. Kun je een dergelijke foto vinden? (Hm-hm) Vertel mij hoe het eruitziet.*

B: Oh, ze nemen een foto van de familie. En we staan buiten bij de auto. En ik heb krullen in mijn haar, die ik boven op mijn hoofd heb bevestigd. (Grinnikend) Het ziet eruit alsof ik de krullers nog in heb, maar het zijn gewoon hele grote krullen. En ik wil eigenlijk niet dat mijn foto wordt genomen.

D: Ben je er dan niet zo blij mee?

B: Ik vind het gewoon niet leuk om op de foto te gaan. Maar ik moet erbij komen van hen. En ik leun op de auto ... achteraan. Ik sta aan één kant, met de rest van de familie.

D: En dat vond plaats op de dag dat die foto werd genomen?

B: Hm-hm, en we hadden wat familie op bezoek. En daarom wilden ze de foto nemen. Het zijn mijn oma en opa.

D: Maar jij was er gewoon niet blij mee.

B: Ik wilde gewoon niet dat mijn foto werd genomen.

D: Okay. Nou, kijk er dan maar niet meer naar. Blader wat verder en zoek een foto van jezelf waarop je ongeveer vijf jaar oud bent. Op een fijne dag. Kun je jezelf vinden? (Hm-hm) Okay, hoe ziet die foto eruit?

B: Ik ben op blote voeten. Het is op kamp. En mijn haar is heel kort geknipt als in een soort ... boblijn.

D: Staat er nog iemand anders op de foto?

B: Hm-hm. Er staat een jonge man op. Ik denk dat hij een priester was, of de zoon van de priester, of zoiets.

D: Ongeveer zo oud als jij?

B: Nee. Hij moet twintig zijn geweest, of zo.

D: Oh. Alleen jullie twee op de foto? (Hm-hm) En je zei dat je op bloten voeten was.

B: Hm-hm. Ik heb een klein jurkje aan. Het is ... (giechelt) ik draag een wijde korte broek eronder, die mama passend had gemaakt bij de jurk.

D: (Grinnikend) Ik gok dat je een schattig klein meisje was.

B: Ik denk het. Een beetje overgevoelig, denk ik.

D: (Grinnikend) Okay. Laten we naar nog wat andere foto's kijken. Probeer een foto te vinden van jezelf, waarop je een baby was. Er zullen toch ook babyfoto's in dat album zitten. Kun je een babyfoto voor mij zoeken? (Ja) Okay. Hoe ziet het eruit?

B: Nou, ik denk zoals elke andere baby.

D: Is er nog iets anders te zien op de foto?

B: Mijn moeder. Ik zit op haar schoot.

D: *Is zij de enige andere op de foto?*
B: Nee, mijn zus zit naast haar. Alleen wij drie.
D: *Een oudere zus?*
B: Hm-hm. We waren toen maar met zijn twee.
D: *Oh. Jullie waren het begin van een grote familie, toch?*
B: Na de oudste.
D: *En je bent dus maar een kleine baby op die foto.*
B: Hm-hm. Het is grappig. Het lijkt erop dat ik donker haar heb. Ik wist niet dat ik donker haar had.
D: *Denk je, dat je lichter haar had?*
B: Ik denk het. Dat dacht ik altijd.
D: *Maar op de foto is het donker?*
B: Hm-hm. Het is zwart-wit.
D: *Maar dat is een foto van jou, toen je een kleine baby was.*
B: Ik lijk een beetje op mijn vader.
D: *Nou, dit fotoalbum bevat heel veel foto's. Heel veel pagina's. Ik wil graag dat je nog wat meer pagina's bekijkt. En laten we teruggaan naar voordat je een kleine baby was en kijken wat je kunt zien, terwijl we verder teruggaan. Er zijn heel veel pagina's en heel veel foto's. Vind er één die belangrijk voor jou is. Terug in de tijd, voordat je een kleine baby was. Je ziet er misschien anders uit. Misschien denk je, dat het niet hetzelfde is, maar je zult het weten, wanneer je het vindt. Een foto die belangrijk is. Laat het mij weten, wanneer je die hebt gevonden.*
B: Hmmm. Degene die ik voor mij blijf zien is een...
D: *Wat?*
B: Degene die ik blijf zien is ... mijn moeder is zwanger.
D: *Jouw moeder is zwanger?*
B: Ze is zwanger. Ik denk van mij. Zij en vader en een ander stel.
D: *Je bekijkt dit nu? Terwijl je naar de foto kijkt? (Hm-hm) Ziet ze er jong uit?*
B: Ja. Mooi.
D: *Okay, Ik ga je nu wat vragen stellen. En je weet de antwoorden. Die zullen gewoon in je bewustzijn verschijnen en je zult de antwoorden op de vragen weten. Is je moeder zwanger van jou op dit moment? (Ja) Bekijk je haar, of ben je in het lichaam? Hoe voelt het voor jou? (Lange pauze)*
B: Ik ben niet ... Er is een lichaam in haar, maar ik ben er nog niet in.
D: *Kun je het lichaam zien, of weet je het gewoon?*

B: Beide.
D: *Lijkt het erop dat je het aanschouwt, of hoe voelt het aan voor je?*
B: Het is grappig. Het lijkt erop dat ik daarbinnen ben, maar ik ben ook tegelijkertijd hier.
D: *Twee plaatsen op hetzelfde moment? (Hm-hm) Probeer eens te beschrijven, hoe dat voelt.*
B: Alsof ik weet dat ik dat ben, maar ik ben er nog niet echt. Alsof ik weet dat ik daar zal zijn. En tegelijkertijd wil ik ook graag hierbuiten blijven. Ik ben er gewoon nog niet zo zeker van dat ik dit wil doen.
D: *Waarom ben je er niet zeker van?*
B: Ik geloof niet dat ik weer een baby wil zijn.
D: *Is het lichaam al ver ontwikkeld?*
B: Bijna helemaal. Het heeft vingers en tenen. En het hartje klopt.
D: *Ben je al in dat lichaam geweest, of heb je het de hele tijd alleen maar aanschouwd?*
B: Oh, ik ben er al in geweest. Ik wil er alleen niet blijven. Het is zo gesloten. Het is als een gevangenis.
D: *Dat kan ik begrijpen.*
B: Ik wil graag weten wat er buiten allemaal gebeurt.
D: *Wat ben je van plan?*
B: Ik moet al snel naar binnen en daar blijven.
D: *Is het toegestaan om hierbuiten te blijven zoals nu en gewoon te kijken?*
B: Niet al te lang meer. Ik denk dat ze willen, dat ik erin ga en daar blijf.
D: *Wie verlangt dat van je?*
B: Zij. De anderen die mij hebben gestuurd.
D: *Weet je wie zij zijn?*
B: De wijzen.
D: *Ze zei, dat ze je hebben gestuurd. Heb je daar zelf iets over te zeggen?*
B: Nu niet. Het is al besloten.
D: *Had je er hiervoor wel iets over te zeggen?*
B: Ik geloof het wel. Ik was liever een jongen geworden.
D: *Nam iemand die beslissing voor jou?*
B: Ze vertelden mij, dat het zo moet.
D: *Is er iets dat je moet leren, door dit keer een meisje te zijn?*
B: Ja. Maar ik wil het nog steeds niet doen.

D: *Vertelden ze je, dat je het moet doen? Je kunt er niet onderuit komen, of zo?*
B: Het is wat ik moet doen.
D: *Heb je enig idee waarvoor je precies terugkomt?*
B: Lessen leren, die ik nog steeds niet heb geleerd. Om andere mensen geven. Voor ze te zorgen.
D: *Denk je dat dit iets is, dat je de vorige keer niet hebt gedaan? (Ja) Denk je dat dit de belangrijkste les is, of zijn er nog andere?*
B: Oh er is nog meer. Maar dat is specifiek wat ik moet leren.
D: *Hm-hm. Wat ben je nu aan het doen?*
B: (Pauze) Het lichaam binnengaan. Het is zo krap. Ik hou er niet van om zo ingesloten te zitten.

Ze ademde erg zwaar.

D: *Is het bijna tijd om geboren te worden?*
B: Volgens mij nog niet.
D: *Maar ze vertelden je, dat je er al binnen in moest zijn?*
B: (Ongemakkelijk) Ja, ik moet blijven.
D: *Het is iets, waarvan ze willen dat je het ervaart.*
B: Ja. (Emotioneel) Ik wil wegrennen. Dat is een ding dat ik moet leren, niet wegrennen.
D: *Om in de situatie te blijven? (Hm-hm) Hoe voelt je moeder zich bij dit alles? Weet je dat?*
B: Soms is ze er niet al te zeker van.
D: *Kun je mij vertellen wat ze denkt en voelt?*
B: Ze wil mij, maar ze is ergens onzeker over.
D: *Weet jij wat dat is? (Lange pauze, geen antwoord.) Is het belangrijk om te weten hoe ze zich voelt?*
B: Ik denk het.
D: *Hoe voelt jouw vader zich? Weet je dat?*
B: Hij wil dat ik een jongen ben.
D: *Heeft hij andere kinderen?*
B: Ja. Hij heeft al een meisje. En ze hadden een andere die is gestorven.
D: *Tussen jou en dat andere meisje in?*
B: Hm-hm. Dat zit mijn moeder dwars.
D: *Oh. Misschien maakt ze zich daar een beetje zorgen over.*
B: Ik denk het.

D: *Hm-hm. Nou, je weet hoe mannen zijn. Ze willen altijd jongens. (Hm-hm) Dat kun je niet persoonlijk opvatten, toch?*
B: Ik wil zelf ook een jongen zijn!

Ik besloot om haar vooruit te brengen naar het tijdstip van de geboorte, zodat ze niet te veel last hoefde te hebben van het ongemakkelijke, krappe gevoel. Ik gaf haar ook de mogelijkheid om de geboorte te observeren, in plaats van het te moeten ervaren. Ik heb in andere sessies subjecten de werkelijke geboorte laten meemaken en dat kan een zeer traumatische ervaring zijn. Ze voelen pijn rondom het hoofd en de schouders en vechten om te kunnen ademen. Er is vaak sprake van een duidelijk gevoel dat ze stikken en naar lucht happen. Niet alleen is dit ongemakkelijk voor het subject, maar ook voor de hypnotherapeut. Op zulke momenten moet ik mijzelf eraan herinneren dat ze geen schade ondervinden van de ervaring, omdat ze daadwerkelijk geboren zijn, ze zijn goed aangekomen. Ik probeer het ongemak zo goed mogelijk te verzachten. Ik heb ontdekt dat het de keuze is van de inkomende ziel, of ze de werkelijke geboorte willen ervaring, of dat ze willen wachten in de kamer totdat de baby is geboren en dan pas het lichaam binnentreden. De enige regel is, dat de ziel moet binnentreden wanneer de baby wordt afgesneden van de levenskracht van de moeder, wanneer de baby de eerste ademteug neemt, anders wordt het kind doodgeboren.

D: *Ik ga tot drie tellen en op tel drie, ben je op het moment van je geboorte. Op het tijdstip dat je wordt geboren. En je kunt het ervaren zonder enig ongemak. 1, 2, 3, je bent aangekomen op het tijdstip van je geboorte. Kun je mij vertellen wat er gebeurt?*
B: Het gebeurt in een auto. En we gaan naar het ziekenhuis. Het is een eind weg.
D: *En je moeder en vader zijn in de auto? (Ja) Wie rijdt er?*
B: Mijn vader.
D: *Hoe voelt je moeder zich?*
B: Blij dat de tijd is gekomen. Ze wil het achter de rug hebben. Ik ook!
D: *Is het nog veel verder weg?*
B: (Pauze) Een stukje nog.
D: *Kun je mij vertellen wat je ervaart? Wat je voelt? Kun je mij een idee geven hoe het is?*

B: Ik wil ... Ik wil eruit! Ik wil nog steeds niet geboren worden in deze tijd.
D: Het is moeilijk om het allebei te krijgen, of niet?
B: Het is alsof ... ik voel mij in tweeën getrokken.
D: Okay. Laten we vooruitgaan tot we in het ziekenhuis zijn. Haalt ze het naar het ziekenhuis? (Hm-hm) Vertel mij wat er gebeurt.
B: Gaan ergens heen. Nemen haar mee. Het wordt zwaar.
D: Heb je hetzelfde gevoel dat je nog op twee plaatsen tegelijk bent?
B: (Zwaar ademend) Nee. Ik ben hier.
D: Ben je nu geboren?
B: Nee., Ik ben nog steeds ... het vindt nu plaats. Het doet pijn.
D: Het zal je geen pijn doen. Ontspan maar. Je zult niet echt iets voelen. Je kunt erover praten. Het is goed om over dingen te praten. (Zwaar ademend) Waar is ze ... Waar word je geboren?
B: We zijn in de bevallingskamer, denk ik. Het is ... veel lawaai. En felle lichten.
D: Ben je er nu uit?
B: Hm-hm. (Een diepe ademhaling.)
D: Dat is een opluchting, of niet soms?
B: Ik vind het niet leuk! (Pauze, alsof ze zwaar ademt.) Het is koud! Het doet pijn!
D: Wat doet pijn? Je bent nu toch geboren?
B: Ik denk het.
D: Waarom doet het pijn?
B: Overal. Mijn hoofd, het doet pijn.

Ik gaf haar wat suggesties om enig fysiek ongemak te verzachten.

B: De dokter moest iets doen. Ik zat klem.
D: En veroorzaakte dat het ongemak?
B: Deels.
D: Voelt het nu beter?
B: Hm-hm. Het is nog steeds koud! Ik zou willen dat ze mij met rust lieten!
D: Wat zijn ze aan het doen?
B: Ze hielden mij ondersteboven. Ze sloegen me. En ze ... ze laten mij niet met rust.
D: Zijn ze bezig om het warmer voor je te maken?

B: Ik hoop het maar. Ze namen mij weg van mijn moeder. Dat vind ik niet fijn.
D: *Waar is je moeder?*
B: Ze ligt daar op de tafel.
D: *Weet zij wat er aan de hand is?*
B: Ik denk het niet. (Mompelend, onverstaanbaar.)
D: *Nou, ze brengen je waarschijnlijk terug naar je moeder. Er zijn allerlei dingen die ze eerst moeten doen, toch?*
B: Ik hou er niet van om geboren te worden. Ik wil teruggaan!
D: *Waarheen?*
B: Niet hier!
D: *Waar wil je terug naartoe?*
B: Met de anderen.
D: *Vond je het daar fijner? (Ja) Maar dit was iets dat je moest doen, of niet?*
B: Hm-hm. Ik bekijk het nu.
D: *Wat bekijk je?*
B: Mijn moeder en ik.
D: *Wat gebeurt er?*
B: Oh, ze zijn nog steeds met mij aan het rommelen. Maar ik ... ben even weggegaan. Maar ik moet nu weer terugkeren.
D: *Waar is je moeder nu?*
B: Ze doen dingen met haar. En ze is blij dat het achter de rug is. Het gaat nu goed met haar. Het is goed, ik ben een meisje.
D: *Dat vindt ze toch niet erg?*
B: Ze is gewoon blij dat ik hier ben. Ik kan er nog steeds niet aan wennen.
D: *Vind je het prettiger als je het kunt aanschouwen, in plaats van in de baby te zijn? (Hm-hm) Deze mensen waarbij je nu wordt geboren, heb je hen eerder gekend? (Ja) Je moeder en je vader?*
B: Hen allebei.
D: *Weet je wat karma is?*
B: Waarom ik kwam?
D: *Denk je dat er iets is, zoals karma, wat er de reden van is dat je bij deze zelfde mensen bent gekomen? (Ja) Denk je dat je mij daarover kunt vertellen? Het uitleggen, als je dat kunt? (Pauze, geen antwoord. Ze was erg ontspannen. Misschien moe van de bevalling.) Ik bedoel, met deze mensen, was daar een reden voor? (Ja) Vertel mij wat het is. (Pauze) Weet je, het is goed om er nu*

over te praten. Maar als je ouder wordt, vergeet je het misschien. En je kunt het mij nu vertellen, voordat de herinnering vervaagt.
B: (Pauze) Mmm. Ik zie mijn grootmoeder.
D: Is zij daar?
B: Zij is erbij betrokken. Het is mijn papa's moeder. Ik zie haar. Ze is ... ze was eens mijn moeder. En hij was mijn broer. En hij ... hij deed mij iets aan. (Pauze) Iets slechts.
D: Oh? Nou, het kan geen kwaad om erover na te denken. Soms is het beter om het te begrijpen. Je vader was jouw broer in een ander leven?
B: Hm-hm. En nog iets anders (Zachtjes) Hij moet voor mij zorgen.
D: Gaat hij op die manier goedmaken wat hij eerder heeft gedaan?
B: Deels. Hij zorgt dit keer ook voor een hoop andere mensen. En van mij wordt verwacht dat ik dat observeer. Dit van hem leer.

Bernadines vader was een Protestantse priester in dit leven.

D: Denk je dan dat dit meer zijn karma is, dan dat van jou?
B: Ik geloof het. Ik geloof het.
D: En hoe zit het met je moeder? Was zij betrokken bij dezelfde situatie?
B: Iets anders.
D: Kun je zien wat er met je moeder aan de hand was?
B: (Pauze) Het is afgesproken aan de andere kant. Ik heb afgesproken om dit leven met haar te delen. En zij moet mij dingen leren. En mij helpen met wat ik moet doen. Het gaat ver terug. Heel ver. Ik zie dat we lange gewaden dragen. (Haar stem was zo zacht dat ik er moeite mee had om haar te verstaan.) Het is een groep vrouwen. We dragen allemaal witte gewaden. We handelen zaken af die andere mensen niet begrijpen.
D: Wat bedoel je met, die andere mensen niet begrijpen?
B: Sommige mensen noemen het "religieuze praktijen". Maar het zijn gewoon de wetten van de natuur, die zij niet begrijpen. Ze zijn het vergeten. Zij is de priester. Zij is de wijze. Zij leert het aan de rest van ons.
D: Waar ben je? In een gebouw of zo?
B: Voornamelijk buiten. We zijn op een eiland.
D: Weet je een naam voor het soort mensen dat jullie zijn?

B: (Pauze) We worden genoemd ... (Ze had moeite om de naam te zeggen.) Dru ... Dru ... (Ze probeerde klaarblijkelijk te zeggen: Druïde.)

Ik had het onwerkelijke gevoel dat ze over dezelfde groep sprak waar Karen het een jaar geleden over had gehad. Hoe kon ik haar nu vragen stellen en zaken verifiëren, zonder haar te leiden? Ik zou heel voorzichtig te werk moeten gaan. Bernadine en Karen kenden elkaar, maar Bernadine was veel ouder, mijn leeftijd.

D: Ben je altijd op het eiland?
B: Nee. Niet altijd.
D: Waarom kom je naar het eiland?
B: Het is een heilige plaats.
D: Wat doe je wanneer je op het eiland bent?
B: We houden ceremonies. En zij heeft contact met de meesters.
D: Heb je een bepaalde – oh, hoe zal ik het zeggen, "persoon", of "God" die je aanbidt? Is dat het juiste woord? (Pauze) Wanneer heb je die ceremonies?
B: Het is alles.
D: Het is wat?
B: Het Alles.
D: Vind je het daar prettig met haar en de anderen?
B: Oh, ja.
D: Ben je daar al lang?
B: Ik niet. De anderen, sommige van hen wel. Ik ben nieuw, jong, vergeleken bij sommige anderen. Ik begin het net te leren.
D: Waar kom je vandaan? Hoe kwam je bij deze groep?
B: Ze hebben mij gevonden.
D: Had je geen familie?
B: Ooit.
D: Wat bedoel je, ze vonden jou?
B: Mijn moeder en vader werden vermoord.
D: En toen namen zij jou mee? (Ja) Als je dan niet op het eiland bent, waar woon je dan?
B: Verschillende plaatsen.
D: Heb je geen permanente plek?

B: Nee. Er zijn diverse plaatsen waar we heengaan. We gaan daarheen waar de dingen groeien die we gebruiken. Soms moeten we ons verstoppen, omdat er mensen zijn die niet van ons houden.
D: *Wie zijn de mensen die niet van jullie houden?*
B: De magistraten.
D: *Waar wonen deze mensen?*
B: In de steden. We blijven weg uit de steden.
D: *Waarom houden ze niet van jullie?*
B: Ze zeggen dat we magie gebruiken.
D: *Ze zijn onwetend, nietwaar? (Ja) Ze begrijpen het gewoon niet. Zijn er ook mannen in jullie groep? (Nee) Ik heb gehoord dat er ook enkele mannen Druïde zijn.*
B: Er zijn andere groepen. Maar er zijn er geen in onze groep.
D: *Alleen vrouwen?*
B: Ja, in die waarbij ik hoor.
D: *Zijn er velen van jullie in deze groep?*
B: Het verandert. Soms zijn er maar een paar van ons. Soms meer. Sommige van hen gaan naar andere plaatsen. Sommigen van hen blijven langer op het eiland.
D: *Hoe kom je op het eiland?*
B: Er is een manier. Niet altijd. Wanneer wij gaan, dan is er een weg.
D: *Ga je in een boot? (Ik vroeg dit opzettelijk, zodat ik haar niet zou leiden.)*
B: Soms moeten ze met een boot komen. Maar wij gaan wanneer er een ... Ik wil zeggen, dat we soms lopend oversteken. Soms is er water en dan kun je er niet heen lopen.
D: *Bedoel je dat het water er niet altijd is?*
B: Nee. Het is niet altijd een eiland. Je moet weten wanneer en waar te gaan.

Iets in haar stem veranderde en in de manier waarop ze de volgorde van haar woorden gebruikte. Het was duidelijk dat ze de persoonlijkheid van de andere entiteit helemaal had overgenomen.

D: *Soms bedekt het water dan de weg die je moet bewandelen?*
B: Ja. Heel vaak.
D: *Hoe weet je wanneer het juiste moment is om over te steken?*
B: De hoofdpriesteres weet het altijd. Ik heb deze dingen nog niet geleerd.

D: *Vind je het fijn daar?*
B: Ja. Er is heel veel te leren.
D: *Vind je de andere vrouwen leuk die bij je zijn?*
B: Natuurlijk. Waarom zou ik dat niet vinden?
D: *Nou, ik vroeg het mij gewoon af. Zijn daar vrouwen waarmee je bevriend bent geraakt? (Ja) Ken je hun namen? Degenen waar je meer mee bevriend bent? Die je behulpzaam zijn geweest? (Pauze, ze had er moeite mee.) Of kun je hun namen bedenken?*

Ik was op zoek naar verificatie van Karen. Natuurlijk, zelfs als dit dezelfde groep zou zijn, dan had het vóór of na Karen kunnen zijn. We hebben geen idee hoelang de groep functioneerde. Het is nog steeds opmerkelijk dat zij duidelijk dezelfde tijd en plaats beschreven.

B: (Pauze, met moeite.) Lureen (fonetisch).
D: *Wat is jouw naam? (Pauze) Kun je dat bedenken?*
B: (Had moeite om dit te begrijpen en liet het haar meerder keren herhalen.) Liena (fonetisch: Li-en-a)
D: *Zie je wel, soms is het moeilijk om namen te herinneren.*
B: Ik dank je.
D: *Graag gedaan. Is er een altaar waar je de ceremonies houdt op het eiland? (Ja) Hoe ziet het altaar eruit?*
B: Het is van steen.
D: *Heeft het een bepaalde kleur?*
B: Wit.
D: *Is er iets anders mee aan de hand?*
B: Ik weet het niet. Anders dan wat?
D: *Nou, ik weet het niet. Dan gewone stenen die je in de velden vindt. Op het platteland.*
B: Het is wit.
D: *Gebruik je dit altaar in je ceremonies?*
B: Dat doet de Hogepriesteres.
D: *Draag je ook bepaalde ... oh, ik wil zeggen "juwelen", of bepaalde religieuze objecten op je lichaam?*
B: Een riem. Wat ik draag is anders dan wat de priesteres draagt. De Hogepriesteres draagt een ketting rond haar nek. Het is tamelijk groot. Het heeft ... ik weet niet hoe je dat noemt.
D: *Hoe ziet het eruit?*
B: Een juweel.

D: Oh. Het is zeker prachtig?
B: Dat is het.
D: Dragen de anderen ook zoiets rond hun nek?
B: Niet zoals dat van haar.
D: Dat is een mooie plek, of niet? (Ja) En het zijn ook aardige mensen, of niet soms?
B: Ja, dat zijn ze.
D: Zou je het goed vinden als ik nog eens een keer terugkom, om met je te praten?
B: Ik denk het wel.
D: Zou je er geen bezwaar tegen hebben? (Nee) Ik ben gewoon nieuwsgierig en ik hou ervan om vragen te stellen. Ik heb geen kwaad in de zin. Okay. We verlaten die scene nu.

(Het subject werd teruggebracht en georiënteerd op de huidige tijd. Toen Bernadine ontwaakte, herinnerde zij zich niks van de sessie. We bespraken het en ze kon de connectie met haar moeder zien, alsmede de verwantschap die zij voelde voor Karen. Ze leek te denken dat de riemen die de mensen droegen, verschillende kleuren hadden, elke kleur was een teken van hun rang, enz.)

Hoofdstuk 3
De Druïde, Deel 2 (Bernadine)
(Opgenomen op 4 april, 1985)

Het duurde langer dan een jaar, voordat we terug konden keren naar het verhaal van de Druïde, hetgeen ik probeerde te relateren aan het vergelijkbare verhaal van Karen. Op de dag dat we deze sessie hielden, was de belangrijkste reden dat we zouden proberen om de pijn van Bernadine te verlichten. Ook al was ze eraan gewend om haar pijn te verdragen en ermee te leven, er waren dagen dat het ondraagbaar voor haar werd en dat de enige oplossing was om in bed te gaan liggen. De pijn centreerde zich in haar linkeroog en die zijde van haar hoofd. Op zulke momenten kon ze geen enkel licht verdragen en droeg ze een oogmasker, sloot ze lichten uit van haar slaapkamer en ging ze naar bed. Op deze dag wilden we proberen om haar door middel van hypnose wat verlichting te geven. Terwijl ze onder zeil was, wilden we ook proberen om contact te maken met die andere entiteit. Al doende waren mijn eerste suggesties erop gericht om haar pijn te verzachten. Nadat ik haar sleutelwoord had gebruikt, gaf ik haar suggesties dat het zou voelen alsof haar oog zou worden gebaad in koud water, een zeer verzachtende sensatie. Ik moest haar zorgvuldig observeren om er zeker van te zijn dat het ongemak niet terugkeerde, terwijl wij deze sessie hielden. Als dat gebeurde, versterkte ik de verzachtende en pijn verlichtende voorstellen. Het was moeilijk om haar lichaamsbewegingen volledig in de gaten te jouden, want vanwege het oogmasker, was ik niet in staat om de REM-staat [Rapid Eye Movement] (haar oogbewegingen) te zien. Ik moest op andere signalen vertrouwen.

D: Nu zal ik tot drie tellen en dan beginnen we onze reis terug in de tijd en ruimte.

Ik hoefde haar niet te vertellen, waar zij heen moest gaan. Aan het einde van het aftellen, was ze terug in de andere tijd. Misschien ging ze wel erg enthousiast, om aan het ongemak dat ze in haar lichaam ervoer te ontsnappen. In elk geval ging ze onmiddellijk over naar de andere persoonlijkheid. Ik vroeg haar wat ze aan het doen was en wat ze zag.

B: Een boom. Een kleine boom. Het moet een jonge boom zijn. Niet erg groot. Groter dan ik ben. Hij heeft nog geen bladeren. Hij heeft slechts een paar kleine takken.
D: *Waar groeit deze jonge boom?*
B: Hij staat hier gewoon op zichzelf. Ik weet niet precies waar.
D: *Wat is er belangrijk aan deze jonge boom?*
B: Hij heeft medicinale eigenschappen. We nemen de twijgen en we persen deze uit. En we gebruiken wat er uitkomt in onze medicijnen.

Haar stem was vreemd langzaam en methodisch alsof de taal die zij sprak en de woorden die zij gebruikte haar onbekend voorkwamen. Ze sprak erg doelbewust.

D: *Wat voor soort medicijn zou dit opleveren?*
B: Het wordt gecombineerd met andere drankjes voor pijn ... voor koortsen.
D: *Wat voor soort jonge boom is het? Heeft hij een naam? Een bepaald soort boom?*
B: (Langzaam en doelgericht) Ik ben nog steeds onwetend over veel dingen. Dit is mij getoond. Ik weet niet of hij een naam heeft.

Haar stembanden en mond hadden schijnbaar moeite om deze woorden te vormen. Ze waren duidelijk vreemd voor haar.

D: *Wie laat jou deze dingen zien?*
B: De andere zusters. De oudere zusters.
D: *Geven zij deze kennis door? (Ja) Dan heb je dit nog niet zo lang gedaan?*
B: Ik ben net bezig met deze training. Ik moet nog veel leren.
D: *Het duurt vast lang om al die dingen te leren.*
B: Ik hoop ooit zo wijs te zijn als hen.
D: *Ben je al ingewijd?*

B: Nee. Niet de laatste [inwijding]. Ik heb de beginnersinwijding gehad. Het is alleen de gelofte. Het mij toelaten als leerling, zogezegd. (Dat woord was moeilijk voor haar om uit te spreken.)
D: Waar werd de beginnersinwijding gehouden?
B: Op het eiland.
D: Waren daar veel mensen bij?
B: Alle zusters.
D: Waren er veel, die zusters wilden worden?
B: Alleen degenen die al zijn goedgekeurd, mogen naar het eiland gaan.
D: Is het niet makkelijk om een zuster te worden? Is dat wat je bedoeld?
B: Ja. Het is niet algemeen geaccepteerd in onze kunsten.
D: Waar kwam je vandaan, voordat jij je aansloot bij de zusters?
B: Een dorpje. Slechts een paar families.
D: Was je erg oud toen je daar vertrok?
B: Toen ik mij aansloot bij de zusters? (Ja) Nee. Nou, hoe oud is oud? Ik was veertien zomers.
D: Wat vonden je ouders ervan dat je vertrok?
B: Ik heb geen ouders
D: Bij wie woonde je in dat dorp?
B: Een andere familie had mij in huis genomen. M'n ouders zijn dood.
D: Wat vond de andere familie? Wat vonden ze ervan toen je vertrok?
B: 't Was één mond minder te voeden.
D: Dan vonden ze het niet zo erg.
B: Ze hadden er niks over te zeggen, niet mijn echte familie zijnde.
D: Hoe kwam het dat je vertrok? Hoe wist je van de zusters af?
B: Ik ontmoette er eén in het dal, toen ik aan het dwalen was. Ik ben altijd een dwaler geweest. En praat met het kleine volk.
D: Oh, ik heb over hen gehoord. Kun je hen zien?
B: Kunt gij dat niet?
D: (Ik probeerde haar vertrouwen te winnen.) Ik denk het, soms. (Jawel [Aye]) Ik heb anderen gesproken die het kunnen.
B: Ik praat met hen. En sommigen zeggen, dat ik gek ben.
D: Oh, dat heb ik ook gehoord. Elke keer dat we dingen doen die anders zijn, dan noemen ze ons dat, nietwaar? (Jawel) Maar wij weten wel beter toch? (Jawel) Maar jij ontmoette een dame?

B: Jawel. 't Was één van de zusters. En ze sprak met mij. En zij is ook vriend van het Kleine Volk. En ze kent mij. Zelfs beter dan m'n ma toen ze nog leefde.

Haar accent werd uitgesprokener, terwijl ze de woorden sprak in de manier waarop ze dat gewend was. Het klonk van tijd tot tijd een beetje Iers, maar niet volledig. Dat was overduidelijk niet Bernadine die sprak, maar de andere entiteit. Dit is de manier waarop zij Engels omzetten naar hun eigen taal, door woorden in een ongebruikelijke volgorde te zetten. Het klinkt altijd alsof ze in hun hoofd vertalen van de ene taal naar de andere, omdat de woorden in een andere volgorde worden gebruikt. Dit is het teken van een ware somnambulist. Ze nemen werkelijk die andere persoonlijkheid aan.

D: Denk je dat sommige van deze kennis afkomstig is van het Kleine Volk?
B: Jawel. 't Is zeker.
D: Dat het Kleine Volk de zusters vertelt over deze kennis.
B: 't Is wat zij doende zijn.
D: Hoe heet jij? Hoe kan ik je noemen? (Lange pauze/ Geen antwoord.) Is er iets dat ik je kan noemen?
B: Ben genaamd Linel (Ze leek onzeker.)
D: Linel (fonetisch: Len nel). Zeg ik dat goed (Jawel) Okay. Hoe ga je gekleed?
B: 't Is slechts een jurk van ruw materiaal. 't Is erg simpel. En ik [heb] lange mouwen. En nie' veel kleur.
D: Hangt het los of iets dergelijks?
B: Jawel. Vandaag is 't hoe ik ben.
D: Draag je het op andere dagen anders?
B: Soms draag ik de riem. Het touw.
D: Is het dragen van de riem belangrijk op een bepaalde manier?
B: Jawel. 't Is het teken van de zusters.
D: Dat is hoe jullie elkaar herkennen. Is dat wat je bedoelt?
B: Jawel. Dit is één van de tekenen.
D: Wat is er anders aan de riem, waaraan je elkaar kunt herkennen?
B: 't Is soms hoe 't is geknoopt. Soms wat er op de riem is. Om degenen te herkennen op andere niveaus.
D: Bedoel je een versiering op de riem of zoiets?
B: Jawel. Het zou zo genoemd kunnen worden.

D: *Als je een beginner bent, wat voor soort ornament heb je dan? Hoe is dat van jou anders?*
B: Ik draag niet het ornament (zorgvuldig uitgesproken), als jij het noemt. 't Is verdiend wanneer men de test doorstaat.
D: *Oh. Dan heb jij alleen de riem? (Jawel) Hoe ziet het ornament eruit, zodra je de test hebt doorstaan?*
B: 't Is meer dan één.
D: *Ik wil het echt graag weten, het zelf leren. Wat onderscheidt de verschillende niveaus?*
B: Dat mag ik u niet vertellen.
D: *Maar je weet dat ik niks doorvertel.*
B: 't Is slechts aan de ingewijden om te weten.
D: *Nou, ik wil je niet in de problemen brengen. Maar je weet dat je mij dingen kunt vertellen, die je nooit aan iemand anders kunt vertellen.*
B: Ik heb gezworen. Nooit mag ik mijn woord breken.
D: *Dat respecteer ik. Echt waar. Maar ik wil dat jij je veilig bij mij voelt. Dat voel jij je toch, of niet?*
B: 't Is niet dat ik u niet vertrouw. 't Is dat ik mijn woord gaf.
D: *Dat is in orde. Ik zal je nooit vragen om je woord te breken. Als ik je een vraag stel en je kunt mij niet antwoorden, dan mag je dat gewoon zeggen. Dat zal ik respecteren. Ik wil alleen maar wat goed is voor jou. Als je het niet kunt vertellen, laat het mij maar weten. Dat is in orde. Ben je gelukkig met jouw leven daar?*
B: Jawel. 't Is zo veel beter dan wanneer ik een reserve mond ben in een andere familie, waar ik niet thuishoor.
D: *Je voelde je daar niet op je plek. Is dat wat je bedoelt?*
B: Jawel. Ze zijn vriendelijk, maar 'k ben geen familie.
D: *Voel jij je meer als een familie bij de zusters?*
B: Jawel. 't Is mijn familie nu.
D: *Hebben ze ook een leider, zogezegd?*
B: Jawel. Er zijn verschillende leiders. We hebben onze hoofdzuster, en ze zijn meester over haar, wanneer de groep samenkomt.
D: *Zijn er dan ook verschillende andere groepen?*
B: Oh, jawel. We leven nie' allemaal op dezelfde plaats. Want wij verplaatsen ons vaak. Om niet bekend te geraken bij hen die ons vervolgen.
D: *Waarom vervolgen mensen jullie? Ik zou denken dat jullie niemand kwaad doen.*

B: Zij begrijpen 't nie'. Zij nie' ... sommigen denken wij zijn heksen. Sommigen denken wij zijn ... slecht, omdat zij nie' begrijpen wat wij doen.

D: *Doen jullie slechte dingen?*

B: (Empathisch) Neen! Neen!

D: *Helpen jullie andere mensen?*

B: Jawel, 't zij ons werk. Te genezen en te werken met de natuur en het Kleine Volk. En we verzamelen kennis. En 't is zeer geheim. Hetgeen zij niet goed vinden. Want zij wensen te weten hoe wij onze kracht verkrijgen.

D: *Waarom denk je dat zij deze dingen willen weten?*

B: Omdat zij geen controle hebben als wij krachten hebben die zij niet begrijpen. En zij vrezen ons daarvoor.

D: *Zijn dit specifieke mensen, of gewoon iedereen?*

B: Oh, niet iedereen. Wij brengen genezing voor velen en velen zoeken ons op en beschermen ons. En zij zorgen soms voor ons. Maar zij laten de magistraten dit niet te weten komen. Wij denken dat het hun taak is om ons te vangen, in de val te lokken. En ons te betrappen als wij onze magie beoefenen, zoals zij het noemen.

D: *Dan is het net als met de ambtenaren? Bedoel je dat? (Jawel) Hoe blijf je uit de buurt van die mensen?*

B: Wij worden door velen gewaarschuwd, als men weet dat zij in de buurt zijn. En wij houden ons op in de bossen en valleien en uit de buurt van de wegen. En we gaan alleen naar de dorpen, als we zijn geïnformeerd dat 't veilig is. Soms zijn er, die oneerlijk zijn en ons verraden. Dus moeten we heel voorzichtig zijn.

D: *Waar leef je dan, als je zo vaak moet verplaatsen?*

B: Jawel. We wonen bij Moeder Natuur (Ze had moeite met het woord "moeder"). Bij de heuvels en de grotten en het woud. En onze vrienden. Zijnde de 'elementalen' [elementals]. En zij leiden ons soms. En we hebben onze geheime schuilplaatsen.

D: *Ken je De Ouden? (Geen antwoord.) Heb je ooit van die term gehoord?*

B: (Voorzichtig) Het is mij niet toegestaan om daarover te spreken.

D: *Want ik heb over hen gehoord. Ik vroeg mij af of jij dat ook had?*

B: Ik heb gehoord. Wat weet jij over hen?

Het was interessant dat ze het bekende "gij" ["ye"] had gebruikt. Nu dat ze achterdochtig werd, veranderde ze naar het naamwoord "jij". Dit was een moeilijke vraag zonder haar te leiden. Als ik het correct zou doen, zou ik misschien haar vertrouwen kunnen winnen.

D: *Nou, ik weet dat zij in de heuvels en de grotten wonen. En zij bedrijven de oude religies van vele, vele jaren geleden. En dat zij bevriend zijn met de Gezusters. Zoveel weet ik. Is dat correct?*
B: Van waar komt gij?
D: *Oh, je zou kunnen zeggen, dat ik ook één ben met de natuur.*
B: Alleen degenen onder ons weten zulke dingen. 't Is gevaarlijke kennis.
D: *Dat weet ik. Daarom vertelde ik je, dat je mij kunt vertrouwen. Want ik weet veel dingen. En ik zou er niet aan moeten denken om jou pijn te doen. Ik heb gehoord dat De Ouden de oude religie bedrijven van de oude goden. En dat er niet veel meer over zijn gebleven. Is dat correct?*
B: 't Is ... Ik weet niet of ik vrij ben om te spreken met iemand die zulke kennis al bezit. Ik wens mijn geloften niet te breken. En ... (Ik kon zien dat ze het er moeilijk mee had, in tweestrijd was.)
D: *Dat is prima. Dat respecteer ik.*
B: Iemand die weet van De Ouden, moet een vriend zijn, anders had je niet tot dit moment overleefd.
D: *Ja, dat is waar. Ik moest ook erg voorzichtig zijn.*
B: Kent gij De Ouden persoonlijk?
D: *Nee, ik heb alleen over hen gehoord. Het is mij nooit toegestaan om hen te ontmoeten. Maar ik weet dat zij bestaan.*
B: Alleen degenen die zijn ingewijd hebben toestemming om hen te ontmoeten. Ik heb dat privilege nog niet gehad.
D: *Misschien gebeurt dat ooit nog.*
B: Jawel, dat hoop ik.
D: *Ik heb ook gehoord dat De Ouden de gezusters helpen met voedsel.*
B: 't Is veel dat zij verschaffen. En wij zijn hen veel dank verschuldigd.
D: *Oh, zij zijn erg vriendelijk.*
B: Jawel. 't Is jammer dat er diegenen zijn, die hen willen vernietigen.
D: *Dat zijn de mensen die het niet begrijpen. Zij zijn niet zoals wij. (Jawel) Ga je vaak naar het eiland?*
B: Alleen op bepaalde tijden van het jaar. Sommigen gaan vaker. Elke maan zijn er, die er heen gaan, maar niet allen.
D: *Het is daar veilig.*

B: Jawel. Ik zou daar graag meer tijd doorbrengen. Maar ik ben drukdoende met werk en oefenen, hetgeen op andere plaatsen moet gebeuren.
D: *Het eiland is de enige plek waar de slechte mensen niet kunnen volgen.*
B: Jawel. Zij weten er niet van. (Verrast) hoe weet gij dit?
D: *Ik vertelde het je al, ik weet veel dingen. Ik heb veel kennis over jullie manieren. Daarom zal ik jullie niet verraden.*
B: Want 't is geheim.
D: *Ja. Ik weet van de landbrug.*
B: Gij weet dit? (Ja) Heeft gij die overgestoken?
D: *Nee, dat is mij niet toegestaan, want ik ben geen zuster. Maar ik ben heel erg nauw verbonden met jullie zusters.*
B: Jawel, 't is een speciale reis die moet worden ondernomen.
D: *Ik weet dat het niet altijd aanwezig is.*
B: Nee, 't is dat wat onze bescherming is.
D: *Het weerhoudt de anderen ervan om te volgen. Zij weten daar niks van.*
B: Jawel. Wij hopen dat geen van onze achtervolgers hiervan op de hoogte zijn.
D: *Ik denk niet dat zij dit weten. Ik heb er nooit met iemand anders over gesproken.*
B: 't Is verhuld, zoals je weet, in nevelen. Zodat slechts enkelen weten dat het ooit bestaat.
D: *Ja, zij kunnen het niet zien, want het is meestal onder water, is dat niet zo? (Jawel) Dit is heel goed. Het is een lange brug van het land naar het eiland?*
B: Oh, 't is ... misschien ... (Onzeker) Ik tel de stappen naar ... Ik weet niet hoe ik anders een voorbeeld moet geven. Misschien dertig ... of zo.
D: *Stappen? Van de kust naar het eiland? (Jawel) Dan is het niet erg ver.*
B: Nee. Alleen ... Men moet de weg weten om bij die precieze plek te komen. En dat is een langere weg.
D: *Maar kunnen de achtervolgers dan niet per boot komen?*
B: Misschien, als zij zouden weten van de bijeenkomsten. Maar we hopen dat geen één dat weet.
D: *Dan weten ze niet dat je daar bent.*
B: We zouden hopen van niet.

D: Is er alleen dat ene eiland?
B: Waarop we ontmoeten, bedoel je?
D: Maar er zijn ook andere eilanden in de buurt?
B: Jawel. Maar dit is deel van onze veiligheid. Want als zij ervan horen, dan weten zij nog niet welk eiland.
D: Dat is goed. Als er maar één eiland zou zijn, dan zou het gemakkelijker zijn om te vinden. Maar als er meerdere zijn, dan weten ze niet eens dat je er bent.
B: Jawel. 't Is gemakkelijk om verward te raken. Met name in de nevelen. Want alles ziet er hetzelfde uit in de nevelen.
D: Zijn de nevelen daar altijd?
B: Ik weet het niet, wanneer ik daar niet ben. Wanneer ik daar was, zijn ze er geweest. Sommigen zeggen dat Onze Vrouwe deze creëert voor onze veiligheid. Ik weet niet of dit waar is.
D: Het zou kunnen. Het is mogelijk.
B: Jawel. Ik denk dat het misschien waar is, want ze is krachtig.
D: Ik heb gehoord over haar kracht. Heb je haar ooit mogen zien?
B: (Pauze) Niet haar gezicht. Ik heb haar in haar licht gezien. Maar ik weet niet of iemand haar gezicht kan zien nadat ze zijn ingewijd. Want wij zijn niet geïnformeerd over al deze dingen.
D: Je moet nog veel leren, of niet soms? (Jawel) Heb je enige goede vrienden onder de zusters?
B: Zij zijn allemaal mijn vrienden. 't Is erg goed om zoveel vrienden te hebben.
D: Dat is goed. Veel mensen leiden hun hele leven, zonder dat ze ooit een echte vriend hebben. (Jawel) Dan zijn ze als familie, is het niet?
B: Wij zijn gezegend dat we zo'n familie hebben.
D: Ja, dat is erg goed. Prima. Heb je ooit wel eens over de Druïden gehoord? Betekent die naam iets voor je?
B: We worden soms zo genoemd door sommige mensen. 't Is niet hoe wij onszelf noemen.
D: Hoe noemen jullie jezelf?
B: (Lange pauze) Ik ben niet vrij om zulke geheime dingen te vertellen. Maar "zusters" is hoe wij elkaar noemen.
D: Ik wist niet of het een geheim was. Maar ik heb gehoord dat de Druïden voornamelijk mannen zijn.

B: Jawel. 't Is niet hetzelfde als wij zijn. Maar er zijn er ook die ons zo noemen. Want we hebben geheime ceremonies en veel van de oude leringen, welke gelijk zijn bij de andere sekte.
D: Dan hebben jullie geen mannen in jullie sekte?
B: Nee. Wij zijn alleen gezusters.
D: Hebben de mannen andere overtuigingen dan jullie?
B: Jawel. Sommige. Ik weet zelf niet veel over hen, behalve dat zij ... sommige worden gebruikt voor doeleinden die wij niet gebruiken. Wij keuren sommige van hun gebruiken niet goed.
D: Oh, dan hebben jullie andere overtuigingen.
B: Bij mijn weten gebruiken zij sommige van de oude leringen die wij leren. Maar zij hebben deze aangewend voor gebruiken die niet zijn goedgekeurd door de geesten. Dit is het enige dat ik ervan weet. Ik weet niet of ik dat goed heb.
D: Maar jij denkt dus dat ze de kennis verkeerd gebruiken.
B: 't Wordt onder de zusters zo gezegd.
D: Zou het hierdoor komen, dat de twee sektes niet samenwerken?
B: Dit is waarom wij niet ...
D: Met elkaar geassocieerd willen worden.
B: Jawel. Want onze doelen zijn om heling te brengen en liefde en harmonie met onze wereld. En dit zijn onze doelen.
D: Ja, dat is ook mijn doel. Ik wil kennis brengen aan mensen die kennis zoeken. Ik wil het op de juiste manier doen. Zie je, we zijn niet heel erg verschillend, of wel?
B: Gij bent vreemd, dat gij geen zuster bent. Er zijn er niet veel van, gewoon volk, die zulks weten als gij weet.
D: Misschien zullen zij mij ooit toelaten zuster te worden. Wie zal het zeggen?
B: Wenst gij een zuster te zijn?
D: Mogelijk.
B: 't Is een goed leven als gij sterk zijt en het niet erg vindt om buiten te leven en zowel afhankelijk te zijn van goede mensen, als van het platteland.
D: Denk je dat zij mij zullen overwegen, als ik met iemand zou praten over toetreding?
B: Ik weet het zelf niet, maar de oudere zuster zou het jou misschien kunnen zeggen. Ze is erg vriendelijk en wijs. En ik weet niet hoe ... of ze dames in de groep laten. Ik weet alleen dat de meesten van ons beginnen als beginneling, als jongere.

D: *Denk je dat ik al ouder ben? Dat ze mij niet zullen toelaten?*
B: Ik weet het niet. Gij kunt navraag doen.
D: *Maar ik zou graag een vriend willen zijn.*
B: Er is geen reden, voor zover ik kan zien, om geen vrienden te zijn.
D: *Ik kan helpen jullie te beschermen. Dat is goed.*
B: Zoudt gij iemand zijn, die zou weten van de komst van onze achtervolgers?
D: *Dat zou een goed idee zijn, of niet soms? Ik zou je kunnen waarschuwen.*
B: Daar zijn wij altijd dankbaar voor, want hier hangt ons overleven van af.
D: *Ik respecteer wat je doet en ik zou je op elke mogelijke manier helpen.*
B: 't Is goed. Voor degenen die weten wat voor goeds wij doen.
D: *Maar weet je, ik ben heel erg nieuwsgierig. Daarom stel ik zoveel vragen.*
B: Nieuwsgierig?
D: *Weet je wat dat betekent?*
B: 't Is een vreemd woord.
D: *Het betekent dat ik heel veel dingen wil weten, daarom stel ik zoveel vragen.*
B: Jawel! Dat doet gij!
D: *(Grinnikend) Maar niet om jou problemen te bezorgen. Het betekent gewoon dat ik veel dingen wil weten.*
B: Oh! Ikzelf wens ook veel dingen te weten.
D: *Dat is wat het woord "nieuwsgierigheid" betekent. (Oh?) Je wilt het weten.*
B: Zeker. Dan ben ik ook nieuwsgierig.
D: *Dus als je het mij niet kunt vertellen, laat het dan gewoon weten. Want ik weet anders niet, of iets een geheim is. Ik stel gewoon vragen.*
B: Ik antwoord als ik ertoe in staat ben.
D: *Dat is alles wat ik vraag. Zijn er ook grote stenen in de buurt van waar je leeft?*
B: Waar ik leef, dat zijn veel plaatsen. Refereert gij aan de markeringen?
D: *Nou, ik heb gehoord dat er bepaalde plaatsen zijn waar veel stenen bij elkaar staan. Is dat wat je bedoelt?*

B: Jawel. 't Zijn die welke zijn geplaatst door De Ouden. Het zijn zeer speciale plaatsen voor energie en wijsheid. En er is daar veel, waar ik nog niet van weet. Maar er zijn er daar aanwezig, die veel weten van deze zaken.

D: *Zijn er van deze grote markeringen vlakbij waar je leeft?*

B: Degene die op de grote plek staan, zijn op enige afstand verwijderd van waar wij nu zijn. Maar 't is te lopen, misschien ... hangt af van hoe snel je loopt. Maar ik zou het kunnen halen in ... een dag, en misschien nog een halve andere dag.

D: *Oh, dan is het niet echt dichtbij.*

B: Niet dichtbij hier.

D: *Is dit de grote?*

B: Dit is de groepering waarvan ik spreek.

D: *Ja. Ik heb gehoord dat er één is, die in een grote cirkel staat. Is dat dezelfde?*

B: Jawel. Ik heb gehoord dat er één is die een grote cirkel heeft. Want deze is bekend bij velen. En velen weten niet, wat het doel ervan is.

D: *Zijn er ook kleinere?*

B: Jawel. Er zijn individuele op diverse plaatsen.

D: *Weet je de naam van de grote, hoe jullie die noemen in jouw land?*

B: Ik weet niet hoe anderen het noemen. Ik weet niet of het mij is toegestaan om hierover te praten. Nogmaals, er is mij niet verteld of dit een geheim is.

D: *Misschien is dat niet het geval. Zeker niet als het een bekende plaats is, dan is het misschien geen geheim. (Ze was in de war.) Kun je mij vertellen hoe de mensen die grote noemen?*

B: Voor sommigen staat het bekend als De Magische Cirkel. Zo is het voor sommige mensen. En ... Ik mag er niet over praten in onze taal. Want 't is een deel van onze ... ik weet niet of ik hierover mag praten.

D: *Dat is prima. Als jij je er niet goed bij voelt, dan is het goed zo.*

B: Ik wil mijn woord niet breken.

D: *Dat is in orde. Ik weet niet of het waar is, maar ik heb horen zeggen dat de Druïden de grote cirkel hebben gebouwd.*

B: 't Waren De Ouden. Als zij bekend staan als de Druïden. De term wordt verschillend gebruikt door verschillende mensen. En we wensen niet aan hen te refereren als Druïden als degenen die de magische stenen hebben geplaatst, want zij leven in deze dagen.

D: *Ik dacht altijd, dat het veel ouder was en er al veel langer stond.*
B: Zeker, langer dan de Druïden van vandaag. En ik weet niet zeker of De Ouden die ze plaatsten, Druïden waren of niet. Want het is een misbruikte naam.
D: *Veel mensen weten dus niet, wat de echte naam Druïde betekent. (Jawel) Nou, ga je dan wel eens naar de grote cirkel voor speciale gelegenheden?*
B: Jawel. Ik ben daar twee keer geweest. En zou er graag weer heengaan. Want 't is er erg ... ik weet niet hoe ik dit moet uitleggen. Er gebeurt veel, wanneer men in de omliggende omgeving is en de kracht wordt versterkt. En sommigen van onze groep gaan erheen voor ceremonies. Maar ik weet niet waaruit die bestaan. Want 't is slechts een deel van de hoge ingewijden die het doen.
D: *De keren dat je daar naartoe bent gegaan, was dat voor een speciale gelegenheid?*
B: Jawel. 't Was een bijeenkomst. Maar we mochten niet deelnemen aan wat de hoge ingewijden deden.
D: *Omdat jij nieuw bent? (Jawel) Maar jij mocht toekijken. Was het een speciale dag?*
B: 't Was ons aangekondigd vanuit andere groepen. En ik weet niet of het een speciale tijd was die zal worden herhaald, zoals naar het eiland gaan. Ik denk dat het misschien wordt opgeroepen door één van de meesteressen.
D: *Ik dacht dat ze misschien op bepaalde dagen zouden gaan.*
B: Misschien is dat het doel. Als dat zo is, dan heb ik dan zelf niet zo geleerd. Er is veel waarvan ik nog steeds niks weet.
D: *Ja, er nog zoveel kennis om te leren. Heb je ooit gehoord over een plaats waarvan ik heb gehoord, genaamd de Dans der Reuzen? Heb je die term wel eens samen gehoord met de rotsen en stenen?*
B: 't Is vreemd ... vreemd gezegde. Dans der Reuzen?
D: *Hm-hm. Ik heb gehoord dat er een cirkel is die zo wordt genoemd.*
B: Gij bedoelt dat de plaats zo wordt genoemd?
D: *Ja. Misschien is het niet in jouw deel van het land.*
B: Ik weet niet van een dergelijke plek. Er gaan verhalen dat er veel vreemde dingen gebeuren in de cirkel. En niet alleen het Kleine Volk, maar ook andere, voor de gewone persoon vaak onbekende wezens verschijnen daar. En ik weet niet of daar ook reuzen bij zijn, maar 't is mogelijk.

D: *Alles is mogelijk. Ik geloof dat de man die mij hierover vertelde in Erin leefde. Ken je dat land?*
B: Erin? Jawel, 't is over de zee.

Ik refereerde aan informatie die mij was gegeven door een reizende minstreel in een ander hoofdstuk.

D: *Oh, dan zou het daaraan liggen dat je deze plaats nog niet hebt gezien. Heb je een naam voor jouw land? (Pauze, geen antwoord) Waar leef je?*
B: (Verward) Land? Dorp?
D: *Noemen jullie het niet een bepaalde naam?*
B: Sommige dorpen hebben een naam. Wij hebben geen huis en wonen op verschillende plekken.
D: *Ik vroeg het mij gewoon af. Maar Erin is aan de andere kant van de zee?*
B: Zo is mij verteld.
D: *Ok. Ik moet nu gaan. Zou het goed zijn als ik nog eens terugkom om met je te praten? (Jawel) Want je ziet, dat ik je geen kwaad toewens.*
B: Ik denk niet dat gij dat doet. Ik wens niet onbeleefd te zijn, maar ik antwoord zoals ik voel dat ik kan doen.
D: *Dat is helemaal goed. Dat is alles wat ik vraag. Ik zou het op prijs stellen, als ik nog eens een keer terug mag komen. En dan kunnen we weer praten.*
B: Jawel. Misschien wil je spreken met een oudere zuster, over het toetreden tot de zusters.
D: *Dat is mogelijk. Ik zal er over nadenken. (Jawel) Maar ik heb ervan genoten om met je te spreken. Je hebt mijn nieuwsgierigheid verholpen.*
B: Jawel. 't Is een goed woord.
D: *Het is een gek woord, nietwaar? (Jawel) Prima. Nou, bedankt dat je met mij hebt gesproken. We zullen deze scene nu verlaten.*

Ik bracht Bernadine terug naar de huidige tijd. Ik ging nog even door met pijnbestrijding voordat ze wakker werd gemaakt. Bij het wakker worden voelde zij zich erg opgelucht en had ze totaal geen herinnering aan de sessie. Dit bevestigde mijn conclusie dat ze een somnambulist was.

De tijd verstreek en onze levens gingen beide een andere kant op. Ik kreeg nooit meer de gelegenheid om een andere sessie te doen met Bernadine, dus we weten niet of ze hetzelfde lot heeft ondergaan als Karen. Zij heeft later geholpen met de astrologische data voor het boek Nostradamus Volume II. We bleven vrienden, maar vonden geen gelegenheid meer om nog een andere sessie te houden. Bernadine overleed vlak na kerstmis 1995 en dat op zichzelf was een vreemd verhaal, gerelateerd aan haar pijn. Ik weet niet of ik dit ooit zal toevoegen, als ik dit materiaal ooit zal gebruiken voor een boek.

Sectie 2
Brenda's verhaal als Astelle

Introductie
Astelle

Toen ik Brenda voor het eerst ontmoette, was zij nieuwsgierig of ze vorige levens had en of zij kon worden gehypnotiseerd. Veel cliënten vragen zich dat af. Maar het is een natuurlijke staat van het lichaam, dus ik maakte mij er geen zorgen over. Ik was benieuwd om te zien waar ze heen zou gaan en wat voor soort levens wij zouden vinden. Uiteindelijk bleef ik geruime tijd met Brenda werken, omdat ze zo'n goed subject bleek te zijn en ze was zeer bereid om te uit te vinden wat 'daar' te vinden zou zijn. Toen ik met Brenda werkte, was dat in de begindagen van mijn praktijk en ik gebruikte nog niet de methode die ik momenteel gebruik, waarbij ik de client naar de "meest geschikte plaats en tijd" laat gaan. Dit is zeer effectief, om te zien waar sommige problemen in het huidige leven vandaan zouden kunnen komen. Ik was nog steeds diverse manieren aan het leren om dit werk te doen. Wat ik met Brenda deed, was teruggaan in de tijd met segmenten van telkens ongeveer honderd jaar om te zien wie en waar ze was. Later ontdekte ik, dat ik mijn cliënten gewoon kon instrueren om naar de meeste geschikte tijd en plaats te gaan.

Omdat mijn intentie met Brenda was, om van alles uit te vinden over haar levens gedurende vele sessies, gebruikten wij een sleutelwoord om haar snel en gemakkelijk in een diepe staat van trance te brengen. Ik gebruik elke keer een sleutelwoord als ik denk dat ik vaker met iemand ga werken, zoals in dit geval. Ik gebruikte haar sleutelwoord en telde terug.

Een opmerking van Dolores

In het begin van dit verhaal, terwijl zij de gruwelen van de Inquisitie en de hardvochtigheid van de kerk beschreef, vroeg ik haar na afloop van de sessie: "Brenda, wat probeer je mij aan te doen? Ik kan hier op geen enkele manier over schrijven. Ze zullen mij aan de hoogste boom opknopen, als ik vertel wat de kerk voor verschrikkelijke dingen deed in die dagen. Ze zullen nooit zulke dingen willen horen over hun kerkvaders." Ik denk er nog steeds zo over. Dit verhaal bevat te veel explosief materiaal. Waarschijnlijk is het de waarheid over hoe de kerk zich werkelijk gedroeg, maar ik heb het gevoel dat ik een tijdje moet wachten, voordat ik dit durf op te schrijven. Ik ontvang nu al genoeg hoon over mijn andere verhalen. Ik ben er nog niet klaar voor, om mijzelf hiermee bloot te geven.

*****

Voordat Dolores overleed, was ze aan dit boek aan het werken. Ik denk dat ze wist dat de informatie moest worden verteld en dat de tijd er rijp voor was.

Ik heb deze hoofdstukken in de volgorde geplaatst van hoe ze zijn opgenomen, zodat je de informatie tot je kunt nemen op dezelfde manier zoals Dolores dat deed.

-Nancy

Hoofdstuk 4
Een Volger van de "Oude Manieren"
(Opgenomen op 29 april, 1986)

Ik had al een tijd met Brenda gewerkt, vele verschillende levens doorlopend. Omdat zij zo comfortabel was in de somnambulistiche [slaapwandelend] staat en toegang had tot een zeer veel informatie, terwijl zij in deze staat verkeerde, bracht ik maandenlang met haar door, vele mogelijkheden onderzoekend. Op dit moment in mijn onderzoek in 1986, was ik nog steeds aan het ontdekken wat er mogelijk bereikt kon worden door diepe trans hypnose. Aangezien er geen instructieboeken bestonden over dit onderwerp, ontwikkelde ik al doende mijn eigen regels.

Gedurende dit jaar 1986, maakte ik voor het eerst contact met Nostradamus en Brenda was essentieel en behulpzaam in dat contact. Maar op dit moment, voordat dit project begon, waren we nog steeds aan het ontdekken wat er mogelijk was. Ik had haar al door een aantal verschillende levens gebracht en tijdens de tussen-staat die we "dood" noemen, vertelde haar onderbewustzijn mij, dat ik een leven van een hele tijd geleden zou moeten onderzoeken, waarin Brenda bekend stond als Astelle. Er werd mij verteld dat dit leven heel belangrijk zou zijn voor Brenda, om de relaties in haar huidige leven te leren begrijpen.

Dus nadat zij in de diepe trance terecht was gekomen, gaf ik haar de instructies om terug door de tijd te reizen om het leven van Astelle te lokaliseren. Ik had geen idee welk tijdvak we ons in zouden bevinden, maar ik twijfelde er niet over dat zo'n leven bestond. Het onbewuste zou niet hebben voorgesteld dat we het moesten opzoeken, als het geen realiteit was.

Toen ik klaar was met tellen, vroeg ik haar wat zij aan het doen was. Ze antwoordde dat ze wat eten aan het bereiden was in een keuken. Haar naam was inderdaad Astelle (fonetisch met het accent op de eerste lettergreep).

D: *In welk land zijn we?*
B: (Aarzelend.) Ah ... het is een hertogdom. ** Dit deel wordt bestuurd door de hertog. En hij heeft zichzelf aangesloten bij de Vlamingen.
D: *Ik vroeg mij af of je het ooit een naam hebt horen noemen.*
B: Het is gewoon een hertogdom. Er is een naam voor, die de adel gebruikt. Maar het is niet belangrijk voor het alledaagse leven, dus ik weet het werkelijk niet.

**Een hertogdom is het territorium van een hertog of hertogin. **

D: *Je zei dat je in de keuken was. Is dat waar je leeft?*
B: Ja. Ik werk hieronder ... voor één van de edelen hier in het ... huis van de hertog. Ik ben een keukenmeid ... bijkeukenmeid? Ik weet niet zeker hoe het wordt genoemd. Ik werk voornamelijk in de keuken.
D: *Kun je mij iets over deze plaats vertellen? Hoe ziet het eruit?*
B: De keuken?
D: *Nou, dat of ... is het een huis? Of is het groter dan een huis?*
B: Als je met huis bedoelt: een woning waarin normale mensen wonen, dan ja, het is veel groter dan dat. Het heeft veel kamers. Het is voornamelijk twee verdiepingen hoog, maar een deel ervan is drie verdiepingen hoog. Het is gemaakt van steen, en de meeste huizen zijn normaal gesproken gemaakt van "lel" [wattle]
D: *(Ik begreep het niet.) Gemaakt van wat?*
B: Lel. Je neemt stro en een soort klei en dan bouw je een lichte structuur en je verspreidt het stro over de structuur en je smeert er klei op, om het op zijn plek te houden En dan droogt het tot een harde muur.
D: *Oh? Als het stro is, wat gebeurt er dan als het regent? Lost het dan niet op?*
B: Oh, weet je, als de klei nat wordt, dan dicht het alle openingen. En als de klei droogt, dan veroorzaakt dat soms een lek. En dan haal je meer klei en smeert het over de plaatsen waar de lekken zijn.
D: *Waar zijn de daken van gemaakt bij zulke huizen?*
B: Hetzelfde. En normaal gesproken zijn de daken in de zomer van verser stro. En de deur is normaal gesproken gemaakt van hout, als je rijk bent, of een soort dierenhuid die voor de deuropening wordt gehangen.

Encyclopedie: Architectuur. Lel en pleisterwerk: een vorm van constructie waarbij gebruik wordt gemaakt van vlechtwerk van groene twijgen waartussen klei wordt gesmeerd en gematteerd. In middeleeuwse, half getimmerde gebouwen, werden de ruimtes tussen het houtwerk vaak opgevuld op deze wijze.

Toen ik voor het eerst over deze vorm van constructie vernam in 1986, dacht ik dat het heel erg wankel en zeker niet duurzaam zou zijn. Sinds die tijd heb ik vele reizen gemaakt door Europa en met name door Engeland en heb ik ontdekt dat ik ernaast zat om die conclusie te trekken. Ik heb een goede vriend die een reclamebureau heeft, gevestigd in een zeer oud gebouw in het kleine dorpje Ringwood in het zuiden van Engeland. In Amerika staat het ons vrij om te doen wat we willen met ons onroerend goed, maar in Engeland moet de authenticiteit van de originele structuur worden bewaard. Als een gebouw wordt herbouwd of gerenoveerd, dan moet het in de exacte stijl worden herbouwd als het origineel. Mijn vriendin had het twee verdiepingen tellende gebouw gerenoveerd, maar zij liet mij iets zeer interessants zien op de 1e verdieping. De muur van één van de kantoren was met opzet opengelaten en bedekt met een stuk glas. Terwijl ze wees naar de gevlochten, kleine takken en het pleisterwerk in de muur, zei ze: "Dat is wat dit gebouw overeind houdt!" Het was de lel- en pleisterwerk constructie en de klei, pleisterwerk of wat er dan ook was gebruikt, was hard geworden als een soort cement laag. Het was sterk genoeg om vierhonderd jaar te doorstaan en afgezien van wat inzakken en verschuiven, stond het gebouw nog steeds overeind. Al doende ontdekte ik dat deze oude vorm van constructie erg praktisch, economisch en duurzaam was. Waarschijnlijk bevatten vele van de oude muren in Europa deze lel en pleisterwerk constructie.

D: *Is dat het soort huis waarin je leefde voordat je naar deze plaats kwam?*
B: Ik kan het mij niet herinneren. Ik ben hier al mijn hele leven. Ik denk dat ik geboren ben uit iemand, die hier in het huis leefde. Ik weet het niet zeker.
D: *Wordt deze plek ook wel een "kasteel" genoemd? Of ken je dat woord?*

B: (Langzaam) Ik weet ... niet wat ... dat woord is. Ik denk niet dat het toepasselijk is. Ik heb er nooit van gehoord.

Het kenmerk van een echte somnambulist is, dat zij de woorden niet herkennen die niet in hun tijdperk bestaan, ondanks dat zij er heel erg bekend mee zijn in hun huidige leven. Het is een teken van echt tijdreizen en volledig in het andere tijdperk zijn.

D: *Dit is dan gewoon een groot huis.*
B: Een groot ... Ik probeer te bedenken wat het woord is, zoals het wordt benoemd. Ik kan het woord niet vinden. Maar ik zal je vertellen hoe het eruit ziet en misschien weet jij dan wel het woord ervoor.

D: *Okay, want ik ken veel woorden.*
B: In de keuken waar ik het meeste van mijn werk doe, is het plafond hoog. Het heeft balken over het plafond. De balken zijn zwart van de rook. En er is een grote inloop-haard, waar we koken. En er zijn allerlei potten en pannen en keukengerei aan de muur. En er is een grote, of beter gezegd, een lange tafel. En die staat over de hele lengte van de kamer. En dit is waar wij het voedsel en alles voorbereiden, op deze tafel. En we snijden het voedsel en alles hier en doen het in de potten. En we zetten de potten bij of op het vuur, afhankelijk van hoe wij het eten bereiden. De vloer is ook gemaakt van steen, maar platte stenen. Het moet van steen zijn, want houten vloeren gaan niet lang mee met alle voedselresten en zo.

D: *Dat is logisch. Zijn er veel van jullie, die in de keuken werken?*
B: Nou, er zijn ... laat me even kijken ... (Ze leek rond te kijken en te tellen.) Daar is de hoofd-kok ... en daar zijn twee anderen die ook de taken van de hoofd-kok uitvoeren. En dan is er een handvol van ons, die het snijden en schillen en zo doen. En dan zijn er ook nog de twee honden.

D: *Zijn de honden altijd in de keuken?*
B: Ja. Zij zorgen ervoor dat de vloer niet te vuil wordt.

D: *Oh. Je bedoelt dat telkens als je aan het koken bent, dat je gewoon dingen op de vloer gooit?*
B: Ja in het stro.

D: *Oh, ligt er stro boven op de stenen?*

B: Ja, steen zou te koud zijn, met name in de winter. Dus doen we stro op de stenen, zodat het niet zo koud is. Wij zijn maar bedienden dus we hebben geen voetbedekking.
D: En dan gooi je gewoon de voedselresten op de vloer in het stro?
B: Ja. Zo gaat het ook in de eetzaal, wanneer de edelen aan het eten zijn. De botten en zo worden op de vloer gegooid en de honden van de edelen eten ook die resten.
D: Dan ligt er ook stro op de vloer in de eetzaal. Hm, dan moeten er veel honden in huis zijn.
B: Gewoon, het gebruikelijke aantal voor een huis van dit formaat.
D: Wat zou het normale aantal zijn?
B: Daar heb ik nog niet over nagedacht. Ik zou zeggen, acht of tien.

Ze ging door met de beschrijving van het huis: "En dan zijn er de gangen die vanaf de eetzaal lopen en die gaan naar de andere delen van het ... gebouw. En die hebben geen stro op de vloer, want mensen gebruiken de gangen niet. Je gaat gewoon door de gang naar een ander deel van het gebouw. Ik heb gehoord van de dienstmeiden die in de slaapkamers werken dat de slaapkamers er erg mooi uitzien, met wandkleden en zulks. En er liggen kleden op de vloer."

D: Ik heb gehoord dat de wandkleden helpen om het huis warmer te houden. Is dat waar?
B: Ja, dat is waar, want het tocht hier. En zelfs als er geen tocht is, de kou van de wanden, aangezien de wanden van steen zijn gemaakt, de koud straalt een soort van ... is dat het woord? – naar binnen. Het gaat in je botten zitten. En de wandkleden helpen erbij, om dit wat tegen te gaan.
D: Zijn er ramen in dit huis?
B: Ramen zijn openingen in de muur die geen deuren zijn? (Ja) Meestal zijn die lang en nauw. En ze hebben luiken erover. Ze zijn met name om in de zomer te helpen met ventilatie. En ze zijn zo gemaakt dat ze handig zijn voor de boogschutters.
D: Ik zou denken dat je een manier zou moeten hebben om ze af te sluiten, anders zou het maar koud worden.
B: Ja daar zijn de luiken voor.
D: Dan moeten de boogschutters in staat zijn om er doorheen te schieten, zei je? (Ja) Waarom? Is er soms gevaar? (Ja) Zijn er nog meer openhaarden in het huis?

B: Natuurlijk. Elke kamer heeft op zijn minst één haard. De eetkamer heeft er twee. In de keuken is de haard zo groot dat een tweede niet nodig is. Maar alle andere kamers hebben open haarden. Behalve de kamer boven in de toren. Ik heb horen zeggen dat het een wonderbaarlijk metalen schild heeft, waar vuur in wordt gehouden. Ik ben er nog nooit geweest. Dat heb ik alleen maar gehord van andere bedienden.

D: *Bedoel je dat het een container is, waar vuur in wordt gehouden?*

B: Het wordt een schild genoemd, en ik hoor dat het een erg ondiepe schaal is, maar erg groot. Geleidelijk afgerond en erg groot en rond. En in het midden ervan wordt een klein vuurtje gemaakt en bijgehouden. En ik heb er iets wonderlijks over gehoord, dat het aan het plafond is bevestigd met kettingen. Ik vermoed dat de meester zich in de kamer bezighoudt met onheilige dingen. Er wordt gezegd dat hij de geesten ermee oproept. Maar daar wordt niet over gesproken.

D: *Ik begrijp waarom. Maar dat klinkt als zo'n bijzondere manier om te verwarmen, dat er meer in het huis zouden moeten zijn.*

B: Het is niet effectief voor grote kamers, heb ik gehoord. Het is goed voor kleine kamers. Maar zelfs dan moet je één van de ramen gedeeltelijk ontluiken, zodat de rook kan ontsnappen.

D: *Oh ja. De open haarden zouden ook schoorstenen moeten hebben, of niet? (Ja) Maar je zei, dat je nog nooit in die kamer was geweest?*

B: Nee. Ik ken werkelijk niemand, die naar waarheid zou kunnen zeggen dat ze er wel zijn geweest. Wat ik heb gehoord zijn slechts geruchten. Of misschien zijn er één of twee bedienden in geweest, om het af en toe schoon te maken. Op zulke momenten zou de meester zijn heidense instrumenten wel zeker goed hebben opgeborgen. Maar ze zeiden, dat het een hoogst ongebruikelijke kamer was.

D: *Nou, je kunt nooit weten of sommige dingen die je hoort, waar zijn of niet. Het kan gewoon roddelpraat zijn.*

B: Misschien. Maar iedereen weet dat er geen schoorsteen in die kamer is, dus er moet een bepaalde manier zijn om het te verwarmen. Als het inderdaad verwarmd is.

D: *Brengt hij daar veel tijd in door?*

B: Ik weet niet. Ik denk dat hij er diverse avonden doorbrengt. Er wordt gezegd dat er verschillende perkamenten zijn. Wat de edelen gebruiken, je weet wel, om op te schrijven. En het zou kunnen dat hij daar bepaalde kennis heeft verborgen.

D: *Kun je lezen?*

B: (Empathisch) Nee! Dat is een ding dat de edelen doen. Ik kan ook niet ver tellen. Maar ik moest wat leren tellen om te helpen bij het koken.

D: *Dan zouden alleen de edelen in staat zijn, om enige perkamenten te lezen die hij heeft. (Ja) Hoe oud ben je ongeveer? Weet je dat?*

B: Ah ... (nadenkend) er wordt gezegd dat ik hier ben geweest ... (Onzeker) vijftien jaar? Misschien zestien.

D: *Dan ben je een jonge vrouw.*

B: Ik heb de huwbare leeftijd.

D: *Maar je denkt, dat je hier bent geboren?*

B: Dat denk ik. Ik kan mij niets anders herinneren.

D: *Ken je jouw moeder of vader?*

B: Ik heb een vage herinnering aan mijn moeder. Mijn vader ken ik niet.

D: *Leeft je moeder?*

B: Ze stierf toen ik jong was.

D: *Ben je daarom daar gebleven?*

B: Ik zou hier sowieso zijn gebleven. Dit is, waar ik thuishoor.

D: *Dan hebben de andere mensen in het huis voor je gezorgd?*

B: Dat neem ik aan.

D: *Maar is dat alles wat jij je herinnert, gewoon werken in de keuken?*

B: Dat is wat ik doe als ik aan het werk ben. Maar tussen de maaltijden in of met heilige dagen [holidays, letterlijk heilige dagen, die door de kerk werden gevierd om heilig verklaarden (Sinten) te gedenken en niet zoals onze vakantiedagen van tegenwoordig], ga ik naar buiten in de velden.

D: *Bedoel je dat je helpt op het land?*

B: Nee, nee, gewoon buiten. Gewoon genieten van buiten zijn, met andere mensen uit mijn klas.

D: *Nou, in het huis, heb je een plaats waar je slaapt?*

B: Ja. Er is een plek vlakbij de keuken, bij een ... zie je, verschillende van ons slapen op verschillende plekken, afhankelijk van waar we een plekje vinden. De plaats waar ik slaap is een ... er is een nis onder een trap. Het is meer een kast. En die plek heb ik mijzelf toegeëigend. De andere bedienden vinden het wenselijk, omdat het maar een kleine kast is en er is geen raam of iets dergelijks.

Maar ze realiseren zich niet dat de achterwand zich dicht bij de achterwand van de openhaard bevindt, dus het is er altijd warm in de winter.

D: Dan wist jij precies wat je deed, toen je om die plek vroeg. (Lach)

B: Ja. Dus als ik frisse lucht wil, dan kan ik dat overdag krijgen, maar 's nachts moet ik warm blijven.

D: Heb je een bed waarin je slaapt, of zoiets, in die kleine kamer?

B: Ik slaap op de grond. Soms als de meester een mantel weggooit, dan neem ik die en leg die op de grond.

D: En op die manier is het warm. (Ja) Wat voor soort kleren heb je aan? Wat draag je?

B: Ik draag een rok en een bloes met een lijfje en een hoofddoek.

D: Welke kleuren zijn ze?

B: Niet echt een bepaalde kleur. Ze hebben gewoon een soort verf gemaakt van eikels. Ik denk dat je het een soort grijsbruine kleur zou kunnen noemen. Mijn rok is lichtbruin en mijn bloes is een soort donkere, crèmekleur. Die was nooit geverfd. Mijn lijfje is donkerbruin. En mijn hoofddoek ... ik draag mijn hoofddoek rond mijn middel. Hij was ooit blauw, maar is nu vervaagt naar grijs.

D: Van het wassen? (Ja) Draag je iets op je hoofd?

B: Nee. Soms in de zomer, dan draag ik mijn doek over mijn hoofd.

D: Welke kleur heeft je haar?

B: Het is tussen goud en rood in.

D: Draag je het een bepaalde manier?

B: Nee. Ik vlecht het gewoon.

D: Ik vroeg mij gewoon af, of jouw volk ook felle kleuren in hun kleren heeft.

B: De bedienden hebben dat niet. Dat zou niet gepast zijn.

D: Zouden alleen de edelen dan felle kleuren dragen?

B: Het zijn niet echt felle kleuren, maar pure kleuren, terwijl onze kleuren altijd vervaagd zijn. En zij dragen pure kleuren, die een soort van donker zijn. Wijnkleur. Kastanjebruin, bordeaux, blauw, goud, zwart. Je weet wel, pure kleuren. Terwijl mijn kleren altijd een soort grijsbruin zijn. Je weet wel, de kleuren er tussenin.

D: Maar de andere bedienden kleden zich allemaal op dezelfde manier, met dezelfde soort kleuren? (Ja) Kleden de mannen zich anders?

B: Ja. Het hangt ervan af, of je van adel bent of een bediende. De bedienden dragen uit praktisch oogpunt broeken. Die vallen tot aan de kuiten. En een shirt en een vest. En normaal gesproken een pet of iets dergelijks. En de vrouwelijke bedienden, zoals ik, een rok en een bloes en een lijfje en een (hoofd)doek. De meesten dragen hun doeken om hun hoofd. Ik draag die van mij rond mijn middel, omdat ik slank genoeg ben om hem zo rond mijn middel te kunnen dragen. En ook omdat er een andere vrouw in het huis is, die erg huiselijk is. Ze is heel erg jaloers op mijn haar, daarom weiger ik om het te bedekken. (Ze glimlachte en ik moest lachen.) En de edellieden dragen gewaden die tot de grond reiken en hoofdbedekkingen in diverse mooie kleuren, overeenkomstig hun status in het leven. De vrouwen dragen lange jurken met lange mouwen, in diverse kleuren.

D: *Wat voor soort hoofdbedekking dragen zij?*

B: Het hangt van hun status af. Verschillende vormen hoeden en petten. Soms met sluiers eraan, soms niet. De hoeden zijn er in diverse vormen. Soms passen ze heel nauw op het hoofd en zijn ze omgewikkeld als een tulband. Soms hebben zij randen en kronen en dergelijke. En de verschillende vormen, betekenen verschillende dingen.

D: *Weet jij wat ze betekenen?*

B: Alleen degene die ik heb gezien. De kerkelijken, de priesters, dragen diverse vormen hoeden, afhankelijk van hoe hoog hun rank is in het priesterschap. En de edelen die zich bezighouden met de wet, dragen een bepaald soort hoed. En de edelen die betrokken zijn bij … wetgevende macht, is dat het juiste woord? – die dragen een ander soort hoed.

D: *Wetgevende macht, dat is een soort wet. Het zou ingewikkelder zijn, denk ik.*

B: De ene interpreteert de wet zoals deze nu al is, de andere helpt om nieuwe wetten te creëren, als er nieuwe wetten nodig zijn.

D: *Dan is dat wel het juiste woord.*

B: En sommige edelen die gewoon betrokken zijn bij het land, hebben weer een ander soort hoed. En sommige edelen houden zich bezig met handel en zij hebben weer een ander soort hoed.

D: *En dan kun je hen herkennen aan het soort hoed dat zij dragen. (Ja) En hoe zit het met de meester des huizes? Heeft hij een bepaald soort hoed?*

B: Hij houdt zich bezig met het land, dus hij draagt een dergelijke hoed. Het heeft een lage kroon. En het heeft een rijkelijke rand en de rand is gevormd. Ik weet niet hoe ik het beter kan beschrijven dan dat. En meestal is het zwart.

D: *En hoe noem je de meester van het huis? Heeft hij een titel?*
B: We noemen hem "mijn heer". [my lord]
D: *De heer?*
B: Mijn heer. Of "meester." Hij is een Hertog.
D: *Weet je zijn naam? Is er een andere naam dan dat?*
B: Hm, één van zijn namen is Paul (Pauze) Ik weet niet meer dan dat. Er zijn wat familienamen bij betrokken, dat weet ik zeker. Maar ik kan ze nooit onthouden, dus ik maak mij er niet druk om. Soms is mijn geheugen niet zo goed.
D: *Maar jij hebt maar één naam?*
B: Ja. Ik ben Astelle. (Ik sprak het uit en ze corrigeerde mij, met een duidelijk accent op de eerste lettergreep).
D: *Dan hebben bedienden normaal gesproken niet twee namen?*
B: Nee. Sommige ambachtslieden in het dorp, zoals de ijzersmid of iets dergelijks, hebben een naam die beschrijft wat zij doen. Zoals John de ijzersmid. Maar dat is niet echt een naam, meer een omschrijving.
D: *Dat is dan, omdat er meer dan eén John kan zijn. (Ja) Ik bedenk mij net dat Astelle niet echt een gebruikelijke naam is voor mij.*
B: Dat is het hier ook niet. Ik weet niet waarom mijn moeder mij zo heeft genoemd. Ik heb horen zeggen, dat de betekenis van de naam iets te maken heeft met de sterren. Maar dat weet ik niet zeker, tenzij het te maken heeft met mijn haarkleur.
D: *Het rood en goud? (Hm-hm) En ben je daar gelukkig?*
B: Ik denk het. Ik weet het niet. Wat is gelukkig? Wat is ongelukkig? Ik leef gewoon van dag tot dag.
D: *Oh ze zeggen dat geluk een gemoedstoestand is. Maar je voelt je tenminste niet ellendig, toch? Als je weet wat dat woord betekent.*
B: Ik weet wat dat woord betekent. Ik heb te eten en ik heb een plaats om te slapen.
D: *Nou, ik denk dat als iemand ongelukkig zou zijn, dat ze dan op een andere plek zouden willen zijn.*
B: Ik heb mij vaak afgevraagd wat er te zien is, voorbij wat ik kan zien. Maar het is niet mijn plaats om te reizen.
D: *Als je dan de kans zou hebben, dan zou je toch nergens heengaan. Is dat zo?*

B: Nee. Ik zou reizen. Maar het is niet voor mij weggelegd, om gewoon mijn spullen te pakken en te reizen zonder reden. Als mijn meester mij ergens naar toe zou sturen, dan zou ik gaan.

D: *Maar als je niet echt gelukkig bent, dan ben je op zijn minst tevreden. Zou dat een juist woord zijn? (Ze leek verward.) Alles is goed.*

B: Alles is goed.

D: *Dan word je niet slecht behandeld.*

B: (Lach) Alleen door de edele dame die jaloers is op mijn haar. Ze houdt ervan om mij te slaan.

D: *Doet ze dat? Waarom zou ze je slaan?*

B: Omdat ze lelijk is en ik niet.

D: *Ik denk niet, dat dit haar een reden geeft.*

B: Nou ja, ze is een edele en ik ben een bediende. Dat geeft haar een reden. Als ze mij wil slaan, dan kan ze dat.

D: *Is zij, zeg maar, de Vrouwe van het huis?*

B: Nee. Ze is een soort nichtje van de Vrouwe van het huis.

D: *Dan woont ze daar. (Ja) Hoe noem je haar? Heeft ze een naam?*

B: Zij is de Vrouwe Joslyn. [Lady Joslyn].

D: *Probeer je bij haar uit de buurt te blijven?*

B: Ik blijf gewoon hier in de keuken en ik werk. Maar af en toe komt ze hier. Telkens als ze ergens kwaad over is, komt ze hierheen om mij te slaan.

D: *Ze reageert het af op jou, terwijl jij er niks mee te maken hebt.*

B: Nou ja, dat is haar voorrecht. Ze is een edele.

D: *Neem je haar dat kwalijk? Als je weet wat dat betekent?*

B: Ik weet wat dat betekent. Ach ... ik verwacht eigenlijk al dat het gebeurt. Ik neem het haar niet kwalijk, maar ik voel dat ze mij iets kwalijk neemt. Omdat er iets anders is. Er is een jonge edelman die hierheen was gestuurd als jonker. En hij heeft de status van kamerdienaar bereikt en al snel zal hij een ridder worden. Ze is in hem geïnteresseerd geraakt, maar hij niet in haar. En ze kan maar niet uitvogelen waarom. Omdat ze niet weet dat ... hij en ik geliefden zijn.

D: *Oh? Hoe is dat gekomen?*

B: Op mooie dagen, zijn de jonkers, de dienaars en de ridders buiten in de tuin hun vaardigheden aan het oefenen. En soms verzoeken zij dat er voedsel naar hen toe wordt gebracht, zodat ze gewoon door kunnen gaan met wat ze aan het doen zijn. En normaal gesproken is het mijn taak en die van een paar anderen om het eten daar naar hen toe te brengen.

D: *En zo heb je hem ontmoet? (Ja) Heeft hij geen andere ... status?*

B: Ja. Daarom kunnen we niet trouwen. Maar hij beweert dat hij waarlijk van mij houdt. En ik weet dat ik ook waarlijk van hem houd. Ik maak mij er niet druk om. Als er één ding is dat ik heb geleerd, dan is het dat je elk moment moet nemen zoals het komt. En je niet druk te maken over de gevolgen, want wat moet gebeuren, zal gebeuren, dus je neemt het goede wanneer het komt.

D: *Wat is zijn naam?*

(Ik had er moeite mee, om de naam die zij gebruikte te begrijpen en uit te spreken. Ze moest het verschillende malen herhalen. Het klonk als: Thoroff, fonetisch.)

D: *Hoe ziet hij eruit?*

B: (Gesproken met liefde) Hij is lang en knap. Hij is sterk. Zijn haren zijn als vlas, het is erg licht gekleurd. En het wordt wit als hij veel in de zon is. Hij is erg knap om aan te zien. Zijn ogen zijn blauw als de lucht.

D: *Zie je hem al lang, als jouw geliefde?*

B: Ongeveer een jaar nu.

D: *Nou, ontmoeten jullie elkaar ergens? Want hij kan zeker niet naar de keuken komen, of wel?*

B: Nee dat kan hij niet. Soms komt hij naar mijn kast. Soms ontmoeten wij buiten. Er is een bepaalde plaats in de boomgaard, waar wij elkaar ontmoeten als het warm weer is. En als het koud weer is, dan ontmoeten we in de stallen. We kunnen niet ontmoeten waar hij verblijft, omdat alle ridders en jonkers en zo, samen in grote kamers verblijven. Zij slapen samen in groepen. Daar kunnen we dus niet heen.

D: *Denk je dat je hem kunt blijven ontmoeten, als hij ridder wordt? Dan heeft hij een hoge status.*

B: Ja. We zullen elkaar blijven ontmoeten, zolang hij hier op deze plaats verblijft. Dame Joslyn probeert ons het leven moeilijk te maken. Ze roept hem altijd op, om haar te bedienen. (Lach) Soms probeert ze hem op te roepen om haar te bedienen op ongepaste tijden van de dag. En de Hertog is hierdoor engszins verontwaardigd. Hij neemt het Roff niet kwalijk, omdat hij weet hoe Vrouwe Joslyn is. Maar wat Vrouwe Joslyn betreft, ze is nogal wanhopig om een echtgenoot te krijgen. Ze is niet knap. En ze heeft een onplezierige stem. En ze denkt alleen maar aan zichzelf. Het is niet prettig om bij haar in de buurt te zijn.

D: *Wordt ze al wat ouder? Wordt ze daarom wanhopig?*
B: Ja, ze is een oude vrijster.
D: *Hoe oud is ze?*
B: Ze is ... vierentwintig, vijfentwintig?
D: *Oh, zijn ze dan meestal al getrouwd?*
B: Oh, ja.
D: *Je zei dat ze hem oproept op ongepaste tijden van de dag, wat bedoel je daarmee?*
B: Ze probeert hem op te roepen om haar te bedienen op ... ergens na het avondeten. En ze probeert hem bij zich te houden tot in de late uurtjes van de nacht, daarmee probeert ze hem te compromitteren. En ze zal proberen te beweren dat ze zwanger is, zodat ze verenigd moeten worden.
D: *Oh, dan zou hij met haar moeten trouwen. Gaat dat zo?*
B: In haar geval, ja. Maar hij heeft mij verteld dat haar plannetjes niet gaan werken. (Lachend) Hij zei dat ze zo lelijk is, dat hij hem niet overeind krijgt.
D: *(Lach) Maar daarom blijft ze hem naar haar kamer toe roepen?*
B: Ja. En alle dames weten dat ze niet zwanger is en dat het niet aannemelijk is, dat ze dat zal worden.
D: *Maar je zei dat de Hertog erdoor verontwaardigd is? (Ja) Dan weet hij niet zeker dat er niks aan de hand is, of wel?*
B: Zijn Vrouwe vertelt hem, dat er niks aan de hand is. Maar de reden dat hij erdoor verontwaardigd is, is omdat Vrouwe Joslyn zich ongepast gedraagt. En hij dreigt haar weg te sturen.
D: *(Lach) Dat zou jij zeker niet erg vinden, of wel?*
B: Nee, dat zou ik niet.
D: *Is dit de reden dat ze jou slaat, omdat ze jaloers is?*
B: Ja. Er wordt mij verteld dat ik mooi ben. Ik heb mijzelf nog nooit gezien. Ik weet het niet. Ik hou van de kleur van mijn haar. Roff zegt dat ik erg mooi ben, maar Roff is niet objectief.
D: *(Lach) Heb je ooit wel eens gehoord van een "spiegel"?*
B: De dames van het huis hebben stukken gepoetst metaal, waarin zij hun reflectie kunnen zien. Wanneer zij zich klaarmaken voor het avondeten, of voor een bal of iets dergelijks dan houden hun

persoonlijke bedienden deze voor hen, zodat zij zichzelf kunnen zien. Maar vaag.
D: *Maar jij hebt jezelf nog nooit in zo'n spiegel gezien? (Nee) Nou, het klinkt alsof ze het op jou afreageert, telkens als zij ergens boos over wordt. Is dat waar?*
B: Ja. Nadat ze het heeft afgereageerd op haar persoonlijke bedienden.
D: *Dan moet ze een behoorlijk humeur hebben.*
B: Ja, dat is één van de redenen waarom ze niet erg populair is. Het humeur gaat samen met haar stem. Het kraakt (ik lachte.)
D: *Heeft de Hertog dan een grote familie die bij hem woont?*
B: Oh, ja. Een grote familie met veel gevolg.
D: *Heeft hij kinderen?*
B: Ja. Er wordt gezegd dat hij ook veel bastaardkinderen heeft onder de bedienden. Ik vermoed dat hij mijn vader zou kunnen zijn. Maar daar mag ik natuurlijk niet over praten.
D: *Is hij daar oud genoeg voor?*
B: Oh ja, hij is in de veertig.
D: *Maar hij zorgt tenminste wel voor zijn kinderen, als hij weet wie zijn andere zijn. Is dat zo?*
B: Ja. Hij laat hen daar verblijven en geeft hen een plaats om te leven en te werken. En zijn vrouw, de Vrouwe Evelyn, zij neemt het over. Er wordt gezegd dat mijn moeder erg mooi was. En het is geen wonder dat de Hertog haar heeft verleid.
D: *Is dit gebruikelijk onder de bedienden?*
B: Wat?
D: *Om op deze manier te verstrengelen met de adel?*
B: Het is het voorrecht van de Hertog. Als hij met één van de bedienden wil slapen, dan mag hij dat doen.
D: *Hebben zij daar niks over te zeggen?*
B: Nee, het wordt als een eer beschouwd, om gekozen te worden door de Hertog om met hem te slapen. Maar het wordt opgemerkt dat er bepaalde zijn, ongeacht hoe mooi zij zijn, waarmee hij niet wenst te slapen. Maar hij is nog steeds vriendelijk tegen hen. En er wordt aangenomen dat degenen die hij dusdanig behandelt, dat wij zijn kinderen zijn.
D: *Oh. Dat is zeer wel mogelijk. Je weet het nooit. – Weet je wat een religie is?*
B: Religie? Is dat zoiets als de kerk?
D: *Ja. Is er een bepaald soort religie op de plaats waar je woont?*

B: Er is hier de heilige Romaanse kerk.
D: Is dat waarin de mensen geloven?
B: Dat is waar de adel in gelooft. De edelen. Wij, de bedienden, wij hebben andere bronnen van geloof. Maar dat is niet erg bekend buiten onze eigen kringen.
D: Kun je mij daarover vertellen?
B: Als je dat wilt. Je mag het niet tegen de edelen vertellen, want dan worden we op de meest drastische manieren gestraft.
D: Je kunt mij altijd vertrouwen, want ik zal het aan niemand vertellen.
B: Ben je niet van de Inquisitie?
D: Oh, nee. Nee, ik ben gewoon als een vriend, waar je alles aan kunt vertellen.
B: Me dunkt, dat je iets van een vertrouwde geest rondom je hebt.
D: Wat bedoel je? (Ik had het niet begrepen) Wat is een niet-vertrouwde geest?
B: Een vertrouwde geest, geen niet-vertrouwde geest.
D: Oh, ik dacht dat je niet-vertrouwd zei. (Lach) Een vertrouwde geest, zou dat iets zijn dat je kunt herkennen, of waarbij jij je comfortabel voelt?
B: Er zijn manieren om vertrouwde geesten te herkennen. Weet je, de Hertog heeft ooit eens een deel van onze religie bestudeert, maar hij heeft het verdraaid en hij gebruikt het op zijn eigen manier. Er zijn er onder ons bedienden die de oude manier volgen. En de kerk probeert dit eruit te rammen.
D: Is dit de Inquisitie waarover je sprak? (Ja) Wat doet de Inquisitie?
B: De Inquisitie ondervraagt en martelt je en executeert je dan.
D: Zijn ze op zoek naar mensen die in dingen geloven die anders zijn? Of hoe weten ze dat?
B: Ze weten het niet. Ze zijn gewoon op zoek naar mensen, waar ze hun zieke pleziertjes op kunnen botvieren. Iedereen die anders durft te denken. Iedereen die op durft te kijken van zijn plek en iets meer ziet, ongeacht of ze Christelijk of niet Christelijk zijn. Iedereen die zich maar een beetje anders gedraagt. Iedereen die er maar een beetje anders uitziet.
D: Het klinkt niet erg religieus als je zulke dingen doet.
B: Nee. Daarom ben ik niet opgegroeid in de kerk.

D: *Nou, je zei dat je denkt dat de Hertog sommige manieren heeft overgenomen en ze heeft verdraaid.* (Ja) *Denk je dat dit het is, wat hij uitvoert in de torenkamer?*
B: Ja, hij roept de kwade kant van dingen op. Maar de Inquisitie durft hem niet aan te raken, hij is te machtig. Dus reageren ze het af op degenen onder ons, die niet terug kunnen vechten.
D: *Dus dan moet je voorzichtig zijn. Ik heb wat gehoord over de oude manieren. Kun je mij iets meer vertellen, over wat dat betekent?*
B: We volgen de cycli van de Aarde. Er bevinden zich krachten in de Aarde en de maan waardoor de Godin zichzelf toont. En als je in harmonie met deze krachten werkt, dan kunnen er wonderlijke dingen in je leven gebeuren. Dat is één van de redenen, waarom ik mij niet druk maak om Roff en Vrouwe Joslyn. Want het bosje waar ik hem mee naartoe neem als we 's nachts naar buiten gaan, is een speciale plek van kracht. En elke keer dat wij daar naartoe gaan, versterkt dat de band tussen ons.
D: *Waarom is het een speciale plek van kracht?*
B: Het is een bosje van de Godin. Het is een groep van 13 eikenbomen.
D: *Heb je daar ontmoetingen of rituelen?*
B: Ja. Maar het is mij niet toegestaan hierover te praten.
D: *Dat is prima. Maar ik wil dat je begrijpt, dat je mij kunt vertrouwen. Wanneer je er klaar voor bent, op een dag, kun je het mij misschien vertellen. Want je weet, dat ik altijd naar je zal luisteren. – Maar heeft de Godin een naam? Of wordt ze gewoon de Godin genoemd?*
B: We noemen haar gewoon de Godin. Er wordt gezegd dat zij vele namen heeft, die verband houden met haar vele gezichten. Want de Godin is altijd aan verandering onderhevig met de seizoenen en de standen van de maan. Zij heeft zoveel namen, die hieraan gerelateerd zijn. Het is erg complex om alle namen bij te houden. En daarom refereren we aan haar als de Godin, of Moeder Aarde.
D: *Dat maakt het een stuk gemakkelijker. En dan noem je jouw religie gewoon "de Oude Manieren"?* (Ja) *Het heeft geen andere naam?*
B: Niet dat ik weet. Dat is gewoon hoe we het noemen.
D: *Okay. Maar het klinkt toch alsof je problemen hebt met Vrouwe Joslyn.*
B: Dat is geen probleem. We weten dat alles vanzelf vroeg of laat uitbalanceert. En ze duwt haar kant te ver door op de weegschaal.

En wanneer het dan vanzelf weer terugkeert naar waar het in balans is, wordt ze vernietigd in het proces.
D: Is dat de manier waarop het werkt?
B: Ja. Daarom moet je in harmonie blijven, zodat je niet wordt vernietigd doordat je dingen uit balans maakt.
D: Heb je ooit wel eens andere geliefden gehad in het huis?
B: Nee. Er zijn andere jonge edellieden geweest die hebben geprobeerd om hun zin te krijgen met mij, maar Roff heeft hen dat voorkomen.
D: Dan is hij voornamelijk de enige geweest.
B: Hij ís de enige.
D: Nou, wat doet een jonker in het huis? Hebben zij bepaalde taken?
B: Ja. Wanneer een jongen hier voor het eerst komt voor training, dan is hij een jonker. En hij doet veel van dezelfde dingen die de bedienden doen, maar hij doet het om de interne werking van het systeem te leren kennen. Hij bedient ridders of heren. En hij is altijd bij hen. Hij helpt hen aan te kleden. Hij brengt hen eten en drinken in hun vertrekken, wanneer zij dat willen. En brengt boodschappen voor hen. En als hij ouder wordt, dan wordt hij een kamerdienaar. Vanaf dat moment helpt hij de ridder of heer met zijn wapens. Helpt deze te poetsen en te onderhouden voor hem. En helpt hem aan te kleden voor gevechten of voor staatszaken en zulke dingen. En hij gedraagt zich als zijn helper. Ondertussen krijgt hij zelf ook training met wapens van de wapenmeesters. En als hij dan een bepaald niveau van ontwikkeling bereikt, begint hij dingen te doen die de ridders doen, zodat hij daarin wordt opgeleid, en hij zelf op een dag een ridder kan worden.
D: Ze moeten al deze verschillende stadia doorlopen, voordat ze een ridder kunnen worden. (Ja) Is hij ook in dit huis geboren?
B: Roff? (Ja) Nee. De zonen van een huishouden worden altijd naar een ander huishouden gestuurd om getraind te worden, om er zeker van te zijn dat ze goed worden getraind.
D: Dan kwam hij dus ergens anders vandaan. En een ridder, zou dat het hoogste zijn dat hij dan kan bereiken?
B: Nee. Dat zou gewoon het hoogste zijn, dat zijn opleiding zou gaan. Dan heeft hij zijn opleiding voltooid die hij nodig heeft om een positie in te nemen in zijn leven.
D: Wat zouden de taken van een ridder zijn?

B: Een ridder verdedigt en vecht. Een ridder escorteert ook belangrijke mensen en houdt hen veilig voor dieven en struikrovers. Ook als de Hertog een belangrijke boodschap moet bezorgen naar een andere, verre plaats, dan brengt de ridder de boodschap en brengt het antwoord terug, en zorgt ervoor dat hij niet door iemand onderweg wordt tegengehouden.

D: Wij hebben een woord voor zo 'n persoon genaamd een "soldaat." Ik dacht dat hij misschien zoiets zou zijn. Je zei dat hij verdedigt.

B: Dat woord ken ik niet.

D: Het zou erg overeenkomen. Zij zouden wapens hebben en verdedigen.

B: En vaak, in vredestijd, wanneer de ridders niet veel hoeven te vechten, houden zij vriendschappelijke wedstrijden om hun vaardigheden bij te houden, zodat ze in topvorm blijven om te verdedigen.

D: Ik heb over zulke dingen gehoord. Kun je deze ook bekijken?

B: Oh ja. Het is altijd een belangrijke, heilige dag [holiday] [letterlijk heilige dag, niet een vakantiedag zoals wij dat woord tegenwoordig kennen] en iedereen mag kijken. De bedienden moeten natuurlijk op hun eigen plaats blijven en mogen niet mengen met de edelen. Maar het is nog steeds leuk om te kijken en ik juich altijd voor Roff.

D: Op wat voor vrije dag zijn deze dingen meestal?

B: Wat bedoel je?

D: Je zei dat het meestal op een heilige dag plaatsvond.

B: Ja. Wanneer er een steekspel plaatsvindt, dan is iedereen ...

D: Oh, ze maken het een vrije dag. (Ja) Oh, ik dacht dat het op een bepaalde heilige dag plaatsvond.

B: Nou, Meidag [May Day, oorspronkelijk wordt dit op 1 mei gevierd] is altijd een grote dag voor een steekspel.

D: Waarom is Meidag belangrijk?

B: Nou, wij kennen het echte seizoen, ook al wil de kerk dat niet toegeven. Het is een belangrijke dag in de oude manieren. En dus is dat het begin van de lente en voor het nieuwe leven op de Aarde.

D: Ik dacht dat de lente eerder was.

B: Dat is het ook. En wij, van de oude manieren, weten dit. En we vieren het eerder. Maar zij die niet van de oude manieren zijn, die zich in plaats daarvan met de kerk bezighouden, zijn hier niet van op de hoogte. En dus vieren zij het op Meidag.

D: *Waarom viert de kerk het op Meidag?*
B: De kerk heeft zo zijn reden. Ik heb geen idee. Er moet wel één of andere heilige zijn, die in het verleden iets heeft gedaan op Meidag.
D: *Dan kunnen ze dat gebruiken als excuus om iets te vieren? (Ja) Nou, dit is allemaal heel erg interessant geweest. Ik waardeer dat je mij deze dingen vertelt. Mag ik nog eens komen en met je praten over deze dingen? (Ja) En je op deze manier bezoeken? (Ja) Want je realiseert je toch wel, dat ik je geen kwaad wil doen?*
B: Je hebt het gevoel van een vertrouwde geest. Maar ik moet een weinig beiden [even afwachten] en er zeker van zijn, dat je de test doorstaat.
D: *Oh? Wat voor soort test?*
B: Dat zul je wel merken als het zover is.
D: *Hmmm. Dat is interessant. Ga jij mij testen?*
B: Misschien. Maar het kan ook iemand anders zijn.
D: *Wat zou er gebeuren als ik de test niet doorsta?*
B: Dan zou ik je verbannen en niet meer met je spreken.
D: *Nou, daar maak ik mij niet druk om. Want ik weet, dat ik je geen kwaad wil doen.*
B: Dat zal je dan goed van pas komen in de test.
D: *Ik ben gewoon nieuwsgierig en wil veel dingen weten. Daarom stel ik zoveel vragen. Maar ik zou je nooit op enige manier kwaad doen.*
B: Dat is goed, want dat is jou ook niet toegestaan.
D: *Maar ik wil graag langskomen en je bezoeken. Als je iets te vertellen hebt, en niet wilt dat iemand anders het te weten komt, dan ben ik altijd beschikbaar.*
B: Heel goed.
D: *Iedereen heeft zoiets nodig. (Ja)*

Dat was alles wat Astelle mij wilde vertellen over de mysterieuze "test" die zou worden uitgevoerd. Ik bracht Brenda terug naar haar volledige bewustzijn en vertelde mij niet over mijn nieuwsgierigheid over wat de test zou inhouden en wanneer en hoe het zou worden uitgevoerd. Zou ik mij er bewust van zijn? Ik had geen idee wat Astelle voor mij in petto had. Maar ik wist dat ik haar vertrouwen zou moeten winnen, als zij nog langer informatie met mij zou willen delen. Ik wilde met name meer weten over het uitvoeren van "de oude manieren."

Hoofdstuk 5
De Test
(Opgenomen op 6 mei 1986)

Ik gebruikte het sleutelwoord en telde haar terug naar het leven van Astelle.

D: *We zijn teruggegaan naar de tijd waarin Astelle leefde. Wat ben je aan het doen?*
B: Ik ben in de keuken. Ik sta bij de tafel in het midden van de kamer. Ik help om eten voor te bereiden. Er zal vanavond een banket zijn.
D: *Wat voor soort eten ben je aan het bereiden?*
B: Ik ben voornamelijk groenten aan het bereiden. Ze klaarmaken. Ik heb verschillende soorten vulling gemaakt voor het roostgebraad. En dat houdt in: het snijden van de groenten en van alles en kruiden toevoegen. Er moet een jong varken worden gevuld. En er zal geroosterd lam zijn. En enkele herten.
D: *Waar komen de groenten vandaan?*
B: Van de boeren. Er zijn velden met groenten rondom deze plaats. Deze plek heeft gronden voor de heren en dames om in te ravotten. Maar daarbuiten zijn ook velden met groenten. En de boeren brengen hier een bepaald deel van hun oogst als onderdeel van hun belasting.
D: *Oh? Moeten zij belasting betalen aan de heer? (Ja) Is het jou toegestaan om ook van dit eten te eten?*
B: Nadat de edelen klaar zijn. Wat er over is, en wat de honden niet krijgen. Maar hier in de keuken is het makkelijk om wat eten te krijgen. Je moet ervoor zorgen dat het goed smaakt, voordat het naar de tafel wordt gebracht.
D: *Oh, moet je het voorproeven? (Ja) Wat is de reden van dit feestmaal?*
B: Sommigen van de familie van de heer zijn van ver hier naartoe gekomen, vanuit een andere plaats. Ze zijn hier gekomen om te helpen ... Ik ben niet zeker van alle gevolgen. Ik denk dat ze

proberen enkele huwelijken te regelen, terwijl ze hier zijn. En ze willen ook overeenkomen om elkaar te helpen in oorlogstijden en zulks. En daarom zijn ze hierheen gekomen, om te feesten en te eten en om dergelijke contracten en diverse arrangementen te maken.

D: *Je zei dat ze van heel ver kwamen?*

B: Ja een reis van enkele dagen.

D: *Zijn deze mensen hier vaker geweest?*

B: Ja, maar het is al lang geleden. Ik was toen nog maar een klein meisje.

D: *Je sprak over oorlog. Denk je dat er een oorlog zal komen?*

B: Dat weet niemand. Er zijn altijd schermutselingen en onenigheden. Het is altijd goed om wat overeenkomsten en contracten achter de hand te hebben, voor het geval zo'n situatie zich voordoet.

D: *Komen ze uit een ander land, of een ander deel van dit land?*

B: Ze komen uit het oosten van hier. Uit Frankrijk.

D: *Je hebt mij niet eerder verteld in welk land je leeft. Weet je wat het is?*

B: Ik heb het verschillende dingen horen noemen. De handelaars noemen het Vlaanderen. Ik denk dat sommige van de andere benamingen zijn, zoals buitenlandse mensen het noemen. En dat zijn woorden die ik niet zou kunnen uitspreken.

D: *En je zei dat zij huwelijken gaan afspreken? Wat voor soort huwelijken?*

B: Een huwelijk is een huwelijk.

D: *(Lach) Ik bedoelde, tussen mensen die in dit huis wonen of zoiets?*

B: Ja. Tussen de mensen die in het huis leven en de mensen waarmee zij banden hebben. En misschien ook wel met mensen uit hun entourage.

D: *Is er iemand in het bijzonder die graag wil trouwen? (Ik moest natuurlijk denken aan Vrouwe Joslyn.)*

B: (Glimlachend) Ja, maar zij heeft haar zinnen gezet op Roff.

D: *(Lachend) Ik dacht aan Joslyn. Denk je dat ze zullen proberen om een huwelijk te regelen tussen Joslyn en iemand anders?*

B: Ja, want dat zou een geschikter huwelijk voor haar zijn. Roff is een kamerdienaar, die spoedig zijn ridderschap zal behalen. Maar hij is nog steeds niet zo hooggeboren als de familie van Vrouwe Joslyn.

D: *Zou ze in staat zijn om met hem te trouwen, als ze dat zou willen?*

B: Ja, maar ze heeft geen heldere blik in deze zaak. En dus ...
D: *Bedoel je, dat ze niks te zeggen heeft over met wie ze moet trouwen?*
B: Oh, dat heeft ze wel. Het is gewoon zo, dat de heer weet dat het beter zou zijn, als zij met iemand anders trouwt. En dus lijkt het erop, dat hij daarop zal aandringen.
D: *Hoe voel jij je daarbij? Als ze zou vertrekken of met iemand anders zou trouwen?*
B: Oh, dat zou ik leuk vinden. Het zou mijn leven veel aangenamer maken.
D: *Behandelt zij je nog steeds op dezelfde manier?*
B: Ja. Slechter, lijkt het soms. Want het is voor iedereen duidelijk, dat ik knapper ben dan zij is. Ik werk gewoon in de keuken en moet elke dag hetzelfde dragen – het is alles dat ik heb -- en ik heb niet de mooie juwelen die zij heeft, of de poeders en zulke dingen die zij op haar gezicht smeert. En ik heb horen zegen dat mensen het erover eens zijn, dat ik de knappere van ons twee ben, ondanks dat ik geen poeders op mijn gezicht heb, of juwelen of zulke dingen. Dat vindt ze niet leuk. En ze wordt helemaal kwaad elke keer dat ze mij hoort zingen.
D: *Hou je ervan om te zingen?*
B: Het helpt om de dag door te komen.
D: *Wat voor soort liedjes zing je?*
B: Gewoon, normale liedjes. Meestal neurie ik dingen die ik verzin, terwijl ik aan het werk ben. Ik luister niet echt naar wat ik aan het zingen ben, dus als mensen zeggen: "Zing dat nog eens", dan zeg ik: "Wat zong ik dan?" Want ik luister niet echt. Mensen zeggen dat mijn stem aangenaam klinkt. Maar de stem van Vrouwe Joslyn (Glimlachend. Ik lachte.) ... die klinkt heel erg als een roestig scharnier van een deur.
D: *(Lachend) Dat klinkt niet erg complimenteus. Nou, zing je wel eens liedjes, die door andere mensen worden gezongen?*

Ik probeerde haar iets voor mij te laten zingen, dat ik later zou kunnen uitzoeken. Dit is in het verleden wel eens gebeurd met een ander subject, die een minstreel was in een vorig leven.

B: Ik weet het niet. Ik zing hier gewoon in de keuken. En meestal gewoon voor mijzelf, omdat ik niemand anders wil lastigvallen. Dus vergeet maar dat ik het over zingen had.

D: *Ik ben gewoon nieuwsgierig, omdat ik van muziek hou. En ik vroeg mij af of er ook liedjes waren die altijd worden gezongen, die jij misschien herhaalt.*
B: Ik weet het niet. Ik krijg niet veel de kans om andere mensen te ontmoeten. Ik ben altijd hier in de keuken. Ik ben niet in de gelegenheid om naar hun feestjes te gaan.
D: *Okay. Maar ik hou van muziek, daarom vroeg ik het mij af. – Maar jij vertelde mij ooit, dat Joslyn jou soms slaat. Is dat waar?*
B: Ja. Met haar haarborstel.
D: *Is dat een grote?*
B: Het is ... het is twee handlengtes.
D: *Dat is een grote. De borstels waaraan ik gewend ben, zijn klein. Ik dacht niet dat het erg pijn zou doen.*
B: Dat probeer ik haar telkens te vertellen ... Zie je, borstels zijn zeldzaam en lastig om aan te komen, en moeilijk om te maken. De meeste mensen gebruiken kammen. En ik probeer haar te vertellen dat ze haar borstel zal verpesten en dan heeft ze er geen meer. Maar dan zou ze nog steeds het handvat hebben en daarmee slaat ze mij.
D: *(Lach) Het kan haar niks schelen.*
B: Nee, het heeft haar nog nooit wat kunnen schelen.
D: *Is ze er ooit in geslaagd, om Roff te verleiden?*
B: Nee. Want er is dat ene deel van de geest dat moet meewerken en als dat niet meewerkt, dan is alle verleiding nutteloos. En ze schreeuwt naar hem en krabt zijn gezicht en slaat hem, omdat ze zegt dat hij totaal in de ban is van mij.
D: *Ze begrijpt het gewoon niet, of wel soms?*
B: Nee. Of misschien begrijpt ze het maar al te goed en vindt ze het gewoon niet leuk.
D: *Zou kunnen. Weet je, ik sprak ooit een keer met je over jouw religie. En daar ben ik benieuwd naar.*
B: Het is in harmonie met de Aarde.
D: *Zijn er veel zoals jij die de oude manieren praktiseren?*
B: Meer dan wat de kerk vermoedt. ... En we ... we hebben een test gemaakt om jou te testen.
D: *Heb je dat gedaan? Nou, ik ben benieuwd.*
B: En ... we hebben je getest. Je bent, wie je zegt dat je bent. En je maakt geen deel uit van de Inquisitie. Daarom zal ik je vragen beantwoorden.

D: *Wanneer heb je mij getest? Was ik mij daar bewust van?*
B: Nee. We wilden niet dat jij je ervan op de hoogte zou zijn, want dan zou je zelfbewust kunnen zijn.
D: *Wie zijn wij?*
B: Ik en nog een paar anderen hier op deze plek. Er moet een woord zijn voor deze plek. Ik ken een woord in mijn taal. Maar deze taal die ik hier lijk te gebruiken, ah ...
D: *Wat is het woord in jouw taal, hoe je het zou noemen?*
B: Een momentje. Verwar mij niet. Er is het woord "kasteel", maar dat lijkt niet te passen. Ook "herenhuis" lijkt niet te passen. Ik blijf deze woorden vinden. Ik probeer te vinden wat zou passen. Vesting! [Keep] Vesting. In deze vesting.
D: *Maar is dat het woord zoals jij het in je eigen taal noemt? Je zei dat er een ander woord was.*
B: Nee, dit is in de taal ... in jouw taal. Het is veel mooier dan een ordinaire vesting. Het is een beetje tussen een vesting en een herenhuis in.
D: *Ja. Een herenhuis is een erg groot huis. En een kasteel is ook erg groot.*
B: Ja. Een vesting** is meer een strategische, militaire locatie, lijkt het. En dit is strategisch geplaatst. Het is versterkt, maar niet zo zwaar als een kasteel. Het is een soort versterkt herenhuis.

**De Engelse term "keep" komt overeen met het Franse woord donjon hetgeen het sterkste deel van de verdediging van een kasteel vormt, de laatste vluchtplaats in het geval van een belegering of aanval. De vesting was een enkele toren of een grotere, versterkte omheining. [Noot van de vertaler: door mijzelf nu vertaald als vesting om het verschil met een versterkt herenhuis of kasteel aan te geven.] **

D: *Oh, daarom zal de naam dan anders zijn. Ik begrijp het. – Nou, heb je deze andere mensen verteld, dat ik was gekomen en met je heb gesproken? (Ja) Vonden ze dat niet vreemd?*
B: Nee. We spreken behoorlijk regelmatig met onstoffelijke stemmen. Dat maakt deel uit van onze religie. De kerk ziet dat als demonen, maar dat is niet zo.
D: *Maar je moest een test samenstellen, voordat je opnieuw met mij mocht spreken?*

B: Niet zozeer om met je te mogen spreken. We moesten een test samenstellen, om zeker te weten dat het veilig was, zodat je geen rampspoed over ons zou brengen.

D: *Oh? Zou dat kunnen gebeuren?*

B: Oh ja. Je had een truc kunnen zijn, een spion gezonden door de kerk. Iemand die zijn stem zou kunnen zenden. En dat zou desastreus kunnen zijn, als ik iets had gezegd dat de Inquisitie zou kunnen gebruiken.

D: *Ja en nu weet je dat ik niet één of andere ramp zal veroorzaken.*

B: Nee. Je bent ... het is moeilijk te beschrijven, maar de test ... we hebben je getest. Je komt vanuit een andere plaats en vanuit een andere tijd. Op de één of andere manier ben je in staat, om je stem naar ons te projecteren. Maar je hebt totaal geen verbintenis met de kerk. En er is geen enkele manier ... zelfs als je alle informatie aan de kerk zou doorspelen, dan zou de kerk denken dat jij een demoon bent en ze zouden niet luisteren.

D: *Ze zouden mij niet geloven. Dat is waar. Zelfs in onze tijd zouden ze mij niet geloven. Het is voor mijn eigen nieuwsgierigheid.*

B: Zijt gij dan ook voorzichtig voor de kerk?

D: *Ik denk niet dat de kerk ooit zal veranderen.*

B: Nee, dat zal het niet. Maar hoe dan ook zijn er altijd volgers van de vaardigheid, van de religie. En zijn er altijd onder ons, die onze Aardse moeder respecteren. De grote moeder. Ze heeft vele namen. En zolang er zelfs maar één persoon is, die de grote moeder respecteert, zal alles goed komen. Hoe meer mensen de grote moeder respecteren, hoe meer harmonie er is. Op een dag zal de kerk aan kracht verliezen en verdorren en opdrogen. Dat is de natuurlijke cyclus, van alles wat niet in harmonie is met de grote moeder. Het groeit, het vermindert, het verdort en droogt op. En de kerk, die groeit. En lijkt nu op zijn grootst te zijn en blijft amper hetzelfde. Daarna zal het kleiner worden, verdorren en opdrogen. En de grote moeder zal er nog steeds zijn.

D: *Ja. Je had het over die Inquisitie. Dat klinkt voor mij niet als een goed onderdeel van religie.*

B: Nee. Wanneer een religie of zoiets dergelijks zich moet wenden tot kracht en geweld om zichzelf in stand te houden, dan houdt dat in, dat het al is begonnen af te zwakken. En zich realiseert dat het einde voor hen in zicht is. En zij wensen dat dit niet gebeurt. Het eind kan nog honderden jaren ver weg zijn, maar toch ... (Ze gaapte en het was moeilijk om haar te verstaan.) zulke dingen maken deel uit van het einde.

D: *Ik denk dat het hen onzeker doet overkomen, als ze zulke dingen moeten doen.*

B: Nou, ja, ze zijn onzeker. Zij zijn uit harmonie met de grote moeder. En het belangrijkste signaal dat garandeert dat de kerk zal verdorren en opdrogen, is dat zij erop aandringen dat er een hemelse vader is, die overal en alles is. En dat is totaal niet zoals het is. Het is de grote moeder.

D: *Nou, ze moeten hem mannelijk maken, neem ik aan.*

B: Ja en ze sturen alles aan op een mannelijke manier om dingen te doen. Hetgeen niet juist is. Ze laten de halve mensheid weg, wanneer ze dat doen.

D: *Dat is waar. Want het mannelijke kan in werkelijkheid niet alles zelf doen. Niet volgens de wetten van de natuur.*

B: En hun grote vader heeft nog nooit een vrouw gehad. Hij heeft ooit, zoals zij zeggen, zijn geest hiernaar beneden gestuurd om een maagd zwanger te maken, zonder dat zij ooit een man heeft gekend. Dat is onnatuurlijk. En ze zeggen dat hij geen vrouw nodig heeft. Ook dat is onnatuurlijk. De grote moeder heeft diverse wederhelften en geliefden gehad. En uit haar lendenen is al het leven ontsprongen.

D: *Dan heb je waarschijnlijk wel het verhaal gehoord over de maagd en het kind dat zij heeft voortgebracht, waarop de religie is gebaseerd.*

B: Ja. Iedereen heeft het gehoord. Daar zorgt de kerk wel voor.

D: *Dit is het verhaal wat zij iedereen dan willen laten geloven. (Ja) Ik weet niet of je het mij kunt vertellen of niet, maar ik ben benieuwd naar de test. Kun je mij vertellen wat de test was, nu dat deze voorbij is? Hoe werd ik getest?*

B: Ik weet niet zeker of het verstandig is, om jou dat te vertellen.

D: *Omdat je het niet opnieuw zult doen, nu het al voorbij is, neem ik aan.*

B: Maar als er anderen van jouw soort komen, zouden wij hen ook moeten testen.

D: *Ik denk niet dat dit zal gebeuren. Ik ken niemand anders die zal komen. Je weet het nooit, maar ik denk dat ik de enige ben die in deze tijd zal komen.*

B: We zijn naar het heilige bos geweest. Daar zijn we erg fortuinlijk. Wij hebben het geheime bos van potente kracht. Het is op de top van een heuvel, wat goed is. En er is een focus-steen in het midden. En we gebruikten een focus-steen en we brachten een pot, die we hadden gevuld met water. En we riepen de begeleidende krachten op. We presenteerden jou aan hen en vroegen hen, om ons over jou te vertellen. En in de pot met water, sommigen onder ons kunnen lezen wat er in het water wordt getoond. En degenen die dat kunnen, staarden in het water en vertelden ons, wat zij over jou zagen.

D: Kun je dat met mij delen?

B: Het is moeilijk om uit te leggen. Er waren vele wonderbaarlijke dingen, die niet konden worden uitgelegd in de menselijke taal.

D: Kun je het proberen? Ik ben benieuwd.

B: Ze zeiden dat ze medelijden met jou hadden. Want jij bent opgevoed onder de invloed van de kerk, met het beeld van de kerkelijke vader in jouw hoofd gestampt. Maar zij konden zien, dat je in principe probeerde om de weg van de grote moeder te bewandelen. Maar er was niemand om je te helpen en je deed het allemaal alleen. En dat was het eerste punt in jouw voordeel. Dat je in principe in harmonie was met de grote moeder en met haar gebied van de macht. En ze zeiden dat je wonderlijke dingen bezat. En je hebt een zwart object waarmee je de stemmen van de mensheid kan pakken en vast houden en je kan dit weer teruggeven, zonder iemand stom [mute, zonder stem] te maken.

D: Ja, dat heb ik. Het is een wonderbaarlijk object.

B: En je hebt wonderbaarlijke objecten om te schrijven. En je bent in staat om dit te doen zonder dat je een inktpot en een inktsteen bij de hand hebt. We zagen vele dingen zoals dit rondom jou. Maar dat was niet het belangrijkste deel. Ze moesten over je te weten komen. En ze zagen dat jij een stuk gereedschap bent van de grote moeder. Ze gebruikt jou voor haar eigen doeleinde. We zagen dat jij niet van onze tijd bent. Dat jij bent van de tijd die nog moet komen. En waar jij vandaan komt, daar is de kerk al aan het verdorren. Heel gauw zal het opdrogen en wegwaaien. Maar het is al heel lang aan het verzwakken en het verdorren is al begonnen. En het zal in haar doodsworsteling komen, welke heel erg ... zoals je weet, wanneer iets in zijn doodsfase terecht komt, kan de moeite die ermee gepaard gaat, heel sterk en energiek zijn. En dus zal de kerk haar doodsangsten uitstaan, welke het sterk, energiek en krachtig doen lijken, maar erg onzeker van zichzelf, want het wordt van alle kanten ondermijnd. En spoedig zal de kerk volledig verdorren, opdrogen en weggeblazen worden, en de grote moeder zal er nog steeds zijn. Het wordt gezien als dat jij in een gezegende tijd leeft, waarin de volgers van de grote moeder zich niet druk hoeven te maken over de Inquisitie. Dat is goed. En dat er in jouw tijd vele wegen zijn ontdekt om de grote moeder te volgen. En haar volgers hebben diverse paden gebruikt. Daarom hebben wij besloten, aangezien jij contact met mij hebt gezocht, dat ik je op alle mogelijke manieren zal helpen. Misschien weten wij iets over de grote moeder, dat verloren is gegaan in jouw tijd en dat jou zal kunnen helpen. Er zijn dingen die verloren zijn gegaan, en die door de tijden heen herwonnen worden. Dat is de natuurlijke cyclus van dingen.

D: *Ja, dit is waar, want door de tijd heen zijn er boeken vernietigd, perkamenten verwoest, mensen sterven en veel kennis is verloren gegaan. Dat is wat ik altijd probeer te doen, verloren kennis terugvinden, die mensen kan helpen. Daarom heb je dus gelijk, ik heb geen enkel verlangen om jou kwaad te doen. Ik ben gewoon op zoek naar kennis. In onze tijd worden we niet zo vervolgd, als jij wordt in jouw dagen. Er zijn nog steeds mensen die foutieve ideeën hebben, maar dat zijn degenen die totaal in de kerk geloven en zij begrijpen het niet. Maar er zijn geen martelingen of doden nu, zoals er in jouw tijd waren. Dat is het verschil. Dat deel is in ieder geval goed, of niet soms? (Ja) We hebben een ander soort vervolging.*

B: De vervolging die jij in jouw tijd hebt, is een spirituele vervolging in plaats van een fysieke.

D: *Ja. Hadden ze enig idee, hoever van jou in de toekomst ik sprak?*

B: Vele eeuwen. Het is moeilijk om te zeggen. Want wanneer we zulke informatie vinden, zijn dingen zoals getallen en dingen van de mensheid niet belangrijk. Het zijn de gevoelens en indrukken die je krijgt, die belangrijk zijn.

D: *Dan konden ze aan de objecten die ze zagen, zien dat het een andere tijd was.*

B: En aan de afstand waar je vandaan komt. Ze zeiden, dat het leek alsof ze door een lange tunnel keken. En de lengte van de tunnel geeft hen een idee van hoever weg in de tijd je bent. De Inquisitie zou mij vermoorden voor het zeggen van zulke dingen, want ze zeggen dat de tijd nu is. En wat er in het verleden is gebeurd, is niet belangrijk, tenzij het is opgenomen in de Bijbel. En we moeten ons geen zorgen maken om de toekomst. Dat er niet zoiets bestaat als de toekomst, behalve datgene wat is geschreven in de Bijbel. Maar ze vertellen je er niet over, want ze zeggen dat leken dat niet zouden begrijpen, dus is er geen reden om het te weten.

D: *Dat is interessant. Ze baseren alles op wat er in de Bijbel staat. Is dat waar?*

B: Dat schijnen ze te doen. Ik denk dat ze het aanpassen aan hun eigen behoeften.

D: *Ja. Er is mij verteld dat mensen in jouw tijd niet zelf de Bijbel lazen. Dat priesters hen vertelden wat erin stond.*

B: Het is ons niet toegestaan om de Bijbel te lezen, want de Bijbel wordt verondersteld te heilig te zijn om aangeraakt te worden door gewone handen, door ontheiligde handen.

D: *Nou, in onze tijd mogen we het wel lezen en bestuderen en proberen het te begrijpen. Maar zelfs vandaag de dag vinden mensen er vele verschillende betekenissen in.*

B: Ja. Dat is omdat zij niet in harmonie zijn met de grote moeder. Als zij het pad zouden bewandelen van de grote moeder, dan konden ze de droesem [het afval] weggooien en datgene bewaren wat goed is.

D: *Want er zijn vele interpretaties en vele betekenissen vandaag de dag. Zodat iedereen eruit kan halen wat hij wil. Dit is één van de vreemde dingen van de Bijbel. (Ja) Het is in principe een goed boek, maar mensen verdraaien het naar hun eigen interpretaties.*

B: Het is een goed boek. Maar het is niet het enige boek dat bestaat. Noch is het de koning van alle boeken.

D: *Zijn er mensen in jouw groep van volgers – ik geloof dat dit een goed woord ervoor is – die überhaupt kunnen lezen?*

B: Laat mij even denken. (Pauze) Ik zou denken dat er wel één is. Maar als zij kan lezen, dan houdt zij dat geheim, want zij zou er niet toe in staat moeten zijn.

D: *Want ik vroeg mij af of je ook bepaalde geschreven dingen hebt. Bepaalde perkamenten of dingen die je zou lezen wanneer je ceremonies houdt.*

B: Er zijn enkele perkamenten waar bepaalde ceremonies op staan. Want sommige ceremonies houden wij niet erg vaak.

D: *De meerderheid ervan weten jullie gewoon? (Ja) Nou, ik zou graag een langere tijd met jou willen werken, als je mij dat zou toestaan.*
B: Je hebt de test doorstaan.
D: *Ik zou graag willen, als zij het mij toestaan, als je mij stukjes en beetjes van magie of spreuken kunt leren, die door gewone personen worden gebruikt in jouw tijd.*
B: Ik zal het jou vertellen, als jij je ervan verzekerd dat je ze doorgeeft aan een volger van de moeder. Zodat we er zeker van zijn dat andere volgers van de moeder ze zullen krijgen.
D: *Dat is wat ik bedoel. Om ze door te geven aan de juiste mensen. Dingen die ze kunnen gebruiken om zichzelf en anderen te helpen. (Ja) We willen niets dat anderen kan schaden.*
B: Van tijd tot tijd zul je beschermingsrituelen moeten uitvoeren tegen degenen die jou willen schaden.
D: *Ja. Ik ben erin geïnteresseerd om die te leren, want ik wil beschermd zijn als ik mijn werk doe. (Pauze) Heb je misschien iets dergelijks dat je met mij kunt delen? Voor bescherming?*
B: Laat mij even denken. Er zijn er zovele die ik gewoon doe als een onderdeel van mijn dagelijkse leven, dat het moeilijk voor mij is om ze uit te splitsen. (Pauze) Eén ding dat goed werkt, is 's nachts – ik begin met de eenvoudigste uit te leggen, zodat je er zeker van kunt zijn, dat je ze begrijpt.
D: *Prima. Dat waardeer ik.*
B: 's Nachts als jij je klaarmaakt om te gaan slapen, de kamer waarin je slaapt zou slechts één in- en uitgang moeten hebben, slechts één deur. En dwars voor de deur op de vloer – je neemt wat zout en je focust op dit zout. En je denkt er hard aan en je stelt je voor, dat het zout een licht van zichzelf produceert, zoals een kaars licht zou schijnen. En dat het licht van zichzelf uitstraalt. En [je stelt je voor] dat dit licht zich overal kan verspreiden en alle kwade krachten kan afstoten. En dan neem je dat zout en je sprenkelt het op de vloer, dwars voor de deuropening. En het vormt een beschermende muur, zodat je geen kwaad kan worden gedaan in je slaap.
D: *Dat zou erg goed zijn. Is er nog een andere? Je zei dat je wilde beginnen met een paar simpele.*
B: Telkens wanneer je contact hebt met mensen en je weet niet zeker of ze het goed of slecht met je voorhebben, doe dan wat zout op je hand zodat je wat zout op hen kan sprenkelen. Op hun rug of

schouders of waar dan ook, zodat ze het niet doorhebben. En dan denk je aan een witte muur tussen hen en jouzelf om je te beschermen. En dit zal hun gedachten en hun tong in de war sturen, zodat ze niet in staat zullen zijn om het kwaad aan te richten dat ze van plan waren.

D: *Tot zover zijn dit simpele dingen om te doen. Het zou niet veel vergen om dit voor elkaar te krijgen. Dat is heel erg goed.*

B: De belangrijkste rituelen zijn degene die je doet met je geest. En het is moeilijk om ze te beschrijven. Daarom begin ik met een paar gemakkelijke. Om je klaar te stomen voor de moeilijkere die later zullen volgen.

D: *Misschien ben ik in staat om ze te begrijpen, want ik heb het gebruik van de geest bestudeerd in mijn tijdperk. Ik hoop dat ik in staat zal zijn om ze te begrijpen. Heb je nog een andere? Of wil je wachten?*

B: Ik probeerde na te gaan, hoe ik je erover zou kunnen vertellen. In het voorjaar en in de zomer wanneer het weer warm en aangenaam is en de maan groeiend is, zoek dan een plek op waar bloemen groeien en waar het lekker ruikt. En het zou met name goed zijn als er nachtbloemen zouden groeien, omdat je er 's nachts naartoe gaat. En dan pluk je een bloem om je te vertegenwoordigen en je plukt een bloem om degene te vertegenwoordigen waar je van houdt. En je vlecht ze samen. Je bent op een open plek, waar je nog steeds de bloemen en de struiken kunt ruiken en waar het maanlicht op deze bloemen schijnt. En je loopt er dertien keer in een cirkel omheen.

D: *Rond om de twee bloemen of rondom de andere bloemen?*

B: De twee bloemen, want je hebt ze nu op de grond geplaatst waarbij de maan erop schijnt. En elke keer dat je rond deze bloemen loopt, vraag je aan de grote moeder – in dit specifieke geval, je vraagt het aan haar aangezien ze op dat moment vereenzelvigd is met de maan. Je vraagt aan de grote moeder om jou samen te vlechten met degene waarvan je houdt, zijn hart en jouw hart, om deze samen te vlechten zoals deze bloemen samen zijn gevlochten. En om jullie levens zo samen te vlechten en zo verder. En elke keer dat je rondom de bloemen loopt, vraag je voor een andere samenvlechting. En je moet er echt bij stilstaan en denken aan dertien verschillende samen-vlechtingen, zodat je niet dezelfde herhaalt. Maar zodanig dat je heel erg verbonden en samengevlochten bent. En als je dan klaar bent met dertien keer om deze bloemen te lopen, dan stop je en kijk je naar de maan en je strekt je handen er naar uit. En je zult zeggen: "Ik heb de grote moeder hierom gevraagd en ik weet dat het zo zal zijn. Zoals het is gevraagd, laat het zo zijn." En dan neem je de twee bloemen en je brengt ze terug naar waar je ze hebt gevonden in de struiken, tussen de andere bloemen. En je begraaft ze in de grond tussen deze struiken, waar het overal zoet ruikt. En dan loop je weg zonder om te kijken.

D: Dat klinkt als een liefdestoverspreuk.

B: Dat is het.

D: Heb jij dit gedaan voor jouzelf en Roff? (Ja) Dat is erg effectief. Zijn er nog andere die je op dit moment met mij wilt delen? Ik wil niks wat anderen kwaad zou kunnen doen. Maar je zei al dat je zulk type [spreuken] niet mag gebruiken, toch?

B: Nee, het is niet nodig. Want als je niet in harmonie bent met Moeder Aarde, als je erop uitgaat om mensen kwaad te doen, dan zal de Godin op een gegeven moment de zaken in haar eigen handen nemen en terugslaan. Simpelweg omdat de persoon die anderen kwaad doet, ook tegen de Godin in gaat. En na een tijdje moeten dingen weer worden teruggebracht naar de manier waarop ze waren.

D: Dan houdt de Godin ook niet van geweld. (Nee) Dat is goed, want op die manier kan ik erin geloven. Ik hou er niet van om iemand pijn te doen, of zelfs maar slechte dingen tegen iemand te zeggen.

B: Dat is waar. Dat is waarom de kerk zichzelf uiteindelijk zal vernietigen, omdat alles wat het heeft gedaan, niets dan geweld heeft opgeleverd. De kruistochten bijvoorbeeld.

D: Weet je iets over de Kruistochten?

B: Ik weet er niet veel van. Ik heb er verhalen over gehoord.

D: Dan vonden ze niet plaats in jouw tijd, of wel? (Nee) Heb je ooit wel eens gehoord over een groep vrouwen die de Druïden werden genoemd? Ken je hen onder een andere naam? Mannelijke of vrouwelijke Druïden?

B: Als ik je goed begrijp, ik weet niet zeker of ik dat doe, dan denk ik dat dit één van de namen is die ze ons geven. Degenen die geen deel van ons uitmaken of niet ons pad bewandelen. En ze weten niet zeker wat wij doen en ze noemen ons verschillende namen.

D: Wat bedoel je met hen die het pad bewandelen?

B: Degenen onder ons die de grote Godin volgen.

D: *Nou, wat ik over de Druïden heb gehoord, is dat ze vele jaren vóór jouw tijd leefden. Maar het is mogelijk dat ze sommige gelijksoortige geloven hadden.*

B: Degenen onder ons die het pad van de Godin bewandelen, zijn er al sinds het begin van de tijd. Wij zijn er altijd al geweest. Vele eeuwen lang moesten wij geheim houden wat wij doen, of we konden worden vermoord.

D: *Omdat ik heb gesproken met iemand die dit praktiseerde. Weet je, zoals ik nu met jou spreek? (Ja) En zij leefde vele honderden jaren vóór jou. En ze zei dat zij De Vrouwe aanbad. (Ja) Denk je dat dit hetzelfde zou kunnen zijn?*

B: Ja, dat denk ik. Want wij zijn er altijd al geweest en wij gaan niet rond om een hoop lawaai te maken over onze geloven, op de manier zoals Christelijken dat doen. Wij geven het door van ouder op kind.

D: *Sommige van deze vrouwen zijn echter nooit getrouwd en ze volgden gewoon deze geloven.*

B: Sommige hebben dat gedaan. Iedereen heeft zijn eigen keuze op dat gebied. En we doen niks om onze religie te tonen aan iemand. Af en toe raakt iemand op eigen houtje geïnteresseerd. Ze beginnen dan het pad te bewandelen op de best mogelijke manier, zonder hulp van iemand anders. En als we iemand zoiets zien doen, dan benaderen wij hen en beginnen hen te helpen. Maar dit gebeurt bijna nooit.

D: *Normaal gesproken doen ze het niet uit zichzelf dan. – Ik ben blij met alles wat je mij kunt vertellen, want zoals ik al zei: de anderen hebben mij dingen verteld. Maar soms waren ze zo gebonden aan hun geheimhoudingsplicht, dat er dingen waren die zij mij niet konden vertellen.*

B: Het is moeilijk voor iemand op zichzelf om het pad te vinden en te bewandelen, als zo iemand de Christelijke kerk in de weg heeft staan, die je geest kromtrekt. Ja de geheimhoudingsplicht is erg noodzakelijk. Niet alle groepen hebben de testen die wij hebben voor vertrouwde geesten. Want iedereen heeft andere gaven van de Godin. En wij hebben heel erg veel geluk met de gaven die wij binnen onze groep hebben.

D: *Maar het is alleen maar natuurlijk. Zij hebben deze angst omdat de kerk heel erg machtig is. En ze zijn altijd bang geweest, dat dit op de één of andere manier tegen hen zou worden gebruikt. (Ja) Daarom ben ik zo blij dat jij in staat bent om mij dingen te vertellen. Ik heb in zoveel verschillende tijdperken geprobeerd om de antwoorden te vinden. – Heb je misschien nog andere spreuken, zogezegd, die je op dit moment met mij kunt delen?*

B: Niet op dit moment. De meeste spreuken, rituelen die wij hebben, zijn voor liefde, zoals ik je heb verteld, en voor bescherming. Dit zijn de eenvoudige dagelijkse spreuken. Er zijn ook moeilijkere dingen, zoals het lezen van de gedachten van je vijand en zulke dingen. En ook iemands gedachten verijdelen, als hij jou kwaad wil doen. Maar deze zijn erg moeilijk om te doen. En het is bijna onmogelijk om ze te beschrijven aan iemand, die niet een langdurig volger is van de grote moeder. Ik vermoed dat één van de redenen dat Vrouwe Joslyn kwaad op mij wordt, is omdat ik altijd haar gedachten verijdel. Zodat telkens als ze in de buurt is van Roff, dat ze dan begint te stamelen en zichzelf voor gek zet. Eén keer maakte zij mij bijzonder boos, omdat ze mij zonder reden sloeg. En ik verwarde haar gedachten toen ze naar een banket ging met de heer van het huis. En ze bleef maar de gekste dingen zeggen, die totaal niks te maken hadden met wat er aan de hand was. Ze was erg geschrokken. En hoe meer ze ervan schrok, hoe erger het werd.

D: (Lach) Had ze enig idee dat jij dat deed?

B: Nee. Ze heeft misschien een idee, omdat ze er nog nooit in geslaagd is om mij van streek te maken. Ze kan niks bewijzen.

D: Daar moet je voorzichtig voor zijn. (Ja) Zei je niet eens, dat je de meester ervan verdacht dat hij bepaalde dingen deed in de torenkamer? (Ja) Heb je daar nog iets over gehoord?

B: Wat wij ervan weten is dat hij dat totaal niet voor de Godin doet, maar dat het een corruptie is van de vestaalse (?) (mythische?) aspecten van zijn kerk.

D: Ik dacht de Christelijke kerk zulke dingen niet deed?

B: De priester zou je dat wel laten zeggen. De priester zou je dat wel willen laten geloven. Maar de priesters doen vele dingen tijdens een mis die, als ze niet zo corrupt waren, de mis bijna tot een ritueel zouden maken.

D: Oh? Kun je dat met mij delen?

B: Ik ben ervan overtuigd dat je wel hebt gezien dat ze beelden hebben, waar ze kaarsen voor branden. En veel mensen brengen tijd door met naar de beelden staren, terwijl de kaarsen ervoor branden. Dat is een manier om een ritueel te doen. En ze hebben veel onderdelen van de mis die zogenaamd symbolisch zijn, maar die in werkelijkheid dingen zijn die zij [...] – Ik vermoed dat wat er gebeurd is, dat vele jaren geleden toen de kerk de eerste volgers van de moeder tegenkwam, dat sommige volgers van de moeder de kerk hebben geïnfiltreerd en priester zijn geworden. En zo hebben ze een deel van onze manieren in de mis ondergebracht, om zo de mis te corrumperen. Zodat de kracht die ze ermee wilden bereiken, niet effectief zou zijn. Als de mis namelijk niet gecorrumpeerd zou zijn, dan zouden ze er heel veel macht mee kunnen bereiken, spirituele macht, onzichtbare kracht die de wereld veel schade zou aandoen. En daarom hebben ze de mis beschadigd, zodat het waardeloos is voor wat betreft deze macht.

D: *Wat is volgens jou de symboliek die deel uitmaakt van de mis?*

B: Nou, de mis benadrukt altijd de getallen drie, zeven en twaalf. En deze nummers hebben een betekenis die niet in verband staat met hun Bijbel. In plaats daarvan hebben ze een betekenis die in verband staat met de Godin.

D: *Oh? Ik weet niet zoveel van nummers. Hoe zijn ze verbonden met de Godin?*

B: Het nummer twaalf is verbonden aan de Godin door de cyclus van de seizoenen. Er zijn twaalf maanden in het jaar. Er waren vroeger dertien maanden in het jaar. Maar toen kwam er een grote verandering over de Aarde en er was veel verdriet van de Godin, want het was een verschrikkelijke verandering. En toen de verandering was gesmeed, waren er nog maar twaalf maanden in het jaar.

D: *Weet je wat de verandering was?*

B: Ik weet het niet. Het gebeurde zoveel eeuwen terug voordat de Christelijke kerk zelfs maar bestond.

D: *Maar de herinnering is overgedragen?*

B: Ja, het is één van de legenden die wij hebben.

D: *En wat is er met het getal zeven?*

B: Het nummer zeven is een spiritueel nummer. Maar de nummers hebben verschillende niveaus. Het nummer drie vertegenwoordigt voortplanting. Het vertegenwoordigt groei en kinderen. Er zijn twee mensen nodig om een kind te krijgen en dan zijn zij met zijn drieën.

D: *Bedoel je dat dit creativiteit vertegenwoordigt, het proces van de schepping?*
B: Ja. Het is een inactief nummer. Een inactief element. Iets met drie zijden is actief, zodat het kan bewegen. Terwijl iets met vier zijden stabiel is en solide en stil zit. Zodoende is vier een soort rustend nummer. Vijf is een erg fysiek nummer. Het is het nummer van de mens, vanwege de vijf ledematen van het lichaam. De armen, de benen, het hoofd. Zes is weer een ander actief nummer, maar op een meer spiritueel niveau. Zes gaat voorbij de mens en bereikt de bovenste niveaus. Zes is spirituele creativiteit en spirituele vermenigvuldiging. Zeven topt het af, want zeven is de perfectie van zes. Het is moeilijk om dit uit te leggen en over te brengen, zoals ik het bedoel.
D: *Ik denk dat ik het begrijp.*
B: Daarom is zeven een belangrijk nummer. Alle nummers zijn belangrijk. Ze hebben allemaal hun betekenis en hun gebruik. Maar de kerk, op de manier waarop het corrupt is, heeft zo al het andere ook gecorrumpeerd.
D: *En hoe zit het met één en twee? Die heb je nog niet behandeld.*
B: Eén is de bron. De oorsprong van energie. Er is nog een nummer vóór één. Het is een niet bestaand nummer. Het vertegenwoordigt niets. Dit nummer is goed om mee te mediteren, want het vertegenwoordigt de leegte, het universum. Het vertegenwoordigt de limieten van het bewustzijn en daar voorbij. Eén is de bron van energie waar alle dingen uit zijn gecreëerd. Twee is een goed nummer voor liefdesspreuken omdat dit de grote moeder en haar gemaal vertegenwoordigt.
D: *Je zei dat één de schepper vertegenwoordigt. Beschouw jij deze schepper als moeder Aarde?*
B: Ja, zij is de bron van de energie waar alles uit is geschapen.
D: *Dan zou dat het beeld van de schepper in jouw geest vertegenwoordigen.*
B: Ja. De centrale bron van energie, waardoor zij het primaire kanaal is. De energie achter de grote moeder.
D: *Dan is er nog een ander achter haar. Is dat wat jij bedoelt?*
B: Nee, het is een deel van haar, maar de grote moeder is het deel dat wij kunnen zien, en kunnen begrijpen. En het nummer één vertegenwoordigt de energie achter datgene, wat wij niet kunnen begrijpen. Maar de grote moeder is meer dan wat wij kunnen

begrijpen. En de energie die dit aanstuurt en de energie die deel uitmaakt van het universum wordt vertegenwoordigd door één. Dat is alleen maar de energie. Maar het totale concept van de grote moeder, wat veel verder gaat dan eenieder kan begrijpen, omdat ze alles omvat wat denkbaar is en daar voorbij, is vertegenwoordigd door het nummer dat niet is.

D: *Het nummer voor de één. (Ja) In orde. Even kijken, we zijn bij zeven aangekomen. Hoe zit het met acht, heeft dat een betekenis?*

B: Acht is een spirituele rustplaats. Nadat de perfectie van zeven is bereikt, is acht een plaats voor spirituele rust en meditatie. Negen is een spirituele link naar drie, want het zijn drie drieën. Het is een heel erg potent nummer voor creativiteit en zulks. En tien vertegenwoordigt de kronende prestatie. Elk nummer voorbij tien, is gewoon een voortzetting van de nummers die al zijn behandeld.

D: *Dat klinkt logisch, want dat worden gewoon vermenigvuldigingen als ze hoger worden. (Ja) Dat is erg interessant. Maar denk je dat de nummers een onderdeel uitmaken van de symboliek, die de kerk heeft ingenomen? (Ja) Is er nog een andere symboliek in de kerk, of in de mis die je herkent?*

B: Eén ding dat wij ook doen, we maken vaak een vuur en stoppen kruiden in het vuur, zodat de rook soms bepaalde kleuren krijgt en om een bepaalde geur te produceren, die helpt om de Godin op te roepen. En zij gebruiken hun geuren die helpen om de stemming te bereiken, die zij willen voor hun mis. Omdat ze iedereen – ik geloof dat je het 'getraind' zou kunnen noemen - hebben om in een bepaalde staat van denken te geraken, telkens als ze de wierook ruiken die zij gebruiken.

**Een wierookvat (of reukvat) is de wierook pot die wordt gebruikt tijdens de mis. **

D: *Gebruiken zij dezelfde soort kruiden die jij gebruikt?*
B: Nee. Wij gebruiken allerlei soorten en zij gebruiken de hele tijd één bepaalde combinatie.
D: *Weet je wat die combinatie is?*
B: Niet precies. Het is een heel erg ruwe mannelijke combinatie.
D: *Ik dacht dat je misschien aan de reuk zou kunnen vertellen wat het is?*

B: Met sommige wel, met andere niet. We vermoeden dat zij stiekem een aantal drugs toevoegen, die helpen om iedereen in het gareel te houden. Om ze vatbaarder te maken voor wat de priester te vertellen heeft.

D: *En dit zit ook in de geur?*

B: Ja. Er zijn bepaalde planten die hele krachtig sappen hebben. En wanneer die sappen worden verbrand, komt het in de rook en dat heeft een invloed op iedereen die de rook inademt.

D: *Zou dit de priester dan niet ook beïnvloeden?*

B: Dat zou kunnen, behalve dat de manier waarop zij de wierook zwaaien, dat de priesters daar zelf niet erg aan worden blootgesteld. En als ze dat wel zijn, dan hebben ze waarschijnlijk een andere plant, waarvan de sappen hen op een gunstige manier beïnvloeden. Of misschien zorgen dat het hen niet zo erg beïnvloedt.

D: *Hm. Ik vraag mij af wat voor soort plant ze zouden gebruiken?*

B: Er zijn er diverse die ze kunnen gebruiken. Ik weet alleen niet welke ze echt gebruiken. Maar ik vermoed dat ze er twee of drie gebruiken.

D: *Heb je er een naam voor, hoe ze worden genoemd?*

B: Nee. Wij van het gilde weten hoe ze eruitzien. En telkens als wij ze ergens voor nodig hebben, dan gaan we het bos in om deze te halen.

D: *Is dit waarom je ook geen naam weet van de andere typen kruiden die ze zouden kunnen gebruiken? (Ja). Je weet gewoon hoe de bladeren en wortels eruitzien? (Ja) Dat is interessant. Kun je nog iets anders bedenken dat de kerk zou gebruiken tijdens de mis? Want ik wil graag op de hoogte zijn van deze dingen.*

B: Ja, het is goed om ervan op de hoogte te zijn, om jezelf te beschermen tegen de wierook van de priesters.

D: *En andere symboliek die ze zouden gebruiken?*

B: De ergste van allemaal. Zelfs al willen ze het niet zeggen, ze weten dat de grote moeder de kracht is van het universum. Maar die van haar is niet een mannelijke, directe kracht, het is meer een vorm van indirecte kracht, zoals het effect van water op steen.

D: *Een geleidelijke.*

B: Ja. Een vloeiende kracht. En ze weten dat mensen dit zullen uitvinden en volgen, ondanks hun leringen. Dus wat ze hebben gedaan, is dat ze het symbool hebben genomen dat mensen zouden kunnen vinden en dat deze kracht vertegenwoordigt en ze leggen het uit in kerkelijke termen. En buiten het uit en ontheiligen het, om net te doen alsof het helemaal geen kracht heeft, of misschien een inferieure kracht voor hun volgers. En dit noemen ze de Maagd Maria.

D: *Hm. Ja, in onze tijd wordt ze bijna aanbeden. Ze zou gelijk moeten zijn aan haar zoon. Het is alsof ze hen alle drie aanbidden.*

B: Ja, dat is hier hetzelfde. Ze aanbidden haar, maar maken haar ondergeschikt aan de Vader. Dat ze geen enkele kracht van zichzelf zou hebben, maar dat ze haar vrouwelijke listen kan gebruiken om de Vader te bedriegen, zogezegd. Of hem kan ompraten om barmhartiger te zijn.

D: *Oh, vragen ze haar daarom om gunsten?*

B: Ja, en ze maken haar heel erg ondergeschikt aan de Vader. Laten het schijnen alsof de Godin zelf geen kracht heeft.

D: *Denk je dat het verhaal van de Maagd Maria waar was, of dat ze het om deze reden hebben geïntroduceerd?*

B: Ik denk dat het gedeeltelijk om deze reden is geïntroduceerd. Ik denk dat er een verhaal achter zat, dat is verdraaid voor hun eigen doeleinden, zodat ze de macht konden versterken. Want ik denk dat wat er gebeurde was, dat zij die Jezus droeg, dat Joseph daarvan de vader was. En dat de eerste keer dat ze de liefde bedreven, zij niet wist wat er gebeurde. En dus wist ze niet dat ze haar maagdelijkheid had verloren. Er was haar verteld dat zij haar maagdelijkheid moest bewaren en ze wist niet waar ze het over hadden. En dus wist ze niet dat ze het had verloren, totdat ze verschillende keren de liefde had bedreven met Josef. Of een tijdje later realiseerde zij zich, dat zij een baby zou krijgen. En ze wist dat alleen vrouwen die geen maagd meer waren, baby's kregen. Maar ze dacht dat ze nog steeds haar maagdelijkheid had. En dit kwam doordat ze nog jong was en geen weet had van bepaalde dingen. En dus nam de kerk dit en verdraaide het, zodat ze eigenlijk een maagd was. En dat het alleen een geestelijke invloed was, die de oorzaak was van haar zwangerschap.

D: *Ze konden het niet anders laten gebeuren, denk ik. En hoe zit het met de zoon, Jezus? Heb je daar bepaalde gedachten over binnen jouw geloof?*

B: Hij was een dienaar van de Godin en Hij probeerde mensen toenadering te laten zoeken tot de Godin. Probeerde het Joodse geloof te verzachten, zodat mensen meer ontvankelijk zouden zijn voor de Godin. En Hij zou erin geslaagd zijn, ware het niet voor de Inquisitie. Zie je, er wordt gezegd dat nadat Hij was vermoord, Zijn volgers zich afsplitsten in twee verschillende groepen. Eén groep volgde de Godin op de manier die haar zeer zou behagen. En de andere groep was machtswellustig. En de groep die hongerde naar macht, bedacht regels en veranderde dingen en versterkte zijn macht en probeerde de andere groep uit te roeien. Ik vermoed dat ze daar aardig in slaagden. Als zij die andere groep niet hadden uitgeroeid, dan zou de kerk nooit hebben bestaan. Dan zouden er volgers van Christus zijn, maar ze zouden niet zijn gegroepeerd tot een almachtige kerk. Ze zouden dan groepen hebben gevormd, die de Godin zouden aanbidden op de manier waarop wij haar aanbidden.

D: Dat klinkt logisch. Dit zijn dingen waar ik zelf nooit aan heb gedacht, maar ze klinken logisch. Ik waardeer echt dat je mij deze dingen vertelt. Ik moet vertrekken, maar zou het mij zijn toegestaan om nogmaals te komen en onze conversatie voort te zetten?

B: Je hebt de test doorstaan.

D: En ik probeer deze informatie te leren en het door te geven aan jouw volgers in deze tijd.

B: Ik heb geen volgers.

D: Ik bedoel de volgers van jouw religie, jouw geloof.

B: De volgers van de Godin.

D: Ja, dat is correct. Ik zei het verkeerd, of niet soms? Maar je begrijpt wat ik bedoel. Ik zal proberen om het door te geven aan hen die geïnteresseerd zijn.

B: Ja. Vertel hen, dat hun zuster Astelle het hen stuurt met liefde.

D: En als ik opnieuw kom, dan kunnen we onze conversatie over verschillende spreuken en zulke dingen, voortzetten.

B: Rituelen.

D: Rituelen? Is dat wat je ze noemt? (Ja) Ik zou ook graag wat vernemen over de legenden. Dat zou interessant zijn.

B: Je hebt er vandaag enkele gehoord.

D: Ja. Ik zou er ook graag nog meer horen. Prima. Ik waardeer het echt en bedank je. En ik zou wensen om een andere keer nog eens te komen. En dan zullen we onze conversatie voortzetten. Heel erg bedankt. Ik wens je het allerbeste, heb een goede dag.

B: Jij ook.

(Subject wordt bijgebracht).

Hoofdstuk 6
Pentagrammen en Meer
(Opgenomen op 13 mei, 1986)

Ik gebruikte het sleutelwoord en telde haar terug naar de tijd waarin Astelle leefde.

D: We zijn teruggegaan door de tijd naar wanneer Astelle leefde. Wat ben je aan het doen?
B: Ik ben buiten op het veld. Ik ben wat truffels aan het verzamelen.**

**Een truffel is het vruchtvlees van een ondergrondse ascomyceteschimmel, met name één van de vele soorten van het Tuber geslacht. Sommige truffelsoorten staan hoog aangeschreven als voedsel. De Franse gastronoom Jean Anthelme Brillat-Savarin noemde truffels ook wel "de diamant van de keuken." Eetbare truffels worden gebruikt in de Italiaanse, Franse en diverse andere nationale topkeukens. Truffels worden gecultiveerd en geoogst vanuit een natuurlijke omgeving. **

D: Wat is dat?
B: Het is ... ik weet het niet zeker ... het is een soort ... nou, het is niet echt een plant ... het is als een ... (ze had moeite het te beschrijven) ah, heb je wel eens van paddenstoelen gehoord? (Ja) Ze zijn een plant, maar ze zijn niet een plant? Truffels zijn een plant, maar geen plant. En ze groeien een beetje ondergronds en je moet ze opgraven.
D: Oh, dan is het iets om te eten. (Ja) Hoe vind je ze als ze ondergronds groeien?
B: Een deel ervan is boven de grond, maar het merendeel ervan is onder de grond. Sommige mensen gebruiken zwijnen om ze op te graven, want zwijnen kunnen ze vinden. En zwijnen houden ervan om ze te eten. Maar ik heb geen zwijn bij me. Ik vind ze gewoon zelf, met gebruik van, er is een manier om dingen te voelen die je

niet kunt zien. De kerk is hierop tegen, maar wij van de oude religie weten wel beter. En dus gebruik ik die vaardigheid om dingen te voelen die niet zichtbaar zijn, om ze te vinden. Het is voornamelijk een excuus om een tijdje uit de keuken weg te kunnen zijn en buiten te zijn, want het is een mooie dag.

D: *Zullen ze worden gekookt?*

B: Ja, ze zullen worden bereid met ... er is een gerecht dat de kok aan het maken is. Of dat de kok kan maken. Ik geloof niet dat ze het momenteel aan het maken is. En ze kunnen op verschillende manieren worden klaargemaakt.

D: *Wat zou er nog meer in dat gerecht zitten, behalve de truffels?*

B: Oh, dat hangt ervan af hoe je het klaarmaakt. Eén manier om ze klaar te maken is als onderdeel van een vulling voor het opvullen van geroosterd vlees, of opvulling voor een gans of zoiets. En een andere manier om ze klaar te maken is als deel van een soort ... niet precies een soep, maar truffels en sommige andere groenten met een saus, om geserveerd te worden met vlees of iets dergelijks.

D: *Ik heb nog nooit een truffel gezien. Daarom vroeg ik mij af hoe ze eruitzien? Hebben ze een bepaalde kleur?*

B: Nou, ze zijn in verschillende kleuren, en sommige zijn meer gewild dan andere. En ze hebben meestal een bepaalde vorm. En het oppervlak ervan heeft een bepaalde structuur. Het lijkt erop dat de structuur afhangt van welke kleur ze zijn.

D: *Welke kleuren kunnen dat zijn?*

B: Nou, de meeste zijn normaal gesproken een soort rood-oranje. En sommige zijn een soort bruinachtig wit. En sommige zijn zwart. Maar dat is slechts de buitenkant ervan. Aan de binnenkant zijn ze allemaal wit. Behalve dan de rood-oranje soort, die neigt naar roze aan de binnenkant.

D: *Oh. Ik denk dat ik ze dan nog nooit heb gezien. Die witgrijze waar je het over had, doen mij denken aan champignons.*

B: Ja. Ze zijn door-en-door helemaal solide zoals champignons dat zijn. Het is niet zoals een vrucht met een schil, het is gewoon ... daar.

D: *Ik zou ze waarschijnlijk niet eens herkennen als ik ze zou zien. (Lach) Ik heb nog nooit iets in die kleur gezien.*

B: Ze zijn moeilijk te vinden. Ze komen niet erg veel voor. De champignons en de sponsachtige paddenstoelen komen veel meer voor.

D: *Ik denk dat het heel goed is, als je deze kunt vinden, terwijl ze onder de grond groeien.*

B: Nou, een deel ervan steekt boven de grond uit, een ietsje beetje. [tad bit] (Zachtjes) Ietsje? Waar kwam dat woord vandaan?

D: *(Ze had het zo zacht uitgesproken, dat ik haar opmerking niet had gehoord.) Waar wat?*

B: Ik gebruikte een woord en realiseerde mij dat het een onbekend woord was.

D: *Welk woord was dat?*

B: Ietsje. Ik zei: "een ietsje beetje." Ik bedoelde te zeggen: "een klein beetje."

D: *Dat is wat het betekent. Een klein beetje. Nou, ik weet dat ik ze nog nooit heb gegeten. Hebben ze een uitgesproken smaak?*

B: Hm, ze hebben een milde smaak, maar doordringend. Je weet dat champignons een milde smaak hebben, maar als je champignons ergens in doet, dan kun je wel proeven dat ze erin zitten. Nou, het is een beetje hetzelfde met truffels. Ze hebben een milde smaak, maar je kunt proeven dat ze in een gerecht zitten, als je ze erdoor doet.

D: *Dan ben je er wel goed in, het op deze manier gebruiken van je zintuigen.*

B: Oh, het is goed om ze te gebruiken, want hoe meer je ze gebruikt, hoe betrouwbaarder ze worden.

D: *Dat is waar, hoe meer je ze gebruikt. Nou, kun jij je herinneren dat je vaker met mij hebt gesproken?*

B: Ja. Je hebt de test doorstaan.

D: *Dat klopt. Je vertelde mij over de verschillende dingen die de kerk deed. Ik vroeg mij af hoe je deze dingen te weten bent gekomen. Ben je wel eens in een kerk geweest?*

B: Iedereen weet van de kerk, of ze het nou willen of niet.

D: *Ben je wel eens naar een mis geweest?*

B: Nee. Maar degenen van ons die de oude religie volgen, wij moeten weten wat de kerk doet, voor bescherming. En heel vaak, de dingen die wij over de kerkdienst weten ... zie je, sommigen van ons gaan naar de mis om, ik denk dat je het zo zou kunnen zeggen, om de priester in de war te brengen. En zij kunnen ons nu vertellen wat er tijdens de mis plaatsvindt. En wij zeggen: "Nou, ah-ha! Dat klinkt logisch." Vanwege reden zus-en-zo.

D: *De overeenkomsten.*

B: Hm-hm. En zij doen dingen uit onwetendheid, ze herhalen dingen gewoon, omdat de persoon die vóór hen kwam dat ook deed. En zo weten we dus, dat ze van veel dingen die zij doen, niet de ware betekenis kennen.

D: *Ze realiseren zich niet echt wat ze aan het doen zijn. (Ja) Nou, degenen die toch naar de mis gaan, waar gaan zij heen? Is er hier ergens een kerk in de buurt of zo?*

B: Ja. Er is een priorij* hier op het terrein, plus de privékapel voor de Hertog.

*Van Wikipedia: Priorij: een klooster van mannen of vrouwen die religieuze geloften hebben afgelegd en welke wordt geleid door een prior or priorin/priores. *

D: *In het huis? (Ja) Maar jij bent zelf nog nooit naar één van deze twee geweest? (Nee), Nou, je hebt eens de Inquisitie genoemd. Zijn daar priesters of zoiets?*

B: Ja. Er is een bepaalde tak van het Katholieke priesterschap en het enige dat zij doen, is rondgaan om mensen te martelen. En het is gebruikelijk ... zie je, allerlei soorten mannen worden door het priesterschap aangetrokken. En daarom zijn er zoveel verschillende aftakkingen van het priesterschap, om deze verschillende soorten mannen onder te brengen. En er is een bepaald type zieke man, die er plezier uit haalt om dingen pijn te doen. Het pijn doen van dieren of mensen. En het enige moment dat zij zich een compleet mens voelen, alsof ze iets waard zijn, is wanneer ze iets pijn doen. En dus is dit het type dat zich aangetrokken voelt tot de Inquisitie.

D: *Het klinkt niet heel erg religieus om mensen pijn te willen doen.*

B: Ze overtuigen zichzelf ervan dat ze het doen voor de glorie van God en ze bidden zichzelf tot een staat van hysterie.

D: *Ik heb altijd gedacht dat religie goede dingen zou moeten brengen.*

B: Dat is zo.

D: *Maar andere mensen pijn doen, lijkt mij niet goed. Eens kijken of ik goed begrijp wat de Inquisitie is. Waren ze op zoek naar mensen die de kerk of de manieren van de kerk niet gehoorzamen?*

B: Ja. Zij voelen dat het hun taak is om de bruid van Christus puur voor hen te houden, om hun eigen termen te gebruiken.
D: Ik vraag mij af wat zij daarmee bedoelen?
B: Het kan alles betekenen, wat zij willen dat het betekent. Wat er ook maar goed uitkomt op dat moment.
D: Wat verstaan zij onder bruid van Christus?
B: Ze verwijzen naar de kerk wanneer zij het over de bruid van Christus hebben. En zij zeggen, dat ze haar puur willen houden voor haar bruidegom. En dus gebruiken ze dat excuus voor hun eigen redenen. Eerlijk gezegd, als zo'n begrip waar zou zijn en de bruidegom zou naar de Aarde komen om de kerk als vrouw te nemen, wat nergens op slaat, dan zou het zeker niet de Katholieke kerk zijn. Wie heeft er ooit zoiets gehoord?
D: Ja, ik kan ook niet inzien hoe ze het puur zouden kunnen houden, als ze pijn doen en moorden.
B: Exact.
D: Dit is alsof ze het bevlekken. (Hm-hm) Nou, wat doen ze dan? Ze gaan gewoon door het land op zoek naar mensen? Of hoe doen ze dit?
B: Ze zijn overal problemen aan het veroorzaken. Er zijn overal agenten van de Inquisitie. En als er niet een agent van de Inquisitie daar in de buurt is, dan is er gewoonlijk wel een informant of twee of drie in de buurt, om de agenten van de Inquisitie te informeren over wat er gaande is. Ik denk dat ze betaald krijgen voor het aantal mensen dat ze aangeven. Hoe meer mensen ze aangeven, hoe meer ze betaald krijgen. Dus hangt het ervan af hoe inhalig ze zijn, ten opzichte van de hoeveelheid mensen die worden aangeven voor verzonnen redenen.
D: De informanten krijgen betaald?
B: Ja. Zoveel per hoofd, net als vee.
D: Waar zijn ze naar op zoek? Hoe weten ze het?
B: Ze hoeven nergens naar op zoek te gaan. Ze kunnen verzinnen wat ze nodig hebben. Ze kijken uit naar éénieder die de moed heeft, om hen direct in de ogen te kijken. Ze kijken naar iedereen die vragen stelt over dingen. Mensen die zich dingen afvragen. Zoals wanneer iemand zegt: "Hoe kan het dat de wolken, die er zo solide uitzien, boven de Aarde zweven, terwijl al het andere dat solide is, op de Aarde rust."
D: Ja, ik vraag mij ook zulke dingen af.

B: Ja, al die dingen. Of als iemand een afwijking heeft, dan pakken ze hem op. Of als ze een markering op hun huid hebben. Soms als ze maar weinig mensen hebben om uit te pikken, dan grijpen ze iemand en maken ze een merkteken op hun huid en zeggen dat dit het een heksenteken is. En heel vaak, als ze denken dat iemand een last is voor de gemeenschap, iemand die waardeloos is, dan pakken ze hen op. Wat normaal gesproken betekent, dat het de oude weduwen zijn en sommige oude mannen.

D: *Dat is best wel eng, want naar mijn mening is dat niet bepaald religieus. Dat betekent dat ik er niet in zou passen, of wel? Want ik hou ervan om vragen te stellen (Lach)*

B: Jij zou in gevaar zijn. Jij zou bescherming van ons nodig hebben. En je zou diverse lessen nodig hebben, voordat je zou kunnen overleven.

D: *Ik ben heel erg nieuwsgierig. Ik ben heel erg benieuwd. Dat zouden ze zeker niet leuk vinden, of wel?*

B: Nee, dat zouden ze niet. Je wordt geacht naar beneden te kijken naar je tenen, wanneer één van hen in de buurt is, en je moet je hoed afnemen en kruipen. En wanneer je niet bij de mis verschijnt, alles opnemend wat ze te zeggen hebben, zonder iets in twijfel te trekken, dan word je geacht op je land te ploegen en geen vragen te stellen over wat er voorbij de grenzen van je blikveld ligt.

D: *Je wordt niet geacht dat te willen weten, of nieuwsgierig te zijn?*

B: Dat is waar. Je wordt geacht je plaats te kennen en daar te blijven. Op die manier zal de wereld aardig en ordelijk zijn.

D: *Ja, maar de menselijke geest wil altijd meer weten, denk ik.*

B: Dat is waar. Ze geloven erin dat meer willen weten, heiligschennis is.

D: *Ik dacht altijd dat heiligschennis betekende, dat je iets zie dat niet in de Bijbel stond, of niet in hun geloof paste.*

B: Dat is correct, dat is de betekenis van heiligschennis. Maar voor de mensen in de Inquisitie, is heiligschennis alles wat zij willen dat het is. Op het verkeerde moment niezen is heiligschennis.

D: *(Lach) Je kunt een nies niet onder controle houden.*

B: Als je niest op een ongelukkig moment, dan is het duidelijk dat je een agent van de duivel bent, die dingen probeert te verstoren. (Ik lachte.) Dus als ze je niet kunnen pakken voor heiligschennis, dan pakken ze je voor samenzweren met de duivel.

D: *Tjonge! Dan zou je bang zijn voor alles wat je doet.*

B: Dat is wat ze proberen te doen. Ze proberen de mensen neergeslagen te houden.

D: *Maar je zou niet weten of iets wat je doet veilig zou zijn, of wel?*

B: Dat klopt.

D: *Dan begrijp ik je terughoudendheid om met mij te praten. (Ja) Maar dat zou heel erg beangstigend voor mij zijn. Je zou elk moment bang zijn, of bang voor elk woord dat je zou zeggen.*

B: Ik denk ook dat ze het doen om mensen te ontmoedigen om veel te reizen, om mensen op hun land te houden, want niemand vertrouwt vreemdelingen.

D: *Dat is mij gezegd, wanneer ik deze dingen doe, die ik nu aan het doen ben. Dan zeggen ze: "Je bent een vreemdeling en je moet voorzichtig zijn."*

B: Ja. Je hebt geluk gehad. Je wilde te weten komen wat wij doen en je nam contact op met iemand van de oude religie, en wij hebben manieren om uit te vissen of je wel of niet vertrouwd kan worden. En onze manieren zijn in harmonie met het universum, zodat niemand geschaad wordt. En geen pijn wordt veroorzaakt.

D: *Ja. En je kon zien dat ik ook met deze manier in harmonie ben.*

B: Hm, heel erg. Je bent op sommige manier uit harmonie, maar ik denk dat dit komt door je omgeving. Want je streeft ernaar om in harmonie te zijn, maar sommige dingen waarmee je moet leven, zijn dingen die veroorzaken dat je uit balans bent. Maar het is niet omdat je in principe uit harmonie bent, want je probeert in harmonie te zijn. Het komt gewoon door je omstandigheden.

D: *En de tijd waarin ik leef. De tijden zijn anders. (Ja) Nou, dat betekent dus dat iedereen die een afwijking heeft of een merkteken heeft ... sommige van deze tekenen zijn veroorzaakt door de geboorte. (Ja) Zien zij al deze dingen als tekens van hekserij? Is dat wat je zei?*

B: Ja. Als iemand een moedervlek heeft, dan betekent dit dat hun moeder de liefde heeft bedreven met de duivel. Liefde bedreef met Satan en dus zijn de kinderen getekend met het merkteken van Kaïn of een dergelijk onzinnig label. En dus moeten de kinderen worden gedood, want zij zijn het gebroed van Satan. En hun moeder zou moeten worden vermoord, omdat ze intiem contact zou hebben gehad met Satan.

D: *Proberen moeders dan de eventuele tekenen op hun kinderen te verbergen?*

B: Ja, als ze geluk hebben, is het teken op een plek waar het wordt bedekt door kleren. En als ze geen geluk hebben, dan houden ze hun kinderen waar alleen buren of vrienden en familie hen kunnen zien. En ze laten hen niet aan vreemdelingen zien, totdat ze ouder zijn.

D: *Dan beschouwen ze een afwijking als hetzelfde?*

B: Ja. Een afwijking is veroorzaakt doordat de ouders zich hebben beziggehouden met één of andere verschrikkelijke zonde. En dus, als straf van God, heeft hun God hun kinderen mismaakt, om de ouders te straffen. En het kind, aangezien het kind slechts wordt gebruikt als een vorm van straf, is dus niet volledig menselijk. Het wordt slechts gebruikt als een leerobject. Dus het kind doet er ook niet toe.

D: *Dan zouden ze het kind of de volwassen die een afwijking heeft, dus doden?*

B: Juist. Of het kind en de ouders.

D: *De ouders ook?*

B: Het hangt ervan af, welke het gemakkelijkst is voor de Inquisitie om te doden. Als bijvoorbeeld een lid van de Inquisitie de vrouw begeert, dan zouden ze de echtgenoot vermoorden. Of als een lid van de Inquisitie de man zou begeren, dan zouden ze de vrouw vermoorden.

D: *Hm. Bedoel je de informanten? Of de priesters zelf?*

B: De priesters zelf.

D: *Ik dacht dat ze geen seks mochten hebben.*

B: (Een luide lach.) Haha! Het is waar dat ze worden geacht celibaat te zijn volgens hun leer. Persoonlijk zeg ik dat het onnatuurlijk is om celibaat te zijn. Het is niet de manier zoals het bedoeld is. Het is uit harmonie. Uit ritme met het universum. Uit ritme met de moeder Godin om celibaat te zijn. En deze priesters houden de schijn op dat ze celibaat zijn, een masker. Maar het is vals en hol, want achter het masker zijn ze helemaal niet celibaat. Ze zijn heel erg losbandig. En ze bedrijven de liefde zo vaak als zij wensen en met wie dan ook. En het maakt niet uit met welk geslacht het is.

D: *Dan kan niemand er iets van zeggen, of wel?*

B: Nee, want het gebeurt achter gesloten deuren. Priesters houden fantastische feestmalen, omdat ze het beste van de gewassen krijgen. En er wordt gezegd, dat er tijdens deze feesten allerlei soorten losbandigheden plaatsvinden. Gewoonlijk maken de priesters misbruik van de jonge jongens die net in het priesterschap zijn toegelaten.

D: *Gebeuren deze dingen in het huis waar je woont? Of weet je dat?*

B: Nee. Niet op dat niveau. De priester die hier is ... Ik denk dat hij voor zichzelf zorgt met zijn hand. Af en toe gebruikt hij misschien een jonge dienaar, weet je, wanneer hij de biecht afneemt. En als iemand boete wil doen voor een bepaalde zonde, dan bedenkt hij een ongebruikelijke straf voor hen.

D: *Ik begrijp het. Dan denk je dat het meeste van dit soort dingen plaatsvindt in de priorij?*

B: Nee, de priorij is hier op het terrein. Zoals in het dorp. Maar het dorp is nogal klein. Maar de grotere plaatsen waar meer mensen zijn en meer priester in de buurt. Weet je, zoals in de steden.

D: *Maar dit zijn dingen die jouw vrienden jou vertellen? (Ja) Want je zei, dat je er zelf geen persoonlijke kennis van hebt.*

B: Precies. Dit zijn dingen die zij hebben gezien. Plus, we hebben manieren om dingen te observeren die plaatsvinden, op een soortgelijke manier hoe we jou hebben geobserveerd.

D: *Dan kun je op die manier gebeurtenissen zien, die werkelijk plaatsvinden op verafgelegen plaatsen. (Ja) Je zou meer waarheid hebben, of niet soms? (Ja) Meer kennis van de waarheid. – Is er een grote stad in de buurt van waar je leeft?*

B: Ik weet het niet. Ik denk dat er één is op een paar dagen rijden van hier. Maar ik weet het niet. Ik heb deze plaats nog nooit verlaten.

D: *Ik vroeg mij gewoon af, of je ooit de naam had gehoord van een grote stad daar in de buurt. (Nee) Nou, deze priesters, trouwen zij ooit?*

B: Sommigen van hen. Maar het wordt verondersteld een geheim te zijn en niemand weet ervan. De meeste van hen hebben gewoon minnaressen of jonge jongens. Of beide.

D: *Volgens mij is dit niet exact wat Jezus, Christus voor ogen had. Ik denk niet dat hij dit onderwees.*

B: Bij mijn weten, ben ik het met je eens.

D: *Met name zeggen ze, dat ze proberen te doen wat hij wilde en ik denk niet dat dit zijn intenties waren. De Inquisitie en al deze dingen.*

B: Dat is waar. Daarom wordt er gezegd, dat de kerk in kracht afneemt. En dat het de natuurlijke cyclus van alle dingen zal volgen, en het zal vervagen en het zal verdorren tot het sterft. En de moeder

Godin zal er nog steeds zijn. Dat is de cyclus van alle aartsvaderlijk gebaseerde religies. Ze beginnen met goede bedoelingen, maar met enkele egoïstische bedoelingen vermengd. En met als resultaat dat ze niet in harmonie zijn met hun Aardse moeder en dan raken ze uit balans. En na een tijd storten ze dan in elkaar en sterven af. Dit is het lot geweest van religies, die niet in harmonie zijn met de moeder Godin.

D: *Ik ben benieuwd. Je zei een tijdje geleden dat ik misschien wat bescherming zou moeten leren, als ik daar zou zijn. (Ja) Kun je mij vertellen hoe ik mijzelf zou kunnen beschermen?*

B: Waar je bent, lijk je genoeg bescherming te hebben, maar meer bescherming kan nooit kwaad. Maar de bescherming van het witte licht die je gebruikt, is zeer effectief. We hebben gezien dat je dit gebruikt. Wat je ook kunt doen om veel dingen af te weren, is het maken van pentagrammen voor diverse toepassingen.

D: *Kun je mij daar meer over vertellen? Ik ben niet op de hoogte van zulke dingen.*

B: Het tetragrammaton* of het pentagram is een ontwerp van een vijfpuntige ster, omsloten door een cirkel. Je doet dat telkens wanneer je beschermd wilt zijn tegen, laten we zeggen dieven en rovers en zulks. Sommige boeren doen dit, maar de Inquisitie weet hier niet van. Wanneer zij bijvoorbeeld hun gewassen hier brengen om het in de schuren op te slaan, als zij 's nachts moeten overnachten langs de weg, dan maken zij een pentagram op hun wagen. Om hun gewas te beschermen, zodat de dieven er niet midden in de nacht mee vandoor gaan. Sommige boeren, ook al weten ze de waarheid hier niet achter, doen dit met klei-stof of iets om mee te tekenen, op hun wagen om deze te beschermen. En wat je doet is – even kijken of ik dit kan beschrijven – weet je hoe soms de zon schijnt tussen de wolken door en je de speren van licht ziet, die de grond raken?

*Dit woord was moeilijk om fonetisch te spellen. Tetragrammatons. Volgens het woordenboek is dit de Hebreeuwse naam van God opgetekend in vier letters als YHWH of JHVH. *

D: *Oh ja, dat is erg mooi.*

B: Ja dat is het. Nou, neem zo'n speer van licht en doe net alsof het een schrijfveer [quill] is om mee te schrijven. En de speer van licht kan elke kleur hebben die jij nodig hebt, voor elk mogelijk doeleinde waar je het pentagram voor nodig hebt. En in het geval van bescherming, zoals de boer nodig heeft voor zijn wagen, dan zou het wit zijn. En je zou de vijfpuntige ster als eerste tekenen. En je doet het in één lijn, zonder je veer op te liften. En als je dan klaar bent met het te tekenen en je bent op het topje van de laatste punt, van daaruit zonder je veer op te lichten, of in dit geval je speer van licht, ga je verder en teken je een cirkel rondom de ster.

D: *Okay. Gewoon van het pentagram naar de cirkel zonder op te lichten? Alles in één doorlopende lijn.*

B: Ja. En wanneer je dit tekent, wat je dan in je gedachte doet, dan stel je voor wat het is, dat je beschermd wilt hebben. En je legt dit er met kracht bovenop.

D: *Ik begrijp het. Maar sommige anderen realiseren zich niet, dat je het met je gedachten kunt doen en zij tekenen een werkelijk pentagram. (Ja) Het klinkt alsof het heel erg effectief zou zijn.*

B: Je kunt het pentagram op vele verschillende wijzen gebruiken voor veel verschillende dingen. Bijvoorbeeld als iemand ziek is en je wilt dat zij hun gezondheid terugkrijgen, dan teken je een pentagram van ... (pauze) nou, het hangt ervan af wat voor soort ziekte het is. Maar voor ziekte in het algemeen, teken je een pentagram met een goudgele kleur met een beetje roze erin [roze] En stel je dit voor alsof het hun lichaam omringd. Waarbij het groot genoeg is voor de cirkel om erom heen te gaan, waarbij het groot genoeg is om hun lichaam te omcirkelen. En je stelt het je voor op hun lichaam.

D: *De cirkel omringt hun lichaam?*

B: Juist. En als je passie wilt opwekken bij iemand, dan stel je voor dat jijzelf en deze persoon samen staan. En dan stel je een rood pentagram voor over jullie zelf. Een helder, intens karmozijnrood.

D: *Dat de twee mensen omringd. (Ja) Hm, dit klinkt alsof het intens zou zijn.*

B: Je kunt ze voor veel verschillende dingen gebruiken.

D: *Ik vroeg mij af of er verschillende betekenissen zijn voor de verschillende kleuren. (Ja). Gebruikt voor verschillende doeleinden.*

B: Rood is voor passie. Geel is voor gezondheid. Blauw is voor mentale helderheid. Paars is om de hogere gebieden te bereiken.

D: *Groen?*

B: Groen is om in contact te komen met levende dingen. Planten en dieren. En moeder Aarde in het algemeen. Wit kan voor deze allemaal worden gebruikt en ook voor gewoon algemene bescherming, aangezien wit alle kleuren van het licht samen bevat. Ten minste, dat is wat sommigen zeggen. De priesters ontkennen dit. Maar sommigen in de oude religie zeggen dat, aangezien regenbogen ontstaan vanuit de zon en de zon is wit licht, dat wit licht daarom alle kleuren moet bevatten.

D: *Dat klinkt logisch.*

B: Maar hoe dan ook, ik dwaal af. Eens zien, wit, rood, blauw, groen, geel. Paars. Oranje is voor vriendschap. Blauw kan ook worden gebruikt voor vriendschap, maar oranje zou voor een liefhebbend type vriendschap zijn, terwijl blauw zou zijn voor een vriendschap die je mentaal stimuleert.

D: *Het zou voor verschillende soorten vriendschappen zijn. (Ja) En hoe zit het met roze op zichzelf?*

B: Roze op zichzelf is voor ware liefde en affectie en zorgzaamheid.

D: *Is dat waarom je het samenvoegde met geel, omdat het dat ook zorgzaam zou zijn? (Ja) Dus je kunt ook mengsels gebruiken? (Ja) Eens zien, welke andere kleuren zijn er? Gebruik je ook wel eens donkere kleuren zoals bruin of zwart ergens voor?*

B: Het is heel erg gevaarlijk om die kleuren te gebruiken. Bruin, als je een bruin pentagram op enig levend ding voorstelt, dan zou dat ervoor zorgen dat het ziek wordt.

D: *Oh. Omdat het donker is?*

B: Omdat bruin een mengsel is van modderachtige kleuren. En aangezien het een mengsel is van kleuren, annuleren ze elkaar en hebben ze een negatieve invloed. Nu, zwarte pentagrammen zijn heel erg krachtig en we kunnen ze voor verschillende dingen gebruiken. Sommige mensen die een zwakker karakter hebben, zouden zwarte pentagrammen gebruiken om ongeluk te veroorzaken voor mensen. Om negatieve dingen voor hen te laten gebeuren of om hen negatieve invloeden te laten aantrekken. Je weet dat ik het erover had, dat paars was om de hogere gebieden te bereiken. (Ja) De volgende kleur na paars is zwart. En als je dus door paars gaat, dan kun je zwart gebruiken om het werkelijke centrum van het universum te bereiken, en geheimen te ontdekken die de geest soms niet aankan.

D: *Gebruiken jouw mensen wel eens zwarte pentaggrammen om negatieve dingen te veroorzaken?*

B: Ik weet het niet. Sommige zouden dat af en toe wel eens privé kunnen doen, als iemand hen een loer heeft gedraaid. Ze projecteren een zwart pentagram op hen, net lang genoeg om hen een lesje te leren en trekken het dan terug, maar dat zou een privéaangelegenheid zijn. Soms wanneer Vrouwe Joslyn weer eens bijzonder weerzinwekkend en negatief doet, dan projecteer ik een heel klein zwart pentagram op haar pad om haar ergens over te laten struikelen.

D: *(Lach) Ik vraag mij gewoon af hoe jouw religie denkt over het veroorzaken van zulke dingen.*

B: Nou, als iemand van tijd tot tijd eens in iemands neus wil knijpen om hen een lesje te leren, omdat ze dat lesje eens moeten leren, dan is dat zoals het zou moeten zijn. Maar om kwaadwillend te zijn en ongeluk te veroorzaken zonder reden, dat is niet toegestaan. En om in het algemeen ongeluk te veroorzaken, zelfs als er redenen zijn, dat is niet noodzakelijk. Want wat ze verdienen, komt vroeger of later toch wel, vanwege de manier hoe het universum in elkaar steekt. Maar als iemand consequent negatief doet in jouw leven en je wilt, zeg maar, een dienst terug bewijzen, dan mag je dat, zolang je maar niemand kwetst. Soms doe ik dat wel eens een klein beetje uit wraak wanneer Vrouwe Joslyn weer eens heel erg naar is geweest. En ik doe het wel eens uit ondeugendheid, weet je, om haar voor gek te zetten, zullen we zeggen, in de buurt van Roff. (Ik lachte.). Soms wanneer ze een groot banket hebben en ze wil opscheppen en het middelpunt van de aandacht zijn, stel ik mij een klein zwart pentagram voor in haar mond, op haar lippen, zodat wanneer ze dingen zegt, ze er niet goed uitkomen. Ze zal dan iets zeggen, het ene bedoelend, maar ze zegt het dan per ongeluk op zo'n manier dat het als een dubbelzinnigheid kan worden gezien en mensen bekijken haar dan op een andere manier.

D: *(Lach) Je bent dan van mening dat het op deze manieren iemand niet echt kwaad doet. (Nee) Want ik heb altijd gehoord dat wat je uitzendt, dat dit ook weer naar jouzelf terugkomt.*

B: Inderdaad. Nou, ze heeft zoveel negativiteit uitgezonden, dat hetgeen dat ik doe uit zelfverdediging, niet naar mij zal terugkaatsen. Want het is gewoon een stukje van wat sowieso al bij haar terugkomt.

D: *Dan kun je dat zo bekijken. (Ja) Je hebt het telkens over het universum, wat weet je van het universum? Jouw wereld is in werkelijkheid zo gelimiteerd. Je zei dat je niet weg kunt gaan van dat huis.*

B: Het is waar dat mijn fysieke wereld beperkt is. Maar één van de voordelen van mijn religie is, dat het niet uitmaakt hoe beperkt je fysiek bent, mentaal ben je helemaal niet beperkt. En je kunt overal heen gaan, te allen tijde, door slechts je geest te gebruiken. Je kunt je geest overal naartoe projecteren. Wat we dus proberen te doen, is om het universum in zijn algemeenheid te ontdekken, proberend uit te vissen hoe dingen werken, waarom ze werken, hoe ze werken. En we proberen uit te vissen wat Moeder Aarde van plan was, toen ze het universum creëerde. We praten nooit over wat we doen, want dat zou heiligschennis van de hoogste orde zijn.

D: *Dat is echt onderzoeken en te weten willen komen. Maar doe je dit als een groep?*

B: Normaal gesproken doen we dat, want het is effectiever op die manier. Als individu kunnen we ook zoiets doen als een persoonlijke meditatie. Maar het is effectiever om samen te komen als een groep en allemaal deel te nemen en onze energie samen te gebruiken, want het lijkt het te versterken op de één of andere manier.

D: *Waar doe je dit? In het bosje? (Ja) Heb je een bepaald soort ritueel of ceremonie?*

B: Voordat we beginnen, gaan we allemaal naar het heilige bos en ieder van ons zoekt een bepaalde plek waar we ons comfortabel voelen. Het soort plek waar we kunnen afstemmen op Moeder Aarde. We gaan allemaal naar onze favoriete plek en bereiden onszelf erop voor, omdat het eerst wat voorbereiding vergt. En we maken onze geest leeg en ontspannen het lichaam en denken niet aan de dingen die zich de hele dag hebben voorgedaan. Maar we stellen ons gewoon voor, nou, er zijn twee dingen die iemand zich kan voorstellen. Iemand kan óf een wit licht voorstellen, en je duikt in dat licht zoals je in een poel zou duiken op een zomerdag.

D: Okay. Maar het belangrijkste ding, ik wil niet dat je het nu op dit moment doet. Ik wil alleen maar dat je mij de procedure uitlegt. (Ik had wat veranderingen in haar fysieke reacties opgemerkt.)
B: Dat is wat ik aan het doen ben.
D: Okay. Want het zou sowieso gevaarlijk voor jou zijn om het daar nu te doen, terwijl je op zoek bent naar truffels. Vertel mij alleen maar de methode.
B: En een andere manier om het te doen, zou zijn om je een nacht voor te stellen vol met sterren, wanneer de maan niet schijnt. En denk dan dat je naar de sterren toe vliegt in de diepte van het donker. Op beide manieren doe je het, om de beperking weg te duwen dat je maar één persoon bent.
D: Het klinkt alsof dat heel erg aangenaam is.
B: Dat is het ook. En als je dan voelt dat je klaar bent, dan komt de groep samen. En we zitten rondom in een cirkel op de grond en houden elkaars handen vast. En normaal gesproken wanneer we dit doen, is er iemand in het midden van de cirkel waarop we kunnen concentreren, voor diegenen onder ons die iets visueels nodig hebben om naar te kijken.
D: Iets in het bijzonder?
B: Normaal gesproken een tekening op de grond, gemaakt met stenen of kiezels of iets dergelijks.
D: Een bepaald ontwerp?
B: Dat hangt ervan af. Soms is het een pentagram en soms is het een ontwerp dat niet bedoeld is om iets voor te stellen. Gewoon om te helpen om je begrenzingen terug te dringen.
D: Dan kijk je daarnaar?
B: Ja. En aangezien we elkaars handen vasthouden, vloeit al onze energie samen. En van daaruit kunnen we de energie sturen voor wat ook maar het doel is waarom we zijn samengekomen. Als het voor het doel is om het universum te ontdekken, dan stellen we ons allemaal voor dat we in het witte licht vallen, of in de diepte van de ruimte. En we reizen samen met onze geesten en zien vele wonderbaarlijke dingen.
D: Heb je geen drankjes of bepaalde kruiden die je op dat moment gebruikt om je daarbij te helpen?
B: Nee. We hebben wel bepaalde drankjes bij de hand die we voor sommige doeleinden gebruiken. Maar hiervoor is het goed om een zuivere geest te hebben.

D: *In onze tijd denken mensen dat jouw mensen soms drugs gebruikten op verschillende manieren.*

B: Dat doen we ook.

D: *Dat misschien die drugs het gevoel zouden opwekken, dat je zo kunt reizen.*

B: Nee. Dit soort reizen moet je met je geest doen. Maar soms, op bepaalde dagen van het jaar voor festiviteiten, komen we samen met een andere groep van de oude religie, die niet uit deze directe streek afkomstig is. En aangezien we niet gewend zijn om met die andere groep samen te werken, nemen we soms een drankje dat ons helpt om de grenzen af te breken, zodat onze energie samen kan vloeien, alsof we één groep zijn. Want met de groep waar je al je hele leven mee samenwerkt, is het gemakkelijk om de grenzen weg te duwen. Maar als je met een nieuwe groep werkt, dan is het moeilijk en dus helpt het drankje om deze grenzen af te breken. En zie je, het lijkt erop dat we het doen met het verborgen deel van de geest, waar de meeste mensen niet mee in contact zijn. En als we dus deze grenzen zo wegduwen, dan helpt dat ook bij het wegduwen van de interne grenzen, zodat je in contact kunt komen met alle kanten van je geest en ze samen kunt laten komen in één persoon.

D: *Wat voor soort drankje is dat?*

B: Ik weet het niet zeker. Slechts een paar weten hoe je dit kunt maken. Er gaan bepaalde kruiden en bessen in. De bessen worden als giftig beschouwd. Maar ze zijn eigenlijk niet giftig, ze zijn gewoon krachtig. Ze hebben een drastisch effect op het lichaam. En inderdaad, als je er te veel van zou nemen, dan kunnen ze je doden. Maar niet omdat het vergif is, het is omdat ze te sterk zijn. Maar we gebruiken deze bessen plus sommige normale bessen die goed smaken. En bepaalde kruiden en bloemen die bepaalde effecten hebben. En ze worden samen gemixt in bepaalde proporties om het benodigde effect te creëren. En dan wordt het opgeslagen en we laten het fermenteren als wijn, maar het wordt niet echt alcoholisch. De bepaalde manier waarop het fermenteert, brengt de drugs meer naar voren en helpt om ze te combineren of sterker te maken. Ik weet niet hoe het werkt. Ik ben nog niet oud genoeg om te leren, hoe ik dat moet maken. Maar ik kijk als ze het maken en ik heb de kruiden ervoor verzameld.

D: *Het lijkt erop dat je erg voorzichtig moet zijn, om de juiste samenstelling te krijgen.*
B: Ja, om het gewenste effect te bereiken, want verschillende samenstellingen, veroorzaken verschillende effecten.
D: *Welke kleur hebben de bessen die als giftig worden beschouwd?*
B: Wit.
D: *Ik probeerde te bedenken welke plant dit zou kunnen zijn. Maar je mixt deze met andere bessen met andere kleuren? (Ja) Je zou voorzichtig moeten zijn. Als je het in de verkeerde samenstelling zou maken, dan neem ik aan dat het geen fijne ervaring zou zijn.*
B: Nee. Het zou kunnen worden gemaakt in een mix die iemand kan doden, maar dat doen we niet ... doorgaans. Maar er zijn andere samenstellingen die ongebalanceerde effecten kunnen veroorzaken. Met ongebalanceerd bedoel ik, vergeleken met wat er zou moeten gebeuren.
D: *Wat voor effect zou het op het lichaam hebben, als het verkeerd gemixt zou zijn?*
B: Eén effect dat bijzonder angstwekkend is, is dat dit het hart veel te hard en snel zou laten kloppen. Of je zou helemaal beginnen te zweten en je huid zou aanvoelen alsof deze in brand stond. Of je zou je verlamd kunnen voelen. Of zulke dingen.
D: *Nee, het zou niet prettig zijn als je de verkeerde combinatie zou hebben. Het is beter om dat over te laten aan degenen die weten hoe je het moet mixen. (Hm-hm) Is dit dan het enige moment waarop je bepaalde drugs zou gebruiken als je samenkomt?*
B: Wanneer iemand van onze groep ziek is, dan gebruiken we soms een drug om het projecteren van het pentagram te versterken. Maar meestal is het gewoon bij dit soort bijeenkomsten.
D: *Gebruiken gewone mensen bepaalde drugs als iemand ziek is?*
B: Gewoon vlees en wijn.
D: *Oh? Als ze ziek zijn?*
B: Nee. Nee. Tenzij iemand langskomt die kruiden en zo koopt en deze kruiden gebruikt om iemand beter te laten voelen. Er zijn bepaalde boombasten die helpen om pijn te verzachten. Van de wilg. En er zijn bepaalde kruiden die, wanneer je er een drankje van maakt, een goed medicijn zouden zijn.
D: *Ik vroeg me gewoon af hoe de kerk denkt over het gebruik van drugs en kruiden, voor mensen die ziek zijn.*

B: Oh, ze zijn ertegen. Maar dat weerhoudt de gewone boer er niet van, om het toch gewoon te doen. Wat de kerk zegt dat mensen moeten doen als ze ziek zijn, is een godsvermogen betalen aan de kerk en dan sturen ze wel één van hun opgeleide doctoren langs om voor je te zorgen. En dat dekt ook de kosten voor een priester die voor je ziel bidt. Dus, ik denk dat afhankelijk van je staat van genade, hoe ziek je bent, hoe gezond je bent, bepaalt hoeveel je aan de kerk moet betalen.

D: Oh, dat bedoel je met een 'godsvermogen'? Je betaalt een hoop ... wat? Geld of goederen?

B: Beide. Het één of het andere. Wat je maar bezit.

D: Dan kun je alleen worden behandeld, als je rijk bent. Als je dit soort dingen bezit, of niet? (Ja) Dan zouden ze de gewone man niet behandelen, of wel?

B: Doorgaans, nee. Tenzij een bijzonder goede dienaar van een rijk persoon ziek zou worden. Deze rijke persoon zou dan betalen, om zijn dienaar te laten behandelen.

D: Dan lijkt het erop dat de gewone man naar jouw mensen toekomt, de mensen van de oude religie, voor hulp. Of doen ze dat niet?

B: Nee. Soms komt er wel eens een boer die zegt: "Ik hoor dat je verstand hebt van kruiden. Kun je mijn dochter helpen? Ze is ziek." Of zoiets. Maar dat is alles wat er wordt gezegd, ook al wordt er veel meer begrepen, dan wat er wordt gezegd.

D: Ik heb zoveel vragen. Ik ben blij dat je geduld met mij hebt.

B: Dat is geen probleem

D: Elke keer dat je het universum onderzocht, wat heb je daar ontdekt? Wat is jouw mening daarover? Hoe zit het?

B: Dat is moeilijk te zeggen. De manier waarop het universum werkt, is moeilijk te omschrijven in zaken die je op Aarde hebt gezien en die je kunt begrijpen. Aan de ene kant is het universum als een gigantische bol. Maar aan de andere kant is het universum als een tunnel die eeuwig verder en verder gaat. En keert terug naar zichzelf en raakt verstrikt met zichzelf en zulks. Dat is min of meer dezelfde manier zoals tijd werkt.

D: Heb je dat ontdekt?

B: Nou, het lijkt erop dat tijd en het universum één en dezelfde zijn. We hebben heel veel dingen ontdekt. Het is moeilijk om uit te leggen, wat we hebben ontdekt. En als we zouden proberen het in woorden samen te vatten, zouden we ons niet druk hoeven te maken dat de priesters erachter zouden komen, de gewone man zou ons eerst doden.

D: *(Lach) Waarom, omdat het zo raar was? (Ja) Wanneer je zulke dingen doet, ga je daar dan naartoe op ontdekkingsreis en dan kom je uiteindelijk weer terug naar het bosje?*

B: Allereerst gaan we er een tijdje op uit om te verkennen als een groep. En normaal gesproken is er sowieso een doel, waarom we elkaar daar ontmoeten. En als we terugkomen, dan ontdekken we wat er aan de hand is, dat invloed kan hebben op ons van de oude religie. En dan bereiden we ons voor op die gebeurtenis.

D: *Dan wil je dus niet verrast worden.*

B: Juist. En dan zorgen we voor diverse andere dingen. Zoals bijvoorbeeld als er een vrouw in de groep is die zwanger wil worden, dan zorgen we ervoor dat haar lichaam ontvankelijk wordt voor de conceptie. En als er een andere vrouw is, die rugproblemen heeft, dan zijn we in staat om die pijn te laten verdwijnen. Gewoon, dat soort verschillende dingen.

D: *Met deze vrouw die zwanger wil worden, doe je dit met je geest? Met je gedachten? Of gebruik je kruiden?*

B: Nee, met ons denken.

D: *Er worden al heel lang verhalen verteld – het klinkt grappig voor mij – maar er zijn mensen geweest, die hebben gezegd dat jouw mensen zelfs konden vliegen. Jullie gebruikten je lichaam werkelijk om deze verschillende dingen te doen en om naar verschillende plaatsen te gaan.*

B: Nou, soms krijgen de gewone mensen wel eens een vermoeden over wat we doen, of we vermelden iets dat heel ver weg is gebeurd. En ze konden zich niks anders voorstellen dan dat wij misschien fysiek daarheen vlogen om het te zien gebeuren. Het is moeilijk om hen uit te leggen hoe je in plaats daarvan met je geest en je gedachten kunt projecteren. Want je kunt overal heengaan, waar je naartoe moet, door de essentie van je geest te gebruiken. Door je hogere essentie te gebruiken.

D: *Dan komen de verhalen daar vandaan. Doorgegeven. (Ja) Ik begrijp het. Nou, we hebben het woord 'heks' [witch] gehoord. Gebruik je dat woord in jouw tijd?*

B: Soms. Er zijn diverse woorden die ze gebruiken. Soms zeggen ze gewoon "een oude vrouw" en gebruiken dat als een term van respect. Ze zeggen: "ben je een oude vrouw?", doelend op iemand die kennis heeft van kruiden en zo, die in staat is om iemand van hun huishouden te helpen die ziek is of zo. En dan bedoelen ze dus niet: "Ben je oud en grijs?", maar ze bedoelen: "Ben je oud als in 'wijs'?"

D: *In kennis. Wat voor andere termen zouden ze gebruiken?*

B: Soms zeggen ze "mensen van de bomen", omdat we altijd bijeenkomen in bossen.

D: *Gebruikt iemand het woord "heks"?*

B: Dat doet de kerk, maar wie schenkt er aandacht aan de kerk?

D: *(Lach) Ik vroeg mij gewoon af, wat zij als een heks beschouwen.*

B: De kerk? (Ja) Ik ben een heks, jij bent een heks, iedereen is een heks.

D: *(Lach) Gewoon iedereen die iets doet waar de kerk het niet mee eens is?*

B: Dat is correct.

D: *Wij hebben de woorden "heks" en "hekserij" [witchcraft] gehoord. Daarom vroeg ik mij af wat die woorden voor jou betekenden.*

B: Hekserij is het woord dat refereert aan de oude religie.

D: *Maar is dat een woord dat je zou gebruiken, om jezelf te beschrijven?*

B: Wat? Hekserij? Nee, maar ik gebruik eigenlijk niet echt woorden om mezelf te beschrijven. Want ik denk gewoon over mijzelf als waar ik ben. En aangezien we er niet echt veel over praten, aangezien dat niet kan, zijn woorden niet echt noodzakelijk.

D: *Dan beschouw je jouw groep niet als heksen? (Nee) Specifiek op de manier hoe de kerk dit gebruikt.*

B: De kerk zou het woord 'heks' gebruiken, voor iemand die zich concentreert op de negatieve kant van dingen. En die datgene aanbidt, wat de kerk aanduidt als de duivel. Wat de kerk zich niet realiseert, is dat Satan een Christelijke uitvinding is. Want om een religie stand te laten houden, om elke vorm van bewondering in stand te houden, moet er één of ander figuur zijn die tegen hen is, die probeert deze vorm te doden, zodat mensen medelijden krijgen met de goede en de goede zullen volgen. Als gevolg daarvan zijn de duivel en Satan dus een uitvinding van de kerk.

D: *Ze houden een oorlog in stand tussen de twee machten zogezegd. Is dat wat je bedoelt?*

B: Ja. Ze roepen dit in het leven, om de interesse van de mensen te wekken en om hen betrokken te houden bij de religie.

D: Dan geloof je niet echt dat er een duivel is?

B: Nee, dat denk ik niet, want het is een uitvinding van de kerk. Nu zeg ik niet dat er geen negatieve krachten bestaan. Maar wat negatief lijkt, is niet per se negatief. Het brengt gewoon in balans wat duidelijk goed is, want alles moet in balans zijn. En het maakt allemaal deel uit van de moeder Godin.

D: *Het spijt mij te zeggen, dat zelfs vandaag de dag mensen nog steeds geloven dat er een duivel bestaat. Waar ik niet in geloof, maar andere mensen doen dat nog steeds. (Ja) Het idee is eigenlijk nooit weggeweest. Heb je wel eens gehoord van het woord "kring"? [coven]*

B: (Pauze) Ja. Het is een groep zoals wij zijn.

D: *Ja, dat is wat het nu betekent, een groep mensen die samenkomen om de dingen te praktiseren, waar wij het over hebben gehad. Maar ben je niet bang dat iemand jullie zal ontdekken, als jullie allemaal ergens bijeenkomen?*

B: Die mogelijkheid bestaat altijd, behalve dan dat als wij onze gedachten projecteren, dan kunnen we veel dingen zien. En we kunnen dingen zien die gewone ogen niet kunnen zien. We kunnen zien of iemand het goed of slecht met ons voorheeft. Dus we hebben tijd om terug te keren van dat niveau en te verspreiden en te verdwijnen, zogezegd. Zodat tegen de tijd dat wie dan ook daar aankomt, zij alleen maar een bosje bomen zien en verder niks.

D: *Dat dacht ik al. Als je aan het mediteren bent, dan zouden ze je wel kunnen verrassen.*

B: Ja. Terwijl je jouw geest voor andere dingen gebruikt, kun je het tevens gebruiken voor bescherming.

D: *Maar je voelt je het veiligst in dat stuk bos. (Ja) Je had het over bepaalde heilige dagen, waarop je samenkomt met andere groepen zoals die van jou. Welke heilige dagen zijn dat?*

B: Er is de heilige avond. En er is Beltane. *

D: *Wat is dat? Dit zijn heilige dagen die ik niet ken.*

Woordenboek: Beltane: "Het lentefestival dat wordt gevierd op de Meidag in de Keltische gebieden in pre-Christelijke tijden." Dit zou ook kunnen refereren aan wat zij eerder vertelde over het vieren van de lente op Mei Dag.

** Beltane is een Keltisch woord` dat betekent "vuren van Bel" (Bel was een Keltische godheid). Het is een vuurfestival dat het komen van de zomer viert en de vruchtbaarheid van het komende jaar. Deze rituelen leidden vaak tot koppelvorming en huwelijken, ofwel direct in de komende zomer of in de herfst. Beltane is het Gaelische Meidag festival. Meestal wordt het gehouden op 1 mei, of ongeveer halverwege de lente-equinox en de zomerzonnewende. **

B: We hebben vier belangrijke heilige dagen en ze vallen meestal samen, zo dicht mogelijk als wij kunnen uitkomen, met de zonnewenden en de equinoxen.

D: *Kun je mij daar wat over vertellen?*

B: Nou, we komen samen. En vanwege de tijd van het jaar vloeien de Aardse energieën op een bepaalde manier, zodat het een goed moment is om zulke dingen te doen, dus maken we daar gebruik van.

D: *Heb je een naam voor die equinox in de lente?*

B: Ja. Soms is het moeilijk om de namen uit elkaar te houden, want de namen zijn niet belangrijk. De Heilige avond is in de herfst.

D: *Rond de herfst-equinox?*

B: Hm-hm. En de winter is Lamas. En de lente is Beltane. En de zomer is het hoge festival. Die in de zomer wordt het hoge festival genoemd, omdat de zon dan op zijn sterkst is. Maar de grootste viering is in de herfst op de Heilige avond. Plus, we houden ervan om samen te komen en bepaalde dingen te doen bij bepaalde standen van de maan.

D: *Daar wilde ik je wat over vragen. Waarom is dat de grootste, de Heilige avond? Is die belangrijker dan de andere?*

B: Ja, want dat is het einde van het ene jaar en het begin van het volgende, in onze cyclus. Het is als Nieuwjaar voor de Christenen.

D: *Doe je in die tijd dan wat anders?*

B: Ja, normaal gesproken hebben we dan uitgebreidere rituelen. En dan is het ook waarschijnlijker dat we de kruidendranken bij de hand hebben. We zijn geneigd om er helemaal voor te gaan met de Heilige avond, want soms zorgt de combinatie van meditatie plus kruidendranken, plus de energie van het samenzijn met een bekende groep ervoor, dat er hele diepgaande ervaringen worden beleefd.

D: *Wat voor soort ervaringen?*
B: Dingen zoals profetie en zo. Of soms gewoon het krijgen van een heel helder visioen over zaken die pas veel later werkelijkheid zullen worden.
D: *En denk je, dat dit iets te maken heeft met de tijd van het jaar en den maan?*
B: Ja, want al deze dingen hebben een invloed op de energieën die door de Aarde stromen. En zoals de energieën door de Aarde stromen, zo stromen ze ook door jou.
D: *Ik begrijp het. Ik probeer al deze verschillende dingen te begrijpen. Ik heb zoveel vragen. Lamas, zei je, is dat in de winter? (Ja) En wordt er in die tijd dan wat anders gedaan?*
B: Meestal roepen we de kracht van vuur op in die tijd en we gebruiken die kracht. Meestal bouwen we dan een vuur en we staren in de vlammen en dat lijkt iets te doen met de geest. En terwijl de geest op die manier wordt veranderd, zijn er diverse dingen die de groep kan doen.
D: *Zoals wat in het bijzonder?*
B: Niets in het bijzonder. Denk gewoon aan wat er dan moet gebeuren.
D: *Zoals het reizen, of als iemand in de groep iets wil, zoals je eerder al zei?*
B: Ja. En meestal doen we dan ook iets met het land. Zodat de energie goed door het land zal stromen als de lente aanbreekt, zodat de gewassen goed zullen groeien.
D: *Wat doe je met het land?*
B: We doen het met onze gedachten. Alles wordt met onze geest gedaan.
D: *Zoals het verversen van het land, of het aanvullen en het klaarmaken? (Ja) En je zei dat Beltane in de lente is? Wat is er dan zo speciaal?*
B: De equinox en dan is alles in balans. De balans slaat altijd naar de ene of de andere kant door, maar met de equinox is de balans in balans. En dus zijn er dingen die dan worden gedaan.
D: *Bedoel je bepaalde rituelen die te maken hebben met het groeiseizoen?*
B: Nee. Want dat is al afgehandeld. Rituelen die te maken hebben met dingen die in balans moeten zijn, omdat het de equinox is.
D: *Ik begrijp het.*
B: Nee, je begrijpt het niet.

D: *(lach) Ik probeer het. Normaal gesproken denk ik aan de equinox als het begin van het groeiseizoen, wanneer dingen terug beginnen te komen.*

B: Nou, dat is niet waar. Want het groeiseizoen is al begonnen wanneer de equinox komt, de proportie van dag en nacht is in balans. En de hemelse zaken zijn in balans. (Ze klonk een beetje geïrriteerd of geërgerd door mij.) Je moet naar hogere dingen kijken. Je kijkt niet hoog genoeg. Ik denk dat je ons niet genoeg eer geeft, simpelweg omdat we uit de verleden tijden komen.

D: *Ja. Ik denk dat mensen denken, dat jullie niet echt dit soort kennis bezaten in die tijden.*

B: De kerk heeft geprobeerd om deze kennis te onderdrukken, maar we zijn altijd bezig gebleven om het door te geven. Zulke kennis was vroeger veel gewoner, en er was veel meer kennis. Maar de kerk heeft het nu al vele eeuwenlang onderdrukt, of hebben geprobeerd het als een kaars uit te doven.

D: *Denk je dat ze daar voor een deel in zijn geslaagd?*

B: Oh ja. Alle kennis is zo'n beetje onderdrukt, behalve waar kleine groepen zoals de onze in staat zijn geweest aan vast te houden.

D: *Dan was er in het verleden veel meer.*

B: Oh, ja. Zelfs veel wonderbaarlijker dan de dingen uit jouw tijd.

D: *Weet je daarvan? Of is dat uit jouw legenden?*

B: Ik weet er amper wat vanaf.

D: *Denk je dat dit fysieke of mentale dingen waren?*

B: Beide.

D: *Het is heel erg goed om groepen te hebben zoals die van jou, die proberen deze zaken voort te zetten. Die proberen ze te bewaren.*

B: Wat het alleen moeilijk maakt, omdat we meer weten dan we verondersteld worden te weten, is om net zo dom te lijken als alle anderen.

D: *(Lach) Ja, ik denk dat dit het moeilijkste van alles is. Ik denk dat het voor mijzelf echt moeilijk zou zijn, om ze niet in de ogen te kijken en te zeggen: "Ik geloof niet in wat je doet." (Lach)*

B: Ja precies. Je begrijpt het wel.

D: *Ja, dat zou gevaarlijk zijn. En je zei daarnet dat het hoge festival in de zomer plaatsvindt, wanneer de zon op zijn hoogst staat. (Ja) Okay. Ik denk dat ik de Heilige dagen nu begrijp en waarom ze belangrijk zijn. En je zei dat er bepaalde maanstanden waren die belangrijk zijn?*

B: Ja, de diverse fasen van de maan duiden verschillende dingen aan, omdat de fasen van de maan corresponderen met de cyclus van het jaar. Dingen die worden gedaan gedurende bepaalde festivals in het jaar, als je die tussendoor moet doen, dan doe je die volgens de fasen van de maan.

D: *Zijn bepaalde fasen van de maan belangrijker voor jou dan andere? Of wat is de betekenis?*

B: Nou, ik zou niet bepaald willen zeggen "belangrijker." Het is gewoon zo dat je voor bepaalde dingen moet weten wat de stand van de maan is, om er zeker van te zijn dat de fase niet tegenovergesteld is van wat je moet doen.

D: *Ik weet wat dingen over de maan en het groeien van planten.*

B: Ja, dat is één ding. Maar ook bepaalde mentale dingen die we regelmatig doen als onderdeel van onze religie, om elkaar en onszelf te helpen. En afhankelijk van hetgeen we willen doen, het moet in overeenstemming zijn met de fase van de maan. Als ik bijvoorbeeld een ritueel wil doen, dat Roff zal helpen om zich verbonden met mij te voelen, dan moet ik dat doen wanneer de maan toeneemt. En als ik een ritueel wil doen dat bijzonder hinderlijk zal zijn voor Vrouwe Joslyn, dan moet ik dat doen wanneer de maan afneemt. Voor bepaalde dingen is de volle maan het meest geschikt, voor andere dingen is de nieuwe maan het meest geschikt.

D: *Voor wat voor soort dingen zou een volle maan het meest geschikt zijn?*

B: Geluk hebben met materiele zaken, goede relaties hebben met degenen in jouw omgeving en zulke dingen. De nieuwe maan kan worden gebruikt, voor rituelen die helpen bij het wegduwen van barrières tussen de verschillende aspecten van jezelf. En de nieuwe maan kan ook worden gebruikt, om in contact te komen met degenen die al zijn overgegaan naar het volgende bestaansveld.

D: *Als je dan bij elkaar komt in jouw deel van het bos, doe je dat dan meestal gedurende de nieuwe maan?*

B: We ontmoeten elkaar tijdens alle fasen van de maan, omdat er altijd verschillende dingen zijn om te doen. We ontmoeten redelijk vaak.

D: *Dan zou je dus niet alleen maar wachten tot die bepaalde tijd van de maan?*

B: Nee, want als de tijd van de maan niet geschikt is om een bepaald ding te doen, kunnen we altijd onze geest projecteren naar diverse plaatsen om te bekijken hoe het daar is.

D: *Is deze groep samengesteld uit mensen die daar wonen en werken? (Ja) Is het een grote groep?*

B: Ik weet het niet. Groot vergeleken waarmee?

D: *Ik vroeg mij af hoeveel. Zo'n dertig? Dat zou groot zijn.*

B: Nee, niet zoveel. Er zijn er vijftien van ons ... of zeventien? Het hangt ervan af hoe je het telt, want twee van ons zijn marktkramers en zij reizen.

D: *Oh, zij zijn er niet altijd? (Inderdaad) Dan ontmoeten ze jullie, als ze langskomen? (Juist) Ik vroeg mij gewoon af hoe groot een groep is. Ik heb verhalen gehoord, dat je contact kunt maken met de geesten van degenen die zijn overgegaan.*

B: Ja, dat is juist. In het begin dachten wij, dat jij een geest was die was overgegaan. Want je geest neemt een lichaam aan voor een bepaalde tijd en als dat lichaam sterft, ga je over, om de lessen die je hebt geleerd te beschouwen. En dan kom je terug en dan neem je weer een lichaam aan. En we dachten dat jij zo iemand was, die een lichaam had verlaten en die wat meer wilde leren en nadenken voordat je weer een nieuw lichaam zou nemen. En we waren verrast om te ontdekken dat je iemand was, een geest die momenteel in een lichaam verkeert.

D: *Dit is een beetje ongebruikelijk, of niet?*

B: Ja, maar niet ongehoord. Maar dat is prima, maar aangezien jij in staat bent om contact met ons op te nemen en dat je test hebt doorstaan, betekent dit dat je ook een volger bent van de Godin. Ook al noem jij jezelf een volger van de vaderlijke God, in dat deel van je geest waarmee je het meest bewust bent, diep van binnen ben je een echte volger van de Godin.

D: *Ik denk, dat ik boven alles een zoeker naar kennis ben.*

B: Dat maakt je een volger van de Godin. Het zoeken naar de geheimen van het universum en ze eenvoudiger maken en ze presenteren, waar iedereen ze kan zien.

D: *Ja, dat is wat ik probeer te doen. Ik heb mij vaak afgevraagd wanneer ik dit doe, of je mij kunt zien of alleen kunt horen?*

B: We zien je niet met ogen zoals ogen kunnen zien. Maar we zien je met onze geest. Of we kunnen je bedoelingen zien in onze geest.

D: *Maar als ik kom, dan hoor je mij voornamelijk spreken? Is dat hoe het gaat?*
B: Het is moeilijk om te beschrijven.
D: *Want ik ben vaak nieuwsgierig hoe ik voor mensen verschijn?*
B: Wat het is, is dat ik met jou praat in mijn hoofd.
D: *Ah, dat is wat ik al dacht. Maar veel mensen zijn zich hiervan niet bewust.*
B: Dat is waar, want de meeste mensen zijn zich niet bewust van de diverse aspecten van zichzelf.
D: *Want ik reis op deze manier door veel tijdperken en de meeste mensen kunnen met mij praten, maar zij zijn zich er niet van bewust dat ik daar werkelijk ben. Daarom was ik verbaasd, toen het leek dat jij je bewust was van mij.*
B: Het komt doordat we beide volgers van de Godin zijn.
D: *Dat moet het verschil zijn. Die andere mensen gebruikten waarschijnlijk niet dat deel van hun geest.*
B: Je bent juist.
D: *Maar ik heb nog nooit iemand benadeeld, terwijl ik dit deed. Ik ben heel erg voorzichtig. (Ja) Ik ben erg geïnteresseerd in deze rituelen, omdat ik ze graag wil doorgeven aan de volgers van de oude religie, die momenteel leven. Ze zijn nog steeds geheim. Sommige van deze rituelen zijn misschien verloren gegaan.*
B: Dat is waar, of misschien gebruiken ze nu andere aspecten van deze rituelen. Maar ze zullen ze verwelkomen. Ik kan zien, dat je in contact staat met enkele volgers van de Godin. En door deze dus aan hen allen te geven, zullen ze op de juiste plaatsen terecht komen. Ik kan zien dat sommige van de volgers van de Godin die jij kent, weer in contact staan met andere volgers. En er zijn er enkele die op zichzelf zijn. En ik kan begrijpen wat je bedoelt, dat ze geheim moeten blijven. Er is er één in het bijzonder die alleen werkt, maar degenen die op zichzelf werken, doen dat omdat het moeilijk is om contact op te nemen met anderen. Maar zij hebben deze kennis ook nodig.
D: *Ik zat eraan te denken, dat zij misschien geïnteresseerd zouden zijn in hoe de rituelen zijn veranderd. En zij willen misschien teruggaan naar jouw manier om ze te doen.*
B: Ja, of onze manier toevoegen aan hun manier, om een completere methode te ontwikkelen.

D: *Misschien zijn er heel veel dingen verloren gegaan, of de reden erachter. Sommigen in onze tijd dragen pentagrammen of pentakels.*

B: Ja dat kan ik zien. En dat is goed, want het is een teken dat de kerk aan het wegkwijnen is. Wanneer mensen openlijk pentagrammen kunnen dragen, zonder bang te hoeven zijn voor de Inquisitie, dat is een goede zaak. En ik ben heel erg blij om dat te zien. Ik zou willen, dat ik openlijk een pentagram zou kunnen dragen.

D: *Ze dragen ze aan halssnoeren, of kettingen rond hun nek en op ringen en diverse andere dingen zoals dat.*

B: Ja, en soms als een zwaardgesp. (Ze refereerde waarschijnlijk aan een riemgesp.)

D: *Natuurlijk, de meeste mensen weten niet wat het betekent, als ze het zien. Mensen in jouw tijd dragen niet openlijk pentagrammen of wel?*

B: Nee, we dragen niets.

D: *Om elkaar te herkennen?*

B: We dragen niets, maar we hebben subtiele gebaren die we gebruiken als we praten. Ze lijken op gewone gebaren, maar iemand die ze kent en ze kan herkennen, kan ze terug gebruiken.

D: *Kun je mij erover vertellen?*

B: Het is erg moeilijk om te beschrijven. Het is iets waarmee je opgroeit. Je weet hoe verschillende mensen zich op een bepaalde manier gedragen en bepaalde handgebaren gebruiken. Het lijkt er gewoon op, dat dit het soort ding is dat mensen hier doen. En het zijn dat soort dingen, maar het is anders op bepaalde manieren.

D: *Bedoel je, zoals het plaatsen van je hand op bepaalde delen van het lichaam?*

B: Of dat, of soms je vingers op een bepaalde manier houden, wanneer je een gebaar maakt.

D: *Kun je het mij laten zien, zodat ik het herken als ik iemand zie.*

B: Ik denk niet dat die kennis je op enige manier zou helpen, omdat het gewoon iets is van onze lokale groep hier.

D: *Jouw lokale groep, okay. Het zou een manier zijn om elkaar te herkennen.*

B: Eén gebaar dat we maken, dat bekend is bij ons allen is de Hoorns van de Godin. (Ze hield haar hand omhoog. Ze had alle vingers gebogen, behalve de duim en de pink. Erg vergelijkbaar met het teken voor de Texas Longhorns. Ik beschreef het voor de bandrecorder.)

D: Oh, de duim en de pink?

B: Sommigen doen het zo. (Ze maakte weer een gebaar.)

D: De eerste vinger en de pink.

B: Ja. En dat hebben ze van de fase van de maan. Het eerste kwartier.

D: Oh. De maansikkel, zoals wij het noemen?

B: Ja, de sikkel.

D: Dat wordt in onze tijd soms de "Hoorns van de Duivel" genoemd. (Lach)

B: Dat is weer het werk van de kerk.

D: (Lach) Maar dit zou een gebaar zijn om elkaar te herkennen. Ik kan begrijpen dat je dit krijgt van de hoorns van de maan, want ze lijken op hoorns in die laatste fase.

B: Of de eerste fase.

D: Ja, in elk geval. – ik vroeg mij af of mensen kruizen dragen. Weet je wat een kruis is?

B: (Verontwaardigde en walgende stemtoon.) Ja, ik weet wat een kruis is.

D: Dragen de gemiddelde mensen deze, of alleen de kerk?

B: Priesters doen dat, natuurlijk. Sommige van de meer bijgelovige boeren dragen regelmatig een kruis ergens op hun lichaam. Meestal is het twee stokjes die samen zijn gebonden. Soms heeft een meisje twee stokjes samengebonden en draagt zij deze rond haar nek, aan een riempje of iets dergelijks. Het zou hen bescherming moeten geven tegen de duivel of vampiers of zulks.

D: Hm, geloven ze in vampiers?

B: Niet echt. Ik heb geruchten gehoord, dat dit geloof sterker is ten oosten van ons hier. Maar ze geloven wel dat er fantastische schepsels zijn die zich ergens schuilhouden, wachtend tot ze hun eeuwige zielen kunnen afpakken.

D: Wat beschouwen zij als een vampier? Misschien heb je een andere betekenis voor dit woord, dan ik heb.

B: Nee, er is maar één betekenis voor het woord.

D: Wat betekent het?

B: Een vampier is een andere uitvinding van de kerk. Ik weet niet zeker of vampiers bestaan, maar het is zogenaamd een geest die gevangen zit in een lichaam en de geest weigert los te laten en naar de volgende fase van ontwikkeling te gaan. En om hier te

verblijven en zijn grip op het lichaam te behouden, moet het menselijk bloed drinken.
D: *Dit zou een geest zijn?*
B: Nou, het is een geest in een lichaam. Jij bent een geest, ik ben een geest.
D: *Oh, een geest in een lichaam. Okay. Want ik bedacht mij dat als het een geest was, dan zou het niet hoeven drinken. Je bedoelt een geest in een lichaam.*
B: Luister naar wat ik zeg. Ik zei dat het in een lichaam zat.
D: *Ik begrijp het. En de kerk heeft dit idee bedacht?*
B: Ik denk het. Dat, óf ze hebben er op de één of andere miraculeuze wijze iets over gehoord ... want, zie je, een geest is maar zo lang in een lichaam en dan moet het naar het volgende stadium van ontwikkeling. En op de één of andere wijze is de kerk erachter gekomen, dat sommige geesten niet loslaten wanneer ze dat zouden moeten doen. En dus heeft de kerk fantasierijke dingen uitgevonden, over waarom ze niet loslaten en hoe ze hun grip op het lichaam behouden. En hoe ze hiermee gewone mensen kunnen beïnvloeden.
D: *Denk je dat ze dit alleen hebben gedaan om de angst te vergroten? (Ja). Ik begrijp het. Nou, ik geniet echt van deze conversatie, maar het is tijd voor mij om weer te vertrekken. (Lach) Ik moet meestal net vertrekken, als ik iets heb waar ik over wil praten. Maar ik kan je altijd de volgende keer om meer informatie vragen, of niet? (Ja) Misschien kun je mij iets meer over deze dingen vertellen. Is het dan goed als ik nog een keer kom en met je spreek? (Ja) Elke keer dat je mij laat komen, leer ik zo veel dingen. En ik bedank je dat je mij toestaat te komen. (Ja) Goed, dan zal ik je opnieuw bezoeken en meer van mijn vragen stellen. Wees geduldig met mij als ik het niet goed begrijp.*
B: Dat zal ik proberen
D: *Bedankt dan, Astelle. (Ze corrigeerde nadrukkelijk mijn uitspraak met het accent op de eerste lettergreep.) Ik blijf het maar verkeerd zeggen, of niet soms? Maar ik weet toch wel wie je bent.*

(Subject werd teruggebracht.)

Hoofdstuk 7
Praat met de Dieren
(Opgenomen op 20 mei, 1986)

Gebruikte het sleutelwoord en telde haar terug naar het leven van Astelle.

D: We zijn teruggegaan naar de tijd waarin Astelle leefde. Wat ben je aan het doen?
B: Ik ben in de stallen.
D: Wat ben je daar aan het doen?
B: (Haar stem klonk treurig.) Uit de buurt blijven van Vrouwe Joslyn.
D: Oh, heeft ze het jou moeilijk gemaakt? (Ja) Wil je mij erover vertellen?
B: Wat valt er te vertellen? Dit is wat ze meestal doet. (Zucht) Ze hebben geprobeerd om een aanzoeker voor haar te vinden, maar ze blijven haar weigeren. En dan wordt ze boos en slaat mij met haar borstel.
D: Alsof het jouw fout is.
B: Nou, ze voelt dat zo, omdat ik knapper ben dan zij is.
D: Ik geloof dat je mij een keer hebt verteld, dat ze een groot feestmaal hadden waarbij veel mensen kwamen. En ze zouden gaan proberen om een huwelijk voor haar te regelen? (Hm-hm) Dat is zeker niet gelukt?
B: Nou, ze hadden het huwelijk geregeld en toen de mensen terugkeerden naar waar zij leefden om de man op de hoogte te brengen van het huwelijk dat zij hadden geregeld, ontdekten zij dat de man al was getrouwd terwijl zij weg waren.
D: Ik gok dat Vrouwe Joslyn daar niet al te blij van werd.
B: Ze schreeuwde. En ze bleef schreeuwen en met haar ogen rollen en dingen gooien.
D: Regelen ze huwelijken zoals deze voordat iemand de andere persoon heeft gezien?
B: Dat is vrij gebruikelijk

D: *En zij dacht dat het allemaal was geregeld.*
B: Ja dat dacht zij. Maar de man had over haar gehoord en had gehoord over hoe zij zich gedraagt in bepaalde situaties. En ik neem aan dat hij niet met haar wilde trouwen. Er werd gezegd, dat hij van een andere vrouw hield en dat dit degene was waarmee hij trouwde. Hij wilde niet met iemand trouwen waar hij niet van hield.
D: *Ik vroeg mij gewoon af of hij echt getrouwd was, of dat hij dat alleen maar zei omdat hij niet met háár wilde trouwen.*
B: Voor zover ik heb gehoord, is hij echt getrouwd.
D: *Dus Vrouwe Joslyn was echt ongelukkig.*
B: Ja. Er zijn ook andere pogingen geweest. Maar ze zijn allemaal mislukt. Als zij het zich maar gewoon zou realiseren, als Vrouwe Joslyn niet zo ongerust zou zijn over trouwen en zou stoppen met schreeuwen en zich druk maken over dingen, dan zou ze niet zo lelijk zijn. En dan misschien aantrekkelijker voor een minnaar. Maar ze lijkt niet in staat, om het op die manier in te zien.
D: *Je zei dat ze boos was op jou, dus ik dacht dat er misschien net iets was gebeurd.*
B: Nou, Roff wees haar gisternacht weer af. En vanmorgen kwam ze vroeg naar beneden naar de keukenruimte en vond ze hem en mij samen. En ze was wat aan de boze kant.
D: *En dat veroorzaakte het? (Ja) Probeert Roff ooit tussenbeide te komen als ze jou pijn doet?*
B: Nee. Ze zag ons samen en ze draaide zich gewoon om en vertrok. Maar later op de dag, ik geloof dat het tegen etenstijd was, besloot ze dat ze in haar kamer wilde eten. En ze wilde specifiek dat ik het eten naar haar zou brengen. Dus toen ik aankwam met het eten, stond ze te wachten met haar haarborstel.
D: *Dan doet ze dus niks als hij erbij is. (Nee) Dat zou haar nog slechter voor de dag laten komen, of niet soms? (Ja) Dus nu verstop je jezelf in de stallen?*
B: Zo zou je het kunnen zeggen. Ze komt nooit naar beneden naar de stallen. Ze houdt er niet van om te rijden. En dus ben ik hier en ik kijk naar de mannen in de oefentuin. En ik ben nog niet echt nodig in de keukens.
D: *Gewoon proberen uit haar zicht te blijven?*
B: Ja. Daarnaast is het hier vredig. Ik luister naar de paarden terwijl ze praten. En ik hoor de wind waaien.

D: *Kun je de paarden met elkaar horen praten? (Ja) Ik heb nog nooit iemand gekend die de dieren kon horen praten.*
B: Nou ja, je kunt ze horen praten, maar soms kun je wel of niet verstaan wat ze zeggen. Dat hangt af van hoe goed je [bekend] bent met de moeder Godin. Als je gelijkgestemd bent met haar, dan kun je begrijpen wat ze zeggen.
D: *Hoe klinkt dat?*
B: Met je oren hoor je de geluiden die ze normaal maken. Maar in je hoofd is het alsof je luistert naar twee mensen die aan het praten zijn.
D: *Het klinkt als woorden, zoals mentale communicatie?*
B: Het klinkt als woorden.
D: *Hm, ik vraag mij af waar paarden het over zouden kunnen hebben.*
B: Verschillende dingen. Ze praten veel over het weer. En of ze wel of niet weer beslagen moeten worden. De hengsten die wij gebruiken om te fokken, hebben maar één ding in hun gedachten.
D: *(Lach) Dat is het enige waar ze aan denken? (Ja) Wat vinden ze van mensen? Van hun meesters?*
B: Oh, ik hoor enkele schandalige dingen over sommige mensen in het huishouden hier. Paarden zijn ook erg slecht als het roddelen betreft. De verschillende mensen die hier naar beneden naar de stallen komen om te vrijen. Ze denken dat het veilig is, maar ze begrijpen niet wat de paarden zeggen. Ze praten over iedereen. (Ik lachte.) En ze maken grappen over de diverse, identificerende kenmerken die verschillende mensen hebben.
D: *Zoals wat?*
B: Nou, er is één man die mank is. En zij imiteren hem door rond te hobbelen in hun stal. En er is een andere man met een grote neus en een kleine mond. En één paard is er bijzonder goed in om te imiteren hoe hij praat. Dat is erg grappig. En het zijn gewoon verschillende dingen zoals dat.
D: *Je zou normaal gesproken denken dat ze daar niet in geïnteresseerd zouden zijn, of het niet door zouden hebben. Veel mensen denken dat het gewoon domme dieren zijn.*
B: Dat is waar, maar dat is waar ze zich vergissen. Dieren zijn helemaal niet dom. Er is simpelweg gewoon een muur tussen hen en onszelf, zodat we niet kunnen praten. De mensen die daar heengaan om de liefde te bedrijven, weten niet dat de paarden dat doorhebben. En als ze het wel weten, dan denken ze dat er toch

niks is dat ze ertegen kunnen doen, omdat ze alleen maar interactie hebben met andere paarden. En ze realiseren zich niet dat er diegenen onder ons zijn dus kunnen begrijpen wat de paarden zeggen.

D: *(Lach) Weten de paarden dat jij hen kunt verstaan?*
B: Ik denk het wel. Er zijn er één of twee waar ik het zeker van weet.
D: *Ik neem aan dat er veel gebeurt in de dierenwereld waar mensen zich niet van bewust zijn. (Ja) Heb je ooit geprobeerd om met andere dieren dan paarden te communiceren?*
B: Oh ja. Ik kan niets bijzonders terugzeggen, maar ik kan horen wat ze te zeggen hebben.
D: *Als je dan met hen zou proberen te praten, dan zouden ze je niet echt verstaan?*
B: Ik zou met hen in mijn gedachten kunnen praten, en ze zouden mij kunnen begrijpen. Maar sommige van hen zijn net als mensen, ze vinden het verdacht als ik dat doe.
D: *Zij zijn er niet aan gewend. (Juist) Maar je bent tenminste in staat om te weten wat zij denken. (Ja) Ik geloof dat de meeste mensen denken, dat dieren toch niet erg veel aan hun hoofd hebben om over te praten.*
B: Nou, dat hangt van het dier af en wat het heeft gedaan.
D: *Nou, je herinnert je mij toch?*
B: Ja. Jij hebt de test doorstaan.
D: *Ja.*

Na teruggekeerd te zijn in een andere sessie, wilde Dolores verder gaan over een onderwerp waarover ze vorige keer niet in staat was geweest om verder te vragen. Hier is wat ze ontdekte.

D: *En de vorige keer dat ik met je sprak, hadden we het ergens over en ik moest vertrekken en we konden het niet afronden. Je zei dat sommige mensen kruizen droegen in de vorm van stukken hout, die waren samengebonden. (Ja) En ze droegen deze rond hun nek voor bescherming tegen dingen. Eén van de dingen die je vermeldde, was dat ze geloven in vampiers. En daar heb ik nooit*

alle informatie over verkregen. Je zei dat het een geloof was in iets wat de kerk had uitgevonden? Klopt dat?
B: Ja. De kerk heeft echt alles gebruikt en zal dat blijven doen, om mensen bang en dom te houden. Eén van hun beste wapens is angst. En dus verzinnen ze deze wilde verhalen om aan de mensen te vertellen om hen bang te maken, zodat ze gemakkelijker onder controle kunnen worden gehouden. Ik heb gehoord dat dit een geloof is vanuit de bergen, die zich ten oosten bevinden van hier. Maar ik weet niet waar dat zou kunnen zijn. Dat heeft niemand verteld. En ik ben er nog nooit geweest.
D: Denk je dat die verhalen zijn gebaseerd op enig feit? Iets dat echt zou kunnen zijn?
B: Dat is moeilijk te beantwoorden. Soms denk ik van wel, soms van niet. Er gebeuren erg veel dingen in de wereld die men niet weet, of het waarom ervan weet. En deze dingen zijn erg raadselachtig. Soms past hier een gefantaseerde verklaring bij, en soms als je een beetje verder kijkt, dan is er een reden die ons verstand kan accepteren.
D: Ik zat te denken, dat de kerk misschien niet alles heeft verzonnen. Dat er misschien iets is geweest, dat ze hebben gebruikt en er iets aan hebben toegevoegd.
B: Ik denk dat ze verhalen hebben gebruikt van wolven die in de winter kinderen meenemen. Ze gebruikten dat verhaal en verzonnen de rest erbij, inclusief het idee van de pop.

Ik moet die vermelding van de pop hebben gemist, want ik ging er niet verder op in. Ik vraag mij af wat ze hiermee bedoelde?

D: Wat is het geloof dat de mensen hebben? Wat denken zij dat een vampier doet?
B: Oh, wat er gebeurt als een vampier bloed neemt?
D: Het verhaal over wat ze zouden zijn.

Ik wilde háár verhaal. Ik wilde haar niet beïnvloeden. Maar ik wist niet zeker hoe ik dat moest verwoorden.

B: Ja. Nou, de kerk wil je doen geloven dat ze de ondoden zijn. Dat ze dood zouden moeten zijn, maar het niet zijn. Maar een wijze vrouw in onze kring heeft gezegd dat mensen die zo zijn, zijn overleden op een subtiele manier. En dat misschien de enige voeding die hen helpt om in leven te blijven, bloed is.

D: *Hoe verkrijgen ze dat bloed?*

B: Het verhaal gaat, dat ze je bij de elleboog bijten of in de nek, om bloed van jou te krijgen. Ik heb gehoord dat ze ergens bijten waar het bloed dicht bij de oppervlakte, in grote stromen aanwezig is.

D: *Nou, dat klinkt als een vreemd idee. Maar de kerk vertelt hen dat als ze een kruis dragen, dat dit als hun bescherming dient?*

B: Ja, dat doen ze. Ik heb daar serieuze twijfels over. De manier waarop de kerk zichzelf heeft gecorrumpeerd, hun magie werkt helemaal niet meer. En dus probeert het van alles om de macht vast te houden.

D: *Denk je dat er een tijd is geweest waarin ze echte magie hadden, die werkte?*

B: Ja, dat denk ik, ook al denk ik dat de kerk dat nooit toe zal geven.

D: *In de vroege dagen? (Ja) Nou, hebben ze nog andere dingen zoals vampiers waarin ze de mensen proberen te laten geloven?*

B: De kerk probeert altijd mensen bang te maken met ideeën over demonen. En hoe demonen overal klaar staan om diverse dingen te doen, afhankelijk van waar de demoon is. En het is zaak om alles wat de kerk hierover vertelt aan de kant te zetten en helder naar dingen proberen te kijken. Veel mensen hebben niet de kracht om dat te doen.

D: *Ze gaan erin mee. (Ja) Denk je dat demonen echt zijn? (Nee) Denk je dat er zoiets bestaat als geesten zoals dat?*

B: Er bestaan dingen als geesten en mensen van de andere kant van de sluier. Ik heb ze gezien. Maar het is niet hetzelfde als wat de kerk beschrijft als demonen, of als engelen wat dat betreft. Het is anders dan de manier waarop de kerk het beschrijft. De kerk probeert overal een wiskundige betekenis aan te geven, terwijl het helemaal niet zo is in de natuur.

D: *Wat bedoel je, wiskundig?*

B: Ze proberen je bijvoorbeeld te vertellen dat er zeven gebieden zijn in de hemel, want ze beschouwen zeven als een heilig nummer. En ze proberen te denken dat er dertien divisies zijn van de hel, want ze beschouwen dertien als een nummer van hekserij. En dat is totaal willekeurig. Ze gebruiken gewoon die nummers, omdat het er goed uitziet voor ze. Ze weten niet hoe ze hun gevoelens moeten volgen en om dat wat er is, er natuurlijk te laten zijn. Ze proberen alles in hun patroon van de wereld te laten passen.

D: Wat zeg jij dat engelen zijn?

B: Dat is één van de redenen waarom ze raden hebben. Ze kunnen het er niet over eens worden wat een engel is.

D: Je bedoelt kerkraden?

B: Sommigen van hen zeggen dat ze heel erg groot en lang zijn en anderen zeggen weer dat ze zo klein zijn, dat verschillende ervan op het oppervlak van een lepel kunnen dansen, of zoiets. Maar ze kunnen het er niet over eens worden. Aan de ene kant zeggen zij dat ze spiritueel zijn, maar aan de andere kant beginnen ze hen belachelijke fysieke omschrijvingen te geven. Geesten zijn niet aan de grond gebonden zoals jij en ik zijn. En dus neemt de kerk aan, dat ze vleugels moeten hebben. Maar dingen van de andere kant hoeven geen fysieke manifestatie te hebben. Het is verwarrend.

D: Ik vraag mij af of zij ze ooit hebben gezien, of dat ze hen maar verzinnen.

B: Ze verzinnen ze.

D: Ik dacht, dat ze misschien iets in hun heilige boeken zouden hebben, dat hen zou vertellen of ze wel of niet bestaan, of zo.

B: Ik weet het niet. Ik heb nog niks gehoord over hun bestaan.

D: Nou, wat denken ze dat een engel doet? Wat zijn doel is?

B: Een engel houdt gelovigen veilig, met name van de duivel en zijn demonen. Maar meer algemeen, mensen veilig houden voor elkaar.

D: Okay. En wat zouden de demonen zijn?

B: Helpers van satan. Dit is een vermoeiend gespreksonderwerp.

D: Nou, ik wilde alleen maar de informatie verkrijgen. (Lach) Omdat sommige van deze geloven vandaag de dag nog bestaan.

B: Ik begrijp het.

D: Ze zijn nog steeds niet van die geloven af. Daarom vroeg ik mij af, waar ze vandaan kwamen. Ik zal het ergens anders over hebben. Ze geloven ook in heiligen, of niet? (Ja) Wie zeggen zij, dat heiligen zijn?

B: Nou, de kerk heeft het zo bedacht dat een persoon die een bijzonder heilig of gezegend leven heeft geleid voor hun kerk, natuurlijk, bijzonder gezegend is wanneer ze doodgaan. En zij hebben bepaalde voordelen boven andere mensen die zijn gestorven. En als gevolg daarvan, worden er objecten getoond die deze mensen vertegenwoordigen, zodat mensen ze kunnen vereren. En ook zodat ik deze verschillende ... (Pauze) Ik ben in de war.

D: *Wat?*

B: Mijn gedachten zijn helemaal in de war. Het lijkt erop dat ik er moeite mee heb om te praten. Het lijkt erop alsof hier twee gedachten tegelijk zijn.

D: *Oh? Heb je daar last van?*

B: Het maakt het mij moeilijk om te praten, want het voelt alsof er hier twee geesten tegelijk zijn, wat mij erg slaperig maakt. En de andere geest denkt ook aan dingen en maakt zich druk om dingen. En ik ben aan het denken aan de dingen die ik je probeer te vertellen. En die andere geest ... ik moet heel hard werken om mijn concentratie te bewaren. En wanneer mijn concentratie een beetje afneemt, dan is die andere geest er met andere gedachten. En dan vergeet ik wat ik wil zeggen. En het vermoeit mij om te proberen mij zo te concentreren.

Ik denk dat dit betekende dat ze zich bewust werd van Brenda's geest, of Brenda's geest probeerde in te grijpen of tussenbeide te komen.

D: *Misschien kan ik helpen. Misschien is dat wat het is, je bent waarschijnlijk sowieso wat slaperig.*

B: Dat zou kunnen. Ik sliep niet goed, nadat Vrouwe Joslyn mij geslagen had.

Ik dacht dat de beste manier om de verwarring die de onderbreking veroorzaakte, te beëindigen, was om haar vooruit te brengen naar een belangrijke dag in haar leven. Toen ik stopte met tellen, verkondigde ze opgewonden: "Ik ben bij het feestmaal. Mensen eten en de muzikanten zijn aan het spelen."

D: *Moet je daar werken?*

B: Ik ben er nu net mee klaar. Ik heb zojuist eten gebracht voor het banket. Ik ben naar de muzikanten aan het luisteren, voordat ik terugga naar de keuken.

D: *Wat voor soort muzikanten zijn daar?*

B: Gewoon de gebruikelijke. Het is een reizend gezelschap van muzikanten en ze zijn hier langsgekomen. Ze reizen langs deze weg. En na vanavond zullen ze verder deze weg afgaan.

D: *Zijn het er veel?*

B: Zo'n zes of zeven van hen.

D: *Wat voor soort instrumenten bespelen ze?*

B: Voornamelijk instrumenten waar je op blaast. En sommige met snaren eraan bevestigd, die je tokkelt. Ik weet het niet zeker. Ik ben dol op muziek maar ik weet niet veel over de instrumenten.

D: *Is de muziek aangenaam?*

B: Ja. Het is levendig. Het is goed voor een banket. Het klinkt lekker. En als ze geen instrument bespelen, dan vertellen ze grappen.

D: *(Lach) Wat voor soort grappen?*

B: Meestal gewaagde. Gewoon verschillende dingen. Mensen in de maling nemen, hier op het banket.

D: *Kun je mij een voorbeeld geven?*

B: Nou, bijvoorbeeld, op een gegeven moment zeiden ze: "Wanneer is een feesthal een stal?" En iemand vroeg: "Wanneer?" En ze zeiden: "Als er paarden aan tafel zitten." En ze wezen naar Vrouwe Joslyn, terwijl ze dat zeiden.

D: *Oh, oh! Wat bedoelden ze? Vanwege hoe ze eruitziet? (Ja) (Lach) Ik vraag mij af wat ze daarvan vond?*

B: Ze gooide het stuk vlees dat ze aan het eten was op de grond en stampte de kamer uit. En ze is niet teruggekomen.

D: *(Lach) Hmmm. Hebben ze nog andere grappen verteld? Want ik hou er ook van om te lachen.*

B: Dat is de belangrijkste die ik heb onthouden, omdat het over Vrouwe Joslyn ging. Ze deden het de hele avond lang, iedereen voor de gek houden. Niet serieus bedoeld, maar gewoon om iedereen aan het lachen te maken.

D: *Ah-ha. Maar het was het verkeerd soort grap om over haar te vertellen.*

B: Ja, behalve dan dat iedereen moest lachen.

D: *Hebben ze ook grappen gemaakt over de heer van het huis, de eigenaar?*

B: Oh ja. Oh, ja. Maar het is het soort grappen waarvan ze weten dat ze de eigenaar voor de gek houden, maar tegelijkertijd hebben ze respect voor hem. En op die manier is het een soort compliment.

D: *Zingen ze ook?*

B: Een beetje. Meestal als het een lied is dat woorden heeft en dat iemand heeft aangevraagd.

D: Ken je enige van de liedjes die ze zingen?

B: Nee, ik heb ze nog nooit eerder gehoord. Dit is een nieuwe groep die hier nog nooit eerder langs is gekomen. Er wordt gezegd dat ze uit het zuiden komen, en dat ze sommige liederen hebben, die zo ver naar het noorden niet vaak worden gehoord.

D: Is er nog een andere vorm van entertainment?

B: Nou, dit is het voornaamste entertainment, terwijl de dames aan tafel zitten. Ik vermoed dat ze nog iets anders hebben gepland, voor wanneer de dames zich terugtrekken en vertrekken. Normaal gesproken zouden de dames bij de mannen blijven, tot het eind van het feestmaal, maar met dit ander soort entertainment dat zij hebben, hebben ze besloten dat de dames hun feestmaal eerder moeten beëindigen en moeten vertrekken.

D: Oh, ik vraag mij af wat voor soort entertainment dat zou kunnen zijn?

B: Het is niet te zeggen.

D: Heb je enig idee?

B: Ik verdenk ze ervan dat het misschien iets te maken heeft met het doen van onnatuurlijke dingen met een naakte vrouw.

D: Oh? Doen ze dit bij zulke banketten?

B: Ik weet het niet. Het is maar een gerucht dat ik heb gehoord.

D: Vinden ze zoiets een vorm van entertainment? (Ja) Zou dat een vrouw zijn die hierheen is gebracht of iemand uit het huis of zo?

B: Iemand die hierheen is gebracht. Een vrouw die bij de groep hoort.

D: Hm. Ik kan begrijpen waarom ze niet willen dat de vrouwen daarbij zijn. Ik vroeg mij gewoon af, wat voor soort entertainment jullie hebben. Is er iets speciaals te eten bij het feestmaal?

B: Diverse soorten vlees, op verschillende manieren bereid. En diverse soorten brood. Het vlees heeft verschillende soorten vullingen.

D: Hebben ze ooit wel eens zoete dingen? (Nee) Ik vroeg mij af of jouw mensen ook dingen eten die zoet zijn.

B: Soms ja, maar niet erg vaak.

D: Waarom is dat?

B: Hetgeen dat dingen zoet maakt, of het nu vloeibaar of solide is, is erg moeilijk te vinden. Met name honing is erg moeilijk te vinden in deze streek.

D: *Oh, dat wist ik niet. Dan zul je niet vaak zoete dingen eten.*
B: Inderdaad. Het is slechts een traktatie voor af en toe.
D: *Ik heb gehoord dat er ook zoiets bestaat als zout. (Pauze) Weet je wat zout is?*
B: Ja. Ik weet wat zout is. Er wordt gehandeld in zout. En we hebben wat achter de hand, maar niet veel.
D: *Een handel in zout? Wat bedoel je?*
B: Er is een marskramer die langskomt en die af en toe zout verkoopt. We gebruiken het niet al te veel bij de feesttafel. We gebruiken het met name om vlees te bewaren.
D: *Gebruik je het niet bij het koken?*
B: Nou, het vlees dat bewaard is in zout, zorgt voor voldoende zout in het eten. En dus gebruiken we kruiden en dergelijke om het eten smakelijk te maken.
D: *Ik heb van andere mensen gehoord dat zout waardevol is. Het is moeilijk te vinden. Is dat waar?*
B: Ik weet het niet zeker. We lijken er genoeg van te hebben, maar het legt een lange afstand af om hier te komen.
D: *Dus je gebruikt het dan niet veelvuldig?*
B: Correct.
D: *Nou, dat hoef je dan ook niet, als het vlees op die manier gepreserveerd is. Is dat hoe je het vlees voor de winter bewaard?*
B: Dat is één manier om het te doen. Een andere manier is als je een lendestuk [haunch] hebt of iets dergelijks. (Woordenboek: lendestuk: het deel van een dier met poot en een stuk van het kruis eraan.) Om het te bedekken met was, zodat de was het afdicht.
D: *Dit zorgt ervoor dat het niet bederft? (Ja) Dat zou ik niet hebben bedacht. Zijn dit de enige manieren om voedsel vers te houden gedurende de wintermaanden?*
B: Dit is de beste manier. Het vlees van dieren die worden gedood gedurende de winter, zal een tijd lang goed blijven als het koud is. Op de andere dagen moet je vertrouwen op het pekelen van vlees. Meestal als het vlees vers is gedood op koude dagen, dan snijden ze het in stukken en pekelen het in. Zodat het bewaard blijft voor andere dagen.
D: *Weet je wat groenten zijn? (Ja) Heb je die in de winter?*
B: Sommige. Voornamelijk degene die in de grond groeien, zoals bieten en wortels. Die blijven nog een tijd lang goed, nadat het groeiseizoen is geëindigd. En andere blijven niet zo goed.

D: *Weet je wat fruit is?*
B: Oh, ja. We hebben veel soorten fruit. Appels, peren, verschillende soorten bessen. Er is ook een manier om die te preserveren, voor wanneer je ze nodig hebt. En ze blijven net zo lang goed als je wilt.
D: *Hoe doe je dat?*
B: Met brandewijn. Een erg sterke alcoholische drank. Je neemt je fruit en snijdt het in stukken, zo groot als je wilt dat ze zijn. En je giet er brandewijn over en je laat het met rust. Doe er een deksel over om vuil en insecten eruit te houden. En gedurende de winter, wanneer je fruit nodig hebt, dan neem je wat uit de brandewijn. En na afloop, filter je de brandewijn die is overgebleven, je giet het door een stuk stof, want dan heeft de brandewijn de smaak van het fruit in zich opgenomen en dat is een erg goed drankje.
D: *Dat geeft het fruit ook een andere smaak, of niet?*
B: Ja. Maar alles wat je met voedsel doet om het een tijd te bewaren, verandert van smaak.
D: *Oh, ja, dat doet het. En dit zijn dingen die je tijdens de winter doet?*
B: Ja. De heer van het huis laat soms andere dingen bezorgen, maar meestal is dat voor het seizoen van de heilige dagen.
D: *Welk seizoen van heilige dagen houdt de heer meestal aan?*
B: Hij en zijn huishouden houden zich normaal gesproken aan de dagen waarvan de katholieke kerk voorschrijft, dat ze zich moeten houden. Kerstmis. Pasen. Sint Pietersdag. Sint Paulsdag. Verschillende dagen van de Sinten zijn ook belangrijk, plus de dagen die leidend naar Kerst en Pasen. En die volgen na Kerst en Pasen.
D: *Zijn er bepaalde speciale evenementen die zij doen rond Kerstmis?*
B: Dat is moeilijk om te zeggen. Dan zingen ze meer, over religieuze dingen. Ze hebben dan meer missen. En de mensen die deel uitmaken van de kerk worden verondersteld bepaalde dingen te doen, volgens gebruiken, om te laten zien dat ze deze heilige dagen vieren, afhankelijk van welke dag het is.
D: *Wat doen ze om deze verschillende gebruiken te vieren?*
B: Dat is moeilijk te zeggen. Ik probeer er zoveel mogelijk bij uit de buurt te blijven, omdat wij onze eigen heilige dagen hebben, rondom deze tijden. En om dus in staat te zijn in de juiste gemoedstoestand te komen, probeer ik uit de buurt te blijven van het doen en laten van de kerk.

D: *Okay. Ik dacht dat het misschien iets erg belangrijks was, waar je bij zou moeten helpen.*
B: Gewoon meer koken.
D: *Meer koken. Je zei dat ze speciale dingen hebben die ze koken, of speciale dingen die ze eten?*
B: Nou, als ze aan vers voedsel kunnen komen, dan maken ze dat zeker. Plus wat er verder te vinden is in de voorraadkamers.
D: *Nou, het klinkt in ieder geval als een leuke tijd. Waarom is het een belangrijker dag?*
B: Waarom is wát een belangrijke dag?
D: *Is het alleen belangrijk omdat het een banket is of zoiets?*
B: Bedoel je op dit moment?
D: *Ja, op deze dag.*

Terugluisterend naar de tape, realiseerde ik mij dat dit verwarrend voor haar moet zijn geweest. Ik was aan het praten over de heilige dagen en schakelde toen om en vroeg haar opnieuw naar het feestmaal, zonder daar duidelijker over te zijn.

B: Het is belangrijk voor het huishouden, omdat deze groep langskwam en het is een traktatie. En het is belangrijk voor mij omdat, ondanks dat ik niet veel van muziek weet, ik soms een melodie verzin en ik graag wil horen hoe het klinkt. En ik haalde een paar van de muzikanten van de groep over om het voor mij te spelen. Zodat ik kon horen hoe het klonk, om er zeker van te zijn dat het zo zou klinken, als ik dacht dat het zou moeten.
D: *Oh, bedoel je de liedjes die je zelf hebt bedacht? (Juist) Daarom was het dus belangrijk. Jullie krijgen niet vaak bezoek van een muzikale groep.*
B: Nee, dat krijgen we niet.
D: *Dan hebben jullie niet vaak amusement in het huis?*
B: Meestal maken we ons eigen vertier. En het is het amusement van buitenaf, dat echt een traktatie is. Meestal is het entertainment dat wij krijgen, zoiets als wedstrijden tussen verschillende ridders en kamerdienaars en bedienden, om te zien wie de beste vaardigheden bezit, of ergens het sterkst in is. En gewoon verschillende dingen die een normaal huishouden doet.
D: *Zijn deze wedstrijden wel eens gevaarlijk?*

B: Nee, nee, want de heer van een huishouden zou niet zijn hele huishouden kunnen afslachten voor de wedstrijd. Ze zijn zo opgezet dat ze uitdagend zijn, zonder je leven in gevaar te brengen. Als je niet oppast, zou je gewond kunnen raken, maar dat zou alleen maar het gevolg zijn van je eigen onhandigheid.

D: *Wat voor soort wedstrijden zouden dat zijn?*

B: Boogschieten, lansen, messen, paardrijden. Sommige kamerdienaars en ridders willen graag opscheppen met hun rijkunsten, door dingen te doen waarvan je niet zou denken dat ze op een paard kunnen worden gedaan. En gewoon verschillende dingen zoals dat. Zwaardvechten.

D: *Dan zijn het behendigheidsspelen. Worden ze ook wel eens uitgedaagd door andere ridders van een andere streek, die misschien gevaarlijk kunnen zijn?*

B: Nee. Nee, ze houden zich voornamelijk aan de goede normen van de behendigheidswedstrijden, om klaar te zijn voor het geval we oorlog krijgen. En meestal wordt er dus flink gegokt bij deze wedstrijden. Dat is het belangrijkste deel van het amusementsaspect ervan, om iedereen als een gek te zien gokken op hun favoriet.

D: *Heb je geld? Of waar gok jij mee?*

B: Meestal gok je met dingen die je hebt, of dingen waar je aan kunt komen.

D: *Ik heb altijd gehoord, dat er soms wedstrijden zijn tussen ridders van diverse huizen en dat deze er behoorlijk serieus aan toe zouden kunnen gaan.*

B: Dat is waar als er een vete is tussen twee huizen. En het wordt erger en erger, totdat beide huishoudens er volledig bij betrokken zijn. Maar als er geen twist is, waarom zou je dan zulke wedstrijden houden om de beste van je ridders te laten doden? Als het alleen maar een wedstrijd is, zoals wij hier hebben voor ons amusement, dan wordt het alleen maar gedaan om te zien wie de meeste vaardigheid heeft. Niet om te zien wie er kan worden gedood.

D: *Dat klinkt logisch voor mij, want ridders hebben jaren training nodig. Is Roff al een ridder, of is hij nog steeds een kamerdienaar?*

B: Hij is nog steeds een kamerdienaar. Ik denk dat hij echter wel snel ridder zal worden, want hij heeft alle vaardigheden onder de knie die hij nodig heeft. En ik denk dat ze wachten op een grote wedstrijd met een gewone ridder, met meer toeschouwers om zo een groter feest ervan te maken. Het neemt een bepaald aantal jaren in beslag om alles te leren. En het aantal jaren wijkt af voor verschillende mensen.

D: Hoelang ongeveer?

B: Ik weet het niet zeker.

D: En als ze dan klaar zijn, hebben ze dan een ceremonie voor meerdere tegelijk?

B: Nee, normaal gesproken slechts één of twee.

D: Dat is interessant. Ik weet dat je van het banket geniet, maar kan ik je nog wat meer vragen stellen over je religie? (Ja) Want niemand anders kan ons horen toch, of wel? (Lach)

B: Ik zou denken van niet. Ik sta gewoon naast de muzikanten. En het grootste deel van de menigte is ... daar.

D: Nou, ze zouden toch niet weten waarover we het hebben. (Juist) Je had het over diverse rituelen die je uitvoert? (Ja) Doe je ook wel eens dingen met kaarsen?

B: Het is vaak goed om een kaars te gebruiken om de geest te kalmeren, voordat je het ritueel doet. Maar meestal hebben de rituelen die wij doen, niks nodig. Meestal vragen ze er alleen om, om je gedachten in de juiste gemoedstoestand te brengen, zodat datgene kan gebeuren wat je wilt laten gebeuren.

D: Hoef je dan geen verschillende kleuren kaarsen te gebruiken?

B: Het helpt als je die hebt, maar als je die niet hebt, dan moet je je zonder [kaarsen] behelpen.

D: Dan zijn ze niet echt noodzakelijk.

B: Ze helpen wel om meer kracht te geven aan je rituelen. Maar je kunt de rituelen zonder [kaarsen] uitvoeren.

D: En hoe zit het met verschillende soorten stenen? Niet echt juwelen, maar ...

B: Edelstenen?

D: Ja. Geloof je daar enigszins in?

B: Ah, ja, ze hebben magische, beschermende krachten en zo voor de eigenaar. Alleen edelstenen hebben hun eigen betekenis. Ik heb geen kennis van juwelen, maar ik ben nog jong. Ik leer nog steeds. Er is een oudere vrouw in onze groep, die dat wel heeft en ik wil het graag van haar leren. Maar ze heeft nog geen kans gehad om een grote lading edelstenen te bemachtigen, zodat ik zou kunnen leren wat ze weet. Om mij te laten zien waar ze voor gebruikt kunnen worden, voor de rituelen. – De gemiddelde persoon, icdereen en elk voor zich, doet wel iets voor bescherming en zo. Meestal weten ze niet of het vanuit onze religie komt, maar ze doen het sowieso, uit gewoonte. Het wordt doorgegeven van ouder op kind.

D: Wat voor soort dingen doen ze?
B: Oh, telkens als de persoon die belastingen int, voorbijrijdt, dan doen ze de hoorns van de Godin voor bescherming. En het enige dat zij weten is, dat het een gebaar voor bescherming is. Ze realiseren zich niet wat de betekenis erachter is.

D: Wat nog meer?
B: Soms als iemand die ziek is voorbijkomt, dan spugen ze over hun eigen schouder, want dat zou negatieve invloeden moeten afdrijven. En soms strooien de vrouwen van de boeren zout rond in hun keuken voor geluk. En ze zijn zich er niet van bewust dat zout heel krachtig is voor geluk, bescherming en reiniging.

D: Nou en hoe zit het met deze edelstenen? Dragen mensen die?
B: De heren en dames dragen edelstenen. Ze dragen paarlen en robijnen en smaragden en opalen.

D: Maar ze realiseren zich niet wat voor krachten die bezitten?
B: Nee, dat doen ze niet. Ze dragen ze gewoon, omdat ze er mooi uitzien.

D: Misschien als je deze dingen leert, kun je mij er over vertellen. Wij hebben een steen die kristal genoemd wordt. Heb je er ooit zo één gezien? Misschien komen die niet voor in jouw deel van de wereld.
B: Een kristal? Is dat waarin ik mijn reflectie heb gezien?

D: Het is helder, je kunt erdoorheen kijken. Weet je wat glas is? (Nee) Nou, het is een materiaal waar je doorheen kunt kijken.

Dit was wederom een voorbeeld van iemand in dat tijdsperk die niet wist wat glas was. Dit is heel vaak voorgekomen.

B: Zoals water, maar het is solide? Het lijkt op ijs?
D: Ja, zoals ijs, alleen smelt het niet. Een kristal is een steen zoals dat. Het lijkt erg veel op ijs, maar het is hard.
B: Ik heb nog nooit zoiets gezien.
D: Er zijn mensen in de wereld die geloven dat deze stenen veel kracht hebben, zelfs om te genezen.
B: Ik kan begrijpen waarom dat daar goed voor zou zijn, maar wij hebben ze hier niet.

D: *Maar je zei dat er iets was, waarin je jezelf kunt zien?*
B: Hm. Nou, soms laten de dames van het huishouden hier een stuk metaal zo oppoetsen, dat je jezelf erin kunt zien.
D: *Je vertelde mij eens dat je jezelf nog nooit hebt gezien.*
B: Nee. Soms kun je je omtrek zien in het water.
D: *Ja, dat is waar. – Heb je een bepaald geloof in de sterren?*
B: Er wordt gezegd dat de sterren je kunnen helpen om het plan van je leven te bepalen. Misschien is dat waar, want er zijn er zoveel, ze zouden verschillend kunnen zijn voor ieder leven. Het is gewoon een kwestie van de juiste kennis hebben om te interpreteren wat ze te zeggen hebben. Ik weet dat die vaardigheid bestaat, maar die hebben wij hier niet. We hebben slechts een paar simpele dingen over de sterren. Gewoon kleine dingen.
D: *Zoals wat?*
B: Zoals de liefdesster. Als je een wens maakt op de liefdesster, dan zou deze uitkomen.
D: *Welke is dat?*
B: Het is de vroegste van de avond. Of als je een vallende ster ziet, dan zal er een bepaalde gebeurtenis plaatsvinden in je leven.
D: *Goed, slecht of wat?*
B: Gewoon een belangrijke gebeurtenis, die je niet zult vergeten. Het kan allebei. En verschillende dingen zoals dat.
D: *Je vertelde mij eens, dat er vele legenden waren die werden doorgegeven aan jouw volk. En er was er één bij over de wereld, heel lang geleden. Je vertelde mij daar iets over.*
B: Sorry, waarover?
D: *Leid ik je af?*
B: (Pauze) Het lijkt erop dat onze communicatie vandaag niet helder is.
D: *Oh, nou, we zullen sowieso niet veel langer praten.*
B: En ik verontschuldig mij zo. Ik heb beloofd om je te helpen.
D: *Ik dacht dat de muziek je misschien afleidde.*
B: Dat doet het. Ik blijf er maar naar luisteren en probeer tegelijk naar jou te luisteren. En soms gaat het door elkaar en kan ik mij niet meer alles herinneren, wat je in je zin zei.
D: *Je zou wat verder weg kunnen gaan van de muziek, maar ik weet dat je daar ook in geïnteresseerd bent.*
B: Als je je vraag opnieuw zou kunnen stellen, dan zal ik hem beantwoorden;

D: *Ok. Ik blijf niet veel langer, dan kun je van je muziek genieten. Je sprak een keer over legenden van jouw volk. (Ja) Je had het erover hoe de wereld was, vele jaren geleden. Kun jij je nog herinneren, dat je hierover sprak?*

B: Het kan zijn dat ik je daarover heb verteld, maar ik kan mij niet herinneren wat ik heb gezegd.

D: *Ik probeer het mij te herinneren. Er gebeurde iets met de wereld.*

B: Het enige dat ik mij nu kan herinneren, is hoe het aantal dagen in de seizoenen vroeger anders was.

D: *Het was zoiets, ja. Er is iets gebeurd?*

B: We hebben nooit ontdekt wat er is gebeurd. We weten het niet. We weten alleen dat er iets is gebeurd. En op de één of andere manier, om de één of andere reden was alles anders. De maanden waren anders, de jaren waren anders, de seizoenen waren anders. En volgens de legenden groeiden de gewassen enkele jaren niet. Om de één of andere reden was de lucht vergiftigd of zoiets.

D: *Dit duurde enkele jaren?*

B: Ja. En toen ging het gif in de lucht weg, maar de dagen veranderden nooit meer terug naar hoe het was.

D: *Denk je dat de dagen langer waren, of korter, of weet je dat niet?*

B: Ik weet het niet. Ik weet alleen maar, dat het aantal dagen anders werd. Het was zo dat alles goede, ronde getallen had. En nu zijn de getallen allemaal een soort van puntig en hard om te onthouden. Het aantal dagen in de maand, het aantal maanden in een jaar.

D: *Dat was allemaal anders?*

B: Ja. En er wordt gezegd dat het een tijd duurde voordat de mensen de maanden opnieuw hadden uitgevogeld. En dus was het een moeilijke tijd voor iedereen.

D: *Hm. Dan moet er iets heel erg krachtigs hebben plaatsgevonden.*

B: Dat is waar. Maar ik kan niet bedenken wat het geweest kan zijn, dat zoiets veroorzaakt.

D: *Nee. Niet als het de gewassen en alles heeft beïnvloed.*

B: En dus denk ik dat het iets is, waar we nooit achter zullen komen, zelfs jij niet in je wonderbaarlijke tijd.

D: *Nee, dat zal niet. Wij hebben dat verhaal nog nooit gehoord. Som sterven verhalen gewoon af en we weten er niks van als ze niet worden doorgegeven. (Dat is waar) Hoeveel dagen hebben jullie nu in jouw tijd?*

B: Dat is moeilijk om te onthouden. Het lijkt erop dat de dagen anders zijn voor iedere maand. Soms dertig, soms éénendertig.

D: Hoeveel dagen zaten er vroeger in een maand. Heb je die kennis?

B: Ik denk dat het er achtentwintig waren. Ik weet het niet zeker. Het is moeilijk om te zeggen.

D: Natuurlijk, het zou makkelijker te onthouden zijn als elke maand hetzelfde aantal dagen zou hebben, of niet?

B: Ja. Het kunnen er achtentwintig zijn geweest, of dertig of zelfs tweeëndertig. Het was een dergelijk aantal. Het was elke maand hetzelfde aantal.

**In 'The Legend of Starcrash' vertelt het verhaal over iets dat de Aarde overkwam waardoor de 'maan een ander pad bewandelde'. Het leek erop dat er iets catastrofaals heeft plaatsgevonden dat de seizoenen en het weer heeft veranderd. **

D: Hoeveel maanden in een jaar?

B: Twaalf. Maar de legenden zeggen dat het er voorheen dertien waren.

D: Heb je verschillende namen voor elke maand?

B: De maanden zijn de maanden. Er zijn namen voor de maanden. Ze zijn overal hetzelfde. Soms zijn zij een beetje anders, wanneer ze worden gezegd in andere tongen van andere landen, maar het zijn dezelfde maanden.

D: Hoe noem jij ze? Ik wil graag weten of ze hetzelfde zijn, zoals wij ze nu noemen.

B: Ik denk het wel. Er is geen reden waarom ze zouden veranderen.

D: Je weet het nooit. Daarom stel ik je zoveel vragen, om te zin hoe dingen zijn veranderd. (Ja) Zoals, weet je welke maand het is, waarin je de Geheiligde [Hallowed] avond hebt?

B: Dat is de oogstmaand. Ook wel oktober genoemd.

D: En je zei Lamas?

B: Februari.

D: En eens kijken. Er was er nog één. Ik ben alweer vergeten wat het was. Je had het hoge festival en dan had je er nog één in de lente, toch?

B: Degene in de lente en herfst voor de equinoxen, corresponderen niet altijd met dezelfde maand. Want soms vallen de equinoxen niet in dezelfde maand. De zonnewenden vallen meestal in dezelfde maand, maar de equinoxen niet altijd. Omdat de festivals van voor de verandering zijn, en ze worden gehouden in verband met de maan-maand, want de maan-maanden komen het dichtstbij wat de oude maanden waren. En het houdt verband met de maandfasen en niet altijd met de reguliere kalender.

D: *Bedoel je dan, dat de Geheiligde avond niet altijd in oktober viel?*

B: Meestal wel. Ik denk dat ze dat hebben geplaatst op de laatste dag van oktober, gewoon om er zeker van te zijn dat iedereen ten minste dat ene festival op dezelfde tijd zou vieren, om meer kracht te produceren. Degene in de lente, Beltane valt meestal in april en soms in mei. Het varieert. Soms raak ik in de war in welke maand het festival plaatsvindt, want je kunt het niet duidelijk weten, totdat het er bijna tijd voor is. Want je moet de maancycli in de gaten houden om vast te stellen, wanneer het zal plaatsvinden.

D: *Rond die tijd hebben de meeste dingen [gewassen] dan al een tijd gegroeid. Het is niet aan het begin van het groeiseizoen.*

B: Het hangt ervan af hoe koud de winter was, maar je hebt gelijk.

D: *Je zei dat het hoge festival dan in de zomer is?*

B: Ja. In juni.

D: *Dat is op de zonnewende. (Ja) Nou, het klinkt alsof de maanden hetzelfde zijn. Wij hebben wat wij een kalender noemen die ons helpt. Hebben jullie ook zoiets?*

B: Ik geloof dat de heer van het huis er één heeft. Ik weet het niet zeker. Ik denk het wel, zoals je zegt, om de dagen bij te houden.

D: *En de maanden.*

B: Je hebt geen kalender nodig om de maanden bij te houden. Je hoeft alleen de dagen bij te houden, zodat je weet wanneer de maand is gewijzigd. Maar dat is niet nodig voor gewoon volk, zoals ik.

D: *Wij zouden in de war raken, als we onze kalenders vandaag de dag niet zouden hebben. (Ah!) Dat maakt het een beetje gemakkelijker voor de gewone mens. (Ja) Nou, ik ben geïnteresseerd in die legendes van jouw mensen. Heb je nog meer legendes over hoe jouw mensen zijn begonnen, of over de geschiedenis van jouw religie?*

B: (Zucht) Er is niet heel erg veel, omdat we er altijd zo geheimzinnig over moesten zijn. En het gewoon moesten doorgeven van mond tot mond. Je raakt zo over de jaren heen heel veel kwijt.

D: *Ja, dat is zo. Je hebt niet veel verteld over hoe jouw religie begon, of waar het vandaan kwam.*

B: Er wordt gezegd dat onze religie begon toen de Godin van de Aarde een geschenk aan haar kinderen wilde geven, zodat ze volwassen zouden worden en gelukkig zouden zijn. En dus gaf ze ons deze religie.

D: *In het verre verleden. (Ja) En mensen hebben het dan al die tijd doorgegeven? (Ja) Hebben ze altijd problemen gehad met vervolging, als je weet wat dat woord betekent?*

B: Slechts sinds de Christelijke kerk kwam. Voor die tijd, nee.

D: *Dan waren mensen in die tijd niet bang voor de religie?*

B: Nee. Waarom zouden ze dat zijn?

D: *Omdat je zei dat de kerk mensen heeft bang gemaakt voor jullie.*

B: Ja, maar voordat de kerk haar macht verkreeg waren de mensen niet bang. Zo heb ik gehoord.

D: *Ik ben gewoon nieuwsgierig waar het allemaal vandaan is gekomen. Heb je dan geen andere legendes die jij je kunt herinneren, die te maken hebben met jouw volk? Verhalen?*

B: Alleen over hoe mensen en dieren ooit konden communiceren, maar ik ken niet het hele verhaal daarover. Dat is een soort halfvergeten verhaal. En meestal vertellen de verhalenvertellers dat aan kinderen, om hen te vermaken. En ze verzinnen er dingen bij om het verhaal te beëindigen, aangezien we niet alles weten over wat er gebeurd is.

D: *Maar je zei dat jij met hen kunt communiceren. Jij kunt ze in ieder geval verstaan.*

B: Ja, maar dat is niet gebruikelijk. Het was vroeger zo dat iedereen dat kon, zonder moeite te doen.

D: *Kun je nog andere bedenken? Ik probeer erachter te komen, of de mensen van mijn tijd misschien de verhalen zijn vergeten die jij kent.*

B: (Pauze) Ik kan er vandaag geen bedenken. Ik zal erover nadenken tussen nu en de volgende keer dat je contact met mij opneemt. De meeste verhalen die wij vertellen, hebben te maken met het onderwijzen aan kinderen, om hen te helpen een ritueel te onthouden of zoiets. En de verhalen zijn meestal niet waar. Het is gewoon iets dat is verzonnen, om te helpen de les te onderwijzen.

D: *Ik ben zelfs daarin geïnteresseerd, want er zit misschien iets in dat de mensen in mijn tijd zou kunnen helpen.*

B: Misschien is dat zo. Ik zal je er volgende keer een paar vertellen.

D: *Kun je de anderen om wat verhalen vragen, die je mij kunt vertellen?* (Ja) *Want je zei zelf al dat sommige verhalen verloren en vergeten raken door de vele jaren heen. En ze worden aangepast.* (Ja) *Misschien zijn er mensen in mijn tijd, die deze dingen graag zouden willen leren.*

Ik probeerde nog meer te vragen over de rituelen en spreuken die haar groep uitvoerde, maar ze reageerde niet meer. Het was alsof ze was ondergedompeld in haar wereld en niet meer met mij wilde communiceren. Ik verontschuldigde mij dat ik haar had weggehaald van het genieten van de muziek, wat een zeldzame traktatie voor haar was.

B: Ik verontschuldig mij ervoor dat ik niet zo goed in staat ben om te communiceren vanavond.
D: *Dat is niet erg. Is de Vrouwe Joslyn nog teruggekomen?*
B: Ik zie haar niet. Wat goed is. Ik geniet meer van de avond als ze er niet is.
D: *Hebben alle bedienden toestemming om te komen en hiernaar te kijken?*
B: Ja, want deze groepen komen niet vaak. Het is een traktatie voor iedereen. Nadat we het eten aan iedereen hebben opgediend, zijn we vrij om te blijven en luisteren.
D: *Dan klinkt het, alsof de heer aardig goed is om voor te werken, of niet?*
B: Ja, ik heb gehoord dat sommigen slechter zijn.
D: *Je hebt een keer verteld over dingen die hij boven in de torenkamer deed, waarvan je vond dat het iets was dat hij niet zou moeten doen?*
B; Ja. Want elke keer dat hij dat doet, voelen we dat hij probeert de natuurlijke kracht die onafscheidelijk is verbonden met alle dingen van de moeder Godin, te corrumperen. En het voor zijn eigen gewin te gebruiken. Het te gebruiken voor egoïstische redenen, in plaats van het te gebruiken ten gunste van allen.
D: *Heb je ontdekt wat hij daar uitspookt?*
B: Nee. Maar we proberen het nog steeds.
D: *Denk je dat hij rituelen gebruikt, die vergelijkbaar zijn met die jullie gebruiken?*

B: Voor een buitenstaander lijkt het misschien vergelijkbaar, maar ze zijn in principe anders, want hij heeft een ander doel voor ogen.

D: *Wat voor doel denk je?*

B: Waarschijnlijk meer geld voor zichzelf.

D: *Kun je zulke dingen door rituelen verkrijgen?*

B: Dat kun je, maar ze kunnen op een dag terugkaatsen, als je het egoïstisch doet. Als je alleen maar aan jezelf denkt en je niet nadenkt over waar je bent in relatie tot de moeder Godin.

D: *De kerk vindt het niet leuk wat jij doet, maar ze zeggen helemaal niets over wat hij doet?*

B: Ja, want wij zijn een bedreiging voor hun macht en hij is dat niet, want telkens als hij meer geld krijgt, dan geeft hij een deel ervan aan de kerk.

D: *Het klinkt alsof hij hetzelfde doet als jullie, alleen doet hij het voor andere redenen.*

B: Totaal andere redenen.

D: *Misschien kom je er op een dag achter, wat hij daarboven doet en kun je het mij vertellen.*

B: Ja. Ik zal het proberen. We moeten het sowieso te weten komen. En jij bent waarschijnlijk ook nieuwsgierig.

D: *Ja. Weet je of hij regelmatig daar naar boven gaat?*

B: Bijna elke nacht.

D: *En is hij altijd alleen? (Ja) Het zal moeilijk zijn om uit te vinden wat hij aan het doen is, als hij altijd alleen is.*

B: Ja. Dat is de belangrijkste reden waarom we tot nu toe nog niets weten.

D: *Je vertelde mij over het vreemde vuur dat hij daar heeft.*

B: Ja. En we proberen erachter te komen wat hij daar doet. We hebben diverse manieren ontwikkeld om erachter te komen. En we proberen een manier te vinden die het beste zal werken. Zodra we iets uitvinden, dan zal ik het je vertellen. Ik kan je misschien zelfs vertellen, hoe we erachter komen. Want ik ben er zeker van, dat we iets ongebruikelijks zullen moeten doen. Hij is extreem geheimzinnig.

D: *Als jouw mensen zouden denken dat hij iets doet dat niet goed is, zouden ze het dan op de één of andere manier proberen te stoppen? Of kun je zulke dingen doen?*

B: Dat kunnen we en zullen we ook waarschijnlijk doen. Het hangt ervan af, of datgene wat hij doet slecht genoeg is voor ons om te riskeren dat we worden ontdekt.

D: Maar denk je dat er iemand anders in het huis bij betrokken is?

B: Nee, hij is de enige. Misschien de Vrouwe Joslyn, maar dat denk ik eigenlijk niet. Ze gedraagt zich er niet naar.

D: Als ze genoeg macht zou hebben - als macht het juiste woord is – als ze genoeg kennis zou hebben, om zoiets te doen, dan zou ze wel krijgen wat ze wil, of niet soms? (Lach)

B: Ja. Het werkt niet. Het zou kunnen zijn dat ze het probeert, maar dat ze het verkeerd doet. En dat zou een reden kunnen zijn waarom ze zo'n slecht humeur heeft. Ze kan er niet achter komen, wat ze verkeerd doet.

D: Dat zou ook kunnen. Haar houding is natuurlijk het grootste probleem.

B: Ja, maar dat zal ze zelf nooit inzien.

D: (Lach) Dat is waar. Nou, ik denk dat ik maar ga en jou van de muziek ga laten genieten. Je hebt daar erg veel plezier. En dat heb je daar niet erg vaak.

B: Niet vaak. Ik ben dit keer niet erg informatief voor je geweest.

D: Oh, je hebt mij sowieso bepaalde dingen verteld. Ik kan niet verwachten dat het elke keer hetzelfde is.

B: Nee, ik ben menselijk.

D: En ik weet nooit hoe ik je aantref. (Lach) Misschien kun je volgende keer wat meer ontdekken over de edelstenen.

B: Ik zal het proberen. Ik weet niet of ik alle informatie kan krijgen. Ik heb wat geruchten gehoord over sommige. Maar ik wilde bevestigen wat ik heb gehoord, voordat ik het jou vertel, want de traditionele kennis die ik doorgeef moet correct zijn.

D: Ja, dat is waar. Ik wil dat het correct is. En misschien kun je dan nog wat van die verhalen uitzoeken. Het hoeven geen waargebeurde verhalen te zijn, gewoon datgene wat je de kinderen vertelt, zoals je zei, zodat ze de rituelen niet vergeten. Die kunnen de mensen in mijn tijd al van pas komen.

B: Ok, als jij dat denkt. Jij kunt dat beter beoordelen dan ik.

D: Ja. Sommige wel, andere niet. Ik kan het niet zeggen, totdat ik ze hoor. Misschien kunnen we dat de volgende keer doen, wanneer we elkaar ontmoeten. (Ja) En ik waardeer dat je met mij praat en

ik wil graag weer een andere keer komen. Ga jij maar je gang en geniet van de muziek en vermaak je.
B: Dat zal ik doen.
D: *In orde. En bedankt dat je met mij hebt gesproken.*
B: Dank je dat je geduldig bent.
D: *Dat is okay. Ik heb heel erg veel geduld.*

(Subject wordt teruggebracht)

Diezelfde dag gebeurde er iets vreemds. Ik had een andere sessie met Elaine in Eureka Springs die avond. Ze ervaarde dezelfde desoriëntatie en had ook moeite om mij te verstaan op sommige momenten. Ze zei dat het was, alsof ik vanuit een andere kamer sprak. Brenda zei, dat ik soms van tijd tot tijd leek weg te vagen, alsof mijn stem uit het einde van een lange tunnel kwam. Ik dacht dat het werd veroorzaakt door de omstandigheden die Astelle in haar eigen leven meemaakte op dat moment, die haar in verwarring brachten. Atmosferische omstandigheden, de fase van de maan of iets anders dat betrokken was bij de tijd en andere dimensies die op die dag aanwezig waren, die wij niet kunnen begrijpen. Vreemd dat het twee verschillende subjecten overkwam op dezelfde dag. Het kwam nooit meer voor bij enige van mijn andere subjecten. Later zou Nostradamus af en toe zoiets als statische [energie] ervaren, maar ik weet niet of dat hetzelfde [fenomeen] was.

Hoofdstuk 8
De Kleine Mensen
(Opgenomen op 3 juni, 1986)

Gebruikte het sleutelwoord en telde haar terug naar de tijd dat Astelle leefde.

D: *We zijn teruggegaan naar de tijd dat Astelle leefde in Vlaanderen. Wat ben je aan het doen?*
B: Ik ben met Grendell. Ze is een oude dame die hier leeft. Ze is een wijze vrouw. Ze is ook één van ons.
D: *Is zij een erg oude vrouw?*
B: Ik weet niet wat je "erg oud" noemt. Ze is krom en grijs. Maar ze is nooit getrouwd om kinderen te krijgen, dus ik kan je niet vertellen hoeveel kleinkinderen ze zou hebben. Maar ze is oud genoeg dat zelfs haar kleinkinderen kinderen zouden hebben, als ze kleinkinderen had gehad.
D: *Dat zou dan zijn, wat ik als heel erg oud beschouw. Is dit hoe je iemands leeftijd kunt vaststellen, door de kinderen en kleinkinderen?*
B: Ja, als je de leeftijd niet in jaren weet.
D: *Woont ze daar in het grote huis?*
B: Ahh ... niet direct in het huis. Ze woont in een klein huisje er vlakbij.
D: *Waarom ben je bij haar?*
B: Ik had een vraag en zij helpt mij om het antwoord te vinden. Ze heeft veel kennis.
D: *Wat voor soort vraag had je voor haar? Of kun je mij dat niet vertellen?*
B: Ik kan het je wel vertellen. Het is een kwestie van de juiste woorden vinden. (Pauze) Zoals iedereen weet, zijn er magische kwaliteiten in de verschillende kleuren. En ik vroeg haar of er bepaalde rituelen zijn die de aanwezigheid van een regenboog, welke alle kleuren in zich heeft, nodig hebben, of daar gebruik van maken.

En dus is zij bezig om mij te helpen onderzoeken, of er manieren zijn waarop regenbogen kunnen worden gebruikt.

D: *Regenbogen zijn erg mooi, maar daar heb ik nooit over nagedacht. Dat zou inhouden dat je alle kleuren tegelijkertijd gebruikt. Is dit gewoon een idee dat bij je opkwam?*

B: Ja. Ik heb er een tijd lang over na lopen denken, omdat ik altijd van regenbogen heb gehouden. Ze zijn erg mooi. Toen ik als kind leerde over de betekenis van de kleuren, probeerde ik altijd de betekenis van de kleuren te onthouden als ik een regenboog zag. En onlangs zat ik erover te denken dat er misschien bepaalde rituelen zijn, die een regenboog nodig hebben om effectief te zijn. Er zijn diverse rituelen die moeten worden gedaan, tijdens bepaalde fasen van de maan. Misschien is er een ritueel dat een regenboog nodig heeft. Dus ik dacht eraan om het aan Grendell te vragen, om erachter te komen. Ze vertelt mij voornamelijk, over hoe een regenboog kan worden gebruikt voor meditatie.

D: *Kun je dat met mij delen?*

B: Ik ben het nog steeds aan het leren. Nadat ik het van haar heb geleerd, kan ik het jou vertellen.

D: *Ik dacht dat je misschien voor mij zou kunnen herhalen, wat ze jou aan het vertellen is.*

B: Nou, de manier hoe ze dingen uitlegt, doet ze door middel van heel veel voorbeelden, waardoor het soms moeilijk is om het te leren, en soms niet. En zodra ik erachter ben wat ze mij probeert te leren, dan kan ik het jou vertellen.

D: *Okay. Maar heeft ze je verteld, dat het op een andere manier kan worden gebruikt behalve voor meditatie?*

B: Ja, er is een ritueel dat wordt gedaan in de aanwezigheid van een regenboog. Het zou je helpen in staat te zijn om de kleine mensen en eenhoorns te zien... (Dat was een verrassing) Want dat zijn beide magische volken en ze hebben elk hun eigen beschermingsspreuken, waardoor je hen niet kunt zien. Tenzij je dit ritueel doet met behulp van de regenboog. Zodat je hen door hun beschermingsspreuken heen kunt zien.

D: *Ik heb over de kleine mensen gehoord, maar ik wist niet of ze echt bestonden of niet.*

B: Ja, ze bestaan echt. Maar ze hebben erg krachtige spreuken, erg krachtige rituelen voor bescherming. Dat hebben ze nodig. Ze zijn vele eeuwen lang vervolgd.

D: *Zijn ze bang voor mensen?*
B: Dat hangt ervan af. De meeste mensen, ja, daar zijn ze bang voor. Omdat ze weten wat ze proberen te doen. Maar mensen die in harmonie zijn met Moeder Aarde, daar zijn ze niet bang voor. Want ze aanbidden haar ook.
D: *Heb je ooit wel eens deze kleine mensen gezien? (Ja) Kun je mij vertellen hoe ze eruitzien?*
B: Ze zien eruit als gewone mensen. Ze hebben de proporties die ze zouden moeten hebben. Hun hoofden zijn misschien een beetje groter, dan wat het zou moeten zijn voor de grootte van hun lichaam. En het enige is, dat zij een donkerder huid hebben dan wat gewone mensen hebben.
D: *Zijn ze net zo groot als wij?*
B: (Empathisch) Nee! Het zijn kleine mensen!
D: *Hoe klein zijn ze?*
B: Oh? Van de top van hun hoeden tot aan de grond, komen ze net tot boven de knie.
D: *Zien ze eruit als oude mensen, of jonge mensen of kinderen?*
B: Ze bestaan in alle leeftijden. De meerderheid van hen ziet eruit als volwassen mensen. En een paar van hen zien er oud uit. Dit ritueel dat je kunt doen met de regenboog, doorboort de spreuken van bescherming waardoor je de volwassenen kunt zien, maar je kunt hun kinderen niet zien, want ze gebruiken extra beschermingsspreuken voor hen.
D: *Zijn ze er bang voor dat hun kinderen iets zal overkomen? (Ja) Ik heb verhalen gehoord over deze verschillende dingen, maar ik wist niet of ze echt waren.*
B: Ja, ze zijn echt.
D: *We hebben diverse namen voor degene die wij hebben. Ik weet niet of ze hetzelfde zijn als dat jij ze benoemt.*
B: Ze hebben veel verschillende namen, want er bestaan veel verschillende groepen van hen. En de diverse groepen hebben verschillende doelen in het leven. Soms kan het verschil van doel hen er anders uit laten zien, omdat ze een andere manier van leven hebben. En dus hebben ze andere namen.
D: *Wat zijn sommige van die verschillende groepen?*
B: Nou, over het algemeen worden ze elven genoemd. En er zijn verschillende soorten elven. Er zijn veld-elven en bos-elven en huis-elven en grond-elven. En dan zijn er de witte dames.

D: *Witte dames? (Hm-hm) Wat zijn zij?*
B: De witte dames worden voornamelijk in de velden aangetroffen. De kracht die zij hebben, heeft te maken met de wind. Als ze boos op je worden, kunnen ze een storm oproepen. Als je hun gebied betreedt, dan zullen ze een hagelstorm over je afroepen. Maar als ze je aardig vinden en je behandelt hen met respect, dan veroorzaken ze op het juiste moment regen over je gewassen.
D: *Maar hoe weet je wat hun gebied is?*
B: Dat weet je niet. Wat je dus moet doen, is in harmonie zijn met Moeder Aarde en respect hebben voor hen allemaal. En ze weten of je wel of geen respect voor hen hebt.
D: *Als je dan respect voor ze hebt, dan beschouwen ze je niet als een indringer? (Juist) Waarom worden ze witte dames genoemd? Zien ze er zo uit?*
B: Ik weet niet zeker waarom ze witte dames worden genoemd. Er wordt gezegd dat één mogelijke reden is, dat ze om één van hun spreuken te doen, dat ze verschijnen als een grote, witte dame, die er een beetje spichtig uitziet en je kunt door haar heen kijken, als een soort wolk. En dus worden ze witte dames genoemd.
D: *Dan zien ze er niet zo solide uit als de elven?*
B: Juist. Telkens als ze deze bepaalde spreuk uitspreken, wanneer ze boos zijn op een gewoon mensen en ze gaan de wind aanroepen, dan willen ze dat deze persoon in staat is om de bron van de wind te zien, zodat ze weten dat ze in overtreding zijn. En de persoon zal deze grote, witte dame zien, ongeveer, oh, zo hoog als een boom. Maar ze kunnen door haar heen kijken. Ze ziet eruit als mist. En ze zullen haar zien, totdat de wind begint te waaien en dan lost ze op in de wind. Ze kunnen er met niemand over praten, want mensen zullen denken dat ze gek zijn. En dus worden ze daarom de witte dames genoemd.
D: *En zij is groot, terwijl de elven klein zijn?*
B: Nou, de elven zelf zijn klein. Het is gewoon zo dat als ze dit bepaalde ritueel doen, dan zien ze er zo uit. Maar het is niet hun werkelijke verschijning.
D: *Oh Dit is slechts een verschijning die zij projecteren. Dit zou mensen bang maken, als ze zoiets groots zouden zien. (Ja) Zijn er andere groepen kleine mensen?*
B: Ja, er zijn veld-elven. Zij zijn familie van de witte dames. Alle elven zijn gerelateerd. Het is als een grote familie. Het zijn gewoon

verschillende aftakkingen van de familie, die zich concentreren op bepaalde dingen. De veld-elven zijn degenen die zorgen voor de gewassen en de grond. Ze zorgen ervoor dat de aarde goed is. En ze zorgen ervoor dat de zaden ontkiemen. De grond-elven worden ook wel kabouters genoemd. Zij zijn degenen waar je wel eens over hoort praten in de mijnen. De bos-elven leven in de bossen. Zij helpen om het wild te beschermen tegen de jagers van de heer.

D: *Vertellen ze het wild dat ze moeten schuilen en dergelijke?*

B: Vaak zijn ze ondeugender dan dat. Ze laten de paarden struikelen en zulke dingen, waardoor het wild de tijd heeft om weg te rennen. Alle elven hebben iets ondeugends in zich. Met name de huis-elven. De huis-elven hebben zoveel meer gelegenheid om kattenkwaad uit te halen.

D: *(Lach) Wat doen zij?*

B: Soms gooien ze een bord door de kamer. Of ze slaan een deur dicht om de jurk van een dame te beklemmen, waardoor ze in een lastige positie terecht komt. Soms laten ze iets opstijgen in de lucht, maar zonder dat het duidelijk is hoe het wordt vastgehouden.

D: *Wat zouden huis-elven normaal gesproken moeten doen?*

B: In een huis dat in overeenstemming is met Moeder Arde en dat de elven respecteert, daar zorgen de huis-elven ervoor dat alles goed functioneert. Ze zorgen ervoor dat je brood op de juiste manier rijst, zoals het zou moeten. Dat je kolen niet uitgaan in de oven. Dat je bier of wijn datgene doet wat het zou moeten doen, wanneer je het maakt. En dat je kaas goed stolt. En dat je melk niet klontert. Maar als je ze boos maakt, dan zal je melk gaan klonteren, je kaas blijft vloeibaar, je brood zal niet goed rijzen, het zal er plat uitkomen en je bier en wijn zullen veranderen in azijn.

D: *Dan hebben ze goede doelen als je met hen in harmonie bent.*

B: Ja, dat hebben ze allemaal.

D: *Als ze dan ondeugende dingen doen, doen ze dit dan omdat ze boos zijn, of willen ze gewoon trucjes uithalen?*

B: Soms denk ik dat ze zich gewoon vervelen en dat ze dan trucjes willen uithalen. Als je in harmonie met ze leeft, dan halen ze nog trucjes uit. Als je niet in harmonie met ze bent, dan doen ze gewoon alles tegenovergesteld aan de manier hoe het zou moeten. Zoals je vuur dat steeds uitgaat in de haard en in de haard waarin je kookt. En als je ze echt gemeen zijn, dan moet je elke morgen naar de boerderij van iemand anders om een emmer kolen te halen om je vuur te starten. En je weet dat als je brood maakt, dat je dan een beetje apart houdt, om in je volgende hoeveelheid deeg te gebruiken, zodat het zal rijzen. En het deel dat je dan apart hebt gehouden, zal niet rijzen en het zal het volgende brood ook niet laten rijzen. En dan moet je naar iemand anders gaan die brood aan het maken is, om te vragen of je wat van hun deeg mag lenen.

Tenzij iemand op het platteland heeft gewoond, dan zou je niet weten dat de oude garde dit nog steeds doet. Vaak hebben ze geen gist om een brood te laten rijzen, dus gebruiken ze wat een "starter" wordt genoemd, die ze hebben bewaard van de vorige hoeveelheid [deeg], om de nieuwe broden te laten rijzen. Dit gebruik lijkt heel erg oud te zijn, maar wordt nog steeds gebruikt bij ons in de heuvels van de Ozarks.

D: Nou het klinkt een beetje alsof het gewoon kleine kinderen zijn die kattenkwaad willen uithalen.
B: Nou iedereen doet dat wel om wat plezier te maken. Het is gewoon zo, dat zij hier vaker gebruik van maken dan normale mensen, omdat dit de belangrijkste manier is om de grote mensen zogezegd in het gareel te houden.
D: Is er iets dat je kunt doen, wanneer zij beginnen om dingen slecht te laten verlopen? Niet slecht – maar wanneer zij dit soort ongemak veroorzaken. Wanneer deze dingen beginnen te gebeuren, kun je dan iets doen om ze weer terug te draaien?
B: Ja. Er zijn veel dingen die je kunt doen. Allereerst doe je wat oude kleren aan, en je scheurt ze een beetje kapot en dan gooi je as over je hoofd en je maakt er een flink spektakel van, huilen en jammeren over hoezeer je er spijt van hebt, dat je ze kwaad hebt gemaakt. `En dit doe je lang genoeg, om ze te laten zien dat je het echt meent. En dan kleed je je om in kleren voor een plechtige gelegenheid. Als je tenminste extra kleren hebt om je te verkleden. Als je arm bent, heb je sowieso maar één stel kleren. Maar als je rijk bent en je hebt meer dan één set kleren, dan kleed je je om in iets voor een plechtige gelegenheid. En dan neem je wat gebakken brood en je breekt het in stukjes in een schaal en je giet er wat honing over en dan voeg je er melk aan toe. En je zet het in een hoek, waarvan je weet dat ze daar graag komen, als een

vredesoffer. Waarbij je zegt hoeveel spijt je hebt, dat je hen hebt beledigd en dat je zult proberen om dat niet meer te doen. En of ze alsjeblieft daar willen blijven wonen en weer vrienden willen zijn.

D: *Helpt dat?*

B: Dat zou het moeten doen.

D: *Dan zijn ze niet echt kwaadaardig. Ze doen alleen dit soort ondeugende dingen.*

B: Ja. Tenzij ze zien, dat je vastbesloten bent om niet in harmonie te leven met Moeder Aarde. Dan worden ze boos op je en doen dingen om te proberen om je op het rechte pad te brengen.

D: *Doen ze wel eens iets om je pijn te doen?*

B: Nou, ja, soms. Zoals wanneer ze een bord door de kamer gooien, als je toevallig in de weg staat, dan vliegt het tegen jou aan in plaats van tegen de muur.

D: *Ik vroeg mij af of het hen is toegestaan om opzettelijk mensen pijn te doen.*

B: Ze doen waar ze zin in hebben.

D: *Hebben ze geen regels, waar ze zich aan moeten houden?*

B: Ze kunnen niet veroorzaken dat iemand zijn leven kwijtraakt. Eén ding waar de elven bijvoorbeeld niet van houden zijn jagers, als ze jagen voor de sport. Als hij jaagt om zijn familie te voorzien van voedsel, dan helpen ze hem. Maar als het een rijke heer is, die gewoon op jacht gaat omdat hij simpelweg niks beters te doen heeft, en hij wil gewoon opscheppen over zijn vaardigheden, dan worden ze boos op hem. En dan laten ze zijn paard struikelen over de boomwortels. Of als het paard beslagen is, dan zorgen ze ervoor dat het een hoefijzer kwijtraakt. Of de jager mist zijn doel. Of ze veroorzaken dat zijn boogpees vochtig is en niet strak genoeg gespannen is, om goed te schieten. Dat zijn verschillende dingen die ze doen.

D: *Zouden ze hem verwonden?*

B: Dat hangt ervan af. Als hij heel erg boos wordt en besluit om toch gewoon te gaan jagen, dan zouden ze kunnen veroorzaken dat hij zijn enkel verdraaid of zoiets, zodat hij de prooi niet kan achtervolgen.

D: *Dan kunnen ze iemand niet echt op een slechte manier pijn doen?*

B: Niet met slechte intenties, nee. Maar zoals in dit geval, als het voor een goede reden is, dan wel.

D: *Maar ze mogen niet iemand dusdanig pijn doen, dat deze blijvend invalide zou raken, of zou sterven. (Nee) Dan hebben ze wel bepaalde regels. Zien al deze elven er hetzelfde uit?*
B: Ze kleden zich anders, afhankelijk waarvan ze leven, want ze moeten zich kleden om niet op te vallen. Maar als je hun kleren uit zou doen, dan zouden ze er hetzelfde uitzien.
D: *Bedoel je dat degenen in het veld groen dragen of zoiets?*
B: Ja. Degenen in het bos dragen voornamelijk bruin. En de veld-elven dragen meestal een combinatie van groen en goud. En de huis-elven, dat zijn de ondeugendste van het stel, de huis-elven dragen felrood.
D: *(Lach) Felrood. Dan kun je ze zeker wel zien.*
B: Alleen als je hun beschermingsspreuken doorbreekt.
D: *Ik zou denken dat rood erg opvallend zou zijn.*
B: Nou, ik denk dat zij denken dat aangezien ze in het huis zijn, dat het niet uitmaakt welke kleur ze dragen. En ze houden allemaal van felle kleuren.
D: *De kabouters die onder de grond leven, zouden zij donkere kleuren dragen?*
B: De grond-elven, ik weet niet zeker wat voor kleuren zij dragen. Ik denk dat ze zouden denken dat het toch niet uitmaakt, aangezien ze toch in het donker leven. Maar ik denk dat ze verschillende kleuren dragen, maar dat ze altijd donker zijn. Donkerrood, donkerblauw, donkergrijs. De grond-elven dragen al deze donkere kleuren, behalve hun hoeden. Hun hoeden hebben altijd een felle kleur.
D: *Hebben alle elven een felgekleurde hoed? (Ja) Dus wat voor kleren ze ook dragen, hun hoeden wijken altijd af?*
B: Ja, en het moet een kleur zijn die niet samengaat met de andere kleren. Het moet altijd een andere kleur zijn. Een bos-elf bijvoorbeeld, die bruine, roodbruine of kastanjebruine kleren draagt, kan een fel paarse hoed dragen.
D: *Heeft dat een bepaalde reden?*
B: IJdelheid, denk ik.
D: *(Grinnik) Dan zijn ze ook ijdel.*
B: Oh, ja. Maar zeg ze niet, dat ik je dat heb verteld. Ze zouden boos op mij kunnen worden.
D: *(Ik lachte.) Zijn er nog andere groepen kleine mensen, naast de elven en de witte dames?*

B: Er wordt gezegd dat er anderen zijn, die in andere delen van de wereld leven, omdat er kleine mensen over de hele wereld zijn. Ik vertelde je alleen maar over degenen die hier in de buurt leven. Dat zijn degenen waar ik weet van heb. Oh, er is nog een groep die ik ben vergeten te vermelden. Niet uit disrespect naar de groep, maar simpelweg omdat ze zo goed verborgen zijn. De watergeesten [water sprites]. Zij zijn een ander soort elf, maar ze leven in het water. Ze houden het water puur en schoon om te drinken. En ze zorgen ervoor dat de vissen en de planten en het water goed worden onderhouden. Als je door het bos loopt en je hebt hen of de bos-elven kwaad gemaakt—ze werken normaal gesproken samen met de bos-elven—en je stopt bij een beek om wat te drinken, dan zal de stroom plotseling modderig worden en niet geschikt zijn om te drinken. Soms helpen ze de huis-elven ook. Als iemand in het huishouden niet doet wat ze zouden moeten doen, dam is hun drinkwater altijd zoutig.

D: Alleen hun water?

B: Ja. Tenzij ze iets hebben gedaan dat hen echt heel erg kwaad maakt, dan zorgen ze ervoor dat al het water in het huis niet goed is. Zodat de mensen in het huis, de grote mensen, jij en ik, zullen beginnen te klagen en de persoon onder druk zullen zetten om het juiste te doen.

D: Om de elven niet langer kwaad te maken. (Ja). Hoe zien de watergeesten eruit?

B: Het is moeilijk om ze te beschrijven. Ze zijn bijna doorzichtig. Ze zien eruit als de andere elven, maar ze hebben langere ledematen. De watergeesten hebben blond haar. En als kleding dragen ze waterplanten die samengevlochten zijn als kleren.

D: Als zij blond haar hebben, hebben de elven dan donker haar?

B: Meestal hebben zij bruin haar, soms zwart. Of grijs, als ze oud zijn. De watergeesten zijn zo blond, dat het bijna wit is.

D: En je zei dat je bijna door hen heen kunt kijken, omdat ze zo doorzichtig zijn? (Ja) Nou, in onze verhalen is er een groep genaamd: feeën. [fairies]. En deze zouden vleugels hebben. Hebben jullie ook zoiets?

B: Zulke heb ik niet gezien. Maar ik heb door sommige elven horen vertellen over hun neven, de feeën [fays]. Dat zij heel erg klein zijn en ze leven in de bloemenvelden. En zij vliegen inderdaad.

D: *Dat moeten degenen zijn waarover ik heb gehoord. Ze zeggen dat zij vleugels hebben. Zien zij er anders uit, dat jij weet?*
B: Ik weet het niet. Ik heb ze nog nooit gezien. Ik weet alleen dat ze kleiner zijn dan de elven.
D: *Ok. Je had het een tijdje geleden ook over eenhoorns. (Ja) Ik heb over dat dier gehoord. Veel mensen denken dat het echt zou kunnen zijn geweest.*
B: Dat is het. De kleine mensen helpen het te beschermen, omdat de mannen, de heren en zo, altijd proberen het hoofd van een eenhoorn te verkrijgen als trofee.
D: *Dat vind ik geen fijn idee. (Nee) Heb je ooit een echte eenhoorn gezien?*
B: Ja. Eén keer. Het is erg mooi.
D: *Zijn ze dan een echt, fysiek dier?*
B: Ja. Maar zoals ik al eerder zei, je moet een spreuk doen om door hun sluiers van bescherming heen te prikken, zodat je ze kunt zien.
D: *Dan zijn ze niet zichtbaar voor iedereen. (Nee) Ik dacht dat het misschien een echt dier was, dat verborgen werd gehouden en beschermd.*
B: Het zijn echte dieren. En ze hebben lagen van bescherming die de kleine mensen over hen uitspreken, om hen te verbergen. De kleine mensen helpen om hen te beschermen.
D: *Is daar een speciale reden voor?*
B: De eenhoorn is een magisch dier. En de Aarde zou niet hetzelfde zijn zonder hen. Waarschijnlijk zou een deel van de geest van de Aarde sterven als hier geen eenhoorns zouden zijn.
D: *Wat voor soort magie doen zij?*
B: Het is moeilijk om te zeggen. Het is ongedisciplineerde magie. Het is altijd voor het goede, maar het is zo ongedisciplineerd, dat je nooit kunt zeggen wat voor vorm het zal aannemen. Het kan voor een bepaald doel worden gedaan, maar je weet niet hoe het zal plaatsvinden, of wat het uiteindelijke resultaat zal zijn.
D: *De andere groepen waarover je het had, hadden bepaalde taken. Is de magie van de eenhoorns dan niet hetzelfde? (Nee) Hoe zag de eenhoorn eruit die jij hebt gezien?*
B: Nou, op de wandkleden worden ze altijd afgebeeld als wit. Maar het is niet wit. Het is meer als ... ah, heb je wel eens de binnenkant van een mosselschelp gezien?
D: *Een soort van grijs?*

B: Nee, nee, nee, het is niet grijs. Het is een soort zilverachtige kleur, met alle kleuren van de regenboog erin. Of opaal, of moeder-van-paarl [mother-of-pearl] [NL: paarlemoer]. En het had grote donkerblauwe ogen. En de hoorn was, zoals hij meestal wordt afgebeeld. Maar wat je niet ziet in de wandkleden, is dat het spiraalvormige deel een lijn van zilver in zich heeft.

D: Langs de spiraal.

B: Ja. En ze hebben krullend haar op hun kin, zoals de baard van een geit. Ze hebben golvende manen. En de hoeven zijn inderdaad gespleten.

D: Zijn ze dat? (Ja) Omdat ik heb gehoord dat ze eruitzien als een paard.

B: Ze zien eruit als een paard met gespleten hoeven.

D: Zijn ze net zo groot als een paard?

B: Ik heb er maar één gezien. Ik weet niet of ze allemaal dezelfde grootte hebben. Het was het formaat van een pony. Het was niet zo groot als een strijdros. En het had haar op de kin, het had ook zulke haren boven de hoeven, aan de achterkant van de benen [poten]. En de staart, het was een soort halve ezelstaart en een halve paardenstaart. Het liep van uit het lichaam kaal als een ezelstaart. En de onderste helft was krullend haar. Je weet wel, zacht als een paardenstaart, maar krullend.

D: Ongeveer half om half. (Ja) Waren de manen gekruld of sluik?

B: Ik denk dat het waarschijnlijk krullend was. Het zag er golvend uit, omdat het zo lang was.

D: Langer dan van een paard? (Ja) Hoe lang was de hoorn?

B: (Pauze, alsof ze moest nadenken.) De hoorn was lang genoeg om van mijn heupen tot de grond te raken. De lengte van mijn been. Het was erg scherp.

D: Oh, dat zou veel langer zijn, dan ik dacht dat het zou zijn. Ik heb altijd gedacht dat ze, oh, zo lang zouden zijn als van je hand tot je elleboog.

B: (Empathisch) Nee, nee, ze zijn erg lang.

D: Erg lang. Het zou dan zo lang zijn als de gehele lengte van je arm, of de gehele lengte van je been?

B: Het is de lengte van mijn been. En het was erg scherp en slank, maar zeer sterk. Je kunt ze niet breken.

D: Hm, het lijkt erop dat een eenhoorn er moeite mee zou hebben om in of uit plaatsen te komen, bomen en zo, met iets dat zo lang is.

B: Daarom zijn eenhoorns bevriend met de bos-elven.

D: *Als het de grootte van een pony had, dan zou het bijna de hele lengte van het lichaam zijn, of niet?*

B: De lengte van de hoorn komt dicht in de buurt van de lengte van de schoft tot de neus.

D: *Dat zou lang zijn. De plaatjes die ik ervan heb gezien, verbeelden het veel korter.*

B: Ja, op de wandkleden zijn de hoorns te kort. Maar meestal zijn dingen verstoord op de wandkleden, want ze moeten er een hoop op kwijt.

D: *Ik vraag mij af of de mensen die de wandkleden maken, er werkelijk wel één hebben gezien.*

B: Ze gaan gewoon af op de oude plaatjes die door monniken zijn getekend, die ze hebben overgetekend van oude plaatjes, die zijn opgetekend van oude plaatjes, die zijn getekend van vage herinneringen van iemand die er per ongeluk één heeft gezien.

D: *Nou, toen jij er één zag, was dat in het bos?*

B: Nee, het was in het veld, dicht bij de rand van het bos.

D: *En hij probeerde niet weg te rennen?*

B: Niet meteen, want hij wist dat ik probeer in harmonie te zijn met Moeder Aarde. Hij stond daar en keek naar mij, lang genoeg voor mij om ernaar te kijken en de schoonheid te bewonderen. Toen draaide hij zich om en rende het bos in. En liet een fonkeling in de lucht achter.

D: *Wat bedoel je?*

B: De manier waarop sterren fonkelen.

D: *Oh dat klinkt heerlijk.*

B: En het vaagde bijna onmiddellijk weg. Maar het was daar voor een kort moment.

D: *Oh, dat moet er heel erg mooi uit hebben gezien.*

B: Dat was zo.

D: *Maar je zei dat het magische dieren zijn. (Ja) Heb je geleerd hoe je die magie kunt gebruiken?*

B: Mensen kunnen die magie niet gebruiken. Alleen de eenhoorn bezit het en de eenhoorn gebruikt het zoals hij wenst. Hij neemt advies aan van de kleine mensen, maar uiteindelijk neemt hij zelf de eigen beslissing wat hij zal doen met de magie, in diverse situaties.

D: *Dan is hij heel erg intelligent.*

B: Ja, maar dat zijn alle dieren. Meer dan wat mensen hen toekennen.

D: Als je dan in harmonie zou zijn met de Aarde, zou je dan met de eenhoorn kunnen praten en hem vragen om de magie toe te passen om je te helpen?
B: Ja. Maar dan zou je nooit weten wat voor vorm het aanneemt. Want de magie van de eenhoorn is altijd onvoorspelbaar.
D: Bedoel je dat hij zijn eigen magie niet onder controle heeft?
B: Dat kan hij wel. Het is meer dat je niet weet welke richting het zal gaan, want de eenhoorn is geen mens. En dus denkt hij niet als een mens, hij denkt als een eenhoorn.
D: Hij denkt meer als een dier?
B: Hij denkt als een eenhoorn. (Ze raakte geïrriteerd door mijn gebrek aan begrip.)
D (Grinnik) Ik geloof dat ik hem in de categorie van een dier probeer te stoppen.
B: Het is een eenhoorn.
D: (Lach) Okay. Zou de magie dan verkeerd kunnen werken?
B: Nee, het is gewoon zo dat je nooit kunt weten wat er gebeurt tussen het initiëren van de magie en de resultaten. En de resultaten zullen de resultaten zijn waarom je hebt gevraagd. Het hoeft niet per se te zijn wat je verwachtte. Want als je jouw vraag verkeerd verwoord, dan krijg je de verkeerde resultaten.
D: Ik denk dat ik weet wat je bedoelt. Je krijgt het, maar het hoeft niet exact te zijn wat je wilt, vanwege de manier waarop je het zegt. (Ja) Maar het zou toch niet noodzakelijkerwijs iets slechts zijn.
B: Nee, niet opzettelijk slecht.
D: Maar het zou kunnen zijn, dat het iets wordt wat je helemaal niet wilt. (Ja) Ik denk dat ik het begrijp. Hij heeft nog steeds iets ondeugends, net als de elven.
B: Ja, maar hij is niet zo opzettelijk als dat de elven zijn. Hij probeert te helpen. Als hij je aardig vindt, zal hij proberen te helpen. Het is meer zo dat, omdat het een ander wezen is, dat het anders denkt. En dus wat er vaak gebeurt, lijkt onvoorspelbaar vanuit ons oogpunt.
D: Ja, dat kan ik begrijpen. We denken op één manier en we denken dat alles en iedereen op dezelfde manier zou moeten denken. (Ja) Ons soort logica.
B: Zo werkt het niet.

D: *Was dit het belangrijkste waarvoor je naar Grendell ging, om meer te weten te komen over de regenboog? (Ja) Is zij ook degene die kennis heeft over de edelstenen?*
B: Ik denk het wel. Ik zal het haar vragen.
D: *Want ik vroeg je eens over de edelstenen en je zei dat je dat nog niet had geleerd.*
B: Ja, ik heb er een beetje over geleerd.
D: *Kun je met mij delen wat je hebt geleerd?*
B: Ja. De edelstenen kunnen in bepaalde rituelen worden gebruikt om bepaalde effecten te versterken. Edelstenen die rood zijn, zoals bijvoorbeeld robijnen, kunnen worden gebruikt om gevoelens van passie te versterken zoals liefde, haat, jaloezie. Edelstenen die roze zijn van kleur, en er is mij de naam van één ervan verteld, maar die kan ik mij niet herinneren. Het was een lange naam, moeilijk om uit te spreken. Ze zijn roze van kleur en kunnen worden gebruikt voor loyaliteit, zoals wanneer je wilt dat iemand waarvan je houdt, loyaal aan je is. Edelstenen die groen zijn, kunnen worden gebruikt voor vriendschap en voor groei. Weet je, voor alles wat groen is en groeit. En het kan ook worden gebruikt voor vriendschap. Edelstenen die blauw zijn, zoals saffieren, kunnen worden gebruikt voor het ontwikkelen van het mentale deel van de geest. Want de edelstenen die paars zijn, die gebruik je voor het spirituele deel van de geest. Er zijn sommige edelstenen die ongeluk bezorgen, zoals diamanten.
D: *Ze zijn wit of doorzichtig.*
B: Ja, ze zijn doorzichtig. En ze kunnen voor ongeluk zorgen, omdat ze niet definitief georiënteerd zijn naar een bepaalde vibratie of een specifieke kleur die hen de invloed van die kleur zou geven.
D: *Dat is interessant, want in mijn tijd geeft men altijd een diamant, wanneer iemand gaat trouwen.*
B: Hoe goed verlopen die huwelijken?
D: *Nou, het is gebruikelijk voor iemand om een diamant aan de vrouw te geven.*
B: Ja. En ik gok erop, dat ze ook een slecht huwelijk hebben.
D: *Nou, ze moeten die diamant daarna de rest van hun leven dragen. Vreemd. Ze realiseren zich niet, dat dit de betekenis van die steen is.*
B: En stenen die zwart zijn, zijn bedoeld om de waarheid te zoeken, of om verandering teweeg te brengen.

D: *Dan brengen ze geen ongeluk. (Nee) Brengt alleen de diamant ongeluk?*

B: Of andere edelstenen die doorzichtig zijn. Want ze kunnen zowel goede als slechte krachten aantrekken. De diamant kan een krachtige steen zijn voor geluk, als je hem zuivert en instelt voor het goede.

D: *In onze tijd is het een erg dure steen. Misschien gebruiken ze hem daarom voor huwelijken.*

B: Ik begrijp het niet. Wat bedoel je? Stenen gebruiken voor huwelijken?

D: *Nou, wanneer de huwelijksceremonie houden. (Ja) De diamant zit in de ring. En deze wordt aan de vrouw gegeven tijdens de ceremonie.*

B: Doen ze dat? Ik wist niet dat diamanten groot genoeg waren om er een ring uit te hakken.

D: *Wil je die van mij zien? (Ja) Ok. Hier ... open je ogen en kijk naar mijn hand. (Dat deed ze.)*

B: Oh! In een ring gezet.

D: *Ja. Dacht je dat ik de hele ring bedoelde?*

B: Ja. Zoals goud wordt gebruikt om een ring van te maken. Of zilver, zoals die van jou.

D: *Ja. En dit is wat aan een vrouw wordt gegeven wanneer ze trouwt. Het is in de ring.*

B: Misschien dat de edelsteensmid die het in de ring zet, het wel zuivert, en het met goede intenties erin plaatst voor je, zodat deze kracht aan je huwelijk brengt.

D: *Dit laat iedereen zien dat een vrouw getrouwd is, door een dergelijke ring te dragen.*

B: Ik begrijp het. Zoals verloofd zijn.

D: *Ja. Wil je mijn andere ring zien en mij vertellen wat je ervan vindt. (Ik heb een ring in de vorm van een pentakel die is gemaakt uit turquoise en omringd door zeven kleine zilveren balletjes. Ik liet haar weer haar ogen openen en richtte haar aandacht op mijn rechterhand.) Deze hand.*

B: Dat is een ring voor goed geluk. Het zilver is een goed metaal en het bevat een blauwe steen. Dat is goed voor de ontwikkeling van het mentale deel van jouw spirituele ontwikkeling.

D: *Is dat een pentagram?*

B: Het is een pentagram zonder de cirkel. Maar het is ingesloten door zeven zilveren knoppen. Zeven is een geluksnummers. Het is dus alsof er een cirkel omheen is. Dat is een goede ring om te dragen. Het is een goed amulet.

D: *Daarom draag ik hem. Ik doe hem nooit af.*

B: Dat is goed.

D: *Is zilver een goed metaal?*

B: (Ze had haar ogen weer gesloten.) Ja. Zilver is ook goed voor de ontwikkeling van je vaardigheid om contact te maken met de hogere sferen. En de combinatie van zilver plus de blauwe steen is een goede combinatie.

D: *Dan zou deze mij geluk moeten bezorgen.*

B: Ja. Blauwe stenen met goud is ook goed.

D: *Maar de andere ring is gewoon wat vrouwen dragen om te laten zien dat ze getrouwd zijn. Het is gewoon een symbool in onze tijd.*

B: Ja, dat begrijp ik.

D: *Draagt men in jouw tijd iets om te laten zien dat men getrouwd is?*

B: Ja. Een armband.

D: *Van goud, zilver, of wat?*

B: Meestal koper en ingezet met stenen. Goud en zilver zijn erg moeilijk om aan te komen. En meestal brengen ze er een soort lak over aan, zodat het koper niet verkleurt.

D: *Ik begrijp het. En dragen zelfs de arme mensen een armband?*

B: De allerarmsten meestal niet. Maar de diverse smeden, de ijzersmid en de grofsmid en zo en de handelaren en zo en verder zo naar boven, dragen het wel.

D: *Het is hetzelfde in onze tijd. Als iemand erg arm is, kunnen ze zich ook geen diamant veroorloven. Dan dragen ze misschien gewoon een simpele gouden ring. (Ja) Het zijn gewoon verschillende gebruiken. (Ja) Waar zei je dat zwarte stenen voor waren?*

B: Voor het zoeken naar de waarheid en voor het initiëren van verandering. Zwart kan ook worden gebruikt als bescherming. Maar een ander soort bescherming. Blauw en paars kunnen worden gebruikt om je lichamelijke essentie te omringen met een beschermende essentie die kwaad en het slechte afstoot. Maar het soort bescherming dat de zwarte steen brengt is om in staat te zijn recht door het hart van dingen te snijden en de waarheid van alles te zien. En te weten of iets je wel of geen kwaad zal doen.

D: *Heb je ook gele stenen, of iets van die kleur?*

B: Nee. We hebben goud, dat is geel.
D: Eens kijken, wat voor andere kleuren zouden er nog zijn?
B: We hebben paars, blauw, groen, rood, zwart en doorzichtig.
D: Met zoveel verschillende stenen is het moeilijk om te weten welke je moet dragen.
B: Je draagt verschillende stenen in overeenstemming met welke situaties je denkt je in te gaan begeven.
D: Of welke stenen je bij je draag. Vaak zitten ze niet in juwelen, of wel?
B: Nee, je kunt ze dragen door ze in een klein zakje te doen en dat om je nek te dragen.
D: Want het is te duur om ze in juwelen te laten verwerken. (Ja) Je vertelde mij een keer eerder dat rijke mensen, de heren en dames, juwelen dragen waarvan ze niet eens weten wat ze betekenen.
B: Ja. Ze dragen ze gewoon om er mooi uit te zien en vaak hebben ze er diverse stenen tegelijk in zitten.
D: Zo is het ook in mijn tijd. Mensen dragen het gewoon omdat het mooi is. Ze weten niet wat het betekent. Maar zelfs als ze niet weten wat het betekent en ze dragen deze verschillende dingen, heeft het dan nog hetzelfde doel?
B: Ik denk het niet. Want een steen moet weten dat jij weet dat het speciaal is, om goed te kunnen werken. Want als je ze gewoon al deze verschillende stenen draagt, omdat ze er mooi uitzien, dan kunnen hun verschillende essenties met elkaar botsen en dan helpen ze je totaal niet.
D: Dan werkt hun magie niet, tenzij je weet dat de magie daar is.
B: Ja, je moet de magie aanzetten met je geest.
D: Dan zouden mensen die ze gewoon dragen niet beschermd zijn, of passie aantrekken of iets dergelijks, tenzij ze zouden weten dat deze stenen zulke dingen doen. (Ja) Heel erg interessant. Heeft Grendell je nog iets anders verteld over de regenboog en wat het zou kunnen doen?
B: Je kunt de regenboog gebruiken om amuletten te bezegelen. Er zijn diverse stappen bij het maken van een amulet. Allereerst moet je besluiten waar de amulet voor zal worden gebruikt. En als je dan de juiste materialen hebt, dan maak je er het juiste certificaat voor. Maar als je dat niet doet, dan is het ook goed. En dan ga je erop uit om de steen te vinden, die goed bij je amulet past en dat geeft de amulet de kracht die het nodig heeft. En het certificaat en de

steen worden in een zakje gedaan en bezegeld met een ritueel zodat de kracht ervan wordt geconcentreerd en versterkt, zodat de invloed ervan zich zal verspreiden, zodat het zal doen wat het moet doen. En een erg krachtige manier om een amulet te bezegelen, is door middel van een regenboog.

D: *Moet het een werkelijke regenboog zijn? (Ja) Soms weet je niet wanneer een regenboog zal verschijnen.*

B: Dat weet je wel als je weet waar je moet kijken.

D: *Waar is het certificaat voor?*

B: Je schrijft verschillende symbolen op het certificaat, die bepaalde dingen betekenen, om te helpen bepaalde krachten aan te trekken en te concentreren voor je amulet voor bepaalde dingen. Als je een amulet hebt om geld te verdienen, dan heb je een certificaat met symbolen erop die goed werken met Jupiter.

D: *Waarom, omdat Jupiter wordt geassocieerd met geld?*

B: Ja. Hij staat ook bekend onder andere namen. En aangezien je het certificaat gebruikt om de aandacht van bepaalde goden naar je amulet te trekken, probeer je de amulet te maken op de dag dat die god aan de macht is. En je probeert het merendeel van je werk op die dag te doen. Totdat de tijd is gekomen dat je het gaat bezegelen. En als het in het voorjaar of in de herfst van het jaar is, wanneer het veel regent, en je hebt de kans om een regenboog aan te treffen, dan bezegel je het liever met een regenboog in plaats van op de dag van de godheid.

D: *Je zei dat Jupiter verschillende andere namen heeft. Hebben ze allemaal verschillende namen? (Ja) Onder welke andere namen is Jupiter bekend?*

B: Oh ... ik haal dit uit de legenden, begrijp je?

D: *Ja. Ik wil de legenden leren, als ik dat kan.*

B: Jupiter is ook bekend als Zeus en Thor en er is nog een andere naam die ik niet kan uitspreken, want ik vergeet hem altijd. Oh, nou ja. En dus hebben de verschillende godheden diverse namen. Ik denk dat het is, omdat ze overal bekend zijn. En dus hebben verschillende mensen andere namen voor hen.

D: *Dat klinkt logisch.*

B: Ik denk dat ik daarom die ene naam niet kan uitspreken. Ik kon het nooit onthouden.

D: *(Lach) Nou, wat zou de dag van Jupiter zijn als je de amulet voor geld zou willen maken?*

B: Dat hangt af van hoe je Jupiter kent. Sommige mensen associëren Jupiter met Thor en zij zouden het op donderdag doen. Maar hier zeggen de meeste van ons, dat Jupiter hetzelfde is als Odin en we doen het op woensdag.

D: Dan neem je het certificaat met de symbolen erop en de amulet en de steen en, wat doe je dan?

B: Wat je doet, is dat je op de geschikte dag... en het is ook goed als je de juiste stand van de maan kunt gebruiken, maar weet je, je kunt maar zo lang wachten totdat een amulet klaar is. En je wacht tot het nacht is. En bij voorkeur rond middernacht ga je dan naar buiten, waarbij je in het directe maanlicht bent. En je neemt het certificaat en de steen en er is een bepaalde manier waarop je het certificaat rond de steen vouwt, zodat de steen binnen het stuk perkament wordt bewaard en beschermd is. En dit deel kun je ook doen met de regenboog. Maar als er geen regenboog is, dan doe je het zo. En je bezegelt het dan, zogezegd, en afhankelijk van wat voor soort amulet het is, ga je het bezegelen. En dan stop je het in het zakje en je sluit het zakje. En dan is het klaar voor de drager om het te dragen, nadat je het zakje hebt gezegend

D: In mijn manier van denken, als je het bezegelt, betekent dit dat het niet meer kan worden geopend. Bedoel je dat?

B: Nou, je verzegelt het met magie.

D: Okay. Niet echt verzegelen dan.

B: Soms doe je dat. Het hangt ervan af wat voor soort amulet het is. Je kunt het verzegelen met was, maar niet altijd. Maar je verzegelt het altijd met magie. Zodat het is afgestemd voor een bepaald doel en alleen voor dat doel. En het kan niet worden geopend en afgestemd voor een ander doel. En hoe langer je een amulet gebruikt, hoe krachtiger het wordt.

D: In andere woorden: de magie neemt niet af.

B: Nee, hoe meer je het gebruikt, hoe sterker het wordt. En wanneer je de amulet overdraagt van ouder op kind, dan neemt de kracht alleen maar meer toe.

D: Maar wanneer je dit alles doet, heb je dan een bepaald ritueel of zo, wat je doet of zegt?

B: Dat hangt af van het soort amulet dat je maakt. Er zijn rituelen voor alle doelen.

D: Mag je mij deze rituelen en symbolen ooit geven?

B: Ik kan je de symbolen niet geven, want ik ken ze zelf niet. Ik kan namelijk niet lezen of schrijven. Maar er zijn er enkelen die dat wel kunnen. En zij zijn degenen die de symbolen voor ons tekenen.

D: Oh zij tekenen ze op het certificaat?

B: Ja. En ik kan je vertellen wat je daarna moet doen, nadat je het certificaat hebt met die symbolen erop.

D: *Ik vroeg mij af of, als je ziet dat zij ze erop tekenen, of je ze zou kunnen namaken voor mij.*

B: Nee. Maar ik denk dat als er nog enkelen van ons zouden zijn in jouw wereld, dat zij de symbolen zouden hebben.

D: *Dat zou kunnen. Er zijn mensen die dezelfde dingen geloven.*

B: Want we zijn erg zorgvuldig geweest om deze symbolen door te geven, om er zeker van te zijn dat we ze niet verliezen.

D: *Ik kan je enkele van de symbolen laten zien, die wij nu hebben en dan kun je mij vertellen of ze hetzelfde zijn, want jij zou weten hoe ze eruitzien. (Ja) Dat zou een manier kunnen zijn, om het doen. Dan zou je mij ook kunnen vertellen of ze verkeerd zijn.*

B: Ik weet niet of ik je kan vertellen dat ze fout zijn. Ik zou je misschien kunnen vertellen of ze er niet juist uitzien.

D: *Ja, als ze niet hetzelfde zijn zoals jij ze kent. Dat zou iets kunnen zijn waar we het de volgende keer over kunnen hebben, als we elkaar ontmoeten (Ja) Ik ben heel erg geïnteresseerd in dergelijke verhalen. En dan kun je mij de rituelen vertellen die je doet tijdens het verzegelen van de amuletten.*

B: Ja, dat kan ik je vertellen.

D: *En ik kan de symbolen laten optekenen en ze aan je laten zien, of ze hetzelfde zijn. (Ja) Misschien kun je mij ook vertellen welke dagen het beste zijn voor bepaalde dingen.*

B: Dat kan ik proberen.

D: *Ik ben er heel erg in geïnteresseerd om dit door te geven, omdat sommige van deze informatie misschien verloren is geraakt.*

B: Misschien.

(Het subject wordt teruggebracht.)

Hoofdstuk 9
Tekens en Symbolen
(Opgenomen op 10 juni, 1986)

Gebruikte het sleutelwoord en telde haar terug naar haar leven als Astelle.

D: *Wij zijn teruggegaan naar de tijd dat Astelle leefde. Wat ben je aan het doen?*
B: Ik zit onder een eikenboom. Voor discipline van de geest, er is een bepaalde manier om de gedachten te kalmeren. En ik moest even een tijdje weg uit het huis om mijn gedachten te kalmeren.
D: *Waarom, is er iets gebeurd waar je even voor weg moest gaan?*
B: (Geïrriteerd) Gewoon wat normaal gebeurt. Ik was er gewoon moe van. Vrouwe Joslyn was haar normale zelf en de kok was haar normale zelf. Roff was in een slechte bui. (Zucht) En alles was zo lawaaierig. Ik wilde gewoon wat rust.
D: *En je bent naar het eikenbos gegaan? (Ja) Welke methode gebruik je om je geest te kalmeren? Ik zou dat graag een keer willen proberen.*
B: Verschillende manier werken beter voor verschillende mensen. En de manier die ik gebruik, is dat ik het mijzelf comfortabel maak en dan sluit ik mijn ogen. En ik stel mij voor dat er een eenhoorn naast mij staat. Ik hou van eenhoorns. En ik stel mij voor dat er een regenboog voor mij is. En dan klim ik op de eenhoorn en we lopen naar de voet van de regenboog. En ik berijd de eenhoorn en de eenhoorn blijft naar de regenboog lopen. En we volgen de regenboog, erop, en erover. En wanneer de regenboog terug naar beneden komt, dan komt het uit bij wat mijn hart begeert. En ik verbeeld mij allerlei soorten wonderlijke dingen.
D: *Oh, dat is een prachtig mentaal plaatje. En wat je maar wilt, is daar. Gebruik je dit vaak voor meditatie?*
B: Ja. Het is ook een manier om te reizen.
D: *Waarheen reizen?*

B: Waarheen je maar wilt gaan.

D: *Bedoel je, dat wanneer je aan de andere kant naar beneden komt, dat je dan zou aankomen waar je wilt zijn?*

B: Ja. Niet in je fysieke lichaam, maar in je mentale lichaam.

D: *Waar wil je meestal naartoe reizen?*

B: Dat hangt ervan af. Ik ga naar verschillende plaatsen. Deze keer echter, wilde ik naar een plaats die vredig en rustig en comfortabel was. En toen ik dus aan het einde van de regenboog naar beneden kwam, was daar een groene weide met wat schapen. En er was een beekje en ik liet mijn voeten in de stroom bungelen, zodat ze konden afkoelen. En het enige dat ik hoorde was de wind en de vogels die aan het fluiten waren.

D: *Een erg vredelievende scene. Is dat wat jij je nu voorstelt, terwijl je naar mij luistert? (Ja) Dat is erg fijn. Nou, je weet dat ik al eerder met je heb gesproken. (Ja) En je deelde mij wat informatie, toen ik moest vertrekken. En er waren nog wat meer vragen die ik wilde stellen. Is het in orde als ik die stel? (Ja) Okay. Eén van de dingen die ik wilde vragen, was over de regenboog voor meditaties. En nu heb je mij dat net verteld.*

B: Dat is één manier om de regenboog te gebruiken.

D: *Is er nog een andere manier?*

B: Ja. Er zijn diverse manieren om de regenboog te gebruiken. Eén manier die sommige mensen gebruiken is ... nou, ik zal het je eerst vertellen. De grote trap in het huis in de belangrijkste hal, de onderste twee of drie treden zijn gemaakt in de vorm van de buitenste rand van de maan. Een deel van een cirkel. Ze zijn afgerond. Wat sommige mensen graag doen is dat zij de regenboog voorstellen als een trap met afgeronde treden. En elke kleur is een andere trede. En zij stellen zich voor dat zij elke trede oplopen, totdat zij bovenaan deze afgeronde trap komen. En als zij boven zijn aangekomen, dan is datgene wat zij graag willen hebben of wat zij zich voorstellen, daar aanwezig. Dat werkt niet zo goed voor mij, maar het is een manier om het te doen.

D: *Zouden er dan niet meer treden zijn, dan dat er kleuren zijn?*

B: Er zijn allerlei soorten kleuren.

D: *Ik dacht dat er maar, oh, vijf of zes kleuren in een regenboog waren.*

B: Nou, dat hangt ervan af. Als je verschillende gradaties van de kleuren gebruikt, dan zouden er meer treden zijn. Als je van de ene kleur naar de andere zweeft, dan zijn er meerdere tinten tussen elke kleur.

D: Ja, dat kan ik mij nu voorstellen. Maar het zou alleen maar naar boven gaan en het zou zich boven aan de trap bevinden. *(Ja)* Zijn er andere manieren waarop het kan worden gebruikt?

B: Ja. Ik probeer verschillende manieren te bedenken waarover ik heb gehoord, maar die ik nooit heb gebruikt, omdat ze niet goed voor mij werken. Ik denk dat sommigen zich voorstellen dat ze door de regenboog vliegen, zoals een vogel dat zou doen. Maar ik weet niet zeker hoe ze dat zouden doen, dus ik weet het niet echt. Het enige dat ik weet is de manier waarop ze het beschrijven. Ik weet echt niet hoe het werkt.

D: Heeft Grendell jou deze methoden aangeleerd?

B: Nee. Ik had gehoord over de trapmethode, en ik heb haar ernaar gevraagd. En zij zei dat dit werkte voor die bepaalde persoon, omdat dat is wat zij zich konden voorstellen. En ze vertelde mij dat het goed helpt, om je iets voor te stellen dat je heel erg leuk vindt. En ik stel het mij zo voor, waarbij je iets kunt bereiken in je voorstelling. En ik dacht bij mijzelf, hoe leuk ik eenhoorns vind. Dus zo heb ik dat rijden met een eenhoorn over de regenboog bedacht. En wanneer ik dan bij het einde aankom, dan is daar wat ik maar wil.

D: *Dat klinkt als een erg goede methode. Maar iedereen heeft iets anders dat ze zich kunnen voorstellen. (Ja) En dat is je een voorstelling maken van een erg rustgevend, gelukkig ding, om jezelf goed te voelen. (Ja) De laatste keer dat ik je sprak, vertelde je mij over het maken van amuletten. (Ja) En je nam verschillende stenen en je zei dat je een stuk papier nam. (Ja) En je schrijft een symbool op het papier. En ik wilde kijken of ik dit goed had begrepen. En dan wikkelde je het papieren certificaat om de steen heen. En je stopte het in een klein zakje of iets dergelijks?*

B: Ja. En soms maken ze meer dan één symbool op het certificaat.

D: *En je draagt dit ergens op je lichaam? (Ja) We spraken over deze symbolen, toen ik de vorige keer weg moest gaan. (Ja) En ik geloof dat je het had over die ene voor Jupiter die je gebruikt voor geld. Dat was de enige waarover je mij vertelde. (Ja) Waarom zou je meer dan één symbool gebruiken?*

B: Soms, als ik dit goed begrijp, zijn er symbolen die staan voor dingen zoals voorspoed, geluk, liefde en zulke dingen. Maar deze dingen hebben elk diverse aspecten, dus gebruik je andere symbolen om de aspecten te versterken die je wilt bereiken.

D: *Ik dacht dat je moest concentreren op één ding tegelijk.*

B: Nou, je kunt dingen combineren en op die manier gebruiken.

D: *Je zei dat het belangrijk was dat je ze op een bepaalde dag van de week gebruik?*

B: Ja. Jupiter zou zijn op donderdag of woensdag. Woensdag bijvoorbeeld, als je rijkdom verlangt. Je kunt rijkdom vergaren, doordat het gewoon op wonderbaarlijke wijze op je pad komt. Of je kunt rijkdom vergaren, door ervoor te werken en geld komt heel erg gemakkelijk naar je toe. Of je kunt rijk worden, door geld te lenen van een edelman en hem dan niet terug te betalen. Op de manier waarop sommige struikrovers dat doen. (Ik lachte.) En dus schrijf je op de amulet het symbool voor Jupiter, voor rijkdom. En dan pas je het aan door een ander symbool toe te voegen, dat de amulet helpt om je naar het soort rijkdom te leiden dat je verlangt. En dit verkrijg je door concentratie. Maar de gewone man waar je de amuletten aan geeft, de boeren en zo, zijn er niet altijd goed in om zich te concentreren.

D: *Welke andere symbolen zou je gebruiken met Jupiter?*

B: Met Jupiter, als je rijkdom wilt door voor hen te werken en dat er geld binnenkomt van overal voor het werk dat je doet, dan gebruik je ook het symbool voor de zon, ook wel bekend als Apollo. Want dat is zowel het symbool voor vakmanschap en vaardigheid, als voor geluk.

D: *En je zet deze beide op hetzelfde certificaat?*

B: Ja. En het is gebruikelijk om er een lijn rondom te tekenen om de kracht voor dat bepaalde doel vast te houden.

D: *En dan doe je dat nog steeds op woensdag als je beide symbolen gebruikt?*

B: Aangezien je beide symbolen gebruikt, kun je het op woensdag of op een zondag doen, afhankelijk van welk symbool je iets meer wilt versterken.

D: *Ik probeer mij te herinneren wat je mij vorige keer vertelde. Je verzegelt de amulet op die dagen om het krachtiger te maken. Is dat correct?*

B: Je verzegelt het om de krachten door de amulet te zenden. Want als je het niet verzegelt, dan kunnen de krachten zich verspreiden en proberen alles te beïnvloeden, in plaats van alleen datgene wat ze zouden moeten beïnvloeden.

D: *Het stuurt het dus aan.*

B: Juist. Het helpt het ook te beschermen tegen invloeden van buitenaf.

D: *Ik geloof dat je zei, dat je een soort ritueel had. Is dit hetzelfde ritueel voor elk amulet?*

B: Ik denk het niet. Dat lijkt mij niet. Voor degene die ik heb zien maken, hangt het van de amulet af hoe het ritueel verloopt. Het zuiverende deel van het ritueel is altijd hetzelfde. Maar de rest van het ritueel is verschillend, afhankelijk van wat voor soort amulet het is.

D: *Wat is het zuiverende deel?*

B: Om te zuiveren, neem je de amulet en je omringt het met een cirkel van as van de taxusboom. En dan sprenkel je zout in de vorm van een vijfpuntige ster binnen in de cirkel. En dan sprenkel je er water overheen in de vier [wind-]richtingen terwijl je de toepasselijke woorden zegt. En nadat je dat alles hebt gedaan, dan laat je het daar rusten voor een bepaalde periode. Er zijn verschillende tijdsduren voor verschillende amuletten.

D: *Je bedoelt dat de amulet in het midden van deze cirkel is geplaatst.*

B: Een ster, ja. En het moet normaal gesproken daar blijven tot een bepaalde dag, zodat wanneer de amulet voor het eerst wordt blootgesteld aan de wereld, zogezegd, of wanneer het wordt gegeven aan de eigenaar, dat dit de dag is die het meest gunstig is voor de amulet.

D: *Zou dat voor een week zijn, of nog langer?*

B: Meestal een week of minder. Drie dagen is goed. Maar als het iets langer is, dan is dat ook prima. Als een amulet bijvoorbeeld is gemaakt voor geld, dan duurt de zuivering zes dagen. Je neem een aantal dat gunstig is voor de amulet. Een amulet om dingen te leren, voor kennis, zou je of vijf of zeven dagen doen, afhankelijk van of je mentale of spirituele kennis bedoelt. Een amulet voor liefde zou je drie of negen dagen doen, afhankelijk van hoe sterk je de amulet wilt maken. En zo gaat dat.

D: *Maar je gebruikt bepaalde woorden wanneer je dit doet?*

B: Ja. Ik denk dat ze voornamelijk op gevoel gaan, wat betreft de woorden, welke woorden toepasselijk zouden zijn. Maar meestal zingen ze over de amulet gedurende het laatste deel van de zuivering. Dat helpt om de amulet te sturen.

D: Verzegelen ze het aan het eind of aan het begin?

B: De verzegeling vindt deels plaats aan het begin, wanneer je de amulet tekent en wordt afgerond bij de zuivering. En wanneer je dan de woorden erover zingt, dan activeert dat de amulet en maakt de verzegeling compleet.

D: Wat zou het symbool voor liefde zijn?

B: Het symbool voor liefde. Ik ken dat symbool. Meestal worden de Hoorns van de Godin gebruikt voor liefde. Een ander gezicht van de Godin is ook wel de Ochtendster of de Avondster. Bij amuletten voor liefde is het erg goed om te starten op een vrijdag, hetgeen de dag is die wordt gestuurd door liefde. En je kunt het verzegelen van de amulet de volgende zondag doen of de zondag erna. Dat is het juiste aantal dagen en dan heb je ook het geluk van de zon erachter.

D: Dan kan het erg gecompliceerd worden, of niet?

B: Ja, dat kan het.

D: Want ik herinner mij dat je zei, dat de maan ook de Hoorns van de Godin was. (Ja) Even kijken, misschien is het makkelijker als ik de dagen van de week afga en dan vraag, welke dag welk symbool vertegenwoordigt.

B: Ik zal het proberen.

D: Okay. Ik probeer dit te begrijpen. Even kijken, je zei dat zondag Apollo is? (Ja) Wat is maandag?

B: De maan.

D: Dinsdag?

B: Mars. Dinsdag is voor wedstrijden en gevechten en zulke dingen.

D: En woensdag is Jupiter, zei je?

B: Jupiter.

D: En hoe zit het met donderdag?

B: Je hoort verschillende dingen over donderdag. Sommigen zeggen dat het Jupiter's broer is en sommigen zeggen, dat het zijn neef is voor donderdag.

D: Wie is zijn neef?

B: Ik weet de naam niet.

D: Ok, wat voor soort krachten heeft zijn neef op die dag?

B: Hmmm, communicatie. Er wordt gezegd dat de Romeinen hem Mercurius noemden.

D: En op vrijdag?
B: De Hoorns van de Godin.
D: Dan heeft zij twee dagen. Je zei dat de maan op maandag is? (Ja) En ook op vrijdag? (Ja) Zij heeft twee dagen van de week, maar zoals je zei, ze heeft vele gezichten. Waarom is dat?
B: Het is mogelijk om alle dagen van de week aan haar te koppelen, als je dat echt zou willen, want ze is overal.
D: Dat zijn verschillende fasen van haar, veronderstel ik. Verschillende manieren om haar te zien.
B: Je begrijpt het.
D: En zaterdag dan?
B: Zaterdag is voor Kronos. * Jupiter's vader. Hij heeft te maken met oude kennis, geschiedenis en tijd.

*Woordenboek: Cronus: In Griekse mythologie, een Titaan (Uranus) die zijn vader ten val bracht en die op zijn beurt ten val werd gebracht door zijn zoon Zeus; door de Romeinen geïdentificeerd als Saturnus. Ook wel gespeld als Cronos. *

D: Daar zou je dus deze verschillende dagen voor gebruiken, in overeenstemming met naar wie ze zijn vernoemd of wie ze vertegenwoordigen? (Ja) En je zei dat je vele van deze symbolen hebt gezien, of niet?
B: Een paar ervan, ja.
D: Weet je nog dat ik je zei, dat ik een paar symbolen zou meebrengen en je ernaar zou laten kijken om te zien of je sommige ervan kunt herkennen? (Ja) Kun je dat voor mij doen? (Ja) Want ik weet niet of ze hetzelfde zijn. Misschien hebben wij ze veranderd.

Ik had een astrologische kalender meegenomen, waarbij alle symbolen van de planeten en de zodiac op de voorkant afgedrukt stonden. Ik gaf haar de kalender.

D: Even kijken of jij je hand kunt uitsteken. Ik wil je hier een stuk perkament geven.
B: Dat is een erg dik stuk.
D: Ja. Maar ik wil dat jij je ogen opent en naar de voorkant kijkt. Hierboven.

Ik leidde haar blik naar de tekens en niet naar het plaatje op de voorkant.

D: Er staan wat symbolen aan de bovenkant en ze lopen aan de zijkant verder naar beneden.

B: (Ze leek erdoor gefascineerd te zijn.) Ja.

D: Kijk maar of die er bekend uitzien voor je.

B: Sommige wel. (Ze bestudeerde ze en ze begon aan het eind van de eerste rij, wijzend op het symbool) Dit is voor de zon. Dit zijn de Hoorns van De Godin. (De maan.) Dit is voor maandag. Dit is voor vrijdag. (Mercurius)

D: Die derde is voor vrijdag? (Ja). Ok.

B: Deze is voor zondag. (Venus) Dit is een variatie op die ene voor vrijdag, maar we voegen er meestal de hoorns aan toe om de Godin te vereren.

D: Dan is degene ernaast een variatie? (Ja) Zou die voor een bepaalde dag worden gebruikt?

B: Het wordt ook voor vrijdag gebruikt. Sommige andere groepen gebruiken het voor vrijdag. Maar in onze groep doen we dit zo, om de Godin te vereren.

D: Met de hoorns. (Ja) En die ernaast? Ziet die er bekend uit? (Nee) (Ik weet ook niet waar die voor staat.) Dit zijn gewoon twee lijntjes die elkaar kruisen, of niet?

B: Ja. Het kan worden gebruikt om een kruispunt te vertegenwoordigen. Het kan ook de vier [wind-]richtingen aanduiden. Wanneer je de vier richtingen vereerd, wanneer je de kracht van de natuur achter je werk nodig hebt.

D: Ok. Maar dat is niet een symbool dat je met de andere zou gebruiken.

B: Niet dat ik weet. Ik zeg alleen maar waar het op lijkt, waar je het voor zou kunnen gebruiken.

D: En hier is de volgende. Ziet die er bekend uit?

B: Dat lijkt op een symbool dat kan worden gebruikt voor dinsdag.

D: Het lijkt op een pijl, nietwaar? (Ja) Ok. En dan de volgende eronder.

B: Ok, dit symbool en dat symbool. (Jupiter en Saturnus) Deze twee symbolen herken ik. Soms haal ik ze door elkaar, omdat ze zo op elkaar lijken voor mij. Even zien of ik er zeker van ben dat ik het je correct vertel. Ik wil het je niet verkeerd vertellen. (Pauze)

D: *Want ik geloof dat onze betekenissen veranderd kunnen zijn door de jaren heen.*
B: Ja. Deze twee symbolen, één is voor Kronos en de ander is voor Jupiter. En ik probeer mij te herinneren welke de één of de ander is. Ik geloof dat dit degene is voor Kronos en deze voor Jupiter. (Misschien had zij ze omgedraaid. Ik kan het mij niet herinneren en de tape geeft het niet aan.) Deze is voor Saturnus. (Ze wees op het symbool voor Neptunus.)
D: *Saturnus? (Dat had ze nog niet eerder vermeld).*
B: Ja. Zaterdag.
D: *Even kijken. Zei je niet dat Kronos op zaterdag was?*
B: Ja. Kronos is ook op zaterdag.
D: *Zijn er twee die kunnen worden gebruikt voor zaterdag?*
B: Ja. Kronos kan ook op woensdag worden gebruikt, samen met Jupiter.
D: *Vanwege de relatie daar? (Ja) Maar deze wordt "Saturnus" genoemd? Waar wordt dat voor gebruikt?*
B: Deze wordt Saturnus genoemd. Sommige zeggen ook, dat het voor Neptunus wordt gebruikt vanwege de driehoek. En het wordt gebruikt voor ... even denken. (Pauze) Neptunus en Saturnus worden gebruikt voor dingen die te maken hebben met verborgen wijsheid.
D: *Ok. Sommige van deze zul je misschien niet herkennen. Je doet het erg goed. Er staat er nog één onder. (Uranus)*
B: Ik heb dat wel eens op sommige amuletten zien staan, maar ik weet niet wat het betekent. Het wordt niet erg vaak gebruikt. Deze ken ik niet. (Ze wees op Pluto.)
D: *OK. Nu die eronder staan. (De tekens van de dierenriem.) Zien die er bekend uit? Het zijn niet de symbolen voor de dagen. Het zijn andere symbolen.*
B: Ja, dat zijn de symbolen voor de seizoenen van het jaar, voor de maanden.
D: *Even kijken of jij ze hetzelfde kent, als dat ik ze ken.*
B: Nou, ik kan je vertellen hoe het op mij overkomt. Deze symbolen zijn voor het groeien van de lente. Deze eerste drie. (Ram, stier en tweeling.)
D: *Heb je er namen voor, of gebruik je alleen maar het symbool?*

B: Ik denk dat er namen voor zijn, maar ik kan ze mij niet herinneren. En deze is voor het begin van de zomer. (Kreeft) En deze zijn ook voor de zomer.

D: *Deze volgende drie? (Kreeft, leeuw, maagd)*

B: Ja. Ze lijken mij in de juiste volgorde. Want hier zijn degene voor de winter. En daar zijn degene voor de herfst. (Ze wees de juiste aan.)

D: *Dan zijn er drie voor elk [seizoen]. Gebruik je die symbolen ergens voor?*

B: Soms wanneer we in het bos zijn om rituelen te doen, tekenen we ze op de grond. Soms richten we ze naar de windrichtingen: noord, zuid, oost en west. Het hangt ervan af. Als we één van de equinoxen of zonnewendingen vieren, gebruiken we deze symbolen.

D: *Zou je ze alle drie gebruiken?*

B: Het hangt ervan af wat er aan de hand is.

D: *Nou, het lijkt erop dat de symbolen niet heel veel zijn veranderd, of wel?*

B: Wat je hier hebt is incompleet. Er zijn meer symbolen.

D: *Zijn die er? Kun je ze voor mij tekenen?*

B: Ik ken ze niet genoeg om ze te tekenen, maar ik heb ze gezien. Ze zijn meer versierd dan dit. Ze zijn ingewikkelder dan dit. Dit zijn sommige van de simpelste symbolen. En er zijn andere die meer lijnen en rondingen erin hebben. Ze worden gebruikt om bepaalde geesten op te roepen. Geesten voor bescherming, geesten voor voorspoed of wat dan ook.

D: *Dit zijn degene die in mijn tijd worden gebruikt. Ik denk dat dit de meest voorkomende zijn.*

B: Ik neem het aan.

D: *Ze zijn niet erg veel veranderd, als jij ze kunt herkennen.*

B: Er zijn variaties op. Zoals de variaties van deze twee voor de Godin hier. Die ene met de hoorns en die ene zonder hoorns. (Mercurius en Venus) Er zijn ook variaties op deze hieronder. (Ik herinner mij niet welke ze aanwees.) Maar sommige van deze zijn bekend. En daarom herken ik degene die hetzelfde zijn.

D: *Welke zijn het meest veranderd?*

B: Deze is niet zo versierd als het zou moeten zijn. (Ram) Deze is nog steeds vrijwel hetzelfde. (Stier) Deze is niet zo versierd als het zou moeten. (Tweeling) Het is behoorlijk veranderd. Er zijn diverse variaties op deze, maar ze hebben allemaal hetzelfde thema (Kreeft) Deze is nog steeds bijna gelijk.

D: Even kijken. We hebben namen voor deze. Ik probeerde te zien welke dat was. Dat zou dan de derde in de zomer zijn? (Maagd) (Ja) En die is erg vergelijkbaar?

B: Ja. En deze, de eerste van de herfst (Weegschaal) is nog steeds erg gelijk. De tweede van de herfst is erg gelijk. (Schorpioen) En de derde in de herfst (Boogschutter) daar hebben we een aantal variaties voor.

D: Het lijkt op een pijl. Wat is de variatie die het zou hebben?

B: Soms wordt er een figuur afgebeeld die het vasthoudt, in plaats van alleen de pijl.

D: Oh, ja, die heb ik gezien.

B: En ... (Ze wees op Vissen.)

D: De laatste van de winter?

B: Van de winter. Soms wordt deze afgebeeld met vissen.

D: Deze hier, waarvan je zei dat deze behoorlijk was veranderd. Dat is de derde van de lente. (Tweeling)

B: De derde van de lente. Wij gebruiken daar een dier voor.

D: Een dier? Weet je welk dier?

B: (Pauze) Ik herinner het mij niet. En we gebruiken ook een dier voor deze (Ram) Soms gebruiken we een dier voor deze, maar het is eenvoudiger om dit te tekenen, want iedereen weet dat het op een stier lijkt (Stier)

D: Wij hebben dieren voor de eerste twee, maar voor die derde laten we meestal twee mensen zien (Tweeling) Maar jij hebt een dier?

B: Ja. Ik denk dat het een mythologisch dier is. Ik weet de naam er niet van.

D: Er zijn dieren die sommige van deze vertegenwoordigen. Deze is een dier bij ons. (Leeuw)

B: Ik herinner mij niet, dat ik daar een dier voor heb gezien.

D: Wat heb je voor die?

B: Een symbool dat hier erg op lijkt. Dit zijn de basale, simpele symbolen. De complexere, kan ik mij voorstellen, zijn verloren gegaan of veranderd.

D: Ja, dat zijn degene die ik graag terug wil hebben. Want we hebben waarschijnlijk heel wat verloren.

B: Zonder twijfel, vanwege de Christenen.

D: Denk je niet, dat je die symbolen voor mij kunt tekenen?

B: Neen, ik denk niet dat ik dat kan. Ik zou mij er ongemakkelijk bij voelen om ze te tekenen, zonder de juiste rituelen erbij te doen.

D: Ik zou niets willen doen, dat jou ongemakkelijk laat voelen.

B: En deze versieren we normaal gesproken ook meer. Maar om gewoon de basissymbolen te leren, gebruiken we symbolen die hierop lijken. En wanneer we ze gebruiken, dan versieren we ze meer.

D: *Op deze manier zijn gemakkelijker te tekenen. (Ja) Zie je, het plaatje heeft ook de Hoorns van de Godin, of niet? (De afbeelding op de kalender liet de halve maan zien.)*

B: Ja, ik zie het.

D: *En het heeft een vrouw met allerlei voedsel. (Een vrouw goot voedsel uit een hoorn des overvloeds.)*

B: Ja, het is oogsttijd.

D: *Ja, dat is wat het moet voorstellen. Nou, we hebben nog steeds deze symbolen voor die tijden van het jaar. Dus dat is niet verloren gegaan.*

B: Het doet mij plezier om dat te horen. Dat de inquisitie niet succesvol is geweest.

D: *Die andere die met Jupiter en Saturnus te maken hebben. Bij ons vertegenwoordigen die sterren aan de hemel. Hebben jullie dat ook?*

B: (Empathisch) Nee! De sterren zijn de sterren.

D: *Zij gaven bijvoorbeeld een naam aan een bepaalde ster daarboven en zeggen dat het Jupiter is.*

B: Dat is waar. Maar ik denk dat de alchemisten zich daarmee bezighouden.

D: *Dan hou jij je min of meer bezig met de naam van de godheid of de god?*

B: Ja. Met de kracht die erin schuilt.

Ik liet haar de ogen weer sluiten en legde de kalender weg.

D: *Ik wil je bedanken. Dat was een heleboel informatie daar. En ik ben erg blij dat het niet erg veel is veranderd. Je weet dat de sterren daarboven staan en ze zeggen soms dat ze patronen vormen aan de hemel. (Ja) En dat ze deze [patronen] sommige van deze namen hebben gegeven. (Ja) Je had het over de alchemisten. Wat doen alchemisten?*

B: Dat weet ik niet zeker. Er gaan geruchten. Van wat ik ervan begrijp, zijn alchemisten mannen die proberen te vinden wat wij hebben. Maar ze willen niet in de problemen komen met de kerk en ze weten niet waar ze moeten zoeken. En dus blijven ze onder elke rots en steen zoeken, om te proberen de krachten te vinden die wij gebruiken.

D: *In materiele zaken.*

B: Ja. En sommigen van hen realiseren zich dat er een bepaalde spirituele ontwikkeling moet plaatsvinden, maar ze weten niet waar ze moeten beginnen.

D: *Het zou zoveel gemakkelijker zijn, als ze het gewoon aan één van jullie zouden kunnen vragen, of niet?*

B: Ja, maar de Inquisitie steekt daar een stokje voor.

D: *Wij hebben het verhaal gehoord, dat alchemisten hebben geprobeerd om gewone zaken te veranderen in goud. Is dit een verhaal dat jij ook hebt gehoord?*

B: Sommigen hebben dat gedaan.

D: *(Verbaasd) Zijn zij erin geslaagd? (Ja) Oh, wij hebben altijd gehoord dat dit slechts een verhaaltje was. Dat ze er nooit echt in zijn geslaagd.*

B: Sommigen hebben het gedaan.

D: *Dat zou heel erg moeilijk zijn, of niet soms?*

B: In het begin, als je niet weet waar je naar op zoek bent, dan wel, maar als je eenmaal weet wat je moet doen, dan zou het niet zo moeilijk moeten zijn, zou ik denken. Zolang je maar een goede blaasbalg ter beschikking hebt, om het vuur goed heet te maken.

D: *Heb jij gehoord hoe ze in staat zijn om dit te doen?*

B: Ze nemen verschillende dingen en mengen het samen tot een poeder. Dan nemen ze iets dat van lood is gemaakt en ze wrijven het poeder erop. Wanneer ze dat verhitten in het vuur, dan wordt het goud op de plek waar het poeder erop gewreven is. Maar het moet een heel heet vuur zijn. Het goud is echter alleen maar tijdelijk goud. Na een bepaalde periode verandert het weer terug.

D: *Blijft het niet in die staat? (Nee) Ik heb het verhaal gehoord, dat de alchemist soms heel erg gefrustreerd raakt van het proberen dingen in goud te veranderen. En ik dacht dat ze er uiteindelijk niet in slaagden.*

B: Degenen die er wel in zijn geslaagd, zijn nog steeds gefrustreerd.

D: *Omdat het niet blijvend is? (Ja) Denk je dat dit komt omdat het verandert zodra het weer afkoelt?*
B: Misschien wel. Het duurt een lange tijd voordat het afkoelt. En het verandert terug. En het is een hele geleidelijke verandering. En je weet pas na een dag of twee erna, dat het weer is terug veranderd.
D: *Dus als ze zouden proberen om dit goud te gebruiken, om er bijvoorbeeld iets mee te kopen, dan zou dat niet werken, of wel? (Nee) Nou, er zijn verhalen geweest dat heersers verlangden van hun alchemisten dat zij goud voor hen zouden maken, om hen nog rijker te maken. (Ja) Maar als zij meer geïnteresseerd zijn in de materiele zaken dan in de spirituele, misschien is dit dan de reden waarom het niet werkte.*
B: Misschien. Ze zijn altijd dingen aan het koken en verhitten en dingen aan het mengen, in plaats van enige meditatie te doen en te proberen hun innerlijke spirituele pad te vinden.
D: *Zouden jouw mensen geïnteresseerd zijn om zulke dingen te doen?*
B: Zoals alchemie? Nee.
D: *Dat zou wel een goede manier zijn om rijk te worden.*
B: Maar rijkdom is niet nodig. We hebben een plaats om te leven. We hebben voedsel om te eten. Zolang wij de heer van het huis tevreden houden, is er niets waar wij ons zorgen over hoeven te maken.
D: *Dan is er niets wat jullie verlangen. Dat is een goede manier om ernaar te kijken. Maar je weet dat er egoïstische mensen bestaan. Sommige mensen willen meer en meer en meer. Zij kunnen nooit genoeg krijgen.*
B: Zij zijn niet gelukkig. Vrouwe Joslyn is ook zo.
D: *Niets kan die mensen ooit behagen. (Nee) Je zei dat de heer zich in de toren begeeft en dat je nieuwsgierig was, wat hij daar doet. Denk je dat hij zich bezighoudt met alchemie? (Ja) Je vertelde mij eens, dat als jouw mensen er ooit achter zouden komen wat hij deed, dat je dit met mij zou delen.*
B: Wij vrezen dat het een combinatie is van alchemie en de donkere kant van ons werk. Want elke keer als hij boven in zijn toren bezig is met zijn werk, dan gebeuren er soms dingen. Zoals een boom die omvalt zonder waarschuwing en zonder enige reden. En verschillende dingen zoals dat.

D: *Dan denk je dus dat hij iets aan het doen is, dat hij niet zou moeten doen. (Ja) Ik was nieuwsgierig hoe hij de donkere kant zou kunnen aanroepen. Ik dacht dat jullie geloof alleen maar positief was.*
B: Dat is het ook. Maar het universum moet in balans zijn.
D: *En denk je dat hij dit moedwillig doet, of gewoon omdat hij niet weet wat hij doet?*
B: We weten het niet zeker, maar we denken dat hij het moedwillig doet.
D: *Je zei een keer dat jullie zouden proberen om erachter te komen. Ik weet niet hoe jullie dit gaan doen zonder ontdekt te worden.*
B: Nou, we zijn ermee bezig.
D: *Is het slecht, om te proberen de donkere kant te doen?*
B: Dat hangt van de omstandigheden af. Als je de donkere kant aanroept voor egoïstische redenen, dan is het een slechte zaak, want het zal zich terugkeren naar jou. Maar als je de donkere kant aanroept om iemand te helpen die echt in nood is, dan werkt het zichzelf wel uit.

Klaarblijkelijk zat ik niet op te letten en de tape was op. Ik weet niet hoeveel er verloren was gegaan, voordat ik het doorhad en de tape omdraaide. Toen ik op de andere kant verderging, had ik het in ieder geval over het geluid van de recorder die ermee stopte en het omdraaien van de tape.

D: *De atmosfeer. Ik wilde je niet storen.*
B: Atmosfeer? Wat is atmosfeer?
D: *Lucht. Zoals de vogels en de bomen en de bladeren die allemaal ritselen. (Ja) Het was maar een geluid. Het betekende niets. (Oh) Zoals iets laten vallen? (Oh) Okay. Maar ik ben nieuwsgierig want ik zou graag de waarschuwingen willen weten, weet je, dat ik geen dingen doe die ik niet zou moeten doen. Je zei dat als je de donkere kant gebruikt voor de verkeerde reden, egoïstische redenen, dat het zich tegen je keert?*
B: Als je de donkere kant gebruikt om iemand te vervloeken, alleen maar omdat je het bijvoorbeeld niet leuk vindt hoe iemand zich kleedt of zoiets. En aangezien zij jou niks hebben aangedaan, zal de vloek die je tegen hen gebruikt niet activeren, maar zich omdraaien en tegen jou keren. Sommigen zeggen tweevoudig, anderen zeggen tienvoudig.

D: Ja, ik heb dat in verschillende bewoordingen gehoord. Dat wat je uitzendt, altijd terugkomt. Goed of slecht.

B: Nou, wanneer het goed is, dan heeft het effect en dan hoef jij je geen zorgen te maken dat het zich tegen je keert. En dan krijg je dat niet terug. Maar je krijgt het resultaat terug, dat je nodig hebt.

D: En je zei, dat de donkere kant ook voor het goede kan worden gebruikt?

B: Het kan worden gebruikt om iemand te helpen. Als je bijvoorbeeld weet dat iemand die je kent, is bedrogen door iemand anders. Dan kun je het gebruiken tegen deze bedriegers om dingen recht te zetten.

D: Je bedoelt dat het dan schade veroorzaakt voor de bedriegers?

B: Dat hoeft niet te gebeuren.

D: Wat versta je onder het tegenovergestelde? Dingen voor het goede gebruiken? De lichte kant?

B: Er is de donkere kant en de andere kant is de weg of het pad. Want dat is het pad waarop we ons leven leiden.

D: Dan gebruik je de donkere kant niet zo vaak? (Nee) Dat is heel goed. Want de kerk heeft ons andere ideeën gegeven.

B: Dat verbaast mij niks.

D: Ze hebben lange tijd geprobeerd, om het verkeerde idee te geven over jouw mensen. (Ja) Daarom wilde ik de waarheid leren, over hoe je echt bent.

B: Dat is goed.

D: Je vertelde een keer dat je verhalen hebt, die je aan de kinderen vertelt om hen te helpen de rituelen te herinneren? Herinner jij je nog dat je mij dit hebt verteld? (Ja) En je zei dat je mij enkele van deze verhalen zou vertellen. Het maakte het gemakkelijker om te onthouden. Kun je mij er een paar vertellen?

B: (Pauze) Ik probeer er een paar te herinneren. Meestal gaan de verhalen over de oorsprong van de rituelen.

D: Kun je mij dat vertellen, het met mij delen?

B: Er is een ritueel dat wij doen—Ik probeer er één te herinneren dat goed is om te vertellen, zonder dat het verhaal te moeilijk wordt, te ingewikkeld.

D: Dat is prima. Ik zal proberen om het te begrijpen en proberen je te volgen.

B: OK. Er is een ritueel dat wij doen voor liefde dat een hoop handgebaren met zich meebrengt. En de handgebaren leggen het uit en helpen om de basisgevoelens van de gebaren te onthouden, door het verhaal te vertellen over twee zwanen. Zwanen waren vroeger in staat om te praten. En er was deze ene zwaan die heel erg slecht was en die geruchten verspreidde over iedereen. En aangezien zwanen er voor mensen allemaal hetzelfde uitzien, zorgde deze zwaan ervoor, dat alle zwanen in een slecht daglicht kwamen te staan bij de mensen. En de mensen vonden het niet fijn dat deze zwaan rondging en ieders geheimen rondbazuinde. Want zwanen konden gewoon rondlopen en dingen ontdekken, zonder dat de mensen dat doorhadden. Zwanen zijn erg mooi wanneer ze vliegen of zwemmen, maar als ze lopen, dan zijn ze wat klungelig. En het kwam dus tot een punt, waarop het leven erg moeilijk werd voor alle zwanen. Ze riepen de raad op en de Godin was daar ook bij aanwezig. En ze vertelden haar over hun situatie en vroegen de Godin wat ze moesten doen. En ze zei dat ze de hele situatie kon rechtzetten, waarbij deze ene specifieke zwaan niet meer zou kunnen roddelen. En tegelijkertijd zou ze het geheugen van de mensen veranderen, waardoor ze zich de zwanen zouden herinneren als de prachtige wezens die ze echt zijn. En ze zeiden: "Nou, wat moeten we daarvoor teruggeven? Want er moet altijd iets worden teruggegeven, zodat alles in balans blijft." En ze zei: "Ik zal jullie spraakvermogen afnemen, zodat jullie allemaal stom zullen zijn." En ze zeiden: "We kunnen begrijpen waarom je dit doet, maar hoe moeten we dan communiceren? Hoe kunnen we onze vrouwen, onze mannen, vertellen dat wij van hen houden?" En ze zei: "Ik zal jullie een prachtige manier geven om dat te vertellen." En zodoende deed de Godin alles wat ze had beloofd. En als je nu in de lente twee zwanen ziet die elkaar het hof maken, dan doen ze dat door hun nekken en koppen in elkaar te draaien. Het is erg mooi om te zien. En wij imiteren deze gebaren met onze handen in sommige van onze liefdesrituelen.

Gedurende dit verhaal had ze haar twee handen en armen in elkaar gedraaid, in een gebaar dat de actie van de vogels imiteerde.

D: *Ik begrijp het. Ja dat is heel erg passend. Dat is een prachtig verhaal, daar hou ik van. En op deze manier onthoud je de handgebaren die je erbij moet maken. (Ja) Heb je nog andere verhalen zoals deze, die je met mij kunt delen?*

B: Laat mij even nadenken. Dat is degene die ik mij het best herinner, want het is mijn favoriet.
D: Ik begrijp waarom dat het geval is.
B: Er zijn andere verhalen, maar ik herinner mij niet alle details. Ik kan ze mij nu niet goed voor de geest halen. Maar ik zal erover nadenken, ze op orde krijgen en klaar zijn, om je er volgende keer over te vertellen als je komt.
D: OK. Je zei dat je er enkele had, die uitlegden hoe je religie begon. Als je het een religie kunt noemen. Jullie manier?
B: Ja. Er zijn diverse legenden over hoe onze religie begon. Ik moet er over nadenken, om zeker te weten dat ik niet de details van het ene verhaal vermeng met het andere.
D: Ik ben dankbaar voor wat je ook maar kunt vertellen.
B: Heb geduld met mijn langzame geheugen.
D: Ik weet dat wanneer iemand een verhaal probeert te vertellen, dat er dingen kunnen worden verward. (Ja) Dat is heel normaal. Maar ik wil ze gewoon graag hebben, dan kan ik ze doorgeven aan andere mensen die deze verhalen misschien zijn vergeten.
B: Ja. Zorg ervoor dat het alleen degenen zijn, die onze manier volgen.
D: Ja. Dat probeer ik te doen, om alle informatie door te geven. En dan kunnen ze zien hoe de informatie is veranderd. (Ja) Daarom wilde ik de informatie verzamelen, om het aan hen door te geven. Ze zijn deze verhalen misschien vergeten.
B: Dat zou kunnen.
D: Wil je er over nadenken, of wil je het aan andere mensen vragen?
B: Allebei. Ik zal het er ook met Grendell over hebben.
D: Oh zij moet een goed geheugen hebben.
B: Ja, dat heeft ze.
D: Ik wil ook graag weten welke planten je gebruikt, maar je zei dat ze geen namen hebben.
B: Ja. Ik weet dat ze geen namen hebben. Maar het lijkt erop dat de taal waarin ik nu spreek, namen lijkt te hebben voor sommige van deze planten. Ik zal kijken of ik daar ook over kan nadenken en de juiste naam aan de juiste plant kan koppelen.
D: Want je weet hoe ze eruitzien. (Ja) Misschien hebben we nu ook andere namen. Je zei dat sommige planten giftig zijn en dat je erg voorzichtig moet zijn. (Ja) Misschien kun je dan de volgende keer dat ik je ontmoet, de verhalen verzameld hebben en andere dingen

die Ik kan doorgeven. (Ja) Nou, hoe gaat het tussen jou en Roff? (Ze verbeterde mijn uitspraak.)
B: Aan de ene kant goed, aan de andere slecht. We komen samen om de liefde te bedrijven en dat gaat erg goed. Maar er is sprake van, dat hij weggezonden zal worden en dat hij niet terug zal komen.
D: Oh, het spijt mij om dat te horen. Is hij nog steeds een kamerdienaar?
B: Hij zal spoedig tot ridder worden geslagen en dan zal hij worden weggezonden.
D: Waarom kan hij niet daar blijven?
B: Hij is hier niet nodig. Er zijn hier al genoeg ridders.
D: Ik weet dat je graag zou willen dat hij daar blijft, of niet soms?
B: Ja. Hij weet het niet maar… gisternacht zou ik ons hebben kunnen trouwen op onze manier. Maar hij kent onze manieren niet, daarom deed ik het niet. Het is een geheim en hij zou het zich niet realiseren, totdat ik het touw om onze armen zou doen op een bepaald moment. En dan zou hij zich hebben afgevraagd wat er gaande was.
D: Kun je mij vertellen hoe je het zou hebben gedaan?
B: Ik kon er niet achter komen. Daarom deed ik het niet.
D: Oh, wist je niet alle kleine details?
B: Ik wist de onderdelen. Ik probeerde een manier te bedenken om het te doen, zonder dat Roff van streek zou raken.
D: Hoe zou je het doen, als je jezelf zou huwen?
B: Allereerst loop je rond het kleine bos en dan ga je naar het midden. Er is een steen in het midden. En je plaatst iets op de steen voor Moeder Aarde, afhankelijk van de tijd van het jaar. Gisternacht liepen we rond in het bosje en ik legde een boeket bloemen op de steen. En nadat je iets op de steen hebt gelegd voor Moeder Aarde, dan draai je naar elkaar toe en dan kijk je in elkaars ogen. Er zijn diverse manieren waarop je trouw kunt beloven aan elkaar. En je doet het in het aanzien van de Godin. En nadat je elkaar trouw hebt beloofd, dan verzegel je het door een ketting van bloemen rondom beide mensen te hangen. Een bloemenketting die het meisje al eerder heeft gemaakt, in voorbereiding. En dit verzegelt het, in het aanzien van Moeder Aarde en iedereen die er mogelijk bij aanwezig is. Het is het beste om dit te doen tijdens de wassende maan. Het moet niet gedaan worden tijdens het donker van de maan. Er moet maanlicht bij aanwezig zijn.

D: *Waarom was je niet in staat om het te doen?*
B: Omdat hij mij geen aanzoek heeft gedaan en hij zou zich hebben verbaasd over mijn liefdesverklaring aan hem. En hij zou zich hebben verbaasd over de reden waarom ik de bloemenketting over ons heen zou hangen en allerlei rituele gebaren zou maken.
D: *Had je hem niet kunnen vertellen, dat het gewoon een betekenis van liefde of zo was?*
B: Nee, dat kon ik niet, want hij heeft geen vermoeden van ons.
D: *Oh. Ik dacht dat hij misschien sommige van de dingen wist, die jij weet. (Nee) Kon je niet gewoon zeggen dat het een manier is die je hebt om hem jouw liefde te tonen? Maar dan zou je hem bedrogen hebben, of niet?*
B: Ja en dat kun je niet doen.
D: *Dus daarom ben je droevig en was je niet in staat om het te doen?*
B: Deels. Het lijkt erop, dat ik niet bereid ben om dat te doen. En het lijkt erop dat als ik zal gaan trouwen, dat ik iemand anders zal moeten vinden. Roff ... hij is fijn om mee in het hooi te rollen, maar hij heeft geen verlangen om te trouwen.
D: *Bedoel je, dat je de behoefte voelt om te trouwen? (Ja) Is daar een reden voor? (Ik dacht dat ze misschien zwanger zou zijn.)*
B: (Droevig) Zodat ik niet mijn hele leven alleen zal zijn. Ik heb iemand nodig, om deel uit te maken van mijn leven. Ik ben altijd alleen geweest. Ik heb iemand nodig, die voor mij zorgt. Iemand die er zal zijn tot we oud worden.
D: *Maar je bent nog niet zo oud, toch? Waarom maak je je zorgen om alleen te zijn?*
B: Ik ben oud genoeg. Ik heb een huwbare leeftijd. Maar daar moet je snel en vroeg over nadenken. Want men weet nooit wanneer er één of andere ziekte komt en je wegneemt. Of je compagnon. Of die al je vrienden en familie wegneemt.
D: *Dat is waar. Die dingen gebeuren onverwachts. Maar hij gaat weg. Als je met hem zou trouwen, zou je dan met hem mee kunnen gaan?*
B: Nee, dat kan ik niet. Dat hielp mij erbij, om te realiseren dat ik iemand anders moet vinden.
D: *Zou je geen toestemming krijgen om hem te volgen?*
B: Nee. Niet onder deze omstandigheden.
D: *Dan zou hij geen goede keuze zijn, behalve dan dat je zei dat je van hem houdt. (Ja) Zal hij al gauw vertrekken?*

B: (Onzeker.) Ik denk het.
D: *Dan zou hij ook geen goede keuze zijn geweest voor Vrouwe Joslyn, of wel?*
B: Maar Vrouwe Joslyn zou hem kunnen volgen, want zij is hier niet gebonden, zoals ik dat ben. Zij is een dame. Ze heeft een paard en ze kan overal heenrijden, waarheen ze maar wil. En als zij en Roff zouden trouwen, dan zou zij ook kunnen gaan waarheen hij zou gaan, om te leven.
D: *Ik begrijp het. Ik dacht dat het hetzelfde zou zijn, en dat jij ook met hem mee zou kunnen gaan.*
B: Nee, ik zou toestemming nodig hebben van de heer des huizes.
D: *Zou hij je dat niet geven?*
B: Dat weet men nooit. Hij gedraagt zich erg wisselend. Hij gedraagt zich vreemd. Sommige mensen zouden zeggen dat hij behekst is, maar wij weten beter.
D: *Wat denk jij dat het is?*
B: Ik weet het niet. Ik denk dat hij last heeft van één of andere vreemde en wonderlijke ziekte.
D: *Hoe gedraagt hij zich anders?*
B: Gewoon omdat hij zoveel tijd doorbrengt in de toren. Hij houdt er niet van om overdag lastig te worden gevallen. En hij praat overal omheen en heeft plotselinge woede-uitbarstingen, totaal buiten proportie ten opzichte van de situatie.
D: *Deed hij zulke dingen vroeger niet?*
B: (Zucht) Nou, hij had ze soms, maar het is erger en erger geworden. (Plotseling) Het is heet! Hoe is het ineens zo heet geworden?

Het was heet in de kleine kamer en we hadden een ventilator die in Brenda's richting blies. Ze heeft erg veel last van de hitte. Ze vindt het vervelend. De enige manier waarop we een sessie konden doen in de zomer was met de ventilator aan, hoewel de bandrecorder het geluid van de motor oppikte. Ik moet hier altijd rekening mee houden als ik opneem en opschrijf, want het is van uiterst belang dat het subject zich comfortabel voelt.

D: *Oh, ik weet het niet. Voel je een briesje? (Nee) Misschien houden de bomen de wind tegen.*
B: Nee, het is hier aangenaam. Maar ik voel dat het heet is waar jij bent.

Vreemd genoeg had zij in haar tijd last, van wat er plaatsvond in onze tijd.

D: *Het is een beetje warm. Maar je zult er geen last van hebben. Er zal een koel briesje waaien.*
B: Ik voel geen koele wind. Ik ben gewoon gevoelig voor waar jij bent. Het is te heet waar jij bent. Het is niet aangenaam.
D: *Ok dan. Maar je kunt altijd ergens anders heengaan waar het wel comfortabel is.*
B: Ik voel mij comfortabel. Wat ik bedoel is, dat het niet aangenaam is waar jij bent. In mijn gedachten.
D: *Hmmm, dat is vreemd dat je dat kunt voelen, of niet? (Ik probeerde haar gedachten af te leiden van de hitte in de kamer.) Nou, het spijt mij dat jij en Roff problemen hebben. Ik spreek zijn naam telkens verkeerd uit. Het spijt mij.*
B: Dat is in orde. Je hebt ook moeite met die van mij. Je lijkt problemen te hebben met ieders naam, behalve die van Joslyn.
D: *Je hebt gelijk. Dat is omdat het geen namen zijn waar ik bekend mee ben. (Oh) Het zijn andere namen dan die wij gebruiken.*
B: Dan ken je Joslyn ook. Ik heb medelijden met je.
D: *Ja, dat is een naam die ik heb gehoord, maar de andere namen zijn niet gebruikelijk.*
B: Ik heb medelijden met je, dat je Vrouwe Joslyn kent.
D: *Ik ken haar niet. Maar ik ken de naam. (Lach) Ik geloof niet dat ik haar zou willen kennen. (Oh) Nee, ik ken alleen de naam. Het is een naam die ik wel eens heb gehoord. De andere namen heb ik nog niet eerder gehoord. Daarom heb ik er problemen mee om ze uit te spreken. (Ja) Goed dan. Maar over enkele ogenblikken gaan we het hier koel maken, zodat je er geen last van hebt. We kunnen ramen openen en de bries binnenlaten.*

Het gordijn was gesloten bij het dichtstbijzijnde raam en dit zou de wind kunnen tegenhouden.

B: Ramen? Wat is een raam?
D: *Dat is een opening in de muur.*
B: Oh! Wij hebben openingen met luiken.

D: *Ja, ik zul het luik openen en dat zal de koele bries binnenlaten. De luiken zijn gesloten, misschien is het daarom heet.*
B: Misschien.
D: *Maar je zult er geen last van hebben, zolang je het comfortabel hebt waar je nu bent.*
B: Het is moeilijk om adem te halen.

Ik ging door met haar geruststellende suggesties te geven om enige ongemak te verlichten, maar het leek niet te helpen. Astelle leek aan te voelen dat het lichaam in onze tijd niet comfortabel was. Ik stond op terwijl ik met haar sprak en trok het gordijn open bij het raam dat het dichts bij haar was. Ik hoopte dat dit wat lucht zou binnenlaten. Ik besloot ook om haar naar een ander scene te verplaatsen, in de hoop dat ik haar daarmee verder zou kunnen afleiden. Dat werkte óf de lucht circuleerde nu eindelijk, want zodra ze de volgende scene binnentrad, leek ze weer te zijn hersteld.

D: *Wat ben je aan het doen?*
B: Ik ben aan het trouwen.

Dit was een verrassing. Ik vroeg haar om mij erover te vertellen.

B: Ja. Roff is inderdaad vertrokken.
D: *Is hij dat?*
B: Ja, hij is weggegaan.
D: *Als een ridder, of wat?*
B: Ja. En ik heb hem nooit meer gezien. Ik veronderstel dat ik altijd warme herinneringen aan hem zal houden. Nadat hij vertrok, was er hier een man die met de paarden werkte. Hij was nieuw. En hij begreep de pijn. Iets dergelijks was hem overkomen en we konden er veel over praten. En we konden het erg goed vinden. En we voelen ons erg comfortabel bij elkaar. En hij begon speciale dingen voor mij te doen. Er we ontdekten dat hij één van ons was. Hij realiseerde zich niet dat er enkelen van ons in de buurt waren. En hij hoopte... hij wenste dat ze in de buurt zouden zijn. En op een avond betrapte ik hem dat hij gebaren maakte naar de maan, op een vergelijkbare manier dat wij doen, om de Godin te eren. Ik vertelde hem niet dat het mij was opgevallen, maar ik vertelde het aan de ouderen in de groep, zodat zij een beslissing konden nemen

over wat we ermee moesten doen. En één van hen benaderde hem heel erg slim. En terwijl ze spraken, maakten ze obscure referenties aan de Godin, op een manier die alleen een volger van de Godin zou kunnen oppikken en opmerken. En hij gaf de juiste antwoorden. En zo konden ze er uiteindelijk openlijk achter komen of hij wel of niet de Godin volgde.

D: *Op deze manier was er geen gevaar voor iemand van de Inquisitie, als jullie er zeker van waren dat hij één van jullie was.*

B: Ja. En dus besloten we dat, aangezien hij van plan was om hier te blijven en zijn leven door te brengen. Hij kwam hier om te vluchten voor de pijn. Hij kwam van ver weg. Ik weet niet precies waarvandaan. De Inquisitie kreeg zijn vrouw te pakken. Hij is een weduwnaar. Hij is jong. Zijn vrouw was ongeveer net zo oud als ik. En er waren daar dus te veel herinneringen voor hem. Hij wilde daar weg. En aangezien hij enkele vaardigheden had, hij is goed met paarden, hij kan met ze communiceren en hij is er goed in om ze te beslaan. Hij wist dat hij in staat zou zijn om naar een ander landhuis te gaan en dat ze hem zouden toestaan om daar te leven en te werken.

D: *Normaal gesproken komen er geen vreemdelingen naar jullie streek, of wel?*

B: Nee. En dus begreep hij de pijn die ik had doorgemaakt.

D: *Wat is er met zijn vrouw gebeurd? Heeft hij jou het verhaal verteld?*

B: Het is erg pijnlijk voor hem om daarover te praten. De Inquisitie heeft haar gemarteld, omdat ze ook één van ons was. Ze vermoedden het, maar ze heeft nooit iets toegegeven. En ze martelden haar totdat ze stierf.

D: *Denk je dat ze gewoon iets hebben gezien, of vermoed? Jullie mensen zijn normaal gesproken zo voorzichtig.*

B: Ja. Ik vermoed dat één van de leden van de Inquisitie met haar naar bed wilde en dat ze dit niet wilde. Want hij zei, dat ze erg mooi was. En aangezien ze niet het bed wilde delen met dit lid van de Inquisitie, besloten ze op een andere manier aan hun trekken te komen. Want er wordt vaak gezegd, dat ze klaarkomen terwijl ze mensen martelen.

D: *Oh. Dan komen ze wel op vreemde manieren aan hun trekken, of niet?*

B: Ja. En dus was hij in staat om mij te helpen en ik was in staat om hem te helpen.

D: *Hadden ze kinderen?*
B: Ze was zwanger op dat moment.
D: *Dit maakt het nog pijnlijker om te herinneren, of niet soms? (Ja) Ik begrijp waarom hij wilde vertrekken en ergens anders naartoe wilde gaan. Hij zou ook in gevaar zijn geweest dan, of niet?*
B: Ja. Ze zouden daarna achter hem aankomen. En dus verzamelde hij alle werktuigen die hij kon vinden en met zich mee kon nemen, ondanks dat ze eigenlijk niet van hem waren. En hij nam het gereedschap met zich mee, zodat hij overal heen zou kunnen gaan en in staat zou zijn om te kunnen werken.
D: *Kwam hij van ver?*
B: Ik denk het wel. Hij zag er erg stoffig en vermoeid uit, toen hij hier aankwam. Hij is hier nu al enkele maanden. We hadden iemand zoals hem nodig. En als hij niet bezig is met de paarden, dan helpt hij ook met het arsenaal. Maar zijn belangrijkste verantwoordelijkheid ligt bij de paarden.
D:,*Ik ben erg blij voor je. Gaan jullie trouwen op jullie eigen manier?*
B: Ja. We zijn allemaal hier. Degenen onder ons die de Godin volgen. Het komt niet vaak voor, dat we een huwelijk kunnen houden ter ere van de Godin. En het is een reden om te feesten.
D: *Ben je in het deel van het bos?*
B: Ja. Bij het rotsblok.
D: *Ga je daar bij het huis wonen met deze man?*
B: Nee, hij heeft zijn eigen hut. Daar zullen we wonen.
D: *Hoe heet hij? Dat heb ik je niet gevraagd.*
B: Dat is waar, dat heb je niet gedaan. Ik ben aan het beraadslagen of ik je zijn ingewijde [inside] naam of zijn niet-ingewijde [outside] naam zal vertellen.
D: *Wat betekent dat?*
B: Degenen onder ons die de Godin volgen, hebben namen waaronder wij uitsluitend onderling bekend zijn bij elkaar, en we hebben normale namen waarvan we andere mensen vertellen dat wij zo worden genoemd.
D: *Kun je mij ze allebei vertellen?*
B: Ik denk niet dat ik je zijn ingewijde naam zal vertellen, maar ik zal je zijn niet-ingewijde naam vertellen.
D: *Zodat ik weet over wie je het hebt.*
B: Mijn echtgenoot, ja. Ja ik moest heel even nadenken over Roff. Ik vraag mij af, wat hij nu aan het doen is?

D: Nou, het is heel normaal dat je ook over hem nadenkt.
B: Ja, dat denk ik.
D: Wat is de niet-ingewijde naam van je echtgenoot?
B: Laat mij er even over nadenken. Ik gebruik het nooit. (Ik lachte.) Eén moment. Mijn geheugen laat mij weer in de steek.
D: (Lach) Nou ja, je hebt op dit moment andere dingen aan je hoofd.
B: Dat is waar.
D: Hoe noemen de andere mensen hem?
B: Zijn niet-ingewijde naam is Gundevar. (Fonetisch. Ik liet het haar herhalen.)
D: Oh, dat gaat moeilijk voor mij worden om uit te spreken. Kun je het nogmaals zeggen?
B: (Langzaam) Gun-devar. (Fonetisch. Ik herhaalde het.)
D: Okay. En zo noemen de anderen hem? (Ja) Dat is een tamelijk vreemde naam.
B: Ja. Ik weet niet tot wat voor soort mensen zijn familie behoorde, dat ze zulke vreemde namen gebruiken.
D: Nou, de enige naam die ik van jou weet is Astelle.
B: Ja, dat is mijn niet-ingewijde naam.
D: Kun je mij jouw ingewijde naam vertellen?
B: Nee. Ik denk het niet.
D: Ik dacht je mij genoeg vertrouwde, om het mij te kunnen vertellen.
B: Ik vertrouw je ook. Maar ze zeggen dat zelfs de bomen oren hebben. De Inquisitie is overal. Ze zijn heel erg bezig de laatste tijd. Misschien wanneer de Inquisitie niet meer zo hevig is, dat ik het je dan kan vertellen. (Ze nam een pauze en daarna zei ze snel:) Ik vertel het je heel snel. Sharra (Fonetisch. Het had een vreemde rollende 'r') Ik liet het haar herhalen en probeerde het te zeggen.) Ik kwam in de buurt, maar niet helemaal. Het is moeilijk uit te spreken, als je er niet aan gewend bent.
D: Heeft dat een betekenis?
B: Ik denk dat het 'volger van de ster Godin' betekent.
D: Waarom heb je twee namen?
B: Onze ingewijde naam heeft een bepaalde kracht in zich. Niet-ingewijde namen betekenen niet echt iets. Het zijn gewoon klanken. Astelle, Gundevar, Roff, Joslyn. Het zijn gewoon geluiden waarmee je iemand benoemt. Maar ingewijde namen hebben betekenissen in zich, die hen kracht geven, welke je kunt gebruiken in de rituelen.

D: *Dan heeft iedereen van jouw volk twee namen.*
B: Ja, behalve de allerjongste kinderen. Wanneer kinderen worden geboren, ontvangen ze hun niet-ingewijde namen. We moeten hun persoonlijkheid en karakteristiek observeren en welke rituelen zij het beste doen, voordat we hen een ingewijde naam kunnen geven, die goed past bij hun leven.
D: *Dan ontvangen zij hun ingewijde naam de eerste tijd nog niet.*
B: Niet tot hun eerste inwijding. Het vindt meestal plaats als ze zeven zijn, nadat ze door hun ouder thuis goed zijn onderricht, over de dingen die zij moeten weten.
D: *Worden ze tijdens de inwijding ondervraagd?*
B: Ja. En ze worden ook getest op bepaalde rituelen, om te zien of ze weten hoe ze die moeten doen en of ze de juiste antwoorden weten voor de groepsrituelen die wij houden. En ze worden ook getest op hoe goed ze dit geheim weten te houden.
D: *Ja, je zou een kind niks kunnen vertellen dat een gevaar voor de groep zou betekenen, of wel?*
B: Tenzij het kind is aangeleerd om gesloten te zijn.
D: *Is het jou toegestaan om mij een keer te vertellen over die inwijdingsrituelen? (Ja) En dan kan ik nagaan hoeveel ze zijn veranderd. (Ja) Wat doe je vanavond na de ceremonie? Ga je naar de hut?*
B: Vanavond, na de ceremonie, zullen de anderen vertrekken en we zullen in het bos slapen onder de stenen boog. Er zijn twee stenen pilaren en er was een steen die een dwarsbalk vormde, maar die is gevallen, dus hebben we een eiken balk erover gelegd om die plaats in te nemen.
D: *Was dat iets, dat er al was, of hebben jullie dat gebouwd?*
B: Ik weet het niet. Het is erg oud.
D: *Is dat wat j bedoelde toen je het over de steen had?*
B: Er is een altaar ... nou, niet echt een altaarsteen. Er is een andere steen die op dezelfde lijn ligt van de stenen boog, die wij gebruiken voor rituelen. Het is enigszins plat aan de bovenkant.
D: *Maar de stenen boog wordt niet ergens voor gebruikt?*
B: Ja, die is voor rituelen. En vannacht zullen Gundevar en ik bij de boog en de steen slapen. En dan in de vroege uren, wanneer het nog steeds donker is en niemand ons kan zien, dan gaan we naar dit huis zodat de mensen van het landhuis niks zullen vermoeden.
D: *Zouden ze bezwaar hebben dat je gaat trouwen?*

B: Nee. Het maakt hen niks uit of we gaan trouwen, of dat we gewoon samenleven. Ze weten dat we niet het geld hebben, om aan de priester te betalen om te gaan trouwen.
D: *Ben je erg oud, wanneer dit zal plaatsvinden?*
B: Ik ben drieëntwintig, wat wel een beetje oud beschouwd wordt om te gaan trouwen. De meesten trouwen als ze zestien of zeventien zijn.
D: *Nou, ik wil dat jij je vermaakt en mag ik dan weer met je praten wanneer ik terugkom? (Ja) En op dat moment zal ik heel veel vragen voor je hebben. Ik ben heel erg blij voor je.*
B: Dank je.
D: *Ik hoop dat je gelukkig met hem zult worden.*
B: Dat zal ik.

(Het subject weer teruggehaald.)

Nadat ik het gordijn had weggetrokken bij het raam, leek ze niet langer last te hebben van de hitte in de kamer. Ik denk dat het een interessante manier was, die de andere persoonlijkheid had bedacht, om mij te laten weten dat het lichaam waardoor ze sprak oncomfortabel was. Ze voelde dat door de tijd heen aan.

Hoofdstuk 10
Legende en Verhalen
(Opgenomen op 19 juni 1986)

Gebruikte het sleutelwoord en telde haar terug naar haar leven als Astelle.

D: *Laten we teruggaan naar de tijd dat Astelle in Vlaanderen leefde. Ze zou mij enkele legenden en verhalen vertellen uit die tijd en wilde er zeker van zijn, dat ze deze juist had. Ik wil graag dat we teruggaan naar die tijd op een moment in haar leven, wanneer ze toegang zou hebben tot deze informatie die ze met mij wilde delen. Ik ga tot drie tellen en dan zijn we terug in die tijd. 1, 2, 3, we zijn teruggegaan naar de tijd waarin Astelle leefde. Wat ben je aan het doen?*

B: Ik zit voor de openhaard in mijn huis.

D: *Heb je nu je eigen huis?*

B: Sinds ik getrouwd ben.

D: *Hoe ziet het eruit?*

B: Je gaat door de deur naar binnen en links in de kamer is de openhaard die mijn huis verwarmt. En dat is waar ik kook. En er zijn wat spullen om mee te koken. En een eindje van de openhaard staat de tafel met twee stoelen en een kruk. Ik zit op de kruk naast de openhaard. En rechts van de deur, aan de andere kant is de plek waar mijn echtgenoot en ik slapen. We hebben een bed-frame met touwen erover geknoopt en daarbovenop de dekens en zo.

D: *Zijn er veel kamers?*

B: Nee, alleen deze ene.

D: *Ben je al lang getrouwd nu?*

B: Ja, we zijn ongeveer vijf jaar getrouwd nu.

D: *Werk je nog steeds in het grote huis?*

B: Nee, nu niet meer. Ik heb mijn gezin om voor te zorgen. Ik heb drie kinderen en een vierde is onderweg.

D: *Oh, je hebt veel gedaan in vijf jaar. Wat zijn het, jongens of meisjes?*
B: De oudste is een meisje. En de middelste is een jongen en de jongste is een meisje. En die onderweg is, is een meisje.
D: *Hoe weet je dat?*
B: Ik heb methoden.
D: *Dat is altijd één van de best bewaarde geheimen.*
B: Degenen onder ons die de oude manieren volgen, weten manieren om erachter te komen. Als je in harmonie met de Godin werkt, dan zal de Godin je vele dingen vertellen. En de Godin is bijzonder afgestemd op leven en het geven van leven. Dus zijn er manieren om de kwaliteit van dat leven te ontdekken, of het een jongen of een meisje is.
D: *Kun je mij vertellen hoe?*
B: Er zijn diverse manieren om het te doen. Eén manier waarop je het kunt doen, is dat je een kleine kiezel neemt, één met een gat erin is het makkelijkst. Maar je kunt een kiezel nemen of een muntje en je bindt er een draadje aan vast, zodat het kan zwaaien. En je houdt het draadje vast, zodat de kiezel kan hangen. De lengte van de draad moet de afstand zijn van je pols tot de binnenkant van je elleboog. En je houdt het vast in de hand die het meest comfortabel voor je is. Voor sommige mensen is dat de rechterhand en voor anderen de linkerhand. En je houdt het vast en je houdt de kei zelf, hangend aan het draadje boven de bovenkant van de pols van de andere hand, op een afstand van ongeveer vier vingerdiktes.
D: *De buiten- of de binnenkant van de pols?*
B: De buitenkant. Je laat je hand rusten op je knie of zoiets. En je houdt het daar en je ontspant je en je denkt aan de baby. Je moet zwanger zijn om dit te doen. Je denkt aan je baby. Als het een meisje is, zal het rechtsom gaan cirkelen. En als het een jongen is, zal het linksom gaan cirkelen, of gewoon op en neer gaan zwaaien.
D: *Deed je dit toen je zwanger was van je andere kinderen? (Ja) Was het accuraat? (Ja) En je zei dat er ander manieren waren, om het vast te stellen?*
B: Ja, ingewikkelder manieren. Maar ze zijn niet accurater dan deze manier. En dit is de manier die ik gebruik, omdat het niet moeilijk is om te doen en het is accuraat. Maar er wordt gezegd, dat er sommigen zijn die mijn manier niet kunnen gebruiken, omdat net

zoals sommigen niet in staat zijn om met een wichel water te vinden, de aanleg er gewoon niet voor is. Het is een soort truc om in lijn met Moeder Aarde te zijn.

D: *Weet jij hoe je moet wichelen voor water?*

B: Ik weet ervan, ik weet hoe, maar ik heb het nog nooit zelf gedaan. Ik voel dat ik het zou kunnen. Het is gewoon zo, dat er één in onze groep is die er heel erg goed in is, dus ik laat hem het doen. De manier waarop het normaal gesproken wordt gedaan, is dat hij een groene tak neemt, die aan één kant is gesplitst en hij houdt het vast en loopt over het gebied waar ondergronds water moet worden gevonden. En de tak zal bewegen op de juiste plaats. En afhankelijk van hoe het beweegt en hoe het aanvoelt, zal hij in staat zijn om te zeggen hoe diep je zult moeten graven voor je bron.

D: *Dit is een methode die ook in mijn tijd wordt gebruikt.*

B: Dit is een erg oude methode.

D: *Dan is dit een methode die niet is vergeten.*

Twee voorbeelden van pendelen/ wichelroedelopen die aantonen, dat dit al heel lang bestaat en dat de methoden niet erg zijn veranderd.

D: *Ik dacht dat je moest blijven werken in het grote huis. Dat er geen manier bestond om te vertrekken, als je een bediende was.*

B: Ik ben niet vertrokken. Ik woon hier nog steeds op het landgoed. Mijn echtgenoot werkt nog steeds voor de heer. Het is waar, dat ik meestal in de keuken moest blijven. Maar onze groep heeft besloten dat het beter zou zijn, als ik maar een deel van de tijd in de keuken zou werken. En dus deden we een ritueel om de situatie te veranderen.

D: *Zodat je thuis zou mogen blijven? (Ja) Het zou moeilijk zijn geweest met de kinderen, of niet? (Ja) Tenzij je de kinderen ook mee zou brengen naar de keuken.*

B: Als ik er één zou hebben die nog gezoogd moest worden, dan zou ik het hebben kunnen meebrengen. De andere twee zouden moeten ... er is een plek voor de kinderen van de bedienden, om te verblijven en te spelen. En dan zou ik de anderen daar mee naar toe moeten nemen.

D: *Nou, je vindt het waarschijnlijk toch niet erg om niet meer in de keuken te werken, of wel?*

B: Nee. (Grinnikt) Het heeft het leven voor Lady Joslyn interessant gemaakt.
D: Op wat voor manier?
B: Ze krijg mij nooit meer te zien. Ze kan mij niet meer midden in de nacht laten oproepen, om mij in elkaar te slaan.
D: Ik vroeg mij af over Lady Joslyn, heeft zij ooit een echtgenoot gevonden?
B: Nee, ik vermoed dat dit niet meer gaat lukken. Ze is nu een oude vrijster. Ze is tweeëndertig.
D: Ik wed dat ze gefrustreerder is dan ooit.
B: Heel erg zuur, ja.
D: Ik kan mij voorstellen dat ze nu waarschijnlijk jaloers is op jou, omdat je nu getrouwd bent. Ze was altijd al jaloers, leek mij.
B: Ja, maar dat zou ze nooit toegeven. Dat zou beneden haar waardigheid zij, denk ik, beneden haar stand.
D: Op een bepaalde manier heb ik medelijden met haar.
B: Ze heeft het aan zichzelf te danken, want ieder persoon heeft zijn eigen weg te bewandelen. Het lot spint met het garen van het leven en je acties bepalen het patroon van dat garen. En de manier waarop het zich uiteindelijk uitspeelt, wordt bepaald door jouw acties in je leven. Dus wat er ook gebeurt, dat heb je aan jezelf te danken, in dit leven of in het vorige.
D: Dat klinkt logisch voor mij. Geloof je in jouw religie dan, dat je meer dan één leven hebt?
B: Ja, waarvan de kerk zegt dat het heiligschennis is. Maar vroeger leerden ze dat ook. Maar slechts weinig mensen herinneren zich dat.
D: Ik weet, dat ze dat vandaag de dag uit de leer hebben verwijderd. En ik vroeg mij af, of dat in de oude tijd wel werd aangeleerd.
B: Dat werd het wel, maar toen werd het onderdrukt. En nadat het lang genoeg was onderdrukt, waren ze in staat om die geschriften uit de Bijbel te verwijderen. Ze moesten het lang genoeg onderdrukken om het uit het levende geheugen te verwijderen, zodat niemand zou missen dat het eruit werd gehaald.
D: Heb je wel eens gehoord over geschriften die onderdrukt zijn en verwijderd?
B: Men hoort zulke verhalen, maar er zijn zoveel geruchten over de kerk, dat men niet meer weet wat waar is en wat niet.
D: Weet jij, wat het was?

B: Nou, het onderwees over de 'meer dan één levens'. Ik heb nooit geweten wat het beschreef.

D: *Ik was gewoon benieuwd. Omdat ik altijd op zoek ben, naar dingen die weggenomen zijn en die verloren zijn geraakt.*

B: Ja. En er wordt gezegd dat er in de Bijbel staat, dat men niks moet verwijderen. Maar de priesters geven daar tegenwoordig wel aan toe.

D: *Waarom denk je, dat ze dit eruit wilden laten?*

B: Als men weet, dat men nog een kans krijgt, dan zijn de dreigementen van de priesters niet zo effectief. Maar als je denkt dat dit leven je enige kans is, dan helpt dat de priesters om nog meer macht uit te oefenen en het helpt om jou nog meer te onderdrukken. Het is niet juist dat ze dit eruit gelaten hebben.

D: *Doen ze al die dingen voor macht en controle?*

B: Ja, dat is waar. Want ze realiseren zich niet dat ze op die andere manier misschien niet zoveel macht hebben, maar ze zouden veel meer respect krijgen, wat een macht op zichzelf is.

D: *Is de Inquisitie nog steeds actief?*

B: Ze hebben hun pogingen ergens anders op gericht. Ze zijn nu in een ander deel van het land, ze concentreren hun pogingen daar. Ze zijn hier nu al... oh een paar jaar niet geweest.

D: *Voel jij je nu veiliger? Hoeft jouw groep zich niet meer zo druk te maken?*

B: Ja, maar we worden niet onzorgvuldiger.

D: *Je blijft voor de zekerheid toch geheimzinnig. (Juist) Ik ben ergens benieuwd naar. Als ik te ver ga... Als ik een vraag stel die je niet bevalt, zeg het mij dan gewoon. Je zei dat je nu drie kinderen hebt en dat je er nog één zult krijgen. Ik was gewoon nieuwsgierig naar waarom je niet zwanger werd, toen je met Roff was.*

B: Er zijn manieren om een zwangerschap te voorkomen of te stimuleren. Als je in harmonie bent met Moeder Aarde, kun je bepalen of je wel of niet en wanneer je een kind wilt krijgen.

D: *Want ik dacht, dat je destijds ook zwanger had kunnen raken.*

B: Onder normale omstandigheden, ja, maar ik wilde het niet, dus werd ik het niet.

D: *Kun je deze methoden met mij delen? Want in onze tijd weten sommige mensen niet hoe ze dit kunnen doen.*

B: Het is een mentale kwestie. Iets dat je moet oefenen vanaf dat je jong bent. (Pauze) Het is moeilijk uit te leggen. Ik weet niet zeker hoe ik dit kan verwoorden. Er is een moment, ongeveer midden tussen de ene periode en de volgende. Er is een bepaald aantal dagen mee gemoeid, maar dat varieert van persoon tot persoon. En in deze periode moet men een bepaald ritueel doorgaan met mentale discipline, of je bent een maand later zwanger.

D: *Kun je mij vertellen wat dit ritueel is?*

B: Je gaat 's nachts naar het bos en je neemt bepaalde objecten met je mee. Je neemt wat hoofdhaar van je geliefde en je neemt wat van je eigen haar en je neemt een ei. En in het ritueel vertel je de aanwezige krachten, dat ondanks dat jij en je geliefde verbonden zijn in de liefde en op dat moment doe je iets met de haren in het ritueel. Ik ga hier niet te veel in detail. Je vertelt hen, dat je geen vrucht verlangt van de verbinding. En op dat moment breek je het ei en gooi je het op de grond, daarmee symboliserend dat er niets uit de verbinding komt. En dan focus je jouw gedachten inwaarts, je focust naar binnen, naar jezelf, naar je vrouwelijke delen beneden, focust je gedachten op niet-zwanger worden. Dus dit is ongeveer wat ik doe. Het doet zijn werk.

D: *Dan weet je mentaal welke tijd van de maand dat is*

B: Ja. Als je in verbinding staat met je lichaam, kun je weten wanneer het die tijd van de maand is.

D: *Dit is één van de problemen die vrouwen in onze tijd hebben. Het komt vaak voor dat ze zwanger worden, terwijl ze dat niet willen, omdat ze niet weten wanneer het een veilig moment is.*

B: Als ze de tijd nemen om naar Moeder Aarde te luisteren, dan komen ze erachter wat het moment is.

D: *Heb je dan ook een vruchtbaarheidsritueel, wanneer je zwanger wilt worden? Of doe je dan gewoon niks om het te verhinderen?*

B: Er zijn diverse rituelen om zwanger-worden te stimuleren. Deze zijn populair bij vrouwen die moeite hebben om zwanger te worden.

D: *Kun je die met mij delen?*

B: Ik ben er niet bekend mee. Ik heb dat probleem nooit gehad.

D: *Dat lijkt er niet op. Maar er zijn veel vrouwen in onze tijd die ook zwanger willen worden. Wij hebben dezelfde problemen. Het lijkt erop dat de tijden niet erg veel veranderen.*

B: Nee. Eén ding waarvan wordt gezegd dat het helpt, is om je vrouwelijke delen te baden met baby urine.

D: *Die heb ik nog nooit gehoord. Je weet het nooit. Verschillende dingen zouden kunnen werken. Ik was gewoon benieuwd, omdat ik wist dat je een tijd samen was met Roff. Nu heb je al deze kinderen. Ben je gelukkig daar? (Ja) Is hij een goede echtgenoot?*
B: Ja. Hij werkt erg hard. We hebben een plek om te wonen. Hij slaat mij niet. En we zorgen echt voor elkaar.
D: *En Roff is nooit teruggekomen?*
B: Nee. Ik verwacht niet dat dit ooit gebeurt. Als hij terugkomt, dan zal Vrouwe Joslyn denken dat hij voor haar is teruggekomen en wat zal er dan met hem gebeuren?
D: *(Lach) Oh, arme Vrouwe Joslyn. En hoe zit het met de heer? Doet hij nog steeds dat ding in de toren?*
B: De heer, ik denk dat hij meer probeerde te doen dan hij aankon, want hij is nu een gebroken man. Zijn geest is bijna weg. Ze hebben de toren afgesloten en niemand gaat daar meer naartoe. En de heer is opgesloten in zijn vertrekken.
D: *Wat is er gebeurd?*
B: Op een nacht riep hij een storm op. Daar zijn manieren voor en er zijn manieren om regen op te roepen. En als je het verkeerd doet, dan kan het je overnemen en iets vreemds met je doen. Hij riep een storm op, omdat hij kwaad was. Hij wilde bliksem sturen naar een groot huis in de buurt. En hij wilde dus wat bliksemschichten op dat huis laten inslaan. En dus riep hij een grote storm op en hij gaf te veel van zichzelf. Hij realiseerde zich niet, dat nadat hij de storm had aangeroepen, dat het nog meer kracht zou vergen om de bliksemschichten te laten inslaan. En dus verloor hij de macht over de krachten die hij had opgeroepen. En sindsdien is hij geestelijk niet meer zichzelf. Er wordt gezegd dat hij nu vreemde dingen ziet. Omdat ... nou, deze wereld is niet de enige wereld. Er zijn andere werelden, onzichtbare werelden, overal om ons heen. Sommige zijn wonderbaarlijker dan andere. En er wordt gezegd, dat hij sinds die ene dag in staat is om in die andere wereld te kijken, waar hij zichzelf mee had verbonden om de kracht te krijgen om die storm op te roepen. Hij kan zich er niet meer volledig van loskoppelen. En hij is gevangen geraakt tussen twee werelden. En het verscheurt zijn geest.
D: *Dat moet een hevige nacht zijn geweest, waarop dat plaatsvond.*
B: Ja, het was erg stormachtig, het heeft veel van de velden verwoest.

D: *Ik wist niet dat het mogelijk was, om op die manier controle uit te oefenen over de krachten van de natuur.*
B: Je hebt er niet echt controle over. Je hebt ze slechts ter beschikking om met je te werken binnen hun natuurlijke grenzen. Want je kunt de krachten van de natuur niet iets totaal onnatuurlijks laten doen. Je kunt bijvoorbeeld niet regen oproepen en zorgen dat het naar boven valt, in plaats van naar beneden.
D: *Oh, nee, dat zou totaal tegen de natuur ingaan, of niet? (Ja) maar door deze rituelen leerde hij, hoe hij het weer kon controleren om een storm te veroorzaken.*
B: Ja. Maar de rituelen die hij leerde waren gecentreerd om de mens en niet om de Godin. En dus werkten ze niet. Of ik kan beter zeggen, dat ze een terugslag op hem hadden. Ze werkten averechts op hem. Het had een ander resultaat dan hij had verwacht.
D: *Er was meer kracht dan hij aankon. (Ja) En je zei dat hij is opgesloten. Is hij gevaarlijk?*
B: Hmmm. Op sommige dagen is hij dat. Meestal niet. Het is een kwestie van afwachten totdat hij sterft. Want meestal eet en slaapt hij alleen maar en mompelt in zichzelf.
D: *Ik vroeg mij af of hij... gek was, dat hij misschien dingen zou doen die andere mensen kwaad zouden doen.*
B: Dat weet je nooit. Ik denk dat ze hem de hele tijd in de gaten houden, om er zeker van te zijn dat hij niet zo wordt.
D: *Weet je of de kerk er iets over heeft gezegd, wat er is gebeurd?*
B: Ik denk niet dat ze dat zullen doen. Hij is in het verleden erg genereus geweest met zijn offerandes.
D: *Hebben ze geen verklaring voor wat er is gebeurd? (Nee) Maar dat is een voorbeeld voor wat er gebeurt wanneer iemand de krachten op de verkeerde manier gebruikt, of voor zijn eigen gewin. (Ja) Jouw mensen zouden nooit zoiets doen, of wel?*
B: Nee, dat denk ik niet.
D: *Tenzij ze beter zouden weten om het onder controle te houden.*
B: Juist. Meestal zijn er twee of drie mensen voor nodig om een storm net goed onder controle te houden. Als je alleen maar een beetje wind of een beetje regen wilt oproepen, dan kan één persoon dat doen. Maar voor een storm op ware grootte, zijn er meestal ongeveer drie mensen nodig die samenwerken.
D: *Ja, soms wil je misschien regen voor je gewassen of iets dergelijks. (Juist) Ik kan begrijpen waarom meerdere mensen beter in staat*

zouden zijn om de kracht in toom te houden, dan één persoon dat zou kunnen. *(Ja) Je zei eerder, dat je niet zeker wist wat hij daarboven aan het doen was.*

B: Ik denk, dat het aan het opbouwen was over de jaren heen en deze laatste gebeurtenis gaf de doorslag.

D: *Hoe lang geleden is dit gebeurd en werd hij in zijn kamer opgesloten?*

B: Het is nu een jaar geleden.

D: *Okay. Maar je bent daar nu gelukkig met je leven en je hoeft niet meer in de keuken te werken. En je echtgenoot werkt met de paarden?*

B: Ja. Hij is nu ook het hoofd van het arsenaal.

D: *Wat heeft hij te maken met de wapens?*

B: Hij moet de verschillende dingen in goede conditie houden. Wat eraan gerepareerd of gesmeed moet worden, dat wordt er van hem verwacht. Het vergt vaardigheid en kracht.

D: *Zou het hetzelfde zijn, als werken met hoefijzers?*

B: Ja, maar het vergt meer vaardigheid, want er bestaat zoiets als een maliënkolder en die moet hij in goede staat houden.

D: *Nou, dat toont aan dat hij erg vaardig is. (Ja) Okay. De laatste keer dat ik met je sprak, vertelde je mij sommige dingen, waarvan je zei dat je daar meer informatie over moest verzamelen. Ik stelde je een paar vragen. Is het in orde als ik je die nu stel? Wil je mij de antwoorden geven? (Ja) Prima. Je had het over de legenden. En je zei dat je er zeker van wilde zijn, dat je ze accuraat had, voordat je het mij zou vertellen. Kun je mij daar nu over vertellen? De legende over hoe jullie religie begon?*

B: Ja. Het gebeurde zo lang geleden. In het begin van de tijd, leefde iedereen in overeenstemming met Moeder Aarde, want de zielen waren net pas begonnen aan hun reis. En ze waren pas net van haar gescheiden, dus ze herinnerden zich nog hoe ze in harmonie met haar moesten zijn. En ze wisten hoe ze in harmonie moesten zijn met de natuur. En dus observeerden ze de dingen waarvan ze wisten dat deze moesten worden geobserveerd om de zaken zo te laten blijven. Tijd verstreek, ze kregen kinderen, hun kinderen kregen kinderen en op die manier bleven ze dit zo voortzetten. En het ging zo voort, en ontwikkelde zich tot wat wij vandaag de dag hebben. Dingen moesten enorm veel veranderen, nadat het Christendom zo machtig werd. Maar hun tijd is gelimiteerd, gebaseerd op hoe ze zich hebben opgericht. Heel vaak vertellen wij onze kinderen dat onze religie is als een... laat mij even denken. We gebruiken verschillende voorbeelden, afhankelijk van de omstandigheden. Onze religie is als het paard en het Christendom is als het zadel. Het paard is in harmonie met Moeder Aarde. Het paard heeft de kracht. En het zadel denkt dat het de controle heeft. Maar het is niet het zadel dat de controle heeft, maar het is het paard. De gedachten van het paard en zo. En het paard kiest ervoor, om het zadel te laten denken dat het de controle heeft. En zo is het gesteld tussen onze religie en het Christendom. Het Christendom denkt dat het de macht heeft, simpelweg omdat het op dit moment, aangezien onze leden zo zijn verspreid, handig is voor ons om hen te laten denken dat zij de macht hebben.

D: *Dat is een goede manier om het te verwoorden. Je zei dat je nog een ander voorbeeld had, hoe je het uitlegt aan kinderen?*

B: Dit is de belangrijkste die ik graag gebruik. Soms wordt de vergelijking gemaakt tussen het gras en de sprinkhaan. Ons religie is als het gras dat groeit onder de krachtige zomerzon, het groeit sterk en hoog en mooi, in harmonie met alles. En het Christendom is als de sprinkhaan, die van het ene naar het andere ding springt, op zoek naar dingen waarmee het zichzelf bezig kan houden.

D: *Die begrijp ik ook. Die is erg goed. Soms maakt dit het eenvoudiger om het te begrijpen.*

B: Ja, daarom hebben wij deze voor de kinderen.

D: *Dat is erg goed. Je vertelde mij ook dat je verhalen hebt die je de kinderen vertelt, zodat ze bepaalde rituelen kunnen onthouden. (Ja) Kun je mij daar enkele van vertellen?*

B: Ja. Sommige rituelen zijn gemakkelijk te onthouden, simpelweg omdat ze logisch zijn. Maar soms is een ritueel misschien op het eerste oog niet logisch, omdat je het verhaal erachter niet kent. Ik heb je over het zwanenritueel verteld.

D: *Ja, dat was erg mooi.*

B: Want vaak zijn de handgebaren erg complex en moeilijk om te onthouden. Het is moeilijk om te herinneren hoe je ze moet uitvoeren, tenzij jij je de zwaan herinnert. En dan wordt het gemakkelijker om te doen. Iets anders dat vaak moeilijk is voor kinderen om te leren, zijn de diverse fasen van de maan. En dus vergelijken we de fasen van de maan met de seizoenen van het jaar, om hen te helpen dit te herinneren. En op die manier maakt dit het gemakkelijker voor hen, om te herinneren wat voor soort rituelen goed samengaan met de diverse fasen van de maan. Waarbij de nieuwe maan de winter is en de volle maan de zomer en het wassen en afnemen van de maan, zijn de lente en de herfst. Rituelen voor toename en groei doe je in de lente, of de wassende maan. Rituele voor vervulling en afronding, doe je in de zomer of de volle maan. Rituelen voor het afronden van de laatste details, voer je in de herfst uit of de afnemende maan. En rituelen voor reiniging en voorbereiding voor een nieuwe cyclus van dingen, doe je in de winter of de nieuwe maan.

D: *Wij geloven inderdaad dat je bepaalde dingen kunt doen in bepaalde fasen van de maan, maar het is moeilijk om te herinneren. Dit maakt het een stuk gemakkelijker om het te begrijpen.*

B: Goed.

D: *Bedankt dat je mij dit vertelt. Zijn er nog andere die je de kinderen vertelt?*

B: Er zijn er veel. Ik vertel er gewoon een paar die mij zo te binnen schieten. Er zijn veel rituelen die gedaan kunnen worden, waarbij een kruispunt wordt gebruikt. En meestal hebben deze rituelen te maken met één of andere keuze, waarbij je niet zeker weet welke keuze te maken. En dat is dus het type ritueel dat wordt uitgevoerd met een kruising, zodat de keuze duidelijk kan worden. Zodat je weet welke weg in te slaan, zogezegd.

D: *Heb je een ritueel wat je daarbij uitvoert?*

B: Er zijn verschillende. Ik had het over algemene omstandigheden. Want als men een ritueel uitvoert en men heeft bepaalde elementen nodig in het ritueel, dan moet men onthouden waar de diverse elementen goed voor zijn. Zodat je het juiste element in jouw ritueel gebruikt, waardoor je het juiste resultaat behaalt.

D: *Als je dan een beslissing zou proberen te maken, hoe zou je dat doen met behulp van een kruispunt?*

B: Afhankelijk van het soort beslissing dat je probeert te nemen, neem je iets dat ermee te vergelijken is. Als je bijvoorbeeld probeert te besluiten, of je wel of niet wat wol voor wat mais moet ruilen, of iets dergelijks. Of misschien heb je de kans om wat van je meel te ruilen voor wat verf. En je probeert te beslissen welke kant je op wilt gaan ermee. Dan ga je 's nachts naar een kruispunt met een muntstuk. En in het midden van het kruispunt kun je bepaalde symbolen tekenen die aangeven welke richting voor welke keuze staat. En daar begraaf je de munt. En je wacht een bepaalde periode, wat gebruikelijk is voor het ritueel en dan keer je er terug. En degene die het eerst aankomt bij het kruispunt en het oversteekt, de richting die hij opgaat, dat geeft de keuze aan die je het beste kunt maken.

D: *Wat voor soort symbolen teken je op de grond?*

B: Meestal is het een pentagram en dan afhankelijk van wat voor soort ritueel het is, dat bepaalt welke symbolen je tekent. Als het een ritueel voor liefde is, dan teken je het symbool voor Venus.

D: *Oh, de symbolen waar wij het eerder over hadden;*

B: Ja. En als je bijvoorbeeld zoiets als een munt hebt, om te begraven, dan is het goed om deze symbolen in het stof van dit kruispunt te tekenen met deze munt en dan begraaf je die munt daar bij dat symbool.

D: *Hmmm. Wat voor soort munten heb je? Heb je er veel gezien?*

B: Nee. Bijna geen enkele.

D: *Ik zat mij te bedenken, dat het moeilijk zou zijn om daaraan te komen.*

B: Maar soms ... het is erg grappig, één van onze oude vrouwen staat bekend als een wijze vrouw. En vaak komen de rijke edelen naar haar toe voor advies, wat ze moeten doen in zaken van liefde en dergelijke. Ze worden wanhopig en ze willen alles proberen. En dus vinden ze het niet erg om tegen de kerk in te gaan en het op onze manier te proberen.

D: *(Grinnikt) Zolang niemand anders er maar weet van heeft.*

B: Juist. En dat is dus hoe ik weet dat er munten worden gebruikt in sommige rituelen, want deze edelen zouden wel enkele munten hebben.

D: *Heb je wel eens gezien hoe deze munten eruitzien?*

B: Niet echt van dichtbij. Meestal staat er een afbeelding van één of andere koning op de ene kant, en dan een wapen aan de andere kant. En het was het gelijke deel in een ander metaal van deze munt waard. Zoals bijvoorbeeld wat een stuk koper waard kan zijn en wat een stuk zilver van een bepaalde grootte waard is.

D: *En dit staat op de munt geschreven?*

B: Meestal staan er wat symbolen op, om dit te symboliseren. Ze staan op de munt. En de munten hebben verschillende groottes zodat het gemakkelijk is om ze uit elkaar te houden. Je hoeft dus niet echt naar de symbolen te kijken, als je dat niet wilt.

D: *Bedoel je dat hoe groter de munt is, hoe meer deze waard is?*

B: Het hangt van het metaal ervan af, maar meestal, ja, want een grote koperen munt zou niet zoveel waard zijn als een kleine gouden munt. De munten zijn meestal koper en zilver, maar af en toe ook van goud. Maar goud is wat zeldzamer en moeilijker om aan te komen.

D: *Okay. Toen ik ooit eerder met je sprak, had je het over de eerste inwijding van de kinderen (Ja) En je zou mij nog meer vertellen over hoe dat plaatsvindt. Je zei dat er een ritueel is, om er zeker van te zijn dat ze geheimen kunnen bewaren.*

B: Ja. Meestal is de manier waarop we testen of ze wel of niet geheimen kunnen bewaren, dat we een volwassen persoon nemen die zij kennen, maar waarvan ze niet weten of deze wel of niet bij onze groep hoort. Maar dat horen ze wel. De kinderen weten dit niet. En de volwassen persoon zal ze apart nemen en met ze praten en allerlei manieren toepassen om te proberen informatie van hen te krijgen. En afhankelijk van hoe vrijelijk ze deze informatie geven, of het achterhouden, bepaalt of ze wel of niet deze test doorstaan. We houden rekening met hun leeftijd wanneer we dit doen. Maar zelfs als ze jong zijn, kun je wel weten of ze wel of niet in staat zullen zijn om geheimen te bewaren.

D: *Zou een jong kind erg veel weten dat hij zou kunnen doorvertellen?*

B: Hij zou enkele namen kunnen noemen, dat is al genoeg.

D: *Want ze zouden nog niet veel van de rituelen weten, of wel?*

B: Niet echt. Maar de Inquisitie is niet echt geïnteresseerd in rituelen. De Inquisitie is geïnteresseerd in mensen, om te martelen.

D: *Daarom zouden ze op zoek zijn naar namen. Ik was nieuwsgierig waarom ze mensen zouden moeten martelen. Waarom doden ze hen niet gewoon als ze op zoek zijn naar heksen, of hoe ze hen ook noemen? Waarom moeten ze de moeite nemen om hen te martelen?*

B: Omdat ze een ziekelijk genoegen beleven aan iemands pijn.

D: *Ik dacht altijd, dat ze probeerden hen iets te laten opbiechten.*

B: Ja, maar als er genoeg pijn wordt toegepast, dan biecht je van alles op, zelfs als je het nooit hebt gedaan. Alles om de pijn te laten ophouden. Ze zeggen dat ze het doen in de naam van hun god. En als iemand zwak genoeg is om onder pijn op te biechten, als ze nog niet hebben gedaan wat ze hebben opgebiecht, dan zullen ze het in de toekomst wel doen. Want ze waren zwak genoeg om het op te biechten.

D: Hmmm. Maar ze laten ze niet vrij, nadat ze het hebben opgebiecht, of wel?

B: Ik denk het niet. Af en toe laten ze wel eens iemand gaan, om de rest van ons een les te leren. En meestal is het iemand die verschrikkelijke littekens heeft en misvormd is, maar dat komt niet erg vaak voor.

D: Martelen bewijst niet of ze wel of geen heks zijn. Dat klinkt niet normaal, of wel?

B: Nee, dat is het niet.

D: Nou, even terug naar de inwijding. Nadat je hebt gezien dat ze in staat zijn om geheimen te bewaren, je zei dat ze daarna hun eerste inwijding krijgen?

B: Ja. Het is een erg simpele ceremonie. Ze steken een witte kaars aan, en ze nemen een handvol Aarde en houden dit ervoor. En ze beloven dat ze zullen onthouden dat ze deel uitmaken van die Aarde. En dat ze in harmonie moeten blijven met de Godin, welke de drijvende kracht is van die Aarde. En ze nemen een rituele, symbolische slok wijn. En meestal is er dan achteraf een soort feest.

D: Zijn er veel kinderen die dit tegelijkertijd doen?

B: Nee, het wordt allemaal individueel gedaan, één persoon tegelijk. We doen het gewoon wanneer een kind er klaar voor is, want het is een erg individuele ervaring. Want om zich voor te bereiden op het rituееl, moet een kind de meditatie oefenen, die het heeft geleerd om de geest te openen en af te stemmen.

D: Hebben jullie hen dan leren mediteren van jongs af aan?

B: Vanaf het moment dat ze geboren worden. Vanaf voordat ze geboren zijn.

D: Hmmm. Want iedereen denkt, dat een baby niks kan weten.

B: Dat is niet waar.

D: Doe je dit mentaal of praat je tegen de baby?

B: Beide.

D: Want het is moeilijk voor mij, om te begrijpen hoe je een baby kunt leren om te mediteren.

B: Er zijn manieren om dat te doen. Je moet erg geduldig zijn en in staat zijn om het in woorden te zeggen, die zij kunnen begrijpen.

D: *Kun je dat met mij delen? Ik denk dat het heel erg fijn zou zijn, als we baby's soms wat stiller kunnen krijgen. (Lach)*
B: Wat je doet, is dat je diverse manieren gebruikt om hun ademhaling te veranderen, langzamer of juist sneller. Zodat wanneer ze opgewonden en van streek zijn, dat je ze kalmeert door hun ademhaling te vertragen.
D: *Hoe kun je dat doen?*
B: Het is moeilijk om uit te leggen. Je doet het op de één of andere manier met je geest. En wanneer ze iets ouder zijn en een beetje kunnen praten en begrijpen, dan vertel je hen over langzaam in- en uitademen. En je geeft wat voorbeelden van henzelf en hoe stil en vredig dingen zijn, wanneer de wind gaat liggen. Je vertelt hen dat dezelfde dingen gebeuren in hun geest, wanneer hun ademhaling rustig is. En je helpt hen om zichzelf zo te ontdekken. Na een tijdje zijn ze in staat om dit zelf te doen, gewoon om uit te vinden wat ze kunnen uitvinden. En ze zullen het gewoon uit nieuwsgierigheid gaan doen. En ze zullen er beter en beter in worden.
D: *Ja, ik begrijp dat het gemakkelijker is, wanneer ze leren te praten. Ik dacht dat het moeilijk zou zijn, als ze nog een baby zijn.*
B: Baby's zijn er normaal gesproken anders goed in. Ze realiseren zich alleen niet wat ze doen. En het is gewoon een kwestie van hen er attent op maken als ze het doen, zodat ze zich er bewust van worden.
D: *Dan leren ze dit op een hele jonge leeftijd en dan is het niet moeilijk voor hen om zich dit te herinneren. Ze groeien er gewoon meer op en ze kunnen leren hoe ze het veel gemakkelijker kunnen doen. Ik denk niet, dat er gevaar in bestaat als een kind leert om te mediteren, of wel? (Nee) Want soms denk ik dat een kind niet zo gedisciplineerd is.*
B: Een kind lijkt niet erg gedisciplineerd te zijn, omdat het nog niet is gebonden aan regels die door de mensheid worden opgelegd. Het gedraagt zich nog spontaan en normaal gesproken in overeenstemming met Moeder Aarde.
D: *Dus er bestaat geen gevaar voor een kind om zulke dingen te doen?*
B: Nee. We zouden onze kinderen niet in gevaar brengen.
D: *Ik dacht al niet dat je dat zou doen. Maar zijn er dan nog andere inwijdingen die later plaatsvinden?*

B: Ja, wanneer ze dertien worden, dan worden ze volledige leden van de groep.

D: *Wat is het ritueel dat op dat moment plaatsvindt?*

B: Het is erg uitgebreid, met veel symboliek erbij. En op dat moment wordt hun ingewijde naam bevestigd. Tot dat moment hebben ze individuele rituelen uitgevoerd, waarvoor slechts één persoon nodig is. Of misschien twee, zijzelf en hun leraar. En deze keer mogen zij voor het eerst deelnemen in een ritueel, waarbij verschillenden van onze groep zijn betrokken voor een bepaald doel. Tot nu toe zijn ze betrokken geweest bij rituelen met hun leraar en zijn ze in overeenstemming met hun leraar. En nu leren ze zich te verruimen en zich af te stemmen op de andere leden van de groep voor diverse rituelen.

D: *En je zei, dat je hen op dit moment hun ingewijde naam toekent?*

B: Die wordt eerder aan hen gegeven, maar die wordt voor hen bevestigd als het bij hun karakter lijkt te passen. Tenzij ze een bepaald soort geleide** [familiar] hebben. Als dat het geval is, dan wordt hun geleide een ingewijde naam gegeven.

** In middeleeuwse Europese folklore en vroege moderne perioden, werd geloofd dat geleiden (soms aan gerefereerd als geleide geesten) bovennatuurlijke entiteiten waren, die heksen en sluwe mensen bijstonden bij het uitoefenen van hun magie. Het belangrijkste doel van de geleiden was, om de heks of jonge heks te dienen en hen bescherming te bieden, terwijl zij hun nieuwe krachten aannamen. **

D: *Wat is het ritueel, dat op dit moment wordt uitgevoerd?*

B: Het is erg lang en uitgebreid.

D: *Heb je nog andere rituelen, die worden uitgevoerd als het kind ouder wordt?*

B: Er is een ritueel dat wordt uitgevoerd wanneer een kind, een jonge volwassene, aanvoelt dat het zijn soulmate heeft ontmoet. Er is een ritueel, dat wordt uitgevoerd om na te gaan of dit waar is. En dan worden ze geholpen, soort van geleid op hun pad, over wat ze moeten doen en welke rituelen ze moeten uitvoeren om tot stand te brengen, wat ze willen bereiken in hun relatie.

D: *Hoe kom je erachter of het werkelijk hun soulmate is?*

B: Op de nacht van de volle maan neem je een kristallen bol of een zwarte ketel met wat water erin. En dan ga je naar buiten in het licht van de maan. En je staart in het reflecterende oppervlak hiervan, terwijl je aan de persoon denkt. En als de persoon de juiste is, dan zul je een bevestigend teken zien. Het is verschillend voor iedereen, dus je kunt het niet echt beschrijven. Maar er is geen twijfel over, wanneer je het ontvangen hebt.

D: *Iets dat plaatsvindt, of iets in de natuur of wat?*

B: Beide. Of iets dat je voelt, of een bepaalde gedachte die in je geest opkomt, of iets dat je ziet in het reflecterende oppervlak. Wat dan ook. Een vallende ster. Het kan van alles zijn. Maar je zult het weten wanneer het gebeurt, dat dit het teken is voor jou of zo.

D: *Maar als het niet zo is, krijg je dan ook een teken? (Ja) Dat zou dan een manier zijn, om te weten dat het niet de echte soulmate is? (Ja) Zijn dat dan de belangrijkste rituelen, inwijdingen en dingen die je doet*

B: Ja er zijn andere voor kleinere, alledaagse dingen, maar dat zijn de grote dingen in het leven. Er is nog een andere viering die we hebben, welke de kerk in het bijzonder afkeurt. En dat is wanneer iemand overlijdt. We vieren dat ze een cyclus van hun leven hebben voltooid en klaar zijn voor hun volgende cyclus.

D: *Waarom keurt de kerk dat af?*

B: Omdat de kerk zegt dat wanneer iemand sterft, dat hun ziel dan in het vagevuur terecht komt en dat ze in een staat van twijfel of in de één of andere vorm van marteling worden gehouden, totdat ze klaar zijn om het paradijs binnen te treden.

D: *Vreemd geloof, is het niet? (Ja) Een erg negatief geloof. Dan keuren zij het af, omdat jullie blij zijn wanneer dit gebeurt. (Ja) Wordt er dan niet gerouwd wanneer iemand in jullie groep sterft?*

B: Oh, je mist hen natuurlijk, en je rouwt op die manier. Maar je rouwt niet voor hun ziel. Je rouwt slechts omdat ze niet meer bij jou zijn en omdat je hen zult missen.

D: *Wat doen jullie met het lichaam, wanneer iemand sterft?*

B: We kunnen er niks mee doen. Ze moeten worden begraven.

D: *Ik dacht dat jullie een speciale manier hadden, om van het lichaam af te komen.*

B: Dat zouden we doen, als het zou kunnen. Maar de kerk is te machtig.

D: *Nemen zij het lichaam dan? (Ja) Zou je een ritueel kunnen houden wanneer een persoon overlijdt, of alleen de viering?*

B: Je plaatst hen in een heilige cirkel van zout en je projecteert een pentagram om hen heen. En afhankelijk van waar ze het beste in waren, plaats je de dingen die zij voor rituelen gebruikten waar zij het best in waren. En van daaruit gaat het verder. Het is moeilijk om te zeggen. We zijn nooit in staat geweest om het te doen. We hebben er alleen over horen vertellen. En we geven het door van generatie op generatie.

D: Ja, zoiets zou moeilijk te verbergen zijn als de kerk toekijkt. Ik moet vertrekken. En ik wil graag terugkomen en met je spreken. *(Ja)* En ik ben erg blij dat je gelukkig bent met je kinderen. Ik zal een andere keer terugkomen en met je spreken. Dank je *(Ja)*.

(Het subject werd teruggebracht.)

Hoofdstuk 11
De Inquisitie Keert Terug
(Opgenomen op 24 juni 1986)

Gebruikte het sleutelwoord en telde haar terug naar het leven van Astelle.

D: Laten we teruggaan naar de tijd wanneer Astelle leefde en werkte in Vlaanderen. De laatste keer dat wij daar waren, was ze getrouwd en had ze verscheidene kinderen. Ik wil graag die tijd gaan in Astelle's leven. Naar een belangrijke dag in haar leven, rond die tijd, nadat ze is getrouwd. Ik zal tot drie tellen en dan zijn we daar. 1, 2, 3, we zijn teruggegaan naar een belangrijke dag in Astelle's leven nadat ze is getrouwd. Wat ben je aan het doen?
B: Ik zit voor mijn huis. Ik heb een mengschaal op mijn schoot en ik ben wat brood aan het mixen.
D: Heb je nu veel kinderen?
B: Bedoel je kinderen die leven, of die zijn geboren?
D: Oh! De laatste keer dat ik met je sprak, had je drie kinderen en was je in verwachting van nog een andere. (Ja) Wat bedoelde je?
B: Degene die is gestorven tijdens de geboorte. En er is een plaag geweest, die twee andere heeft gedood. Daarna kreeg ik een ander kind, dus nu heb ik twee kinderen.
D: Het spijt mij heel erg om dit te horen.
B: (Droevig) Die dingen gebeuren. Het overkomt iedereen.
D: Had je enige waarschuwing dat die ene dood zou worden geboren?
B: Het werd niet doodgeboren, het stierf terwijl het werd geboren. Het koord dat de baby met de moeder verbindt, was rond de nek gewikkeld en wurgde het, terwijl het werd geboren.
D: Je had het gevoel dat het een meisje zou worden.
B: (Droevig) Het was een meisje.
D: Het spijt mij heel erg om dat te horen. Wat voor soort plaag nam het leven van de anderen?

B: Het was een soort ziekte. Het was gelukkig niet de zwarte builenpest. Maar ze kregen koorts en moesten hoesten. Vocht hoopte zich op in hun keel en werd dikker. En ze probeerden het op te hoesten. En ze werden ziek en zwak en waren niet in staat om zo sterk te hoesten, als ze anders hadden gekund en het vocht hoopte zich op en daar stikten ze in. Veel kinderen zijn erdoor getroffen. Om de één of andere reden hebben volwassenen er geen last van. Het is een plaag die alleen kinderen treft.

In mijn werk bij het bestuderen van de geschiedenis door vorigleven-regressies, heb ik ontdekt, dat in het verleden het woord "plaag" refereerde aan alles dat besmettelijk was. Ze hadden geen bepaalde namen voor specifieke ziektes, tenzij het een bepaalde eigenschap had. Daarom stelde ik geen vragen over haar gebruik van deze term. Ik had het vaker gehoord van anderen in diverse tijdperken.

D: *Kon je er niks aan doen met de methoden van jouw volk?*
B: Ik heb het geprobeerd. Ik probeerde hen stoom te laten inademen, dat het wat kon losmaken, maar dat hielp maar een korte tijd. Want ik liet hen telkens stoom inademen, maar wanneer de taaie vloeistof terugkwam, was het nog dikker dan daarvoor.
D: *Waren er geen kruiden of iets dergelijks die je kon gebruiken?*
B: Oh, ik gebruikte enkele kruiden in de stoom, ik bedoel in het water dat de stoom veroorzaakte. En ik gaf hen medicijnen. Maar dit ging verder dan mijn vaardigheden. De kinderen uit onze groep leefden langer dan de anderen die door deze plaag werden getroffen, maar ... Deze plaag heeft vaker plaatsgevonden, het was niet zo hevig. Soms zijn plagen heviger en soms zijn ze zwakker. Dit keer was het bijzonder heftig.
D: *Het ene kind dat overleefde, was dat één van de oudere?*
B: Het was mijn tweede kind.
D: *Het werd niet getroffen door de plaag?*
B: Nee. Ik begrijp niet waarom, maar het had er geen last van.
D: *Dat is vreemd, dat sommigen het krijgen en anderen niet.*
B: Ja, dat is waar.
D: *Maar je zei dat je nu een andere baby hebt? (Ja) Gebeurt dit vaak in jouw land? Dat kinderen het zwaar hebben om op te groeien?*
B: Ja. Daarom hebben we veel kinderen. Om er zeker van te zijn dat sommigen blijven leven en doorgaan. En als je veel zonen hebt,

als ze hun jeugd overleven, wanneer ze jonge mannen worden, dan gaan ze naar de oorlog en worden gedood. Dus.

D: *Je weet niet hoe het zal uitpakken. Je neemt je kansen. Werkt je echtgenoot nog in het grote huis?* (Ja) *Maar jij hoefde nooit terug te gaan om in de keuken te werken, of wel?*

B: Nee, niet in de keuken. Wat ik nu doe is, ik weef wat en meer van zulke dingen voor de dames in het huis. Ik weef fijne sluiers en dingen. Van kant. Ik maak schoonheidsdingen.

D: *Hoe doe je dat?*

B: Het hangt ervan af wat ik maak. Ik vertelde hen in het huis gewoon dat ik het weef. Voor de sluiers weef ik gewoon. Maar voor andere schoonheidsdingen, weef ik niet echt, dan lus ik de draad rondom zichzelf. Ik heb een stok die ik hierbij gebruik. Een kleine, dunne stok met een haakje aan één kant. En die gebruik ik om de draad rondom zichzelf te lussen. (Het klonk als haakwerk.)

D: *Als je weeft, gebruik je dan een weefgetouw? Als je weet wat een weefgetouw is.*

B: Ik weet wat een weefgetouw is. Ik gebruik niet een volledig weefgetouw, want dat wordt gebruikt om lappen stof en dekens en zo te maken. Ik heb een kleiner weefgetouw, het type dat je aan één kant vastmaakt aan de muur. En het andere eind maak je vaster of losser, door het aan een stoel te binden en die stoel zet je dan verder weg of dichter bij de muur. En delen van het weefgetouw worden op zijn plek gehouden, door ze vast te binden met draad. Je moet het ophangen met draad, voordat je het aan de muur kunt hangen. En daarmee weef je.

D: *Het klinkt ingewikkeld.*

B: Nou, dat zijn de meeste dingen.

D: *Maar op deze manier kun je natuurlijk thuisblijven, of niet soms?*

B: Ja en op mijn twee zonen letten. Soms is het moeilijk om te weven in de winter, als mijn handen koud worden. Maar ik ben tenminste niet in dat grote huis. Ik kan zo'n beetje doen wat ik wil hier.

D: *Ben je al erg oud nu?*

B: Ik ben zevenendertig.

D: *Wat is er eigenlijk met Joslyn gebeurd? Is ze ooit getrouwd?*

B: Nee. Wat gebeurde is dat Joslyn in de voetsporen trad van de oude heer. De oude heer … hij werd opgesloten in zijn kamers. En uiteindelijk ging het zo slecht met hem, dat ze hem moesten vastbinden aan zijn bed en hem daar de hele tijd vastgebonden moesten laten. En uiteindelijk heeft iemand hem een vergiftigd drankje gegeven en hem uit zijn lijden verlost.

D: *Was hij nog steeds aan het hallucineren?*

B: Het was erger geworden. En hij geloofde dat wat hij zag echt was, in plaats van wat er rondom hem gebeurde. Daarom moesten ze hem vastbinden.

D: *Probeerde hij zichzelf pijn te doen, of anderen?*

B: Ja. En Vrouwe Joslyn, die niet hetzelfde excuus had als de oude heer, werd gewoon extremer in haar gedrag. Ze werd ook gek, maar het was een ander soort gekte. Ze sloten haar op in haar kamers. En uiteindelijk konden ze niet anders, dan haar opsluiten in een kleine cel met een opening die net groot genoeg was om haar eten en water door te geven, want ze was te gewelddadig geworden.

D: *Hmm, het klinkt behoorlijk extreem om dat te doen.*

B: Het was voor ieders veiligheid. Want ze kon gewoon ergens zitten en zich volledig normaal gedragen. En je wist nooit wanneer ze ineens begon te schreeuwen. En ze had een bepaalde schreeuw die bloedstollend was. En ze viel dan de persoon aan, die het dichtst bij haar was en probeerde die te vermoorden.

D: *Had ze daar een reden voor?*

B: Nee! Ze kon gewoon ergens bij de openhaard zitten met de andere dames, bezig met wat borduurwerk. En dan ineens begon ze te schreeuwen en gooide haar borduurwerk weg en draaide zich om naar de dichtstbijzijnde dame en probeerde haar te vermoorden.

D: *Hmmm. Nou, je weet dat ze altijd kwaad en gewelddadig was op een bepaalde manier, vanwege de manier waarop ze jou altijd sloeg.*

B: Ja. Klaarblijkelijk was ze toen al gek aan het worden, maar mensen deden het gewoon af als een slecht humeur. Maar het werd steeds erger tot ze haar uiteindelijk moesten inmetselen. Ik vermoed dat ze nog steeds in leven is, en dat ze haar nog steeds voeden. Maar waarschijnlijk is ze nu inmiddels een arm, zielig wezen. Maar er wordt gezegd dat je haar 's nachts kunt horen schreeuwen. En op de manier waarop haar kamer is gesitueerd, galmt dat door een flink deel van het grote huis. En ik kan mij zo voorstellen dat als ze sterft, dat er dan een rusteloze geest zal rondwaren in dat grote huis.

D: En hoe zit het met de heer? Denk je dat ook zijn rusteloze geest er zal rondwaren?
B: Nou, hij is al dood. En hij was klaar om te gaan. Ik denk niet dat zijn rusteloze geest er nog zal zijn. Want ik vermoed dat op de minuut dat zijn geest werd vrijgelaten, dat deze vooruit is gegaan en is overgestoken naar die andere dimensie, waar hij al zoveel jaren in had gekeken, nadat hij gek werd.
D: Maar probeerde hij ook mensen aan te vallen, zoals zij deed?
B: Nee, hij probeerde niemand aan te vallen Hij probeerde gewoon verdraaide magie uit op hen. Meestal werkte dat niet. Maar soms werkte het op een erg bizarre manier. En dus zijn we in onze groep erg druk bezig geweest, om dit alles onder controle te houden.
D: Kun je mij enkele van die bizarre incidenten vertellen?
B: Nou, hij sprak met een vriend van hem en de vriend vertelde dat zijn prijskoe zwanger was. En dat deze koe in enkele maanden zou bevallen van een kalf. Zie je, soms voelde de oude heer zich goed en soms voelde hij zich slecht. En op die dag voelde hij zich goed, en hij bedacht zich dat hij zijn vriend zou helpen. En dus werkte hij aan een ritueel voor de koe. Toen het kalf werd geboren, had het twee koppen en het leefde niet.
D: Oh. Hoopte hij, dat hij er een tweeling van kon maken of zoiets? (Ja) Dat is bizar. Ik vraag mij af wat de heer dacht, toen dat gebeurde?
B: Hij was er niet van op de hoogte toen het gebeurde, want hij was overgeslagen naar de slechte kant en wist niet echt wat er aan de hand was.
D: Hij was dus niet zo gewelddadig als Joslyn was. (Nee) Maar ik kan mij niet voorstellen, dat hij het fijn vond om aan zijn bed vastgebonden te worden.
B: Nee. Maar soms werd hij gewelddadig en probeerde wat rituelen te starten in zijn gewelddadige buien, wat heel erg gevaarlijk kon zijn. Hij was erg sluw. En hij hield ervan om een mes te verbergen en te wachten tot één van zijn bedienden dicht bij hem kwam. En dan sneed hij hun keel door. Hij deed het gewoon heel erg snel en hij was er verder niet gewelddadig bij. Hij was gewoon ... hij was gluiperig.
D: Dan was hij op die manier gevaarlijk. (Ja) Het toont aan, dat het niet altijd goed is om met deze krachten te werken, of wel?

B: Als je niet weet wat je doet en de negatieve kant aanhangt. En zo kon iedereen zien, dat hij zwak was en niet veel langer meer zou leven. Dus bonden ze hem vast aan het bed en lieten hem daar achter om te sterven. Ze voerden hem nog wel, maar ze wisten dat hij snel zou sterven. Maar Vrouwe Joslyn is erg gezond en nog erg krachtig. En dus hebben ze haar ingemetseld.

D: *Ik zou niet denken dat als zij de heren van het huis waren, dat de bedienden dan zoiets konden doen.*

B: Nee, nee, het waren de andere mensen in het huis. Want de nieuwe heer, de oudste zoon van de heer, was degenen die ons opdroeg om hem vast te binden aan zijn bed. En toen de oude heer stierf, werd de zoon de nieuwe heer. En één van de eerste dingen die hij deed, was ons de opdracht geven om sterkere maatregelen te treffen, om Vrouwe Joslyn onder controle te houden. En uiteindelijk wist hij, dat hij geen bedienden kon bevelen om Vrouwe Joslyn in te metselen, dus deed hij het zelf.

D: *Dat dacht ik al. De bedienden zouden niet genoeg macht of autoriteit hebben om zoiets te doen. (Ja) Ik kan mij voorstellen dat Vrouwe Joslyn dat niet erg prettig vond. (Nee) Maar de enige manier waarop iemand nog contact met haar heeft, is door haar dingen aan te geven door de opening?*

B: Ja, de opening is een handwijdte hoog en een el breed.

D: *Gaat er dan niemand in, om op de één of andere manier voor haar te zorgen?*

B: Er is alleen die ene opening in de kamer. Het enige dat kan worden doorgegeven, is een dienblad met eten.

D: *Ik bedoel denk ik haar lichaamsfuncties en zulke dingen. En kleren. Hoe kan ze daar binnen leven op die manier?*

B: Er is een gat in de hoek van de kamer voor haar, om te zorgen voor haar lichaamsfuncties. En er is nog een andere opening in de kamer, die is in het dak van de kamer. Het is hoog boven haar, waar ze het niet kan bereiken. En met een touw en een haak, laten ze een kan water voor haar zakken. En ze geven haar voedsel door die opening waar ze haar hebben ingemetseld. De opening is wijd genoeg om gevouwen kleren door aan te geven, maar we weten niet of ze die draagt of niet.

D: *Dat bedacht ik mij al. Het zou erg moeilijk zijn voor iemand, om in een kamer te leven zonder contact te hebben. Het klonk nogal drastisch.*

B: De situatie was erg verslechterd. Woorden kunnen niet beschrijven, hoe slecht het met haar ging. Je wist nooit wanneer haar humeur kon toeslaan. Haar ogen zagen er altijd vreemd uit. Ze kon gewoon ergens heel kalm zitten en zich bijna normaal gedragen. En vanuit het niets... kon ze zich ineens heel snel omdraaien en je proberen neer te steken.

D: *Denk je dat dingen anders waren gelopen, als ze getrouwd was geweest? (Nee) Ik dacht, dat het misschien uit frustratie zou kunnen zijn.*

B: Ik denk, dat het gewoon een verlengstuk was van het slechte humeur dat ze altijd al toonde. Vrouwe Joslyn was in principe niet helemaal goed in haar bovenkamer. En ze kon haar humeur nooit onder controle houden. En had passies en buien die ze in een negatieve richting stuurde. En het overweldigde haar.

D: *Hoe zit het met de nieuwe heer? Vertoont hij enige tekenen van zulke dingen?*

B: Nee. De nieuwe heer heeft die toren laten dichtmetselen en niemand kan erin of eruit. En de nieuwe heer heeft andere interesses.

D: *Hoe zit het met de Inquisitie? Is die nog steeds actief in jouw land?*

B: Ja. Ik vermoed eigenlijk dat de Inquisitie hier nu is. Een paar vreemde heren kwamen hier een paar dagen geleden het grote huis bezoeken. En in plaats van de normale dingen te doen die heren doen wanneer ze hier op bezoek zijn, jagen en zulke dingen, bleven ze maar vragen stellen en met iedereen praten en in de buurt van de verblijven van de bedienden rondneuzen. Dus ik vermoed dat zij de Inquisitie zijn.

D: *Dan zijn het geen echte priesters?*

B: Het zijn priesters in vermomming, want de priesters hebben veel geld. Het is gemakkelijk voor hen om zichzelf te vermommen met dure kleren.

D: *Maar natuurlijk, je moet sowieso altijd bedacht zijn op elke vreemdeling, of niet?*

B: Ja. Ik ben alleen bang dat iemand iets zal loslaten.

D: *Ja, je moet extra voorzichtig zijn op dit moment. Ik vroeg mij gewoon af of zij nog steeds actief zijn. Het is niet voorbij dan. Maar ben je redelijk gelukkig in jouw leven?*

B: Ja. Mijn echtgenoot is goed voor mij. En ik ben goed voor hem. En we werken goed samen aan rituelen.

Ik besloot haar te verplaatsen naar iets belangrijks dat later zou plaatsvinden. Ik had een ongemakkelijk gevoel dat de Inquisitie haar te pakken zou krijgen. Ik gaf haar instructies om als er iets vervelends te zien zou zijn, om dat dan met objectiviteit te kunnen aanschouwen. Ik had dit gevoel door dit hele verhaal heen al gehad, dat ze niet in staat zou zijn om aan een definitieve confrontatie met hen te kunnen ontsnappen. Ik kon mij niet voorstellen, dat zij deze geheimzinnige levensstijl zou kunnen hebben in die periode en daarbij oud zou worden. Doordat zij vermeldde, dat er hernieuwd activiteit van de Inquisitie plaatsvond en door haar terughoudendheid daaromtrent, voelde ik aan dat het moment nabij was. Ik telde tot drie en verplaatste haar vooruit in de tijd.

B: Ik heb mijn brood gebakken en ik heb het net uit de oven gehaald. En iemand klopt op de deur. Ik ga erheen en doe de deur open. En één van de bezoekers staat daar. Hij komt binnen en wil met mij praten. En ik vraag hem, waarom hij zou willen praten met iemand van zo'n lage komaf als ik. Je begrijpt dat ik dat niet echt denk, maar ik moet dat zeggen zodat hij niet achterdochtig wordt. En hij begint opmerkingen te maken over dingen die hij vermoedt, maar hij is eigenlijk aan het vissen voor informatie.

D: Om te zien wat je zult antwoorden?

B: Ja. Dus ik doe net alsof ik heel erg dom ben. En doe net alsof ik niet helemaal goed bij mijn hoofd ben. Er zijn er bij, die niet helemaal goed bij hun hoofd zijn en die dingen niet zo goed weten. Ze kunnen niet heel erg goed praten.

D: Dat is altijd een veilige methode.

Ik draaide de tape om, voordat het echt aan het einde zou zijn, want ik wilde niet dat de tape zou aflopen op wat zo'n cruciaal moment leek.

D: Wat gebeurde er toen?

B: De heer, de man daar, hij krijgt geen antwoorden van mij. En ik kan merken dat hij boos begint te worden. En hij zal gevaarlijk gaan worden. Maar als ik hem vertel wat ik weet, dan zal het nog erger worden.

D: Maar hij zou kunnen denken, dat je gewoon dom of idioot bent.

B: Dat zou kunnen, ware het niet dat hij heeft gehoord over mijn reputatie dat ik in staat ben om mensen te genezen.
D: *Denk je dat iemand iets gezegd heeft, dat ze niet hadden moeten zeggen?*
B: Ja. Ik denk dat één van de kinderen dat misschien heeft gedaan. Eén van de kinderen hier op deze plek, niet één van de mijne, maar een kind van iemand anders heeft per ongeluk wat losgelaten.
D: *Ja, kinderen zijn onschuldig op die manier. Het is moeilijk. Gelooft hij jou dan niet?*
B: Nee. En daarom wordt hij gewelddadig en hij begint mij te grijpen en te slaan. En hij scheurt mijn kleren open. En hij wordt erg gewelddadig.

Dit werd allemaal op een hele kalme, afstandelijke manier verteld, zonder enige emotie. Klaarblijkelijk volgde ze mijn instructies om objectief te blijven, zodat ze er geen last van zou hebben. Ik was er dankbaar voor, dat ze deze manier had gekozen om er verslag van te doen.

B: En dus... op een gegeven moment grijpt hij... ik heb deze ijzeren staaf die ik gebruik om het vuur op te stoken in de open haard. Hij grijpt hem en steekt deze in het vuur om hem heet te maken en dreigt om mij ermee te verbranden, als ik hem niet vertel wat hij wil weten.
D: *Maar is het in orde voor jou om het op deze manier te observeren? (Ja) Het is niet zo pijnlijk.*
B: Nee, ik zweef erboven en zie wat er gebeurt.

Dit kon de afstandelijkheid verklaren. Ze had de vaardigheid om haar lichaam te verlaten door jarenlange oefening met haar religie. Misschien had ze verkozen dit zo te doen, toen de pijn begon.

D: *Ik wil het je niet ongemakkelijk maken. Daarom vroeg ik jou om objectief te zijn. (Ja) Ik probeer aardig voor je te zijn.*
B: Ja. Deze man is door het dolle heen. Hij beleeft genoegen aan pijn. En hij begint striemen te maken op mijn armen en benen met deze hete pook. En uiteindelijk verkracht hij mij. Maar de manier waarop hij mij verkracht is niet de normale manier. Wat hij doet, is dat hij de hete pook neemt en ... die in plaats daarvan in mij

steekt. En terwijl hij dat doet ... want hij heeft mij vastgebonden ... terwijl hij dat aan het doen is met zijn ene hand, bevredigt hij zichzelf met zijn andere hand. En hij geilt erop, dat ik zoveel pijn heb. Omdat hij mijn geslachtsdelen met deze hete pook bewerkt.
D: Ja, dat is pervers.

Ik vond dit hele mentale plaatje verschrikkelijk weerzinwekkend.

B: En hij komt overal over mij heen, terwijl ik overeind kom van de pijn. En na afloop is hij kwaad, omdat hij nog steeds niets van mij heeft gehad. En dus verliest hij volledig zijn kalmte. Hij neemt de gloeiendhete pook weer en hij slaat mij ermee op mij heel keel. En de manier waarop hij dat doet, verbrijzelt mijn luchtpijp. En ik sterf door verstikking.

Ze beschreef de volledige verschrikkelijke episode met totale afstandelijkheid, zonder enige emotie.

D: Hij kreeg dus geen verdere genoegdoening. Dat is een verschrikkelijk pervers persoon.

Zijn woede werd misschien nog meer aangewakkerd, als zij daadwerkelijk uit haar lichaam was getreden en niet de normale reacties van doodsangst vertoonde, die hij nodig had om zijn perverse verlangens te voeden. Dit kan er ook de oorzaak van zijn geweest dat hij daardoor woedend naar haar uitviel, omdat ze hem niet de volledige bevrediging had bezorgd die hij had gezocht. Hij voelde zich waarschijnlijk onbevredigd.

D: Was je alleen thuis toen dit gebeurde? (Ja) En nu zweef je erboven terwijl je toekijkt? (Ja)

Daar was ik dankbaar voor. Ik was blij dat ze zo'n gruwelijke dood niet opnieuw hoefde te beleven.

D: Wat gebeurt er? Wat doet de man daarna?
B: Nou, hij bedekt zijn geslachtsdeel. En hij legt de pook terug bij de openhaard. En hij laat mij gewoon achter waar ik lig. Hij vertrekt en hij sluit de deur achter zich, zoals hij hem in het begin aantrof.

En hij gaat terug naar het grote huis alsof er niks is gebeurd. En dan komt mijn echtgenoot thuis en hij ontdekt mijn lichaam. De kinderen zijn buiten op het veld met de andere kinderen. En die zijn dus nog niet thuisgekomen.

D: *Dat zij er niet waren, was tenminste nog goed.*

B: Ja. En mijn echtgenoot ontdekt mijn lichaam en hij weet onmiddellijk wat er is gebeurd, door de staat waarin mijn lichaam verkeert. En hij probeert te bedenken wat hij eraan kan doen. Want, tenzij hij bereid is om zich te laten vermoorden in het proces, hij kan zelf geen directe fysieke actie ondernemen tegen de man. Dus wat hij doet, is dat hij een vergadering belegt met onze hele groep. En twee van de sterkere mannen lokken de man weg van het huis. Ze vertellen hem dat ze wat informatie voor hem hebben. Dat er een jong meisje is, dat hem informatie wil geven. En dus vertellen ze hem, dat hij hen op een bepaalde plek moet ontmoeten. En ze ontmoeten hem en ze nemen hem mee in het bos, waar de rest van de groep al op hem wacht. Maar het is ver genoeg weg van het grote huis, zodat niemand kan horen wat er gebeurt. En ze binden hem vast op een grote steen, armen en benen gespreid, zodat hij zich niet kan bewegen. En ze zullen erachter komen wat er met mij is gebeurd. En dus... moeten ze hun toevlucht nemen tot pijn om het uit hem te krijgen.

D: *Dan waren ze er behoorlijk zeker van, dat hij degene was?*

B: Ja, dat konden ze weten. Eén van zijn handen zat in het verband vanwege een brandwond, want zijn hand was uitgegleden op een bepaald moment en hij had zichzelf verbrand met de pook, waarmee hij mij aan het bewerken was.

D: *En je zei, dat ze hun toevlucht moesten nemen tot pijn. Dat is normaal gesproken niet de manier hoe jouw mensen werken, toch?*

B: Nee, dat is het niet. Ze hebben eerst andere manieren geprobeerd. En hij weigerde om hen iets te vertellen. En dus besloten ze dat hij sowieso moest sterven, want mensen die zo ziek zijn als hij is, zouden niet mogen leven. De pijn die zij toepasten, was voornamelijk mentale pijn in plaats van fysieke pijn. Maar ze moesten wel enige fysieke pijn toepassen. In het begin waren ze niet van plan veel te gebruiken. En toen zagen ze dat de hoeveelheid pijn die ze toepasten, wat genoeg zou zijn voor een gewoon mens om als onprettig en pijnlijk te worden ervaren, dat deze man daar genot aan beleefde.

D: *Maar hij was toch al pervers.*

B: Ja. En dus moesten ze veranderen wat ze aan het doen waren. En ze ontdekten door hem, wat hij mij had aangedaan. En ze ontdekten dat hij onderdeel uitmaakte van de Inquisitie. En dus wisten ze dat als ze hem zouden laten gaan, dat hij hen allemaal zou vermoorden. En dus ... gingen ze door en vermoordden hem. Nadat ze hadden ontdekt wat ze wilden weten.

D: *Nee, dit is niet de normale manier van jouw mensen. Maar soms is het iets dat niet kan worden vermeden.*

B: Dat is waar. Ze gingen door en begroeven hem. En ze spraken enkele spreuken uit over zijn graf, zodat het nooit zou worden gevonden.

D: *Hoe voel jij je over alles wat er is gebeurd?*

B: Het spijt mij dat mijn mensen zichzelf zo moesten bevuilen, door zelf de tactiek van de Inquisitie toe te passen.

D: *Op een bepaalde manier maakte hen dat gelijk, of niet?*

B: Een beetje. Echter moet ik toegeven dat degenen die hun toevlucht namen tot het gebruik van pijn, de jongeren waren die ongeduldiger waren. De ouderen wisten dat zij dit konden doen, door mentale marteling toe te passen in plaats van fysieke marteling.

D: *Maar denk je dat het gerechtvaardigd was?*

B: Dat is moeilijk te zeggen. Want toen hij niet terugkeerde naar het grote huis, werden de anderen achterdochtig. En ze bleven langer, dan dat ze anders hadden gedaan.

D: *Om te ontdekken wat er met hem was gebeurd.*

B: Ja. En uiteindelijk besloten ze dat het wat struikrovers waren geweest die hem te pakken hadden gekregen.

D: *Dat zou sowieso een veilige aanname zijn geweest. Het zou veiliger voor jouw mensen zijn. (Ja) Nou, hoe voel jij je over wat er met je is gebeurd? Ik bedoel, ben je er boos over? Of hoe voel jij je emotioneel, over wat er is gebeurd?*

B: Ik voel mij verdrietig, want ik voelde niet dat mijn tijd al tot een einde was gekomen. Ik had andere dingen te doen. En ik voel mij verward. Waarom ik? Waarom ik? Ik had deze man nooit iets aangedaan.

D: *Ja, je was een erg zachtaardig persoon. Maar voel je woede?*

B: Woede, nee. Dat zou ik gemakkelijk kunnen. Maar het zou niks helpen. Het zou de cyclus alleen maar opnieuw beginnen.

D: Ja. *Je zou slecht karma creëren, zogezegd, dat zou later weer terugbetaald moeten worden. Als je dat woord kent.*

B: Ik begrijp het concept. En wat er is gebeurd is, heeft mijn karma niet nadelig beïnvloed, maar heeft slechte dingen veroorzaakt voor zijn karma.

D: *Het spijt mij heel erg wat er is gebeurd. Maar ik heb zo'n intiem contact met je gehad, dat ik wilde weten wat er met je gebeurd is. Ik waardeer dat je het mij erover hebt verteld. En ik ben blij dat je het op deze manier hebt gedaan, zodat je het niet hoefde te voelen.*

B: Ja, het was erg pijnlijk, en het was ook te veel.

D: *Maar het was niet pijnlijk om het alleen maar te observeren. Ik ben blij dat je deze manier hebt gekozen om het te doen. (Ja) In orde. Laten we weggaan van deze zeer pijnlijke en droevige scene. Laten ervan weggaan en ervan af, naar boven zweven. Ik wil dat je naar boven zweeft door de tijd heen, naar wanneer je nu leeft in dit leven als Brenda. En in staat bent, om objectief vanaf dit punt naar dat leven te kijken. Dit is 24 juni 1986. En je kunt de patronen nu gemakkelijker zien. Is er iemand in dat leven, die je nu kent in dit leven als Brenda? Waarmee je een relatie kunt waarnemen?*

B: Laat mij even kijken. Het patroon is erg gecompliceerd.

D: *Dat is het zeer zeker. En er waren veel mensen bij betrokken.*

B: De heer van het landgoed is bij dit leven betrokken. Ik probeer het verband te volgen door mijn vader.

D: *En hoe zit het met Vrouwe Joslyn? Heb je een relatie met haar in deze tijd? Heb je haar gekend?*

B: (Pauze) Nog niet.

D: *Want het lijkt mij dat daar een hoop karma is, vanwege de manier waarop ze jou behandelde.*

B: Ja, daar is veel karma mee gemoeid. Maar een deel ervan is opgelost in bepaalde tussenliggende levens. En er zal nog wat meer worden uitgewerkt in toekomstige levens. Ze is nog niet bij dit leven betrokken geweest. Het is moeilijk om te zien, of dat wel of niet zal gebeuren.

D: *Ik zou hopen dat dit niet het geval is. (Ja). Nou, en hoe zit het met de twee mannen in haar leven? Zie je enige relaties met hen in dit leven?*

B: Laat mij even kijken.

Eén ding dat het gecompliceerd maakt, is dat ze in dit huidige leven een knooppunt heeft bereikt. Waar alle lijnen samenkomen en dan uitkomen in nieuwe patronen.

B: (Pauze) Laat mij even kijken. Roff was kort in haar leven. Hij volgde weer een vergelijkbaar patroon. Hij was degene die bekend staat als Rick. En in dit huidige leven gaat het met degene die bekend staat als Rick, niet goed met het uitwerken van zijn karma. Hij voegt er alleen maar een beetje meer aan toe. Zowel positief als negatief. Gundevar is in dit leven. Hij heeft moeite met het uitwerken van zijn karma. Want in dat leven was hij toegewijd aan Astelle en toen Astelle op brute wijze werd vermoord, verscheurde hem dat vanbinnen en hij kon het bijna niet onder ogen zien. En hij wilde er niet weer doorheen. En elke keer dat deze twee zielen elkaar sinds dat leven in andere levens ontmoetten, trok Gundevar zich altijd in pijn en met afschuw terug om de karmische connectie uit de weg te gaan. Want Gundevar wil niet opnieuw een dergelijke pijn beleven.

D: *Ik kan begrijpen waarom.*

B: Hij is bang dat het opnieuw zal gebeuren.

D: *Nou, er werd ons verteld dat als we naar dit leven zouden kijken, dat Brenda dan de problemen zou begrijpen die ze in haar liefdesleven ervaart.*

B: Ja. Gundevar is degene die bekend is als John. En Gundevar is bang om betrokken te raken bij deze karmische connectie en het karma daar op te lossen. Gundevar moet zijn karma oplossen. Hoe eerder hij daarmee begint, hoe beter het voor hem zal zijn. En het ziet er dus veelbelovend uit dat hij het in dit leven zal oplossen. Maar hij zou kunnen beslissen om verder te gaan en weer te wachten tot het volgende leven. Maar hij heeft diverse kansen gehad in vorige levens om het op te lossen. En elke keer wordt het een beetje minder pijnlijk voor hem. En komt hij een beetje dichterbij het oplossen van het karma, voordat hij er weer van wegloopt.

D: *Nou, ik denk dat je er heel goed aan hebt gedaan om hiernaar te kijken en te proberen te begrijpen wat er aan de hand is. En als je er over nadenkt, dan zul je waarschijnlijk nog meer gaan begrijpen. We moeten het hier voor nu, bij laten. Maar ik waardeer dat je mij dit verhaal hebt gegeven. En ik hoop dat als je er over nadenkt, dat je dan in staat zult zijn om een groot deel van je leven uit te vogelen, wat dan op zijn plek zal vallen en wat hier dan ook een verklaring voor zal geven. (Ja) Ondanks dat het een gewelddadig leven was, het had bepaalde onderdelen waar je van kunt leren.*

(Het subject wordt teruggebracht.) Ze had bepaalde vreemde fysieke reacties nadat ze wakker werd, ondanks de instructies voor mentaal en fysiek welzijn. Ik neem aan dat de dood zo gewelddadig was, dat het toch nog wat emotioneel residu achterliet.

Terwijl ze uit haar trance kwam, viel mij een bijzonder fysiek fenomeen op, dat ik een paar keer eerder in het verleden heb geobserveerd. Om een bepaalde reden in de andere gevallen, betrof het hier ook het nek-gebied. Ik bemerkte een rode vlek die op haar hals verscheen, ter hoogte van haar strottenhoofd. Een rood gebied ter grootte van ongeveer tweeëneenhalve vierkante centimeter. De andere gevallen hadden te maken met ophanging en die hadden een wijdere vlek op de keel achtergelaten. Ik maakte mij er niet al te druk om, want in de andere gevallen verdwenen de tekenen, na de eerste shock en verrassing, na ongeveer vijf minuten, zonder langdurig effect achter te laten. Dit keer toen zij wakker werd, wist ze niks van het merkteken, maar had zij last van haar ademhaling. Ze zat rechtop en schraapte haar keel en hoestte. Ik zette de bandrecorder weer aan en nam haar reacties op. Ze zei dat ze moeite had met ademhalen. "Ik kan gewoon niet ademhalen. Ik krijg geen enkele lucht binnen."

Ik zette de bandrecorder af om naar haar hals te kijken. Ik gaf haar suggesties dat het merkteken en het ongemak snel zouden verdwijnen. Terwijl ik toekeek, verdween de roodheid geleidelijk en leek haar hals er weer normaal uit te zien. Ze leek gemakkelijker te ademen en toen ze zich weer comfortabel voelde, sprak ze over enkele scenes die zij zich herinnerde uit de sessie. Ik wilde enkele herinneringen horen, voordat ik haar over haar dood zou vertellen. Het enige dat zij zich bewust kon herinneren uit de sessie, was dat ze een openhaard zag en een mixschaal met daarin wat deeg. En het hele plaatje had een bruin aura, wat ze maar een depressieve kleur vond. Dit komt vaker voor bij subjecten die de somnanmbulistische (slaapwandelaar) staat hebben ervaren. De enige herinneringen zijn meestal aan het begin of aan het allerlaatste einde van de sessie en ze lijken vaak op droombeelden. Ze vervagen ook net zo snel, als dromen vervagen wanneer je wakker wordt.

Ik vertelde haar toen waar de sessie en de dood over gingen. Ik vond het interessant, dat de rode striem was verschenen op dezelfde plaats waar Astelle werd geslagen met de hete pook. Haar initiële reactie dat ze niet had kunnen ademen, was binnen een paar seconden vervaagt. De striem bleef iets langer, een paar minuten, voordat deze vervaagde. Ze vond mijn beschrijving van haar gruwelijke dood afschuwelijk, maar ze had er geen persoonlijke reactie op. Het was alsof ik haar vertelde over een film die ik had gezien. Maar ze vertelde wel, dat ze een moedervlek had op een zeer ongebruikelijke plaats. Een donkere moedervlek op het vlezige deel van haar geslachtdelen.

De Astelle die ik mij zal herinneren, is niet de tragische figuur die zo vreselijk stierf door de hand van een meedogenloze inquisiteur. Degene die voor altijd in mijn geheugen staat gegrift, is dat zachtaardige meisje met gouden haren, die haar eenhoorn bereed over de top van de regenboog naar een land van vrede en schoonheid aan de andere kant.

Sectie 3
Meer Levens met Karen.

Hoofdstuk 12
De Minstreel, deel 1
(opgenomen op 13 mei 1983)

We hadden zojuist het leven van de vrouwelijke Druïde achter ons gelaten. Ze was net overleden.

D: *Laten we nog eens zo'n honderd jaar teruggaan in de tijd. Laten we naar de jaren 600 gaan, helemaal daar naartoe. We gaan ongeveer nog eens honderd jaar terug in de tijd vanaf dit leven, waar je het zojuist over hebt gehad. 1, 2, 3, wat ben je aan het doen?*
K: Ik zet snaren op mijn harp.
D: *Bespeel je de harp?*
K: Jawel. Ik doe een poging. (Er kwam een accent door.)
D: *Dat is een mooi instrument. Is het moeilijk?*
K: Het heeft zijn fijne kneepjes.
D: *Bespeel je het al lang?*
K: M'n hele leven.
D: *Is het een grote harp of een kleine harp?*
K: Het is een schootharp.
D: *Een schootharp? Ik heb er wel eens gezien die heel erg groot zijn. Het is er niet zo één?*
K: Nee. Het is niet echt een harp die ver draagt, maar het is er zo één die je zou gebruiken voor een optreden in een grote hal, zodat iedereen in de hal het zou kunnen horen. (Een erg sterk [Iers?] accent.)
D: *Ben je een man of een vrouw?*
K: Ik zij een man.
D: *Gij zijt een man. Wat is uw naam?*
K: Het zij O'Keefe.
D: *O'Keefe? In welk land zijn we?*

K: 't Is Erin. (Ze zei het zo snel dat het samensmolt. Ik liet haar het herhalen. Ik dacht dat het Er was of misschien Ierland.) Het is genaamd Erin. (Zeer uitdrukkelijk.)
D: Okay. Het was alleen beetje moeilijk om je te verstaan. Hoe oud ben je ongeveer?
K: Hm, ik ben misschien vierentwintig, misschien vijfentwintig.
D: Dan ben je een jonge man.
K: Ik zij in mijn middeljaren.
D: Is dit wat je doet om van te leven, de harp bespelen? (Jawel) Waar ga je heen om de harp te bespelen?
K: (Lach) Waar ga ik niet heen? 't Is een bard** wat ik van beroep ben.

**Bard: een dichter-zanger uit een stam die bedreven is in het componeren en het voordragen van gedichten over helden en hun daden. **

D: Oh, bedoel je dat je overal naartoe reist en muziek maakt, overal waar je heengaat?
K: Jawel. Ik vertel de liederen over wat er gebeurt en verhalen van vergane glorie en wat men maar wil horen.
D: Ga je naar de steden of de kastelen-gebruik ik de juiste woorden-of zoiets?
K: Ik ga naar de donjons en de herbergen. En soms zijn er bijeenkomsten.
D: Overal waar er mensen zijn? (Jawel) Betalen ze jou om dit te doen?
K: Oh, jawel, anders zou ik niet spelen. Soms is het alleen mijn maaltijd en een plaats om 's nachts te slapen. Andere keren betalen ze mij in gouden munten. Maar ik kan ervan leven.
D: Maar heb je geen normaal huis waarin je woont?
K: Nee. Mijn huis is waar ik mijn hoofd neervlij.
D: Hoe reis je?
K: Meestal ter voet.
D: Oh, ik dacht dat je misschien een paard zou hebben of zoiets.
K: Af en toe slaag ik erin genoeg geld te verdienen om mij een paard te veroorloven, maar ach, dan gebeurt er meestal wat. En soms maak je slechte tijden mee, dus vertrouw ik op mijn voeten.
D: Is dat niet moeilijk dan? Moet je ver lopen?

K: Soms zijn er lange wegen om te bewandelen, ja. En soms slaag je erin om een rit te krijgen van iemand die medelijden met je heeft of dit soortdingen. Maar het is niet slecht.

D: *En dan rijd je op een paard met iemand anders?*

K: Jawel, op een paard of misschien een wagen met een boer misschien.

D: *Hoeveel harpen neem je met je mee?*

K: Ik heb mijn eigen reisharp die ik draag. Deze is—het hoort thuis in de hal, en ik gebruik hem voor dit optreden. Maar het zijt niet van mij.

D: *Neem je er dan maar één mee? (Jawel) En op andere plaatsen, kun je dan harpen van andere mensen gebruiken?*

K: Meestal gebruik ik mijn eigen, tenzij het voor een optreden is zoals dit. Als er een grote hal is om in op te treden, dan zou een kleine reisharp niet groot genoeg zijn, om hoorbaar te zijn. Maar het dient mij goed.

D: *Het zou niet luid genoeg zijn. (Nee) Je zei dat jij je aan het klaarmaken bent voor een optreden? Ga je er vandaag één doen?*

K: Vannacht, jawel.

D: *Waar gaat dat plaatsvinden?*

K: In de hal hier!

D: *Waar zijn we? (Pauze) Deze plaats, waar je dit optreden gaat verzorgen.*

K: Het zij de donjon O'Connor.

D: *De Donjon O'Connor? Is het in iemands huis? (Ik wist niet of 'huis' het juiste woord was om te gebruiken.) (Jawel).*

**De Engelse term die overeenkomt met het Franse donjon, hetgeen wordt gebruikt voor het sterkste deel van de versterking van een kasteel, het laatste toevluchtsoord in het geval van een belegering of een aanval. De donjon was een enkele toren of een groter versterkt bolwerk. **

D: *Zullen er veel mensen zijn?*

K: Oh, waarschijnlijk.

D: *Is het een speciale gelegenheid of zo?*

K: Het is een bijeenkomst. Iedereen... ze houden deze zo af en toe. Er is recentelijk een oogst geweest en iedereen is klaar met zijn werk, en 't is tijd om een beetje plezier te maken.

D: *Zal er nog meer entertainment zijn, behalve jijzelf?*
K: Ah—er zijn—acrobaten (had moeite om dat woord te vinden) en jongleurs en—een paar op de fluit. Dat soort dingen, ja.
D: *Dan zal er een hoop vermaak zijn. Klinkt alsof het een grootse avond zal worden.*
K: Het zal niet slecht zijn.
D: *Denk je, dat ze je goed zullen betalen deze keer?*
K: Jawel. Ik zal er waarschijnlijk een zak zilver voor krijgen.
D: *Oh, dat zou goed zijn, of niet? Ga jij je speciaal kleden voor de gelegenheid? Of heb je bepaalde kleren bij je?*
K: Ik ben gewoon gekleed in mijn beste blauwe (blauw en het volgende woord was onduidelijk) en het is een tuniek met broek en laarzen.
D: *Draag je iets op je hoofd?*
K: Ik heb een hoed, ehm.
D: *Dit zijn je beste kleren?*
K: 't Is wat ik heb.
D: *(Lach) Je kunt niet veel meenemen, of wel, als je moet lopen? (Nee) Wat doe je met eten?*
K: Meestal speel ik voor mijn eten, of soms vang ik een konijn of iets, als ik ergens in het midden van nergens ben. [middle of nowhere nu echt letterlijk vertaald, het klinkt nu heel erg toepasselijk en ouderwets].
D: *Oh, heb je wapens?*
K: Ehm, heb een touw en een snaar.
D: *Dat is genoeg om iets mee te vangen? Okay. Nou, waar haal je de liedjes vandaan, die je zingt?*
K: Soms verzin ik ze, en er zijn er die andere harpspelers [harpers] hebben verzonnen. En harpisten komen samen en wisselen liedjes, geheimen en stukjes en beetjes nieuws uit, van waar ze ook maar zijn geweest.
D: *Oh. Dan zijn dit sommige van de liederen, die verhalen over dingen die hebben plaatsgevonden? (Jawel) En je hebt er zelf ook verscheidene bedacht?*
K: Een paar.
D: *Welke ga je vanavond uitvoeren? Heb je ze al uitgekozen?*
K: Niet echt. Het hangt ervan af hoe het publiek reageert. Ik ben niet de eerste die opgaat, waarnaar geluisterd wordt. Meestal wordt de

harpist tot het laatst bewaard. En ik zie wel wat het publiek verwacht.

D: *Zing je af en toe liefdesliedjes?*

K: Af en toe. Wederom, het hangt van het publiek af. De meeste mannen wensen te horen over moedige daden die zijn verricht. Natuurlijk willen de dames over geliefden horen, maar ach, gewoon datgene wat hen het meeste raakt.

D: *Dan zul je het vanavond pas weten. Okay. Laten we vooruitgaan naar de avond van je optreden en je optreden vindt nu plaats. Wat ben je nu aan het doen?*

K: Ik zing gewoon een liedje.

D: *Okay. Zing het voor mij.*

Ik dacht dat dit een onverwachte kans zou zijn om te kijken of we dit zouden kunnen doen. Ik vertrouw altijd op mijn intuïtie, want deze gelegenheden doen zich onverwacht voor. Ik weet nooit of iets mogelijk is, totdat ik het probeer. Ik vroeg mij af, of we in staat zouden zijn om een vorm van muziek te verkrijgen. Het zou de eerste keer zijn.

D: *Wat voor soort lied is het?*

K: Ik weet het niet. Het is gewoon een lied.

D: *Over moedige daden, of wat? Ga je gang en zing het, zodat ik het ook kan horen.*

K: Ah, je wilt mijn stem toch niet horen. Zo goed is het niet.

D: *Oh, ja. Laat het maar horen. Ik ben toch net zo goed als zij, of niet?*

K: Begint te zingen. (Lied #1.) Het eerste deel is in het Engels: "Er was een jongeman, een goede jongeman. Hij was van plan een dame het hof te maken."

De rest (opgenomen tot veertig seconden) was beslist geen Engels, maar een andere taal. Een goede melodie en de woorden leken een bepaald patroon te volgen. Ik denk niet dat het onzin was.

Ik heb hier een theorie over. Klaarblijkelijk gebruikt het subject onder regressie zijn brein (of het mijne?) om vanuit andere talen te vertalen. Dit zou het zoeken naar woorden kunnen verklaren, dat soms plaatsvindt. Misschien is muziek anders. Het is misschien moeilijker om te vertalen. Ze begon met vertalen, maar schakelde toen over. Velen van ons zingen liedjes automatisch in een andere taal. Misschien is dit natuurlijk, en aangezien het moeilijker is om poëzie of muziek te vertalen, liet hij het gewoon in de natuurlijke staat. Dit fenomeen zal dieper onderzocht moeten worden. (Deze liederen zullen beschikbaar zijn om te downloaden via een link aan het einde van dit hoofdstuk.)

D: *Oh, dat is erg goed. Die vind ik leuk. Die is erg goed. Vonden de mensen het leuk?*
K: Ze leken er in de juiste stemming voor te zijn, jawel.
D: *Is dit er één die je zelf hebt bedacht? (Jawel) Het is mooi. Ik vind het leuk.*
K: Het is niet slecht.
D: *Doe je meer dan één lied tijdens je optreden?*
K: Jawel. Meestal doe ik er tweeëntwintig, misschien meer. Ze willen allemaal iets anders horen.
D: *Ga je nog een andere zingen, naast die ene?*
K: Jawel, ik zal er veel meer zingen.
D: *Kun je een andere voor mij zingen?*
K: Jawel, laat me hier eens denken.
D: *Want je zult wel snel moeten denken als je een optreden doet, is het niet?*

Ze begint onverwacht in een andere taal te zingen.) Lied # 2. Opgenomen tot zevenentwintig seconden.)
Dit was heel opwindend. Ik was teruggereisd in de tijd en was werkelijk aanwezig, terwijl een minstreel optrad. Het was zo opwindend om werkelijk muziek te horen in een onbekende taal. Ik wist dat ik tegen iets zeer origineels en waardevols was aangelopen.

D: *Oh, die vind ik ook leuk. Welke taal is dat?*
K: Het zijt Kelt.
D: *Oh! Waar gaat het lied over?*
K: Het verhaalt over hoe een jongeman een lange tijd geleden eens een draak zag. En die bedreigde een dame en dus moest hij erop uit trekken, om deze te doden. En het gaat zo voort en voort.
D: *Dat is dan een lied over moed toch, over moedige daden?*
K: Jawel, ik veronderstel dat je dat zou kan beschouwen. Misschien een liefdeslied, misschien. Ehm.

D: Ik kon de woorden niet verstaan. Dat is een taal die ik niet ken. Is dat er één die jij hebt verzonnen?
K: Nee, het is er één die over 'n langere tijd is doorgegeven.
D: Dat is er dan één die je vaak zingt.
K: Op tijden.

Een ander interessant fenomeen vertoonde zich, terwijl ze aan het zingen was. Ze bewoog haar handen alsof ze een harp aan het bespelen was, die rechtop in haar schoot lag. Haar vingers plukten onzichtbare snaren, en haar rechterduim streek dwars over alle snaren in perfecte timing met haar zingen.

D: Nou, denk je dat ze je vanavond een zak met goud zullen geven?
K: Nee, het kan zilver zijn, misschien. Als ik geluk heit.
D: Een zak met munten dan toch. (Jawel) Oh, dat is goed. Ik denk dat je dat verdient. Ik hou van je stem. En je zei dat het erop lijkt, dat mensen het leuk vinden?
K: Ze leken behoorlijk blij te zijn, maar iedereen is natuurlijk stomdronken aan het worden, dus heel binnenkort zullen ze niet meer in staat zijn om het te begrijpen.
D: Omdat jij als laatste bent. Tegen die tijd zijn ze heel erg dronken, of niet? (Ik lachte.)
K: Er zijn er bij die behoorlijk nuchter blijven, omdat de harpist nieuws brengt van overal vandaan. En het is alsof je je eigen boodschapper hebt, weet je, vanuit verschillende delen.
D: Oh, ja, omdat je overal naartoe reist, en je op de hoogte bent van alles wat er gebeurt. (Jawel) Nou, hoe breng je het nieuws? Zing je dat of...
K: Het meeste ervan, ja. Soms zeg je het en je bespeelt gewoon de harp terwijl je praat. En je vertelt hen wat er aan de hand is, en wie wat doet en wie er gaat trouwen en ...
D: Oh. Hoe doe je dat? Kun je mij dat laten zien? Zoals vanavond, als je zou vertellen wat er is gebeurd, het laatste nieuws.
K: Nee. Misschien, ah, ze zouden vanuit diverse provincies vragen wat er speelt, en het zou maar doorgaan over—Ik weet niet. Het komt tot me.
D: Nou, als je het zou bespreken, hoe zou je het zeggen?

K: Ik zou het misschien in een heel erg zangerige stem vertellen, zodat het allemaal lijkt te rijmen, en het komt allemaal samen, en de muziek voegt er dan gewoon nog wat aan toe.

D: Is het moeilijk om de rijm zo te bedenken?

K: (Lach) Soms.

D: (Lach) Je moet het snel doen, zonder er van tevoren over na te denken. (Jawel) Het lijkt mij dat het moeilijk is, om dat allemaal te laten rijmen.

K: Nou, als het dan niet rijmt, dan moet je het tenminste laten klinken alsof het allemaal wel goed bij elkaar past.

D: Ik denk dat dit moeilijk is om te doen. (Jawel) Je bespeelt ook de harp. Dat is ook een talent, dat moeilijk is om te doen. Niet iedereen kan zulke dingen doen.

K: Dit is waar.

D: Om het te zingen en dingen te laten rijmen en de muziek te spelen. Je zei dat er ook fluiten waren. Spelen zij samen met jou, of...?

K: Meestal speelt een harpist alleen.

D: Je zei dat dit een donjon was. Deze mensen die hier wonen, hebben zij een titel? Weet je wat een titel is?

K: Je bedoelt dat het heren zijn of zo...?

D: Ja, zoiets.

K: Laat mij even denken hier. De O'Connell is gewoon de O'Connell. Ik bedoel, hij zijt, ah, als de achterkleinzoon of zoiets. Misschien zoiets als één of andere broer van de koning.

D: Denk je dat hij zoiets als een aanvoerder is?

K: Ah. Dat is ongeveer zo dichtbij als je kunt komen, want de O'Connell was zijn over-over-over-grootvader of wat er dan ook maar koning was van Ierland. En weet je, dat is hoe hij zijn positie heeft gekregen, als het ware.

D: Wel, in jouw land nu, hebben ze een koning?

K: Ehm, de laatste keer dat ik er over hoorde, ah, jawel.

D: Ik vroeg mij af, of ze één of andere heerser hadden over het hele...?

K: (Onderbrekend) Dat zou nu de O'Brien zijn.

D: Over het gehele land?

K: Nou, zie je, ze vechten over wie het recht op de titel heeft. Zij hebben alle huizen, zij die koninklijk zijn geweest en degenen die koninklijk zijn, die—ah ze blijven er maar over door gaan.

D: Bedoel je dat ze er oorlog over voeren?

K: Iedereen voert altijd oorlog met iemand anders.

D: *Je kunt oorlog nooit uit de weg gaan, of wel soms? (Nee) Maakt dit deel uit van het nieuws dat je brengt?*
K: Jawel. Zo veel als wie er misschien heeft gewonnen, en wie er is gestorven en van zulks.
D: *Dat is de enige manier waarop iemand zou kunnen weten, wat er gaande is. (Hm-hm) (haar handen bewogen weer.) Zing je nu weer een lied?*
K: Nee, ik zij het enkel aan 't spelen.
D: *Vinden ze dat leuk? (Jawel) Waar ga je heen, nadat je deze plaats verlaat?*
K: Nou, ik zou het nog niet zeker weten. Misschien ten noorden van hier. Of misschien ga ik ten zuiden en ga ik naar Kerry. Ik weet het nog niet zeker. Ik heb het nog niet helemaal besloten. Ik heb een paar dagen om erover na te denken.
D: *Ga je hier enkele dagen blijven? (Jawel) Dat is goed. Probeer je uit de buurt te blijven van waar de oorlog is?*
K: Nou, weet je, het zit zo. Een bard hoeft zich meestal niet druk te maken over wie er tegen wie vecht en zulks, want ze willen allemaal het nieuws horen van andere streken. Dus hij wordt als het ware als beschermd gebied beschouwd.
D: *Ik begrijp het. Dan zouden ze niet denken dat je gevaarlijk bent. Ze zouden jou niet proberen te doden, of je bij de oorlog te betrekken.*
K: Juist.
D: *Dat is goed. Dan hoef jij je daar niet druk over te maken. —Heb je ooit het verlangen gehad, om je ergens te vestigen en een huis te hebben?*
K: Klinkt nogal saai voor mij.
D: *Nou, en het hebben van een vrouw dan?*
K: Meer problemen dan ze waard zijn.
D: *(Lach) Dus je hebt er nooit over nagedacht om een huis en een familie te hebben, of kinderen?*
K: Elke keer dat ik eraan denk om een huis of een familie te hebben, dan ontmoet ik één of andere prachtig stel. De vrouw zeurt aan het hoofd van de man en hij heeft vijf schreeuwende koters en ah, dan verander ik heel snel van gedachten.
D: *(Lach) Dan spreekt het idee je niet aan? (Nee) Ik dacht dat iedereen een huis wilde hebben. Heb je ooit een huis gehad? Lang geleden?*
K: Ik herinner mij toen ik jong was, dat—ik bij mijn moeder woonde. En op een dag kwam mijn vader naar de verblijfplaats waar wij

woonden en ze vertelde mij dat dit mijn vader was. En die nacht pakte ik mijn spullen en toen hij vertrok, vertrok ik ook.

D: *Ging je met hem mee? (Jawel) Wat vond zij daarvan?*

K: Weet ik niet. Ik heb haar sindsdien niet meer gezien.

D: *Reisde je dan een tijdje met je vader mee?*

K: Jawel. Ik denk dat ze hem waarschijnlijk had verteld, dat hij mij gewoon achter moest laten, want ik was een handvol voor haar. En ze wilde niet belast zijn met een opgroeiend kind. (Hij klonk een beetje geërgerd door de herinnering.)

D: *Was jij je vader dan ook tot last?*

K: Als ik dat was, dan sloeg hij mij voor mijn hoofd, dus ik draaide aardig bij. En hij leerde mij het vak van harpspelen en hoe te zingen.

D: *Oh, dan leerde je het van hem. (Jawel) Hij moet het je goed onderwezen hebben dan. De harp die je bespeelt, staat deze rechtop of ligt hij op je schoot, of...?*

K: Deze ligt op mijn schoot. Het is een schootharp. (De hele tijd had ze met haar vingers op de onzichtbare snaren getokkeld, terwijl ze met mij sprak.)

D: *Dan zit je op een stoel en het ligt op je schoot? En dan doe je wat, dan tokkel je op de snaren? (Jawel) Nou, sommige harpen die ik heb gezien, staan op de grond.*

K: Ik heb er ook gezien die zo groot zijn, maar die zijn waarschijnlijk lastiger, dan dat ze het waard zijn. Ik heb er nog nooit één bespeeld die zo groot was. Dit is één van de grotere die ik heb bespeeld.

D: *Je zou die grote niet met je mee kunnen dragen. (Nee) Nou, ik ben je erg dankbaar dat je mij je liedjes hebt laten horen. Ik vond ze erg leuk en ik denk dat de andere mensen ze ook leuk vonden.*

K: Dat mag gehoopt worden.

D: *Ze zullen je geld geven en een plek om een paar dagen te verblijven. Dat is erg goed. Vermaak jezelf. Laten we deze scene nu verlaten. Het is een gelukkige scene, een blijde tijd, een tijd om van te genieten.*

(Het subject werd teruggebracht.)

Dit was op vele wijzen een ongewone sessie. Ik vond de muziek in het bijzonder heel erg interessant. Ik zal proberen om volgende week meer te krijgen, wanneer we elkaar weer ontmoeten in Harriets huis. Ik zou graag willen, dat zij hier getuige van kan zijn.

Je kunt deze liederen en nog meer downloaden van de website: www/ozarkmt.com/product/horns-of-the-goddess-songs.

Hoofdstuk 13
De Minstreel, deel 2
(Opgenomen op 19 mei, 1983)

Sessie die plaatsvond in Harriets huis. Ik hoop dat ik nog wat meer muziek van haar krijg om te beluisteren. Het begin van de tape was een deel van het Hiroshima verhaal, daarna een deel van het Viking leven.

D: *Laten we die scene verlaten en verder teruggaan in het verleden. Laten we teruggaan naar de jaren 600. (Telde terug met sprongen van honderd jaar.) Ik ga tot drie tellen en dan zal het de jaren 600 zijn. 1, 2, 3 het is de jaren 600, een moment in die periode. Wat ben je aan het doen?*
K: Ik zij aan 't lopen.
D: *Waar loop je? (Het klonk alsof ik de minstreel weer had gevonden.)*
K: Ik heb werkelijk geen idee. Ik ben er niet bepaald zeker van, waar ik ben. (Lach)
D: *(Lach) Waar ben je geweest?*
K: Ben naar Kerry geweest en rondom het meer. Ehm—gewoon rondzwerven, wat van het land zien.
D: *Wat doe je voor de kost?*
K: Ik zij een bard.
D: *Heb je ergens een voorstelling gegeven?*
K: Tenzij je harpspelen in de herberg een voorstelling noemt, eh, nee.
D: *Is dat wat je hebt gedaan?*
K: De afgelopen paar weken, jawel.
D: *Nou, heb je daar veel aan verdiend?*
K: Ik heb wat bier [ale] en een dak boven mijn hoofd en wat voedsel in mijn buik.
D: *Geen geld? Geen munten?*
K: Het houdt het lichaam bij elkaar.
D: *Nou, het is iets wat je kunt doen, totdat je een plek vindt die je wil betalen, of niet?*

K: Ik maak mij er niet druk om.
D: De mensen in de herberg geven je geen geld, of wel, geen munten?
K: Soms doen ze dat wel, maar dat gebeurt zelden. Meestal voeden ze mij gewoon en geven mij wat ik kan drinken en consumeren en ...
D: Geven je een plek om te slapen, hm? (Jawel) Heb jij je harp bij je?
K: Jawel, het is vastgemaakt aan mijn bundel op mijn rug.
D: Wat draag je nog meer met je mee?
K: Een stel vervangende kleren, een paar extra snaren, een mes. Dat is 't zo'n beetje.
D: Je hebt niet veel nodig, of wel? (Neen) En hoe zit het met schoenen?
K: Jawel. Het paar dat ik aan mijn voeten heb.
D: Dat is het.
K: Waarom nog meer meedragen?
D: Nou, ik dacht dat je ze misschien zou verslijten.
K: Dan kan ik altijd zingen voor een nieuw paar.
D: (Lach) Dan zing voor je avondeten en zing je voor wat nieuwe kleren. Dan weet je niet waar je heengaat, of waar je volgende optreden zal zijn?
K: Nee, tenzij ik er gauw achter kom waar ik zij. Wie weet het?
D: Ben je verdwaald?
K: Ik beschouw mijzelf nog niet als verdwaald. Ik weet alleen niet, waar ik naartoe ga.
D: (Lach) Je weet wel waar je geweest bent. Dat is het zo'n beetje. (Jawel) Wat doe je normaal gesproken? Gewoon lopen totdat je iets vindt?
K: Jawel. Totdat ik besluit waar ik heen wil gaan. Weet het niet altijd. Soms verander ik zelfs van gedachten, wanneer ik het weet.
D: Je vertelde mij, dat je veel zingt. (Jawel) Dat is echt wat je doet om rond te komen, zingen en de harp bespelen?
K: En ik krijg ook betaald voor het nieuws dat ik breng.
D: Je zei dat je sommige van je liederen verzint, toch?
K: Dat is waar.
D: Nou, heb je zin om een liedje voor mij te zingen? Je hebt nu toch niks anders te doen.

Ik wilde dat Harriet het zingen zou horen.

K: Niet veel. Maar 't is een beetje nat om hier, buiten te zingen.

D: *Waarom is het nat.*
K: Het regent.
D: *Oh, dan word je nat, of niet?*
K: Jawel. Maar ik ben nog niet gesmolten.
D: *(Lach) Dan maak jij je er niet druk over, om ergens binnen te zijn.*
K: 't Is niet zo slecht. Maar ik zou mijn harp niet uit mijn bundel willen halen.
D: *Heb jij je harp nodig, om te kunnen zingen?*
K: Oh, het zou gewoon gemakkelijker zijn.
D: *Maar je wilt hem niet uitpakken, omdat het regent.*
K: Weet je, als het nat wordt, dan zou het kromtrekken en de klank zou verpest zijn.
D: *Hou je hem dan ingepakt?*
K: In canvas [oilcloth], ja.
D: *Dan hoef jij je er niet druk om te maken dat het nat wordt, alleen jijzelf wordt nat. (Jawel) Nou, laten we wat vooruitgaan in de tijd, totdat je een plek vindt waar je gaat optreden. Je zou spoedig een plek moeten vinden, om te schuilen voor de regen. Waar je het warm en prettig vindt. Ik zal tot drie tellen en laten we vooruitgaan, totdat je een plek hebt gevonden waar je binnen bent en je gaat optreden voor iemand. 1, 2, 3, we zijn vooruitgegaan, tot waar je binnen bent. Wat ben je aan het doen?*
K: Ben aan 't zitten bij het vuur, en aan 't opwarmen.
D: *Waar ben je?*
K: 't Is een herberg.
D: *Weet je nu waar je bent?*
K: Zo'n beetje. Het wordt de 'Gele Haan' [Yellow Rooster] genoemd.
D: *Is er een stad in de buurt?*
K: Nee, 't is gewoon een kruispunt.
D: *Zijn er mensen daar?*
K: Een paar reizigers, brengen er de nacht door en schuilen voor de regen.
D: *Ga je voor hen zingen?*

Ik probeerde hem op een plek te krijgen, waar hij nog wat meer muziek voor Harriet en mijzelf zou kunnen zingen.

K: Jawel. Al gauw zal iemand de harp zien en om een liedje vragen of iets.

D: *En dan zullen ze het nieuws willen weten. Dat is de manier waarop je daar kunt verblijven, of niet? (Jawel) Anders zou je niet je gratis kamer en eten krijgen, of wel?*

K: Dat is waar.

D: *Zou je nu een lied voor mij kunnen zingen, nu dat je binnen bent en droog?*

K: Wat zou je willen horen?

D: *Oh van alles. Het maakt niet uit. Ik vind alle liedjes leuk. Zing één van je eigen favorieten.*

Hier maakte Karen een serie van ingewikkelde bewegingen. Ze leek de harp rechtop in haar schoot te houden en verstelde of spande onzichtbare schroeven aan, aan de bovenkant. Dit duurde enkele seconden. Daarna leek ze het geluid te testen door de snaren te plukken. Toen dit was afgerond, zong ze een langzaam lied. (Song #3. Opgenomen tot één minuut en vijf seconden.) Opnieuw bewogen haar handen in ritme met de muziek, onzichtbare snaren tokkelend terwijl ze haar rechterduim over de snaren liet lopen. Het was misschien meer snaren plukken dan tokkelen. Het was erg interessant om te zien.

D: *Dat is een mooi liedje. Die vind ik leuk. Waar gaat het over?*

K: (Zucht) Ik heb geen idee. 't Is een oude, waarvan de betekenis is vergeten. Ik ben er zelf niet zeker van wat het betekent.

D: *Welke taal is het?*

K: Ehm, even kijken. Mijn vader zei er iets over, dat het—ah, Pict. Ik weet het niet zeker. Zoiets dergelijks.

D: *Pict? (Jawel) Oh, is dat dan een oudere taal dan die van jou? (Jawel) Welke taal spreek jij?*

K: Kelt.

D: *Kelt? Heb je ooit van Engels gehoord? (Ze fronste.) Dat is een taal. Ken je die niet? (Nee) En hoe zit het met Latijn?*

K: 't Is die welke de priesters spreken.

D: *Oh, dan ken je die wel?*

K: Ik heb er geen kennis van, maar ik weet ervan.

D: *Maar die taal waar je zojuist in zong, die is dan erg oud.*

K: Ze zeggen dat het zo oud is als de heuvels. 'k Heb daar zo mijn twijfels over.

D: *(Lach) Maar het is erg mooi. Ik vraag mij af, het klinkt misschien als een liefdeslied, maar het is moeilijk te zeggen.*

K: 'Me vader' zei dat het zoiets was, maar het was over—ehm, laat me nu even denken. Ik herinner het mij zo meteen. Ah, iets over een meisje dat was—ah, beloofd dat haar geliefde zou terugkeren, maar dat deed hij uiteindelijk nooit.
D: *Oh, een droevig lied?*
K: Jawel, zoiets als—je weet wel. Zoiets als het leven.
D: *Ja, veel van onze liedjes gaan over het leven, dingen die gebeuren, of niet soms? (Jawel) Daar hou ik van. Wat vonden de andere mensen ervan?*
K: Jawel, ze leken het wel aardig te vinden. Het is er één die een aardige melodie heeft, die wel lijkt aan te slaan.
D: *Ja. Wil je een andere zingen? (Ze zuchtte.) Krijg je meer eten.*
K: (Sluw) Hoe goed ga je mij hiervoor betalen?
D: *Nou, hoeveel wil je?*
K: Oh, misschien een paar drankjes, ehm, wie zal het zeggen?
D: *Wat drink je?*
K: Bier. [Ale]
D: *Okay. Ik denk dat ik genoeg geld heb om wat drankjes te kopen. Dan word je van binnen ook warm. (Lach)*

Ze zong nog een langzaam lied. (Song #4. Opgenomen tot exact één minuut.) Zelfde handbewegingen. Ze leek de harp rechtop voor zich te houden, recht vooruitstekend, met een hand aan elke kant ervan.

D: *Dat is er nog één die een beetje droevig klinkt.*
K: Het gaat over een man die zijn koninkrijk heeft verloren en hij treurt erover.
D: *Welke taal is dat?*
K: Jawel, da's Kelt.
D: *Voor mij klinken ze hetzelfde.*
K: Ah, ze hebben veel verschillen. Ze komen niks overeen. Misschien hebben ze een paar dingen gemeen, maar niet veel.
D: *Maar voor mij klinken ze hetzelfde, want ik ken geen van beide. (Lach)*
K: Da's vreemd. Als je ze beide niet kent, dan zijt ge niet van hier.
D: *Nee, dat ben ik niet. Daarom heb ik genoten van je muziek. (Ah) (Ik moest snel denken.) Daarom vroeg ik jou of je op de hoogte was van ... Heb je wel eens gehoord over het land Engeland?*

K: (Ze fronste.) Engeland?
D: *Of Schotland?*
K: Ik heb gehoord over Schottenland. [Scotsland]. Over het water.
D: *Dat is mijn land. Ik kom daar vandaan. Dus dat is waarom ...*
K: (Ze viel mij nadrukkelijk in de rede.) Hoe kan het dan dat je de Picten niet kent?
D: *Komen die daar vandaan?*
K: Jawel. Je houdt me vast voor de gek.
D: *(Hoe kom ik hieruit?) Nee, dat doe ik niet. Maar ik denk niet dat ze leven waar ik vandaan kom.*
K: Jawel, de Picten, die komen vanuit het Schottenland hierheen. Je moet ze kennen.
D: *Nou, misschien wist ik gewoon niet hoe ze werden genoemd.*
K: Kan zijn.
D: *Engeland is verder naar het zuiden dan Schottenland. Dat is ook over het water. Okay. Hoe oud ben je nu?*
K: Oh ... Ik ben ongeveer negenentwintig, dertig, misschien ... ah.
D: *Dan ben je niet erg oud, of wel?*
K: (Zucht) Ik begin over mijn piek te geraken.
D: *(Lach) Ben je ooit getrouwd geweest?*
K: Verlang ik niet naar.
D: *(Lach) Nou, wat ga je doen als je te oud wordt om te zingen?*
K: Een grot zoeken, erin kruipen en het laten instorten achter me.
D: *(Lach) Want je weet dat als je getrouwd bent, dat je iemand hebt om voor je te zorgen.*
K: Ha! Da's grappig. Meestal is het precies andersom.
D: *Denk je dat?*
K: Ik denk dat.
D: *Ik dacht dat als je een vrouw zou hebben, dat ze dan voor je zou kunnen zorgen op je oude dag.*
K: (Grinnikt) Meer dat ze mij mijn graf in zeurt.
D: *(Lach) Heb je ooit een vriendin gehad of zo?*
K: Niet waar ik lang genoeg bij ben gebleven om niet ... van te genieten.
D: *Ah. Gewoon een zwerveling. (Jawel) Maar dan maak jij je geen zorgen om de toekomst, of wel?*
K: De toekomst zorgt wel voor zichzelf. Ik maak mij er geen zorgen om.

D: *(Lach) Nou, je zei dat je reisde in Erin? (Jawel) Ben je ooit in grote steden geweest?*
K: Er is, ah ... Kerry. Dat is niet al te slecht. En sommige donjons. Die kun je niet echt een stad noemen, maar sommige donjons en dergelijke.
D: *Wat is de grootste stad waar je ooit naartoe bent geweest? (Pauze, alsof ze moest nadenken.) Je weet wel, waar heel veel mensen zijn?*
K: Heel veel mensen. Ik denk dat het grootste ding waar ik ooit ben geweest, dat zou zijn, ah ... misschien de donjon O'Brien, maar dat is niet echt wat je zou noemen ... (Hoest) wat je een stad zou noemen.
D: *Moet je hoesten, omdat je nat bent geregend, huh?*
K: Misschien heb ik een beetje kougevat.
D: *Nou, ik beschouw een stad als iets, waar heel veel huizen samen staan en ze hebben namen. Heb je zoiets?*
K: Alleen wat er rond de donjons gegroeid is, dat is het zo'n beetje. Op deze manier als er een oorlog komt of zoiets, dan kunnen ze allemaal de donjon binnengaan en dan hoeven ze zich er geen zorgen over te maken.
D: *Dat zou veiliger zijn, of niet? (Jawel) Nou de herbergen, staan die gewoon op zichzelf?*
K: Meestal staan ze op kruispunten, of soms is er een dorp met mensen. Weet je, waar ze samenkomen, maar het zijn gewoon mensen die niet houden van ... misschien, zich niet te veel willen ophouden met anderen, en die komen daarheen om te wonen.
D: *Maar dan wonen de meeste mensen rondom de donjons. (Jawel) Sommige plaatsen zijn wat ze steden noemen. Ze zijn zelfs groter dan dorpen. Heel erg veel mensen.*
K: Dat is niet ... niets waar ik ooit ben geweest.
D: *Niet zoiets in Erin? (Nee)—Nou, ken je ook vrolijke liedjes? Je hebt alleen maar droevige liederen gezongen.*
K: (Zucht) Maken ze vrolijke liedjes?
D: *Maken ze meer droevige dan vrolijke liedjes? (Jawel) Ik vraag mij af waarom?*
K: Ik zou het echt niet weten. Het lijkt mij dat de mensen in Erin graag treurig en verdrietig zijn. Dat geeft ze een excuus.
D: *Ik vroeg mij af, of ze ook iets hadden dat iets levendiger was.*
K: Niet dat ik zo één twee drie kan bedenken (Ze gaapte.)

D: *Je gaapt alsof je slaperig wordt.*
K: Jawel, 't is laat. Ik ben de hele dag al op pad geweest. (Ze gaapte opnieuw.)
D: *Heb je ooit wel eens iemand horen praten over de "kleine mensen"?*
K: Bedoel je de shay (fonetisch)?
D: *Wat is dat?*
K: De kleintjes. De ... ehm, even kijken. Sommige mensen noemen ze, ah ... kabouters.
D: *Ja en sommigen noemen hen feeën. Ken je dat woord?*
K: Wij noemen ze de shay. Ze dansen rond in de weiden in het maanlicht, en ze laten hun cirkels achter, en ... iedereen heeft over hen gehoord.
D: *Heb je er ooit wel eens één gezien?*
K: Kan ik mij niet echt herinneren, misschien toen ik een kleine koter was, maar ... Iedereen weet dat ze echt zijn. Misschien wel een ondeugend volkje. Ze houden mensen voor de gek. Er wordt gezegd dat ze kinderen stelen en dan iets achterlaten—een wisselkind—in hun plaats, die nooit lang leeft. Maar ik heb nog nooit iets met ze te maken gehad.
D: *Denk je dat dit gewoon praatjes zijn, of is dit echt?*
K: Nee, 't is waar! Er zijn mensen waarvan wordt gezegd dat ze "door elven betoverd zijn" [pixie-magiced] en die zwerven rond, niet helemaal goed in hun bovenkamer. En die doen vreemde dingen. Dansen naakt rond in het woud, in het midden van de nacht en verschillende dingen zoals dat.
D: *(Lach) Denk je dat de kleine mensen hen deze dingen laten doen?*
K: Jawel, want ze zijn ondeugend en ze lachen om mensen.
D: *Denk je, dat ze het gewoon voor de lol doen?*
K: Misschien.
D: *Wat is een wisselkind?*
K: Zie je ... de fee, zoals jij ze noemt, of de shay, hebben erg weinig kinderen. Dus houden ze van kleine baby's en zo. En dus, met hun magie, maken ze iets in de vorm van het kind dat ze zullen afpakken. En dat laten ze achter en nemen het kind mee.
D: *Hoe weet je dat het een wisselkind is?*
K: Nou, zie je. Meestal wordt het ziek en sterft het. En het is slechts een schaduw. En er zijn verschillende manieren, waarop de priesters zeggen dat ze het kunnen zien, maar ik weet het niet.

D: *Zal het wisselkind blijven leven en opgroeien?*
K: Nee, het sterft kort erna.
D: *En zeggen ze dan, dat de kleine mensen het echte kind hebben meegenomen? (Jawel) Ik dacht dat je misschien bedoelde, dat ze een andere achterlieten in zijn plaats, en dat het zou leven en opgroeien.*
K: Er wordt gezegd dat sommigen dat doen, ver in het verleden, maar ik heb er in de recente jaren nooit over gehoord, dat er één daadwerkelijk in leven is gebleven.
D: *De priester weet, hoe je het kan zien.*
K: Ze zeggen dat ze dat kunnen. Wie zal het weten?
D: *Ga je ooit naar de kerk? (Nee) Hebben ze kerken in de buurt van Erin?*
K: Ze hebben ... ah, reizende broeders of monniken of zoiets. Ik weet het niet zeker. Maar ze reizen rond en proberen mensen te bekeren tot het Christendom en veel bangmakerij. En het klinkt niet erg goed.
D: *Oh, bedoel je dat ze mensen bang maken?*
K: Ze hebben veel meer dingen die je niet mag doen, dan die je wel mag doen.
D: *(Lach) Wat vind jij ervan?*
K: Ik denk da'k gelukkig ben, zoals ik ben.
D: *Zijn er andere religies in het land? Je zei dat ze proberen hen te bekeren, proberen hen te veranderen?*
K: Ze zeggen dat we allemaal een stelletje heidenen zijn, dat we geloven in Belldain* en zulke dingen en feys** en shay.
D: *Wat was het eerste woord dat je zei? Jullie geloven in wat?*
K: Belldain? (Fonetisch. Misschien: Belltain?) Dat zijn de vuren en zo, rond midwinter en zulke dingen. En de boze geesten uit de buurt houden en dat de vuren altijd moeten branden.

*Beltane is een Keltisch woord dat betekent "vuren van Bel" (Bel was een Keltische godheid). Het is een vuurfestival dat de komst van de zomer viert en de vruchtbaarheid van het komende jaar. Deze rituelen leidden vaak tot koppelingen en huwelijken, die dan óf onmiddellijk in de komende zomer, óf in de herfst plaatsvinden. Beltane is het Gaelische mei dag festival. Meest gebruikelijk wordt het gehouden op 1 mei, of ongeveer halverwege de lente equinox en de zomerzonnewende. *

Fey: de wereld van de kleine mensen, kabouters, feeën, elven, gnomen, etc.

D: *En zeggen ze, dat het slecht is hierin te geloven?*
K: Het wordt gezegd dat je jouw ziel verdoemd en dat deze in hetzelfde vuur zal verbranden. (We lachten.) En ik vroeg hen hoe zij dit wisten, zijn zij ooit gestorven en verbrand en hebben het ontdekt?
D: *(Lach) Wat zeiden ze?*
K: Toen zeiden ze, dat ik zeker naar de hel zou gaan, dus ...
D: *Omdat je vragen stelt?*
K: Jawel. Waar ze geen antwoorden op hebben. Dus, natuurlijk heb ik ongelijk en hebben zij gelijk. Ehm!
D: *Ja, het is gemakkelijk om dat te zeggen, als zij geen antwoord hebben. Heb je wel eens gehoord over de Druïden?*
K: (Denkend) Ah ... Druïden, Druïden? Ehm ... nee.
D: *Ik heb gehoord dat dit ook een soort religie was. Heb je die niet in Erin?*
K: Als je het hebt over religies en zo, zij zijn degenen die de Dansers hebben opgericht en zo.
D: *Ze deden wat?*
K: Zij hebben de Dansers opgericht.
D: *(Ik begreep zijn uitspraak niet.) De Daasers?*
K: Nee, de Dansers. Je weet wel, de Stenen Dansers. En ze zeiden dat zij ze hebben opgericht, maar ik weet niet ... ze zijn weggegaan, of tenminste ondergedoken.
D: *Heb je die plek ooit wel eens gezien of er alleen maar over gehoord?*
K: Oh, er zijn verschillende Stenen Dansers. Er is er één in het zuiden, die behoorlijk groot is, die wat dingen heeft en ... Er zijn er diverse kleinere in het noorden. Ah ... en dan zijn er diverse plaatsen in de grote heuvels, die in cirkels (spoelen) [coils] staan in diverse richtingen, waarvan ze zeggen dat ze niet zeker weten, wie deze heeft gemaakt. Maar het heeft iets te maken met hun geloven of zoiets.
D: *Dan moeten ze erg oud zijn. (Jawel) Jij hebt deze plaatsen gezien, omdat je zoveel reist.*

K: Jawel. Sommigen heb ik alleen maar over gehoord. Maar die ene in het zuiden, die heb ik met mijn eigen ogen gezien. Het is een behoorlijk grote.

D: *Kun je mij vertellen hoe het eruit ziet?*

K: Nou, de stenen, Ze zijn allemaal zo groot als een mens en ze zijn blauw. En er is een grote gecentreerde altaarsteen, waarvan ze niet zeker weten waar die vandaan komt. Het is zwart als kolen en erg donker. En er wordt gezegd, dat deze werd gebruikt om offers op te brengen, maar wie kan het nog weten?

D: *Dat doen ze toch niet meer.*

K: Nou, in ieder geval niet open en bloot.

D: *(Lach) Waarom noemen ze het de Stenen Dansers?*

K: Want ze staan allemaal in verschillende hoeken nu en ze zien eruit als iemand die dronken is en gewoon een beetje aan het ronddansen is.

D: *Leunen de stenen tegen elkaar?*

K: Sommige leunen deze kant op en sommige leunen die kant op en ...

D: *Ze zeiden dat er cirkels waren?*

K: Jawel. Er zijn cirkels, je weet wel, grote heuvels in de vorm van cirkels.

D: *Hoe zijn ze gemaakt?*

K: (Glimlachte) 'k Heb ze niet gemaakt. Het is van aarde en kluiten. (Zoden?).

D: *Stenen?*

K: Nee, het is gewoon aarde.

D: *Het klinkt, alsof de regen dat zou wegspoelen.*

K: Het is er echter altijd al geweest en er is gras overheen gegroeid.

D: *Denk je dat één of andere religie die ooit heeft gemaakt?*

K: Iemand heeft het gedaan. 't Is niet iets, dat zomaar 'beurt.

D: *Ze zouden niet uit zichzelf kunnen zijn ontstaan. Denk je dat dit heilige plaatsen zijn?*

K: Er wordt gezegd dat als iemand ze overtreedt, dat dit iemand kwaad maakt en dat hij dan de neiging heeft om te verdwijnen.

D: *Dat zou wel een manier zijn om mensen uit de buurt te houden, of niet? (Jawel) Wat voor soort geloof heb jij?*

K: Ik geloof in wat ik kan zien en voelen en dat is het wel zo'n beetje.

D: *Nou, dat is een goede manier om te leven. Dan ben je dus niet bang van al die andere mensen, die zulke dingen vertellen.*

K: Ik maak mij er niet druk om. Ik zie het zo, ik kom er wel achter als ik doodga. Als er niets is, dan ben ik gelukkig en als er wel iets is, dan zal ik verrast zijn.

D: *(Lach) Dat is een goede manier om te geloven. Wat er ook gebeurt, het is altijd goed. (Jawel) Maar ken je geen blijde liedjes?*

K: (Ze gaapte.) Kan er geen bedenken.

D: *Ik zou graag willen, dat je er in ieder geval nog één voor mij zingt. Wil je dat doen, voordat je gaat slapen?*

K: Lijkt wel alsof dat de eeuwige vraag is, "Oh, nog eentje. Oh nog eentje."

D: *(Lach) Zeggen mensen dat altijd?*

K: Meestal. (Ze klonk vermoeid.) Laat me denken.

D: *Zing er gewoon nog eentje en dan laat ik je naar bed gaan.*

Ze pauzeerde even alsof ze aan het nadenken was. Toen zong ze. (Lied #5. Opgenomen tot één minuut, vijfentwintig seconden.) Dit was het langste lied dat zij zong. Ook deze was weer langzaam en begeleid met de gebruikelijke handbewegingen.

D: *Dat is mooi. Ik bedank je oprecht. Vertel mij wat het betekent.*

K: Oh, eens even kijken nu. Het gaat over deze plek waarvan ze zeggen dat het over de zee is, die de ... Oh, hoe noemen ze hen? Ah, deze broers, waar ze naartoe zeilden en ze zeiden dat er een eiland van glas was. En ze kwamen terug en vertelden erover, maar niemand geloofde hen. Dus, gingen ze terug en ze werden nooit weer gezien.

D: *Was dat ook in Keltisch? (Jawel) Ah, ik vroeg mij af wat het eiland van glas was?*

K: Ik zou het niet weten.

D: *Maar dat is wel een mooi lied. Bedankt dat je dit hebt gedaan. En je zei dat je al moe werd.*

K: Ik ben klaar om mij ergens uit te strekken op een mat. (Ze gaapte.)

D: *Maar eerst ga jij je drankjes halen, of niet? (Ze gaapte weer.) Nou, bedankt dat je dit voor mij deed. Ik denk dat de andere mensen het waarschijnlijk ook leuk vonden.*

K: Ze schreeuwen ten minste niet en gooien geen dingen, dus ze zullen niet al te veel gedacht hebben.

D: *(Lach) Gebeurt dat wel eens?*

K: Nou, het is bekend dat dit af en toe gebeurt. Jawel, zij worden te dronken en ze willen dan misschien niet horen wat ik zing, of ...
D: *(Lach) Okay, als ze dus niks gooien, dan vinden ze het leuk. Want ik vond het leuk.*

(Subject wordt teruggebracht)

Hoofdstuk 14
De Minstreel, deel 3
(Opgenomen op 20 juni, 1985)

D: *Laten we teruggaan naar O'Keefe de harpist. De man die harp speelde en liederen zong en die reisde naar vele, vele plaatsen. Hij reisde en zong de liederen en bracht het nieuws. En ik geloof dat zijn naam O'Keefe was. Laten we teruggaan naar de tijd waarin hij leefde. Ik zal tot drie tellen en dan zullen we daar zijn. 1, 2, 3, we zijn in de tijd waarin de harpist leefde en speelde en zichzelf vermaakt met zijn ambacht. Wat ben je aan het doen?*

K: Bij het vuur aan het zitten. Gewoon een kleintje dat ik bij elkaar wist te schrapen.

D: *Waar ben je?*

K: Onderweg.

D: *Buiten? Ik dacht, dat je misschien bedoelde dat je in een herberg was of zo.*

K: Vannacht niet, nee.

D: *Ben je ergens geweest?*

K: Ik heb gereisd.

D: *Waar ga je naartoe?*

K: De weg af. Nergens in het bijzonder.

D: *Ben je onlangs nog in één of andere grote donjon geweest?*

K: Niet de laatste maand, of al langer niet meer.

D: *Je houdt van je werk, of niet?*

K: Het zorgt voor eten in mijn mond.

D: *Heb je onlangs nog gezongen?*

K: Wanneer 'k de kans krijg.

D: *Wat is je favoriete plaats om naartoe te gaan?*

K: Oh, ik weet het niet. Misschien Taramoor (fonetisch) en Shawnray (fonetisch).

D: *Zijn dat plaatsen waar je goed wordt behandeld en waar je graag naar terug gaat?*

K: Ze zijn aardig, ja.

D: *Ik heb mij afgevraagd hoe het land is, waar je doorheen reist. Is het aangenaam vlak land, waarop je makkelijk loopt?*

Ik was nog niet in Ierland geweest en ik wist dat Karen dat ook niet was geweest. Ik wilde kijken, of haar beschrijving accuraat zou zijn.

K: Nou, als dit vlak land was geweest, dan zou het niet Ierland zijn. Het heeft heel veel heuvels en valleien en zulke dingen. Je gaat zo'n beetje de ene heuvel op en de andere weer af.
D: *Wonen mensen in zulke gebieden of wonen ze op de vlaktes?*
K: Ze wonen overal. Waar ze maar een bestaan kunnen opbouwen.
D: *Nou, is er onlangs nog iets belangrijks gebeurd in het land? Waar jij over bericht wanneer je het nieuws brengt?*

Ik was op zoek naar een historische gebeurtenis die ik kon verifiëren.

K: (Pauze) Gewoon diverse mensen die, zoals gebruikelijk heen en weer vechten. Dat is het zo'n beetje. Er zijn altijd vetes gaande. De O'Connors zeggen dat de O'Bradys op hun land zijn en daar vechten ze over, zulke dingen. Het is gewoon de normale gang van zaken.

Haar accent was zo sterk dat het soms moeilijk was om de namen te verstaan en op te schrijven.

D: *Hebben jullie ook wel eens problemen met mensen die vanuit een ander land binnen komen en proberen iets af te pakken? Oorlogen of iets dergelijks?*
K: Er zijn altijd mensen die landen aan de kust, die proberen binnen te komen, maar meestal ... het is een beetje zo, dat een Ier altijd tegen zijn broer zal vechten, totdat iemand zijn broer zal slaan. En dan verenigen zij zich. Dus, daar hebben we nog niet veel last van, nee.
D: *Ik dacht dat jij dit soort dingen wel zou weten, omdat jij het nieuws brengt. Zijn er zulke oorlogen in het verleden geweest, dat jij weet?*

K: Oh, er komen altijd mensen het land binnen van over het water. En soms vestigen zij zich vreedzaam en soms vechten ze, maar niet in de recente geschiedenis, nee.

D: Dat is wat ik mij afvroeg, of er recentelijk enige oorlogen waren, waar jij over zou rapporteren.

K: Niet van buitenaf. Alleen de gemiddelde Ier die een goede schermutseling [donnybrook] heeft. (Ik lachte.) Er is niet veel spannends gaande op dit moment.

D: Je zei eerder dat als je naar de donjons gaat, dat je hen het laatste nieuws moet vertellen.

K: Da's waar, jawel.

D: En dat is zo'n beetje alles wat er nu gaande is, gewoon de verschillende vetes?

K: Oh, er zijn de twee kampen die beide hun mannetje willen installeren als de koning. En dat is het zo'n beetje.

D: Wat bedoel je?

K: Oh, de O'Connors willen weer proberen hun man als koning te installeren. En de O'Learys, die willen dat hij wegblijft. En daar vechten ze over, zoals gebruikelijk.

D: Dan heb je één koning, die over alles regeert?

K: Meestal is het de man met de grootste stok, of het grootste leger.

D: Wie is het nu? Is het één van hen?

K: Nee, 't zijn de O'Bradys. Ze gaan om de beurt, elke honderd jaar, nadat ze iedereen in de andere clans het hoofd in hebben geslagen. Zolang Ierland al bestaat, heeft zij een serie van zulke daden meegemaakt. Of heeft een koning gehad die alles regeerde.

D: En op deze manier beslissen ze? Ze vechten met elkaar.

K: In de regel, ja.

D: Heb je enig idee, wie de volgende zal zijn?

K: Degene die het meeste geld in de lade heeft liggen.

D: Ga je wel eens naar die plaatsen waar de gevechten plaatsvinden?

K: Soms doe ik dat, maar ik blijf er liever bij uit de buurt. Ik bedoel maar, soms wordt een verdwaalde harpist ook wel eens neergeschoten.

D: Oh ja. Dat zou kunnen. Ik vroeg mij af welke taal jij spreekt? Heeft jouw taal waarin je spreekt ook een naam?

K: Bedoel je het Keltisch?

D: Is dat de taal die je spreekt?

K: Zo wordt het genoemd.

D: Ik vroeg mij af, omdat je een keer wat liedjes voor mij hebt gezongen, waarvan je mij vertelde dat deze in een bepaalde taal waren. En ik vroeg mij gewoon af of je in een andere taal zingt dan wat je spreekt.

Dit was gesuggereerd door een linguïst als mogelijke verklaring voor het taalgebruik in de liedjes.

K: Als regel, nee. Af en toe krijg ik wel eens een verzoek voor een liedje dat in, laten we zeggen Pict is, of zoiets. Maar standaard is het altijd in de taal die iedereen verstaat.

D: Dat is wat ik mij afvroeg. Iemand vertelde mij, dat je misschien zou zingen in een taal die anders is, dan wat mensen kunnen begrijpen.

K: Nee, ik bedoel, waarom zou ik zingen in een taal die men niet kan begrijpen? Ik bedoel maar, dan zou ik mijn zilver of goud niet krijgen voor mijn zang, want ze zouden geen idee hebben, wat ik aan hen zou vertellen.

D: Ja, dat is waar. En jij denkt dat het iets is, wat Keltisch [Gaelic] wordt genoemd?

K: Dat is wat ik het de andere heb horen noemen, de mensen die niet van hier zijn.

D: Spreekt iedereen in Ierland dezelfde taal?

K: Iedereen die ik ooit heb gekend. Ik bedoel, er zijn mensen van, laten we zeggen, het noorden, die spreken een beetje anders. Maar ze hebben allemaal dezelfde taal.

D: Eén keer zong je over draken. Denk je echt, dat die bestaan?

K: Dat klinkt als iets dat misschien door moeders is uitgevonden, om hun kleine kinderen mee bang te maken. Denk je ook niet?

D: Je hebt zoveel gereisd, heb je ooit zoiets gezien?

K: Nee, zelfs niet iemand die ze ooit heeft gezien, echt waar. Die goed bij zijn verstand was in ieder geval.

D: (Lach) En hoe zit het met eenhoorns? Weet je wat dat zijn?

K: Oh, daar heb ik over gehoord. Wie niet? Want er zijn altijd wel marskramers die drankjes verkopen, waarvan ze zeggen dat ze gemaakt zijn van diverse delen van de eenhoorn of zo. Maar ik geloof hen niet. Ik denk dat ze alleen maar proberen geld te verdienen. Ieder doet wat hij kan om rond te komen.

D: *Dan heb je nog nooit eenhoorns of draken gezien? (Nee) Je denkt dat het gewoon verhalen zijn dan.*
K: Wie weet wat er bestaan heeft, voordat wij kwamen. Er moet een kern van waarheid zitten, zelfs in de oudste legendes. Anders zouden ze nooit begonnen zijn, in de regel.
D: *Vertel mij over de harp die je bespeelt. Degene die je op je rug draagt.*
K: Wat wil je erover weten?
D: *Hoeveel snaren heeft hij?*
K: Degene die ik op mijn rug draag heeft er twaalf.
D: *Ik heb gehoord dat sommige slechts een paar snaren hebben en sommige hebben er vele.*
K: Hoe groter hij wordt, des te meer snaren hij heeft.
D: *Heb jij hem zelf gemaakt?*
K: Hoe zou ik er anders aan moeten komen, als ik hem niet zelf zou maken?
D: *Ik dacht, soms maken andere mensen dingen en dan verkopen ze die.*
K: Waarom zou een man een goede harp verkopen? Tenzij hij hem niet meer zou kunnen bespelen. En dan zou hij hem waarschijnlijk doorgeven aan zijn zoon of kleinzoon.
D: *Soms maken mensen dingen om te verkopen, voor andere mensen.*
K: En zou jij een harp kopen die gemaakt is door iemand die geen muziek in zijn vingers heeft? Die is ontstemd of klinkt zuur (vals) terwijl hij zou moeten klinken als een boog. [bow]. (Het accent was hier heel dik. Ik denk dat het woord 'bow' was.) Het zou niet goed zijn.
D: *Dat klinkt logisch toch? Ik vroeg mij af of je een paar woorden zou kunnen zeggen in jouw taal. Gewon een paar simpele woorden of zo, om te horen hoe het klinkt.*

Ik had al de muziek en taal onderzocht met een linguïst. Zij had deze suggestie gedaan. Karen pauzeerde en haar gezichtsuitdrukking vertoonde ongemak. Ze was verward.

K: Ik weet niet zeker of ik begrijp wat je wilt. Ik bedoel, ik spreek nu zo met jou en jij lijkt mij prima te verstaan. Dus waarom wil je … ik begrijp het niet.

D: *Dat is prima. Ik dacht dat jij misschien andere woorden zou hebben, voor dingen die ik niet zou kennen. Dat is in orde. We communiceren best goed op deze manier, of niet?*
K: Oh, jawel.
D: *Nou, ik geniet ervan om met je te praten. Ok. Laten we die scene achter ons laten. Ik zal tot drie tellen en laten we gaan naar wanneer je in één van de donjons bent. Ik ga tot drie tellen en dan zijn we daar. 1, 2, 3, wij zijn nu in een donjon, waar jij graag naartoe gaat. Wat ben je aan het doen?*
K: 'k Ben mijn harp aan het bespelen.
D: *Waar ben je nu?*
K: 'k Ben in Strafmoor. (Ik liet het haar herhalen. Fonetisch: Straf moor.)
D: *Ben je in de hal, of waar ben je?*
K: Ja, ik ben in de grote hal.
D: *Hoe ziet de grote hal eruit? Ik heb hem nog nooit gezien. Kun je rondkijken en het mij beschrijven?*
K: 't Heeft muren die uit steen zijn opgetrokken. Met hele hoge ramen erin. En dan zitten er balken tussen, gemaakt van hout en bedekt met riet.
D: *Hoog plafond?*
K: Oh, jawel.
D: *Zijn de ramen erg groot?*
K: Nee, die zijn tamelijk klein.
D: *En ze zijn hoog geplaatst. (Jawel) Dan zou je er niet uit kunnen kijken, of wel?*
K: Nee, noch zou er iemand door naar binnen kunnen klauteren.
D: *Zitten ze daarom zo hoog?*
K: Dat, en het feit dat het de rook zo naar buiten kan laten gaan, geloof ik.
D: *Oh. Dan zijn het geen bedekte ramen?*
K: Ze zijn bedekt met ingeoliede huiden.
D: *Waar hebben ze rook? Zijn er vuren gemaakt in de kamer?*
K: Oh, jawel. Er is een grote centrale openhaard in het midden van de kamer. Hoe zouden mensen er anders warm in kunnen blijven?
D: *Hoe ziet dat eruit?*
K: Het is een grote, opgetrokken ... in het midden van alles. En het is rond en open. Het is gewoon een soort kampvuur.
D: *Is het hoger gemaakt dan de vloer?*

K: Jawel. Als het niet hoger zou zijn dan de vloer dan zouden de halmen [rushes] in brand vliegen. En dat zou nergens op slaan.
D: *(Ik begreep het woord niet.) De jurken?*
K: De halmen.
D: *De halmen? Waar zijn de halmen?*
K: Uitgespreid over de vloer.
D: *Waarom liggen ze op de vloer?*
K: Om dingen schoon en netjes te houden. (Ze was een beetje geïrriteerd door mij, omdat ik het niet begreep.) Ik 'hep' nooit gevraagd waarom ze daar liggen. Het wordt gewoon gedaan.
D: *Ik bedoel ... ik denk aan ... is het als hooi?*
K: Oh, jawel, ja.
D: *En het wordt over de vloer verspreid? (Jawel) Ik dacht, dat het gewoon een aangeveegde, schone vloer zou zijn.*
K: (Grinnik) Met de mensen die hier rondlopen, zou je het nooit schoongeveegd houden.
D: *Dus ze doen dit, zoals hooi overal over de vloer? (Jawel) En strooien het rond.*
K: En ze gooien hun afval in het hooi. Na het eten, dat is waar de botten worden gegooid en de honden vechten er dan om en zo.

Dit is niet bepaald het romantische plaatje van een banket in een kasteel, dat de films ons voorschotelen.

D: *Oh! En ze gooien hun dingen dan op de grond? (Jawel) En wat, zijn er tafels opgesteld rondom de ...*
K: Tafels en bladen, ja.
D: *Bladen?* ** *Staan opgesteld rondom het vuur? (Ja) In een cirkel?*

** Webster's New World Woordenboek: 1. Vroeger, een houten schotel om te snijden en vlees op te serveren. 2. Een schaal. **

K: Nee, ze staan in rijen.
D: *Lange tafels?*
K: Redelijk lang. Ze zijn langer dan een man lang is.
D: *En wat doen ze? Brengen ze eten binnen en zetten ze het op de tafels? (Jawel) Wie doet dat? Bedienden of zo?*
K: Jawel. De horigen. [drudges]**

**Drudge: een persoon die zwaar ondergeschikt of saai werk moet doen. Niet per se een slaaf, dus nu vrij vertaald als horigen, lijfeigenen.

D: *De horigen brengen het eten naar binnen? En dan eten de mensen en ze gooien de botten en alles op de vloer? (Jawel) En zijn er veel honden daarbinnen?*

K: Er zijn er genoeg om opschudding te veroorzaken en ze vechten om dingen.

D: *(Lach) Ze vechten om het eten. (Jawel) Wat voor soort eten zie je op de tafels?*

K: Dingen als wildgebraad en ... (pauze terwijl ze rondkeek) oh ... gerookte vogels. En verschillende soorten patrijzen en fazanten en zulke dingen. En verschillende soorten vis en zo. En 'touvers' en zo.

D: *En wat?*

K: 'Touvers' (fonetisch).

D: *Wat is dat?*

K: (In deze zin kwam ik er eindelijk achter wat ze zei.) Een knol [tuber] is een knol en ik weet er geen andere naam voor.

D: *Oh. Is dat als een groente? Of ken je dat woord? (Pauze) Groeit het in de grond?*

K: Oh, jawel, jawel.

D: *Oh goed. Dat is een andere naam. Ik begrijp nu wat je bedoelt. Heb je veel van dat soort dingen daar om te eten, die in de grond groeien?*

K: Er is voldoende hoeveelheid om alle monden te voeden die er zijn.

D: *En hoe zit het met brood? Maakt iemand brood?*

K: Er zijn platte koeken, als dat is wat je bedoelt.

D: *Is dat een zoete koek, of...?*

K: Oh, nee, nee. Het is als een gemalen cake. Het zijn platte koeken. Ik heb geen andere manier om het te zeggen.

D: *Ze zijn niet erg dik?*

K: Misschien zo dik als anderhalve duim.

D: *Ik bedoel, hoe hoog zijn ze?*

K: Zo hoog zijn ze.

D: *Hoe groot in omtrek zijn ze?*

K: Oh, ongeveer zoiets. (Handgebaren) Als jij je twee handen erom zou doen, dan zouden ze elkaar raken.

D: *En dit is niet zoet? (Nee) Welke kleur heeft het?*

K: Misschien bruin.
D: *Eten ze dat met het vlees?*
K: Meestal wordt het gebruikt om na afloop de schotel schoon te vegen. En dan eet je het zo. (Grinnik) Dat is de enige goede manier waarop je het kunt eten, met een flinke laag saus erop.
D: *Weet je wat borden zijn? (Pauze) Sommige mensen eten van borden.*
K: Ik heb geen weet van dit woord, nee.
D: *Het is een ... weet je wat aardewerk is? Hebben jullie aardewerk? Of...*
K: We hebben bokalen [goblets], als dat is waar je het over hebt.
D: *Bokalen. Okay. Soms hebben ze dingen waar ze eten op doen en jij ...*
K: Oh, ze doen dat op de schalen.
D: *Op de schalen. En je hebt bokalen waar ze de drank in schenken?*
K: Sommige mensen hebben bokalen. Anderen hebben gewoon ... hoe zal ik 't noemen? Mokken, is denk ik een goed woord.
D: *Een bokaal is grootser (chiquer)?*
K: Da's voor het hogere volk, jawel.
D: *Wat voor soort drank hebben ze?*
K: Oh, d'r is donker bier [stout], maltbier [ale] en mede en zulke dingen.
D: *Drinkt iemand ooit melk? Weet je wat dat is?*
K: Da's wat ze de 'bairns' geven
D: *(Ik begreep het woord niet.) De baronnen? Dan drinkt het gewone volk dat niet? (Pauze. Ze keek verward.)*
K: Je begrijpt mij niet. Nee, dat is wat ze de baby's geven.
D: *Oh, okay. Ik dacht dat je baron bedoelde, als een hooggeplaatst persoon.*
K: Ik heb geen weet van wat een baron is. Da's een woord dat mij vreemd is. Kun je dat uitleggen?
D: *Nou, het is zoiets als een leider. Sommige mensen ergens anders zouden een leider of een koning zo kunnen noemen.*
K: Dat is een interessant woord, dat is het, jawel.
D: *Het is een groots persoon. Dan geven ze de baby's, de zuigelingen [babes], de melk? (Jawel) Mensen zo oud als jij drinken dan geen melk?*
K: In de regel niet, nee.
D: *Is er iets zoets dat ze serveren tijdens deze maaltijden?*

K: Alleen als je heel veel geld hebt, dan hebben ze iets zoets. 't Is zelden, zeer zelden. Gemaakt van honingen en zo. En het is erg kostbaar.

D: Ik dacht dat als ze een grootfeest hadden zoals dit, dat ze iets zoets zouden hebben. Alleen voor speciale gelegenheden?

K: In de regel, zoals bij bruiloften en zo.

D: Is er een bepaalde volgorde waarin ze zitten? Zou iemand belangrijker zijn dan een ander?

K: Jawel, er zijn er die aan de hogere tafels zitten, en je hebt een soort afnemende volgorde. En dan heb je boven en onder de verkopers [sellers] en zo.

D: Wat bedoel je met: 'boven en onder de verkopers?

K: Waar ze het zout bewaren. Ze zouden het óf boven óf onder de zout-bewaarplaats [sellers] houden.

D: De hoge tafels? Bedoel je dat deze hoger staan opgesteld dan de andere mensen?

K: Oh, er is er één die dat is. Dat zou de eigenaar van de donjon zijn. Hij zou de hoge tafel hebben. En al het bezoekende volk, dat zeg maar de verwanten zijn of iets dergelijks, die zouden daarboven zitten bij hem. En dan is er als het ware een afdalende volgorde door de kamer.

D: Toen je zei dat ze boven en onder het zout waren, mag niet iedereen dan zout gebruiken?

K: Nee. Je hebt alleen toestemming om zout te gebruiken als je een bepaalde waarde hebt.

D: Waarom is dat? Is het zeldzaam? Is er moeilijk aan te komen?

K: Jawel. Zout is hetzelfde als geld op bepaalde plaatsen.

D: Dan mogen de mensen die lager in rang zitten geen zout op hun eten gebruiken? (Jawel) Hmmm. En als ze dan klaar zijn met eten, gooien ze gewoon alles op de vloer.

K: De honden ruimen het op.

D: Hebben ze iets waarmee ze eten?

K: Ze hebben hun messen.

D: Hoe zijn de mensen gekleed. In het bijzonder de dames. Kleden ze zich op een bepaalde manier?

K: Hoe bedoel je, hoe ze zich kleden? Ik bedoel, ze dragen een jurk, een 'curtle'.

D: Een 'curtle?' ** ('kirtle')

** 'Kirtle': het gewaad van een vrouw, een japon. **

K: Wat is er dan nog meer, bedoel ik? Ik weet niet veel van vrouwenmode, als zodanig.
D: *Zijn de jurken lang?*
K: Jawel, ze raken de vloer.
D: *Dragen ze iets op hun hoofden?*
K: Ze dragen bonnetten. [wimples].**

** Bonnetten [wimples]: een stoffen hoofdtooi die het hoofd, de nek en de zijden van het gezicht bedekt, formeel gedragen door vrouwen en nog steeds in gebruik bij sommige nonnen. **

D: *En dan dragen ze hun haren niet gewoon los, of wel?*
K: Het is meestal opgestoken in vlechten, of in een haarnet [caul] of iets dergelijks.

** Caul: een strak gebonden, binnenshuis gedragen hoofdtooi of haarnet. **

D: *En hoe zit het met de bovenkant van de jurk? Komt die hoog tot aan de nek, of ...*
K: Jawel. Hij loopt hoog door.
D: *Hij is niet laag ingesneden?*
K: Nee. Je zou doodvriezen als dat zo zou zijn.
D: *(Grinnik) Oh is het koud daarbinnen dan?*
K: Oh, winters zijn een beetje fris.
D: *Zijn de mouwen lang of kort?*
K: Ze zijn lang.
D: *Dragen ze juwelen?*
K: Degenen die er genoeg geld voor hebben. En als ze dat niet hebben, dan niet. Meestal is het misschien een ring of een kruis. Dat zou het wel zijn.
D: *Niets meer bijzonder dan dat. En hoe zit het met de eigenaar? Draagt hij speciale sieraden?*
K: Hij zal zijn zegelring dragen, misschien een soort ... (zoekend naar het woord). Een soort van ... medaille. Hij draagt het in het midden op zijn borst.
D: *Een rond metalen ding aan een ketting of zoiets?*

K: Jawel. Dat laat zijn positie zien. Ze hebben verschillende ontwerpen en zijn versierd met zijn familiewapen en dergelijke.
D: En dat laat zien, wie zij zijn. *(Jawel)* Wat voor soort kleren dragen de mannen?
K: Een wambuis [jerkin]** en broek. Ik bedoel, ik heb geen andere manier om het uit te leggen.

** Wambuis: een nauwsluitend jasje voor een man, meestal gemaakt van leer. **

D: Is de wambuis lang, tot ver over hun benen?
K: Ongeveer tot halverwege de dijen.
D: Hebben ze lange mouwen?
K: Jawel. Soms dragen ze er een shirt onder. En dan heeft het wambuis zelf korte mouwen en het shirt heeft dan lange mouwen. En dat zou een stuk warmer zijn. Het hangt van de tijd van het jaar af, denk ik.
D: Dragen ze wel eens iets op hun hoofd?
K: Diverse mensen hebben verschillende soorten hoeden. Hangt gewoon van je bui af, denk ik, of wie je bent en wat jij je kunt veroorloven. Sommige zijn behoorlijk vreemd. Ik heb er één gezien die leek op een vogel, die op het punt staat er vandoor te gaan en weg te vliegen.
D: *(Lach)* Voor een man? *(Jawel)* Dat klinkt als iets wat een vrouw zou dragen.
K: Nee, dit was overduidelijk een man die vol was van zijn eigen belang, zou ik denken.
D: *(Grinnik)* Hij wilde anders zijn en ervoor zorgen, dat hij opviel bij iedereen.
K: Hij viel inderdaad wel bij iedereen op, maar velen vonden hem een idioot.
D: Wat voor soort kleren draag jij?
K: Gewoon een broek en een wambuis, in de regel. Misschien een cape als het koud is. Maar dat is het zo'n beetje.
D: Draag je iets op je hoofd?
K: Soms een pet in de winter of als het regent. Maar in de regel ben ik blootshoofds.
D: Hebben de kleren een bepaalde kleur?

K: Die van mij zijn bruin en ik heb een paar dat rood is. Maar dat is voor speciale gelegenheden.

D: *Dragen mensen felle kleuren?*

K: Hoe zouden ze zich de verf ervoor kunnen veroorloven? Tenzij die voorkomen in de dingen die zij om zich heen hebben, anders kunnen ze zich de verf niet veroorloven.

D: *Dan zouden de meeste mensen gewoon bruine kleren dragen?*

K: Of dingen die de kleur hebben van datgene waarvan ze zijn gemaakt. Bijvoorbeeld als het wol is, dan heeft het de kleur van het schaap, waarvan de wol was geschoren.

D: *Dan verven ze dat niet. (Nee) En maar weinig mensen dragen felle kleuren?*

K: Niet erg veel, tenzij ze het zich kunnen veroorloven.

D: *Waar heb jij jouw rode kleren dan vandaan?*

K: Door er een lieve cent voor te betalen. Ik heb ze verkregen van een kleermaker. Wanneer je naar de donjons gaat, heb je tenminste één stel kleren nodig dat eruitziet alsof je daar thuishoort.

D: *Nou, als je aan het zingen bent en daar dan je harp bespeelt, waar zit je dan in de kamer?*

K: Meestal op een stoel die vlak bij de hoge tafel staat. Zodanig, dat het door hen gehoord kan worden en dat ze mij kunnen vertellen wat ze willen horen en zo.

D: *En je zei dat er soms ook jongleurs zijn. (Jawel) En hoe zit het met acrobaten? Weet je wat dat zijn?*

K: Ik heb geen kennis van dat woord.

D: *Het betekent mensen die ... oh, ze springen rond en doen allerlei soorten trucs met hun lichaam. Lopen op hun handen en zulke dingen.*

K: Ik heb mensen gezien die zo doen, ja. En dan zijn er 'mimers' [mummers] en zulke dingen die plaatsvinden. En ze spelen en beelden dingen uit.

** Een pantomimespeler was een middeleeuwse entertainer die een amateur acteur was. Hij trad op in verschillende toneelstukken in de dorpen die werden opgevoerd tijdens het oogstfeest of tijdens religieuze gebeurtenissen zoals met Kerstmis. **

D: *Mimers? Oh bedoel je dat ze acteren zonder te praten?*

Ik moest denken aan mimespelers.

K: Nee, ze praten. Maar ze gebruiken ... zeg maar, verschillende stemmetjes en zo. Om het grappiger te maken voor mensen. Begrijp je wat ik hier zeg?

D: *Ik denk van wel. Bedoel je dat ze meerdere rollen spelen?*

K: Oh, jawel, ja.

D: *Eén persoon doet het?*

K: Oh, meestal is er een groep van ze, maar ze spelen allemaal verschillende rollen, zodat je het gehele stuk krijgt, als het ware. Opgevoerd tussen twee en drie, misschien vier mensen.

D: *Trekken ze verschillende kleren aan terwijl ze dit doen, of veranderen ze alleen hun stemmen?*

K: Meestal veranderen ze alleen hun stemmen. En sommige van hen die ik heb gezien, droegen kostuums die ze konden omdraaien. Bijvoorbeeld aan één kant van deze ene man, als hij het omdraaide, dan was het een broek en een wambuis. En aan de andere kant had hij een lange jurk. (Ik lachte.) En het was heel erg gek.

D: *Hij deed alsof hij een vrouw was en een man, of niet? (Jawel) En vonden de mensen dat grappig?*

K: Ze lachten erg hard, jawel.

D: *En ze vertellen op deze manier verhalen? (Ja) Dat is dezelfde manier waarop jij het doet, alleen zing jij die van jou.*

K: Op een bepaalde manier, jawel.

D: *Hebben ze nog iemand anders die muziek speelt, naast jou?*

K: Nou, er zijn verschillende harpisten en zo.

D: *Bedoel je dat jullie allemaal in dezelfde donjon spelen? Als jij aan het spelen bent, is er dan iemand anders die wat anders speelt? Niet, terwijl jij speelt, maar misschien voordat jij opkomt?*

K: Soms, maar niet vaak. Meestal als een donjon een harpist heeft, dan zal een harpist daar niet blijven.

D: *Oh, dat klinkt logisch. Maar zijn er andere mensen die andere instrumenten bespelen?*

K: Oh, de vrouwen spelen soms op een luit. Maar dat wordt niet in hallen en zo gedaan.

D: *Is er iets waar mensen op blazen, om muziek te maken?*

K: Oh, er zijn fluiten en zo, maar meestal zijn het dingen met snaren.

D: *En nu op dit moment, ben je muziek aan het spelen? (Jawel) Zul je gauw voor hen gaan zingen?*
K: Er is te veel lawaai gaande om nu echt te zingen. Iedereen is in een grootse bui en krijgt het nogal heet onder de kraag en zo. Ik betwijfel of ze iets zouden willen horen anders dan ... gewoon muziek zelf. Ze zouden mij nu niet willen horen zingen.
D: *Is dit een grote donjon? (Pauze) Ik bedoel, veel kamers?*
K: Het heeft aardig wat kamers, jawel.
D: *Als je de donjon binnenkomt, hoe kom je dan binnen? Is er een grote deur of zo?*
K: Er is een grote poort.
D: *Een grote poort. Is er een muur rondom de donjon? Of kom je gewoon meteen in de donjon?*
K: Je komt rechtstreeks in de donjon zelf.
D: *Ik heb gehoord, dat ze op sommige plaatsen hoge muren hebben die rondom de donjon staan, om te verhinderen dat mensen binnenkomen, zoals tijdens een oorlog of zo.*
K: Deze niet, nee.
D: *Heb je ooit wel eens zoiets gezien?*
K: Niet hier in de buurt, nee. Het heeft alleen de poorten, die hen weg zouden houden uit het midden ervan. En van de hogere delen kun je naar beneden schieten, als men je zou omsingelen.
D: *Zijn er ook torens of zoiets? (Pauze) Weet je wat dat woord is? (Pauze) Het is een deel dat hoger uitsteekt dan de rest van het gebouw.*
K: Maar het gebouw is in principe gemaakt uit één stuk.
D: *Allemaal dezelfde hoogte?*
K: Jawel. Ik bedoel, het is niet laag. Maar het is niet groot en hoog, zoals waar jij over spreekt.
D: *Ik heb gehoord over plaatsen, die gewoon één deel hebben dat hoger uitsteekt dan de rest.*
K: Ik heb het niet gezien, nee.
D: *Hebben alle kamers hoge plafonds, zoals de grote hal?*
K: Nee. De keuken zou het wel hebben, om het roet [soot] eruit te laten en zo. Maar de andere kamers, die zouden een kamer boven zich hebben. Terwijl de grote hal gewoon een grote kamer op zichzelf is.
D: *Je zei: 'om het roet uit de keuken te laten'? (Jawel) Wat bedoel je daarmee?*

K: De sintels en zo, van de vuren van de ovens en zo. Als het geen hoog dak zou hebben en plaatsen om het eruit te laten, dan zou je niet in staat zijn om daarbinnen te ademen.

D: *Is dat hoe ze koken? Ze hebben grote ovens?*

K: (Grinnik) Voor zover ik weet. Ik heb er geen weet van. Ik kan niet zo goed koken.

D: *Ik ook niet. Daarom vroeg ik mij dat af. Nou, als je nu rondkijkt in de grote hal daar, hangt er iets aan de wanden voor decoratie?*

K: Er zijn hangers en zaken die zij met liefde hebben gemaakt, maar niet echt iets luxueus.

D: *Wat bedoel je? Zoals grote schilderijen of borduurwerken? Of hoe hebben ze die gemaakt?*

K: Ze zijn gewoven en zulks. Ik geloof dat het woord 'weefgetouwen' [looms] is. Ik ben er niet bekend mee. Ik weet alleen dat ze gemaakt worden. De grootste ervan zou het wapen van het huis zijn, als het ware.

D: *Zoals hetzelfde ding, zoals je zei, dat de man rond zijn nek draagt?*

K: Jawel, jawel. En het hangt achter de hoofdtafel.

D: *Wat voor ontwerp heeft het? Kun je dat zien vanaf waar jij bent?*

K: Het heeft een groot, rood hart in het midden, met een zwaard er doorheen. En een kraanvogel [crane] (?) in de bovenhoek.

D: *Een kraanvogel?*

K: Een kroon. In de bovenhoek. En erbinnen heeft het een kruis. En op de onderste hoek heeft het … het lijkt een soort van harp te zijn. Ook al ben ik niet echt bekend met het type harp dat dit is.

D: *Heeft het dan vier hoeken in het ontwerp?*

K: Alle wapens hebben dat, voor zover ik ooit heb gezien. En die andere twee… hij heeft er één … blauw aan de bovenkant en die aan de onderkant is goud.

D: *De kleuren bedoel je?*

K: In de tegenovergestelde hoeken … ik beschrijf het niet erg goed.

D: *Je doet het prima. Bedoel je dan, dat het in de ene hoek een kleur heeft en in de andere hoek een ontwerp?*

K: Jawel. En in het midden is het hart met het zwaard er doorheen.

D: *Dat lijkt mij vreemd. Ik vraag mij af waarom het een zwaard door het hart heeft.*

K: Laat zien dat het naar beneden is gekomen, tijdens de jacht of zo. Ik heb geen idee. En het witte hart …

D: *(Ik begreep eindelijk wat ze bedoelde.) Oh, een hert [hart]! Ik begrijp het, je bedoelt een dier. (Jawel) Ik dacht dat je een hart bedoelde, zoals je in je lichaam hebt. (Nee, nee) (Grinnik) De woorden klinken zo hetzelfde.*

K: Jawel, dat doen ze. Maar als het een wit hert was geweest, dan zou het staan voor puurheid en zo. Maar het rode hert, dat laat kracht zien en zo, ik denk dat dit de betekenis erachter is. Ik weet het niet zeker.

D: *Oh, ja. Ik begrijp nu wat je bedoelt. Dat maakt allemaal deel uit van het ontwerp. (Jawel) En een kroon en ...*

K: De kroon heeft een kruis er binnenin.

D: *Ik probeer mij te herinneren wat je zei, dat er aan de andere kant was. Er was een kroon en er was ook een ... een harp!*

K: Jawel, er staat een harp aan de onderkant, aan de ene kant. En dan is er nog de kroon met het kruis erin. En dan de andere kant, de bovenkant was blauw en de onderkant was rood. Ik bedoel het is niet rood, het is goud. Excuseer mij. Ik dacht aan het rode hert.

D: *Het blauw en het goud. Ok. Ik denk dat ik er nu een beeld van heb, hoe het eruit ziet. En dit is het wapen, van de man aan wie het huis toebehoort.*

K: Jawel. Strafmoor. (Fonetisch. Misschien: Stravmoor. Klinkt meer als een F.)

D: *Dat is de naam van de mensen, of de naam van de donjon dan.*

K: Jawel. Het is ook zijn naam. Hij is het zelf ook.

D: *Hoe zien de andere wandversieringen eruit, die kleiner zijn?*

K: Sommige ervan zijn gewoon bloemen en zo. Niets belangrijks of groot of zo. Ze zijn gewoon daar. Ze moeten warmte toevoegen daar. Sommige ervan zijn zo vervuild door rook en zo, dat je niet kunt zien wat ze voorstellen. Ze hebben ze al een tijdlang niet schoongemaakt.

D: *Maken ze de kamer warmer, door aan de muur te hangen?*

K: Dat wordt verondersteld. Ik weet niet of het veel helpt.

D: *Het wordt kouder daarbinnen met dat hoge plafond, of niet? (Jawel) Je zei dat ze plafondbalken hebben waar stro op ligt?*

K: Het dak is van stro. Er zijn balken die zijn gemaakt van hout, en dan is het dak van stro.

D: *Ik dacht dat het dak van steen zou zijn, zoals het hele gebouw is.*

K: Hoe zou je steen daarboven op moeten krijgen? Ik bedoel, wat zou dat dragen? De steen is zwaarder dan hout. Wat zou het omhoog moeten houden?

D: De muren zijn toch van steen, of niet?

K: Jawel. Maar die zijn gewoon op elkaar gestapeld. Ze gaan gewoon recht naar boven. Wat zou het in zo'n hoek moeten houden dan?

D: Ik weet het niet. Dat zou moeilijk zijn om te maken, of niet? Maar is stro niet iets, dat zou wegwaaien of ...

Op dat moment was ik niet bekend met rieten daken, maar nu dat ik elk jaar naar Engeland reis, zie ik vele huizen die nog steeds dit soort daken hebben. Het is een verdwijnende kunst, omdat mensen niet weten hoe ze dit moeten repareren. Het is tijdrovend en de kunst wordt niet overgedragen op jonge mensen. Het dak is erg dicht en veilig en dient zijn doel erg goed, maar het heeft van tijd tot tijd reparaties nodig, zoals elk dak. Ten tijde van deze sessie in 1985 echter, had ik nog een beeld van een dak waar los stro of gras op lag, wat achteraf bezien niet erg praktisch zou zijn.

K: Het is erg goed vastgebonden. Natuurlijk moet het worden vervangen. Meestal in het voorjaar, 's zomers. Maar het houdt erg goed.

D: Ik dacht de regen er misschien doorheen zou komen, of dat de wind het eraf zou blazen.

K: Het wordt heel dik aangelegd. En erg goed vastgebonden.

D: En het dak van de gehele donjon is hiervan gemaakt?

K: Het deel dat ik heb gezien.

D: En stenen muren. Zijn de vloeren ook van steen gemaakt?

K: (Verwarring) Ik weet het niet.

D: Oh, het is bedekt met stro. Het is moeilijk om te zien.

K: Ik denk dat het waarschijnlijk gewoon aarde is. Ik weet het niet.

D: Maar de haard in het midden waar het vuur is ...

K: 't Is steen, jawel.

D: En het is hoger gebouwd. (Jawel) En de rook gaat dan richting de ramen. Openen ze die oliedoeken?

K: Meestal zijn ze alleen bovenaan. (Verwarring om dit uit te leggen). Ze zijn op de één of andere manier bovenaan vastgemaakt, maar ze zijn zo gemaakt dat ze kunnen wapperen, als het ware.

D: *Oh, dan zijn ze los. Zodat op die manier de rook eruit kan gaan. (Jawel) Maar dan zou de regen ook naar binnen kunnen, of niet?*
K: Het beschermt er deels tegen. Maar er is niet genoeg dat het erg naar binnen komt, tenzij het een winderige dag zou zijn buiten.
D: *Ik begrijp nu hoe het eruit ziet. Hou je ervan om te spelen in deze donjons?*
K: Het betaalt beter, dan zingen in herbergen.
D: *Ik zou het fijn vinden, als je nog een ander lied voor mij zou zingen. Dat heb je eerder al gedaan.*
K: Jawel, dat zou jij leuk vinden, maar ik denk dat ik hier dan uit wordt gegooid vanavond. Nee, ik denk niet dat ik hier ga zingen vanavond.
D: *Denk je niet dat ze het nieuws willen horen of iets dergelijks?*
K: Vanavond niet. Ze zijn behoorlijk luidruchtig nu.

Ik wilde graag nog wat meer liedjes hebben. Ik zou haar moeten verplaatsen.

D: *Ok. Dan laten we deze scene even achter ons. Laten we weggaan van deze scene. En ik zal tot drie tellen en dan gaan we naar een tijd waarin je optreedt. Waar het jou is toegestaan, om te zingen. Een tijdstip waarop je voor mij kunt zingen. En dan zing je ook voor alle mensen. En ze vinden het erg leuk. Ik zal tot drie tellen en dan zijn we er. 1, 2, 3, je bent nu op een plek, waar je aan het optreden bent en je zingt voor de mensen. Wat ben je aan het doen?*
K: Mijn harp aan 't bespelen.
D: *Waar ben je nu?*
K: Ben in de Claire donjon.
D: *Vind je dat een prettige donjon?*
K: t' Is een fraaie donjon.
D: *Ga je vanavond zingen? (Jawel) Ga je zingen, zodat ik het ook kan horen? Dan weet ik ook hoe het klinkt. (Ze leek te aarzelen.) Ik zou het erg op prijs stellen, als je dat zou doen. (Pauze) Kun je dat voor mij doen?*
K: (Zachtjes) Ik denk het wel.
D: *Okay. Want ik zou dat fijn vinden. En je hebt het vaker gedaan en ik hou heel erg van je stem.*

Ze zong nog een langzaam liedje. (Lied #6. Opgenomen tot vijfenveertig seconden.)

D: *Die vond ik mooi. Vonden de mensen het mooi?*
K: Ik kreeg niks naar mijn hoofd geslingerd, dus ik neem aan van wel.
D: *Het klinkt lekker. Wil je nog een andere voor mij zingen? (Pauze) Je gaat er nog een heleboel zingen, toch?*
K: Ik zing er behoorlijk wat. (Ze leek van streek.)
D: *Waarom vind je het vervelend dat ik het je vraag?*
K: Soms lijkt het gewoon moeilijk. Ik weet niet precies waarom.
D: *Heb je enig idee? (Pauze) Want ik wil je niet van streek maken. Weet je waarom? Ik probeer het te begrijpen.*
K: Ik weet het niet zeker. Soms lijkt het, alsof alles zo'n beetje op slot gaat. En dan wil er niks uitkomen. (Een nerveus lachje)
D: *Maar dat gebeurt niet als je voor de mensen zingt, of wel?*
K: (Grinnik) Soms gebeurt dat. Het hangt van de situatie af. Zoals wanneer ik nog nooit op die plek ben geweest.
D: *Ja, ik begrijp wat je bedoelt. Dat gevoel heb ik ook wel eens gehad. Je weet niet, of ze het wel leuk zullen vinden of niet. (Ik probeerde haar vertrouwen te winnen.) Het is best moeilijk om voor al die mensen te staan. (Jawel) Maar ik zou het erg fijn vinden, als je nog een liedje voor mij zou zingen en dan zal ik erover ophouden. Ik zou het erg waarderen. Ik hou van de muziek. Het klinkt erg aangenaam.*
K: Ik denk dat ik het nog eens zal proberen.

Ze zong nog een langzame. (Liedje #7. Opgenomen tot ongeveer één minuut.)

D: *Dat is erg mooi. Die vond ik leuk. Je zei hierin het woord "shelan" (Fonetisch) heel vaak. Wat betekent dat?*
K: 't Is de naam van een persoon. Het is een soort klaaglied, als het ware.
D: *Een klaaglied?*
K: Jawel. Een schreeuw om die persoon.
D: *De persoon is weg? En ze willen dat deze terugkomt?*
K: Het is de vrouw.
D: *Dan zouden ze ongelukkig zijn. (Jawel) Ja, het klonk erg droevig.*
K: Of vervuld van verlangen in ieder geval.

D: *Veel van jouw liederen zijn zo, of niet? (Jawel) Dansen de mensen in jouw land?*

Het enige type Ierse muziek waar ik bekend mee ben, is de moderne Ierse horlepijp [jig]. Die muziek is levendig, niet langzaam en droevig. Bestond dat type muziek in die tijd?

K: Ze dansen af en toe een horlepijp. Of wanneer een groepje mensen samenkomt. We zijn over het algemeen een vrolijk volk. Maar de vrolijke liederen zing je nooit, tenzij iemand aan het dansen is. Niemand zou je kunnen horen boven het klappen uit.

D: *Heb je enige muziek die daarbij hoort, als ze aan het dansen zijn?*

K: Jawel. Soms met de harp, soms alleen met handklappen, of fluiten en zo. Ik heb nooit de fluit bespeeld, dus ik weet niet hoe dat gaat. Soms gebruiken ze hun stem om het lied te maken, maar er ... er zitten niet veel woorden in. (Wederom verward, over hoe dit uit te leggen.) Het is meer om gewoon de melodie over te brengen.

D: *Ben je er ooit wel eens uit geweest, om te dansen?*

K: Jawel, maar ik denk dat ik twee voeten heb die elkaar niet zo erg goed kennen.

D: *(Lach) Sommigen kunnen het beter dan andere mensen.*

K: 't Is de waarheid.

D: *Je vertelde mij eens dat toen je een kleine jongen was, dat je met je vader meeging en dat hij je leerde om al deze dingen te doen? (Jawel) In welk deel van het land woonde je, toen je een kleine jongen was? (Pauze) Voordat je met je vader meeging, kun jij je herinneren waar je toen leefde?*

K: Het enige dat ik mij kan herinneren, is dat het in een vallei was en dat het allemaal groen was. En er waren allemaal dieren en zo. Maar ik kan mij er niet veel van herinneren. Het enige dat ik mij herinner, is dat het dicht bij een rivier was. Ik ben er sindsdien nooit terug geweest.

D: *Ik vroeg mij af, of je ooit terug bent gegaan om je moeder te bezoeken, of de plaats waar je woonde. (Nee) Wat is er met je vader gebeurt?*

K: Hij is gestorven. Hij heeft zichzelf dood gehoest. (Bedroefd) Hij was al geruime tijd ziek.

D: *Maakte dat het moeilijk, om samen met hem te reizen?*

K: Van tijd tot tijd. En toen werd het zo erg, dat hij niet eens meer kon zingen.
D: Was je al erg oud toen dat gebeurde?
K: (Aarzelde) Drieëntwintig, gok ik.
D: Dan was je geen kleine jongen meer. (Nee) Hij heeft je veel dingen geleerd, of niet soms?
K: Oh, jawel.
D: Wanneer je reist, zijn er dan wegen waarover je reist om naar verschillende plaatsen te gaan?
K: Soms zijn er wegen, soms moet je die zelf maken. Soms zijn er alleen een soort paden. Als je weet waar je uiteindelijk naartoe gaat, dan kun je op zijn minst de richting vragen.
D: En je gaat ook op en neer naar dezelfde plekken, of niet?
K: In de regel wel.
D: Hou je van je leven?
K: Het is niet slecht. Ik heb tenminste eten in mijn mond en meestal een warme plek om te verblijven.
D: Wat zou je nog meer kunnen wensen dan? Nou, ik dank je dat je met mij hebt gesproken. En ik dank je voor de liederen die je voor mij hebt gezongen. Ik vind ze echt mooi. Mag ik nog eens komen om met je te praten?
K: Als je zin hebt om naar mijn geblaat te luisteren, dan denk ik het wel.
D: (Grinnik) Oh, ik geniet ervan. Het is interessant voor mij. Ok. Nogmaals bedankt dat je met mij hebt gesproken.

Het enige dat Karen kon associëren met dit leven, was haar vaardigheid om te zingen en gitaar te spelen. Toen ze nog erg jong was, ontdekte ze dat ze heel eenvoudig de gitaar kon bespelen, zonder lessen. Ze merkte ook vaak op dat ze liedjes zong en deze zong, terwijl ze aan het werk was in het huis, zonder dat ze enig idee had, waar deze vandaan kwamen. Een klein overblijfsel van O'Keefe dat nog steeds haar huidige leven binnen sijpelde.

Nadat Karen Fayetteville verliet en naar Little Rock was verhuisd, communiceerden we enkel nog per post of telefoon. Op een dag moest ik in Little Rock zijn voor een conventie en we hadden afgesproken om elkaar te ontmoeten in mijn hotel voor een sessie. Ik was er met name in geïnteresseerd, om de minstreel weer te ontmoeten en om hopelijk nog wat meer muziek te krijgen. Ik voelde ook dat er bepaalde hiaten waren in zijn verhaal, waar ik vragen over wilde stellen. Karens sleutelwoord werkte prachtig, ook al was het ongeveer twee jaar geleden dat we voor het laatst hadden samengewerkt. Ze raakte onmiddellijk in een diepe trance. Terwijl we verder gingen, vroeg ik haar om vooruit te gaan naar een belangrijke dag. Ze deed er lang over om te antwoorden. Toen ze dit deed, leek ze terneergeslagen. Er leek iets aan de hand te zijn.

K: Ze ... vonden het niet leuk waarover ik zong en ... Hoe moest ik dat weten? (Een diepe zucht.)
D: *Wie vond het niet leuk waarover je aan het zingen was?*
K: Ah, de Brock. (Fonetisch, maar de naam was onduidelijk.) Hè, ah ... dat ik een lied aan het zingen was, dat ging over ... oh, deze persoon, ik kan mij z'n naam niet herinneren. In ieder geval, het ging over deze glorieuze daad die hij deed en dit en dat, en dat andere ding. Tot ik erachter kwam, dat hij de vijand was van deze eigenaars van deze donjon. En dat vonden ze niet leuk.
D: *Oh. Dat was een vergissing, of niet?*
K: Jawel. Ik had beter moeten weten dan dat. Ik had mijn oren misschien iets beter open moeten houden.
D: *Wat is er gebeurd?*
K: (Zucht) Oh, ze zeggen dat ze ... mijn hoofd eraf gaan hakken morgenochtend.
D: *Alleen daarom?*
K: Oh, mensen zijn wel voor minder gedood.
D: *Waar ben je?*
K: Ergens beneden in het onderste deel van de donjon, zoals het eruit ziet. Behoorlijk donker hier. We kwamen langs deze trap naar beneden, en ... natuurlijk hadden ze toortsen en konden we toen wat zien.
D: *Gaven ze je geen enkele kans om je te verontschuldigen, of om sorry te zeggen of zo?*
K: Ze hebben er geen behoefte aan, dat mensen zich verontschuldigen. Ze denken niet, dat een man zich moet verontschuldigen voor zijn daden, dus ze gaan mij geen kans geven.
D: *Hoe voel je je daarbij?*
K: (Pauze) Nou ... teleurgesteld. Kan niet zeggen dat het iets is, dat ik graag zie gebeuren. Nooit zo graag mijn hoofd willen verliezen over iets.

D: *Hoe oud ben je nu?*
K: Oh, vijfendertig, daar in de buurt. Het is niet al te slecht denk ik.
D: *Je kon nog steeds rondlopen en alle dingen doen die je wilde, of niet?*
K: Jawel. Maar het heeft geen zin om er nu over te zeuren. Er is niet veel dat ik eraan kan doen.
D: *Is er nog iemand anders daar bij je?*
K: Heb wat geluiden gehoord uit die richting, maar zoals het klinkt, is hij al te ver heen. Hij is alleen maar aan het kreunen en gaat maar door.
D: *En je denkt niet, dat ze je daar alleen maar zullen houden als gevangene?*
K: Waarom zouden ze mij voeden? Als ze mijn hoofd eraf hakken, dan hoeven ze mijn maag niet te voeden, dus ... Het is een stuk beter zo. Ik ga liever in één keer ertussen uit, dan hier maandenlang te zitten en te rotten tot ik dood ben.
D: *Dat klinkt logisch. Nou, het was niet jouw fout. Je had dit op geen enkele manier kunnen weten.*
K: Ik had slimmer moeten zijn.
D: *Dat waren de verkeerde mensen om naartoe te gaan en voor te zingen. Was je ooit eerder in die donjon geweest?*
K: Nee. Ik was hier nog niet geweest. Maar wat verwacht je ook van deze mensen in het noorden. Het zijn ook maar een stelletje heidenen, dus ...
D: *Oh, dan ben je in ten noorden van Erin. (Jawel) Wat is de naam van die donjon? Ik wil daar uit de buurt blijven.*

Ik liet haar de naam drie keer herhalen. Het is een moeilijke naam om te ontcijferen. Het klonk als: Tyrag, Tyrug, Tyrod? Fonetisch.

D: *Ik wil daar uit de buurt blijven. Ik geloof niet dat dit mensen zijn, die ik graag zou willen bezoeken. Nou, laten we die scene achter ons laten en verder gaan naar de volgende ochtend, nadat het allemaal achter de rug is.*

Ik zag er het nut niet van in, om haar de onthoofding te laten meemaken. Ik ben geen sadist.

D: En je kunt ernaar terugkijken. En je zult er geen last van ondervinden, om ernaar terug te kijken en erover te praten. Het heeft al plaatsgevonden. Ik zal tot drie tellen. 1, 2, 3, wat er is gebeurd, is al gebeurd. Kun je mij erover vertellen?
K: Ze namen dit grote zwaard en ... legden mijn hoofd op het blok en ... hakten gewoon.
D: Wie deed dat?
K: Eén van de bewakers. Ik weet het niet echt zeker.
D: Dan lieten ze je niet erg lang daar beneden verblijven, of wel?
K: Nee. 't Is beter op deze manier. 't Is geen goede plek om te sterven. Ze lieten mij tenminste nog één keer de zon zien schijnen.
D: Namen ze je dan mee naar de binnenplaats of zo? (Jawel) Maar het was een gelukkig leven, of niet?
K: 't Was een erg zorgeloos leven.
D: Nou, hoe voel je je daarbij? Ben je kwaad?
K: 't Was iets dat ik moest terugbetalen. 't Is alleen maar eerlijk.
D: Weet je, wat je terug moest betalen?
K: 't Was oneerlijkheid uit het verleden en ... Er is altijd een leven voor een leven, en dit had betekenis.
D: Bedoel je dat wat jou is overkomen, dat je daarmee iets terugbetaalde dat in dit leven heeft plaatsgevonden, of vanuit ergens anders?
K: Van hiervoor.
D: En dat weet je, nu dat jij je lichaam weer hebt verlaten? (Ja) Weet je, wat het moest terugbetalen? Of heb je die informatie nu al?
K: Hm. Ik weet alleen dat het iets was van een vergelijkbare gruweldaad. Ik kan het mij niet herinneren.
D: Was het iets dat je had gedaan in een vorig leven en dat je nu op deze manier moest terugbetalen? (Ja) Ik begrijp het. Ja, dat is de manier waarop het werkt, of niet? Je hebt tenminste geen woede. Het is niet goed om woede of gevoelens van wraak te hebben. Je begrijpt wat er is gebeurd.

Ze sprak niet langer met het charmante Ierse accent. Karens normale stem was teruggekeerd.

K: Woede is een nutteloze manier om ergens op te reageren. Woede veroorzaakt de opbouw van erg veel karma. Als woede allesoverheersend is, dan brengt het zichzelf mee vanuit het verleden naar het heden en veroorzaakt niets dan problemen.

D: *Dan is het goed dat je dat deze keer niet hebt gedaan. Dan heb je iets geleerd.*

We lieten die scene achter ons en ik sprong nog een keer zo'n honderd jaar terug in de tijd en ze kwam bij het leven dat ik later de "Valkeniersdame" noemde. Ze was een vrouw die in een vesting leefde in Italië en ze was aan het jagen met een valk. Dit leven bevatte heel veel informatie over die tijd en ook over de kunst van het valkenieren. De omslag van de minstreel naar de dame was onmiddellijk en volkomen vanzelfsprekend, zoals dit eerder had plaatsgevonden bij alle regressies van Karen.

Ik denk dat de muziek op deze tape heel erg belangrijk is, ook het feit dat ze in een andere taal zong. Ik zou graag een expert dit willen laten onderzoeken, als er iemand kan worden gevonden die hier iets vanaf weet.

Hoofdstuk 15
De Dokter, Deel 1
(Opgenomen op 25 mei, 1983)

Karen had zojuist het leven verlaten, dat ik "de Valkeniersdame" heb genoemd.
    Dat is goed, dat is heel goed. Laten we die scene verlaten en laten we verder teruggaan in de tijd. Dit was in de jaren 500 waarin dit leven plaatsvond. Laten we teruggaan naar vóór die tijd, naar de jaren 400 en laten we eens zien, of we kunnen ontdekken wat je in die tijd deed. Ik ga tot drie tellen en dan zijn we in de jaren 400. Ergens daaromtrent en eens zien wat we kunnen ontdekken. 1, 2, 3, we zijn in de jaren 400, wat ben je aan het doen?

K: Ik maak een elixer.
D: Een elixer? (Ja) Wat is dat?
K: Er zitten heel veel kruiden in en het zal verzachting brengen. Het is een—(zucht) iets dat pijn zal verzachten.
D: Oh. Waar ben je?
K: Mijn naam is Alexandro.
D: Ben je een man? (Ja) Okay. Waar leef je nu? Heeft de plaats een naam? Het land?
K: Het is—ergens in—ah, het is Alexandrië (Uitgesproken: Alexandra)
D: Alexandrië? (Ja) Noemen de mensen het zo? (Ja) Ik begrijp het. Okay. Wat doe je? Wat is je beroep? Ken je dat woord?
K: Ik ben een arts.
D: Je bent een arts in die tijd. Hoe oud ben je? Ben je een oude man of een jonge man?
K: (Diepe zucht) Ik ben heel erg oud, ik ben in mijn zestiger jaren, ik ben erg vermoeid. (Het accent is opmerkelijk verschillend van dat van de Valkeniersdame.)
D: Oh. Doe je dit al lang? (Ja) Waar heb jij je opleiding gekregen voor zo'n soort baan?

K: Er werd hier gestudeerd, ook al is de school niet meer wat het geweest is. Veertien studeerden er onder mijn meester in Thracië. Maar je leert het voornamelijk door het te doen.
D: Nou, gebruik je voornamelijk kruiden, of doe je andere dingen? Om mensen te genezen?
K: Soms, als het nodig is, dan opereer je.
D: Opereren? Weet je hoe je die verschillende dingen moet doen?
K: Ja. Er zijn diverse manieren om ervoor te zorgen, dat een persoon geen pijn voelt. Sommigen gebruiken sap van bessen waarmee hun patiënt bewusteloos wordt gemaakt. Anderen gebruiken hypnose [hypnotico] en daarmee brengen ze hen in een staat, waarbij er geen pijn is.
D: Ik begrijp het. Dan kunnen ze op die manier opereren. (Ja) Okay. Er is hier iemand aanwezig, die jou graag wat vragen zou willen stellen. Is dat in orde? (Ja) Okay. (Deze persoonlijkheid, ondanks dat hij vermoeider en ouder klinkt, klinkt meer zelfvertrouwd.)
Harriet (H): Alexandro, heb je misschien een insigne, of de kleding die je draagt, of de kleur, een hoed, iets dat aangeeft hoeveel opleiding je hebt gehad op dit gebied?
K: Ik heb mijn medaillon die ik draag. Het is van goud aan een ketting en is aan mij gegeven door deze school. Er is een papyrusvel dat de handtekening van mijn meester bevat en dat beschrijft, dat hij mij heeft opgeleid en mij alle kennis heeft overgedragen die hij heeft. En dit is wie hem heeft opgeleid en waarin, verschillende dingen zoals dat.
D: Maar je hebt niet een bepaalde hoed of kleren die je draagt, die als een soort uniform dienen?
K: Ik heb mijn witte gewaden, maar afgezien daarvan, nee.
H: Alexandro, is het vrouwen ook toegestaan om arts te zijn waar jij bent? (Ja)
D: Dan kan elk geslacht een arts zijn?
K: Ja, Er zijn er, die zeggen dat vrouwen alleen vrouwen zouden moeten opleiden, maar daar ben ik het niet mee eens. Ik denk dat ze net zo goed zijn, zo niet beter, dan sommige mannen die ik heb leren kennen die zichzelf arts noemen. (Een beetje sarcastisch.)
D: Oh. Jij denkt dat ze net zulk goed werk doen. Ik heb gehoord ... je zei dat je in de stad Alexandrië bent?
K: Alexandrië, ja.
D: Is daar een bibliotheek?

K: (Zucht) De bibliotheek is afgebrand, zo'n—misschien honderd of tweehonderd jaar geleden.

D: *Oh, dan is die er niet meer. (Nee) Weet je er iets van hoe die bibliotheek was?*

K: Er zijn enkele ruïnes die er nog steeds staan en sommige van de leringen zijn niet verloren gegaan. Ze zijn behouden gebleven. Vanwege de achterdocht die de brand van de bibliotheek heeft veroorzaakt, worden deze voornamelijk geheim gehouden.

D: *Oh. Ik had gehoord dat alle kennis verloren was gegaan in de brand.*

K: Dat is niet waar. Er waren geruchten dat een dergelijke daad misschien zou plaatsvinden. En veel van de leraren en studenten zijn gevlucht, en hebben een deel van deze kennis met zich meegenomen. Veel ervan heeft het overleefd. Maar een groot deel is verloren gegaan door moedwillige vernietiging.

D: *Wat heeft de brand veroorzaakt?*

K: Het was opzettelijk aangestoken. De keizer, ik kan zijn naam niet meer herinneren, hij was erg ... overstuur door de manier waarop er hier les werd gegeven. Hij zei dat er te veel ... vrijheden waren en vrijspraak was, wat hij niet wilde toestaan. En het was zijn beslissing.

D: *Lijkt een verschrikkelijk daad om te doen, om zoveel kennis te vernietigen.*

K: De onwetenden hebben geen weet van de vernietiging van kennis. Ze hebben angst dat anderen kennis hebben en dus nemen ze de manier weg, om die kennis te vergaren.

D: *Weet je hoe de bibliotheek eruitzag, voordat deze werd verbrand?*

K: Zij had—hoge zuilen. Zij was gebouwd op de manier van de Grieken. Zij had de lichte, open doorgangen. Verschillende openingen in het dak, waar het licht door naar binnen viel. Elke sectie van de bibliotheek of school, het was feitelijk meer een school dan een bibliotheek—

D: *Allebei tegelijk?*

K: Heel veel tegelijk. Het was een pakhuis van kennis, waarin werd onderwezen en ook werd bewaard. Elke sectie had opleidingen zoals astronomie in de ene, medicijnen in de andere. Er wordt gezegd, dat men al deze aspecten moest bestuderen om af te studeren aan deze school.

(Moest de tape omdraaien.)

D: *Okay. Ik vroeg mij af hoe het er vanbinnen uitzag. Hoe zagen de boeken eruit? Heb je ooit enige van de boeken gezien, die het overleefd hebben?*

K: Meestal was het op rollen, degene die ik heb gezien. Ze waren op papyrus en op houten notities en rollen, ze werden op die manier bewaard.

D: *Werden ze ooit ergens ingedaan?*

K: Er wordt gezegd dat er enkele waren, die werden gebonden in leer en genaaid met ... bladzijden. (Onzeker van dat woord.)

D: *Nou, weet je, was er een hoofdhal? (Ik stelde al deze vragen, omdat ik een andere regressie had gehad, waarbij iemand anders de Bibliotheek van Alexandrië had beschreven, zoals deze eruit had gezien vóór de brand.) Van de bibliotheek?*

K: Er was een kamer die werd gebruikt voor debatten en discussies, als er grote groepen mensen waren aan wie werd voorgelezen, of onderwezen. Soms wordt er gezegd, dat zij hierheen gingen. Het meeste dat ik hiervan weet, komt van de mensen die zeggen dat ah ... hun grootvaders of zo studeerden. Ik ben door de ruïnes gelopen, maar dat is exact wat het zijn, het zijn ruïnes. Het is een erg droevige aangelegenheid.

D: *Ik vroeg mij gewoon af, hoe het eruit zag, want ik sprak met iemand anders, die mij vertelde hoe het eruit zag en ik vroeg mij gewoon af of het waar was, of niet.*

K: (Onderbreekt) Er wordt gezegd, dat het een erg glorieuze plek was. Een plek met ... waarvan de restanten van kennis overal aanwezig waren. En ondanks dat vele van de leraren en studenten in zeer verhitte debatten verwikkeld raakten, er was altijd respect voor elkanders briljante geest en het verlangen om te leren.

D: *Nou, weet je of er een hoofdkamer was in het opslaghuis, waar alle boeken werden bewaard?*

K: Ja, het was erg groot en er waren diverse afdelingen. Er wordt wel gezegd, dat je een trap op kon gaan naar een hogere verdieping en dat daar weer een heel andere afdeling was, waar je nog meer opslag kon vinden.

D: *Had de kamer een bepaalde vorm?*

K: Dat weet ik niet.

D: *Okay. Iemand vertelde mij, dat het een ronde kamer was waar ze de boeken overal rondom hadden opgeslagen. Gevormd als een wiel, als de spaken van een wiel.*

K: En dat er dingen vanaf kwamen, afdelingen kwamen ervan af of zo?

D: *Ja, zoals de spaken van een wiel. Klinkt dat logisch?*

K: (Zucht) Ik heb gehoord dat dit ... één van de manieren is, waarop het wordt beschreven, alleen zoals ik het beschreef, ik weet het niet.

D: *Ik vroeg het mij gewoon af, want iemand die er was geweest voordat het afbrandde, had mij dit verteld. Ze zeiden dat het als een wiel was, waarvan de spaken naar buiten gingen, zoals een ronde kamer. En zij hadden overal opslag van boeken.*

K: Ik weet het niet.

D: *Okay. Ik vroeg het mij gewoon af, ik dacht dat jij mij misschien kon helpen. Wie zorgde er voor de bibliotheek?*

K: Er waren diverse bibliothecarissen, ik denk dat veel van de studenten er verantwoordelijk voor waren, dat er geen meeldauw (schimmel) in en beschadigingen aan de boeken kwamen. Als een rol of een boek op de één of andere manier werd beschadigd, dat er dan kopieën van werden gemaakt, zodat de kennis niet verloren zou raken.

D: *Nou, weet je wie er verantwoordelijk voor was, om de boeken aan te schaffen? Ik bedoel, zou dat één of andere religieuze groep zijn geweest, of een ...*

K: Ik weet het niet.

D: *Je weet het niet. Okay. Ik vroeg het mij gewoon af. Okay. Zij wil je graag wat vragen stellen.*

H: *Alexandro, kun je mij vertellen over één van de aspecten in je opleiding, gebruik je de hypnosetechniek? Gebruik je hypnose? (Ze knikt.) Kun je ons uitleggen wat je doet?*

K: Meestal, door tegen de patiënt te spreken, kun je—de patiënt heeft meestal veel pijn. En dus, als je hen in een staat kunt brengen (laten geraken?) [reach, (breach?)] waarbij ze zich richten op jouw stem, dan geef je hen de suggestie dat ze heel erg slaperig worden en dat ze hele mooie dromen zullen krijgen. En dat ze geen pijn zullen voelen en dat alle pijn en zorgen die ze tot dan toe hebben ervaren, allemaal van hen zal wegebben, naar de zee of iets dergelijks.

D: *Jij laat hen dit, wat, zien?*

K: Ja, je gebruikt beeldspraak, waarbij hun eigen gedachten de beelden naar voren brengen. En dan is het, alsof ze ergens anders zijn en dan kun je doen wat er gedaan moet worden aan het lichaam en de ziel zal niet worden geschaad.

D: *Is dit dan niet moeilijk om te doen, als ze pijn ondervinden? Om hun aandacht te laten richten op jouw stem?*

K: Soms is het gemakkelijker wanneer ze erg veel pijn hebben, want dan hebben ze een groot verlangen om hun aandacht te richten op iets dat hen van de pijn zal afhelpen, als je hen belooft dat het weg zal gaan. En ze reiken naar een soort reddingslijn.

D: *Oh. Bedoel je, dat je hen vertelt dat de pijn weg zal gaan, als ze luisteren naar wat je te zeggen hebt? (Ja) En als ze doen wat je zegt? (Ja) Ah.*

H: *Hoe hou je hen vast op dat niveau, totdat je klaar bent met wat je moet doen?*

K: Gedurende de operatie blijf je tegen hen praten. Geef je hen suggesties over wat ze zien. Je geeft hen ah, ... genezende suggesties, zeggend dat als het is afgelopen, dat ze dan nog steeds geen pijn voelen. Dat de genezing zich versnelt. Gewoon verschillende dingen zoals dat.

D: *Blijven ze dan—werkt het? Ik bedoel, komen ze dan nooit overeind terwijl ze de pijn voelen? (Nee)*

H: *Gebruik je op de één of andere manier kleuren om te helpen bij de genezing?*

K: (pauze) Hoe bedoel je?

H: *Gebruik je bijvoorbeeld bepaalde kleuren, om te helpen de genezing te bespoedigen? Of ... hun mentale staat, bijvoorbeeld, als ze depressief zijn, zou je dan fellere kleuren gebruiken? Heeft dit enig effect op wat ze doen? En ook, heb je gehoord van de plaats, of gebruik je de slaaptechniek, waarbij de patiënt in slaap wordt gebracht en suggesties wordt gegeven, om te helpen hem te verbeteren?*

K: Ik heb gehoord, dat er mensen zijn die kleuren gebruiken in ... verschillende vormen. Dat je de persoon vertelt, dat ze hun aandacht moeten vestigen op een bepaalde kleur. Ik heb hierover gehoord. Ik, zelf, gebruik dit niet. Ik heb geen leraar gehad voor deze methode. De slaapmethode is zo'n beetje wat wordt gebruikt

tijdens operaties. Maar, zeg je nu, dat dit wordt gebruikt wanneer een persoon niet wordt geopereerd, of ...
D: *Hm-hm.*
K: Je gebruikt hun eigen focus om ... het genezingsproces te versnellen.
D: *Ze bedoelde zonder operatie. Gebruik je het zonder operatie? De slaapmethode?*
H: *Ik heb gehoord van plaatsen waar ze slaaptempels hebben, waar mensen die problemen hebben naartoe kunnen gaan en dan worden ze begeleid door de slaapgenezer.*
K: Er wordt gezegd dat dit vele, vele jaren geleden waar was. Ik heb over hen gehoord. Maar deze methode is verloren gegaan.
H: *Dank je.*
D: *Dan gebruik je het niet meer? Okay. Dan opereer je op deze manier en het werkt altijd en niemand voelt pijn?*
K: Het heeft tot nu toe altijd gewerkt.
D: *Dat hoop je tenminste (Lach) Gebruik je dan ook verdovende middelen?*
K: Als de situatie extreem is en om de één of andere reden de slaap niet diep genoeg is, ja.
D: *Wat voor soort verdovende middelen zou je daarvoor gebruiken?*
K: Soms wordt papaver gebruikt. Verschillende kruiden die samen worden gemixt en gedronken. En druiven, gedestilleerde (Uitgesproken: ged'stilleerde [distill-ed] druiven worden soms gebruikt.
D: *Bedoel je, dat je dit met de druiven mengt, of de kruiden apart?*
K: Soms alleen de druiven op zichzelf, die zijn ... gefermenteerd. (Klinkt alsof ze de patiënt dronken voerden.)
D: *Gefermenteerd, ja. En dat werkt dan ook op die manier. (Ja) Ik begrijp het. Onderwijs je momenteel enkele studenten? (Nee) Heb je dit gedaan?*
K: (Zucht) Mijn roeping is niet om te onderwijzen, hoewel ik er een paar op het pad van leren heb gebracht. Ik gebruik mijn vaardigheden liever om te genezen.
H: *Hoelang duurt de opleiding voor wat jij doet? Hoeveel jaren moet je oefenen, voordat je opleiding als voltooid wordt beschouwd?*
K: Ik heb twaalf jaar onder mijn meester geleerd.
D: *Oh. Ben je erg jong begonnen?*
K: Ik was zestien.

D: Je begon op je zestiende en het duurde twaalf jaar? (Ja) Is hij de enige, van wie je onderwijs hebt gehad?

K: Nee, ik ben na afloop naar diverse scholen geweest, maar dat was niet altijd ... toen ik deze opleiding verliet, werd ik als arts beschouwd.

D: Ik begrijp het. Had je enige scholing, voordat je met deze opleiding begon?

K: Nee. Alleen—

D: Ik bedoel, zoals een reguliere school, waar je gewoon andere dingen leert, in plaats van dat je arts wordt. (Nee) Dan ging je dus naar hem toe, toen je zestien jaar oud was en je studeerde twaalf jaar lang?

K: Mijn meester vond, dat ik een vaardigheid vertoonde om te helpen genezen en er werd besloten dat ze een arts nodig hadden, dus zouden ze mij opleiden.

D: Ik begrijp het. En je zei, dat je daarna ook nog wat training had gehad? (Ja) Van andere mensen? (Ja) Was dat in bepaalde dingen of zo?

K: (Zucht) Misschien alleen nieuwere methodes. Andere technieken, ja.

H: Alexandro, heb je ooit gehoord van, of gebruik je bepaalde vormen van aanraking bij jouw genezing? En heb je gehoord over magnetische genezing?

K: Ik heb gehoord dat zij die stenen gebruiken ... die deze eigenschappen hebben, wanneer deze op de plek worden gelegd die ziek is, dat de ziekte dan in de steen wordt opgenomen. Er zijn er, die hun handen gebruiken bij genezing. Daar weet ik niet veel van.

D: Dat doe je zelf dan niet? (Nee) Maar je hebt erover gehoord. Waar voer jij je operaties uit?

K: Ik heb een kamer die aan de achterkant is van mijn ... huis, dat wordt gebruikt als een ... een ... (had moeite om het woord te vinden) Kantoor.

D: Als een kantoorruimte? (Ja) Dan komen de mensen die ziek zijn naar jou toe?

K: Ah. Het zijn degenen die ziek zijn en die hulp nodig hebben.

D: Dan komen ze naar jouw huis (Ja) En dan doe je die dingen daar. Als je opereert, neem je dan bepaalde voorzorgsmaatregelen? Je weet wel, hoe bereid je de patiënt voor, de persoon op zijn operatie?

K: Meestal neem ik azijn en dan was ik het deel, waar ik de operatie ga uitvoeren. Ik was mijn handen heel erg goed en dan spoel ik ze af met azijn.

D: Bedoel je dat je azijn aanbrengt op het lichaam van de patiënt?

K: Ja, ja. En dan worden de messen ook in azijn gelegd. —Dat is het zo'n beetje.

D: Ik vroeg mij al af, of je zoiets had. Waar opereer je? Is het een tafel of zoiets?

K: Meestal is het op de tafel, ja.

D: En het is een kamer speciaal daarvoor, dan heb je alles daar. (Ja) Okay. En wat doe je, nadat je klaar bent met opereren? Hoe maak je de persoon weer dicht dan?

K: Je gebruikt zijde of ... soms is het, we gebruiken de ingewanden van een kat, de pezen.

D: Bedoel je om hen mee dicht te naaien, zodat ze kunnen genezen? (Ja) Gebruik je een naald of iets dergelijks?

K: Ja, je gebruikt een naald die meestal van bot is gemaakt.

D: Bot. En dan naai je hen dicht, zodat ze kunnen genezen. (Ja) Ik vroeg mij gewoon af, er zijn zoveel verschillende technieken, die door zoveel verschillende artsen worden gebruikt. Hou je van je werk?

K: Ja, ik hou van het gevoel, dat ik iemand beter heb gemaakt die misschien stervend was, of die veel pijn had.

D: Heb je een familie? (Nee) Ben je ooit getrouwd? (Nee) Heb je daar ooit naar verlangd?

K: (Zucht) Ik heb mijn werk. Dit was belangrijk voor mij.

D: Okay. Daar was je gelukkig mee. Dat is dan het enige waar je om gaf. (Ja) Okay. Ik dank je, dat je jouw informatie met ons wilde delen. We zouden graag nog een keer terugkomen, om met je te praten. Misschien kun je ons goed helpen met je kennis.

K: Dat mag gehoopt worden.

D: Okay. Dank je. We zullen die scene nu verlaten. Laten we voorwaarts gaan in de tijd. Laten we naar de jaren 700 gaan. Ik zal tot drie tellen en dan zal het de jaren 700 zijn. 1, 2, 3, we zijn in de jaren 700, wat ben je aan het doen?

We kapten de dokter even af omdat Karen aan het begin van de sessie had gevraagd, om terug te worden gebracht naar de tijd van de Druïde. Ze hield van het gevoel dat ze vorige week had gekregen, waarbij ze in staat was geweest om te verbinden met dat enorme energieveld. Ze had gehoopt, om dat nog eens te kunnen doen en misschien iets te leren over het sturen van de energie. We hadden afgesproken om dat te proberen. We zullen volgende week weer terugkeren naar de dokter voor meer informatie.

Dolores had in haar lezingen vaak gesproken, wanneer daarnaar werd gevraagd, over haar eigen vorige levens en over het leven in Alexandrië in de bibliotheek, toen deze werd verbrand.

Naar mijn beste herinnering, was zij één van de mensen die voor de rollen zorgden die werden bewaard in de bibliotheek. Zij was niet iemand, die erop schreef of ze bestudeerde, maar was iemand die de rollen ophaalde wanneer ze werden verzocht door een student of professor. Het was haar taak om ze te beschermen.

Toen de Romeinen de brand veroorzaakten die de bibliotheek afbrandde, probeerde Dolores als de persoon die zij in die tijd was, zoveel mogelijk rollen te redden. Terwijl ze dat deed, stierf ze en ze was niet in staat, om haar missie te vervullen.

Dolores heeft verklaard dat zij hierdoor voelt, dat zij nu probeert de kennis terug te krijgen die verloren is gegaan. Veel mensen vragen: "Moet je de hele bibliotheek overschrijven?"

Terwijl zij in Rusland was, had Dolores een sessie met een jongeman, die ook in Alexandrië was ten tijde van de brand. Hij was één van de studenten die de rollen bestudeerde en hij was ter plaatse toen de brand begon. Hij probeerde ook zoveel mogelijk rollen te redden, maar werd gedood door een vallende balk, die hem op zijn schouders raakte.

Ik weet niet of Dolores ooit nog iemand anders heeft gevonden die tijdens deze tijd aanwezig was, maar om er één te vinden was al verbazingwekkend.

-Nancy

Hoofdstuk 16
De Dokter, Deel 2
(Opgenomen op 1 juni, 1983)

We hielden deze sessie in het huis van Harriet, maar Harriet had een afspraak en kwam niet terug, totdat we bijna klaar waren.

D: *Okay, we gaan verder terug in de tijd. Laten we teruggaan naar het jaar, ergens in de jaren 400. Ik zal tot drie tellen en dan is het ergens in de jaren 400. Dat is helemaal daar terug in de tijd. Toen de arts leefde in Alexandrië. Op dat moment. Ergens in de jaren 400. Ik zal tot drie tellen en dan ben je daar. 1, 2, 3, je bent in de jaren 400, wat ben je aan het doen?*
K: Aan het lopen.
D: *Oh, waar loop je ergens?*
K: Beneden aan de kust.
D: *Waar ben je?*
K: In Alexandrië.
D: *Nou, kun je mij vertellen wat je ziet, terwijl je loopt?*
K: Ik kijk naar de (het klonk als) "docks", terwijl ze zeilen.
D: *Wat is er aan het zeilen?*
K: Het zijn de boten. Ze zeilen in de haven.
D: *Varen ze daar in en uit? (Ja) Zijn er veel van?*
K: Een behoorlijk aantal.
D: *Hoe zien ze eruit?*
K: Ze hebben een scherpe boeg, die naar boven loopt en een zeil dat schuint loopt, dat naar buiten staat en dan naar beneden valt. Het zeil staat bol en vangt de wind.
D: *Oh, Hmmm. Zijn het grote schepen?*
K: Nee. Ze zijn klein genoeg dat ze door twee mensen kunnen worden bemand. Er kunnen er meer in, maar dat is genoeg om er één te besturen.
D: *Is er nog iets anders in de buurt waar je bent?*
K: Nee, ik ben best een eind van de stad vandaan. Het is hier rustig.

D: Oh, zijn dit dan niet de dokken waar de boten binnenvaren? (Nee) Je bent buiten de stad. (Ja) Hoe is het weer, waar je woont?

K: Het is erg heet. Het is koel met de wind die vanaf het water komt, maar er is de laatste tijd erg veel hitte geweest. (Zucht)

D: Blijft het dan het hele jaar door heet?

K: Het koelt wat af tijdens sommige maanden, maar voor het overgrote deel is het erg heet, ja.

D: Ik vroeg mij gewoon af, wat voor klimaat het was. Regent het er ooit of zo?

K: Ja, er is ... soms is er regen. Het meeste water dat we hier gebruiken, komt van verderop de rivier. Als de overstromingen komen.

D: Bedoel je dat er een rivier in de buurt is?

K: Het is aan de Nijl.

D: Oh. Wat is het water waar je op uitkijkt? Is dat de Nijl?

K: Nee, 't is de zee.

D: Oh, en dan komt de rivier de Nijl uit in de zee? (Ja) En hier komt je drinkwater vandaan?

K: Uit de Nijl, ja.

D: Je zei, dat je soms overstromingen hebt.

K: Elk jaar, de Nijl, ze stijgt.

D: Wat doe je dan? Het water opslaan?

K: Het wordt gebruikt voor de irrigatie van de velden. En ze hebben het plantseizoen rondom de voorjaarsoverstromingen gepland.

D: Kunnen ze de rest van het jaar het water dan niet gebruiken?

K: Eh, wat bedoel je?

D: Nou, je zei dat ze het water gebruikten voor het aanplanten in het voorjaar.

K: Nee, het is gewoon zo dat de velden dan bedekt zijn. Tijdens de voorjaarsoverstromingen zijn de velden bedekt met water. En dan wordt dit water daarvoor gebruikt. Dit is niet het enige moment, maar het is het moment dat er het meeste water is.

D: Oh, ik begrijp het. Nou, hoe bewaren ze het drinkwater? Of doen ze dat niet?

K: Meestal zijn er bronnen voor het drinkwater. Ze hebben zelfs putten, die verder verwijderd zijn van de Nijl. Het is (zucht) water dat van de Nijl afkomstig is, maar dat schoongemaakt is. De Nijl is erg vies.

D: Oh, dat is erg interessant. Ik zou denken dat als het overstroomt, dat het dan vies water is. Hoe maken ze het water schoon? Weet je dat?

K: Het ... als de bron verder weg is van de rivier, dan wordt het schoongemaakt door het zand, zodat het helder in de bron stroomt.

D: Ik begrijp het. Als je het dan zou doen ... dan zouden ze het vuile water niet kunnen drinken, of wel?

K: Dat doen mensen wel, maar je kunt er ziek van worden.

D: Ja, het is beter om schoon water te hebben, of niet soms? (Ja) Hoe heet je?

K: Alexandro.

D: Wat voor soort werk doe je?

K: Ik ben een arts.

D: Ben je al lang arts?

K: Sinds ik slechts een jongeman was, ja.

D: Hoe oud ben je nu? (Diepe zucht) Heb je enig idee?

K; Ik heb waarschijnlijk vijfenveertig jaren.

D: Heb je altijd in Alexandrië gewoond?

K: Nee. Ik woonde in Thracië, toen ik een kind was. Maar dit is waar mijn meester naartoe verhuisde en hij zond mij hier naar school.

D: Kwam je dan daar om bij hem te studeren? Je meester?

K: Voor hem.

D: Voor hem. Okay. Ik dacht misschien, dat 'de meester' betekende dat hij jouw leraar was.

K: Nee, nee, nee. Mijn meester, hij was mijn ... (Zoekt naar het woord) mijn eigenaar.

D: Oh, ik begrijp het. Dat was iets dat ik niet begreep. Ik dacht, dat wanneer je arts zou worden, je scholing afgerond, je studie, dat je dan op jezelf zou gaan wonen.

K: Het was zijn geld dat mijn school betaalde. En daarna verbleef ik de jaren tot aan zijn dood in zijn—als zijn arts en zorgde voor de familie en de andere slaven. En toen hij stierf, kreeg ik mijn vrijheid.

D: Ik begrijp het. Dan was je als een slaaf, maar je—

K: Ik was een slaaf.

D: Je was een slaaf, maar het was je wel toegestaan om naar school te gaan en te leren om een arts te worden.

K: Hij wist dat ik er een bekwaamheid voor had en ze hadden een arts nodig. De ... zijn arts begon oud te worden.

D: Oh, ik dacht dat slaven normaal gesproken niks anders deden dan arbeid.

K: Nee. Er zijn huisslaven, er zijn er veel die leraar en arts en dergelijke zijn, ja.

D: Oh, dat is een ander idee, dan wat ik er altijd van had. Nou, hoe werd je in eerste instantie een slaaf? Je zei dat je in Thracië leefde?

K: Ik herinner mij niks, van voordat ik werd verkocht.

D: Oh, kocht deze man je dan in Thracië, of zo? Toen je een kind was?

K: Hij kocht mij van een slavenhandelaar, ja.

D: Je was in die tijd nog een kind?

K: Ik was ongeveer vijf, zes.

D: Oh, daarom herinner jij je niks van daarvoor. Nou, was deze man goed voor je? (Ja) Dan was hij een goede meester, of niet?

K: Hij was redelijk. Er zijn niet veel meesters die hun slaven een bevrijd man [freedman] maken, wanneer ze sterven.

D: Dit is, wat er dan gebeurd is? Hij gaf jou je vrijheid terug? (Ja) En je kon daarna een arts zijn, zonder ... op jezelf, zogezegd?

K: Ja, toen was het mijn eigen keuze.

D: Ik vroeg mij dat af. Het zijn andere gebruiken dan ik gewend ben, daarom stel ik vragen. Waar ik leef, hebben ze geen slaven en ik was benieuwd.

K: Er zijn overal slaven.

D: Verschillende gebruiken. Maar, nu dan, je hebt je eigen—wat, je hebt je eigen huis?

K: Ja. Door mijn vergoedingen als arts, heb ik genoeg verdiend om dit te hebben. Ja.

De gehele sessie bleef ze spelen, (rommelen) met haar linker oorlel. Ze bleef het tussen haar duim en wijsvinger wrijven en ermee hannesen. Ze droeg ronde oorbellen en ik was een beetje bezorgd, dat haar vinger misschien klem zou raken in de ring en eraan zou trekken. Aangezien ze gaatjes in haar oren had, was ik bang dat ze zichzelf pijn zou doen. Ze leek het een beetje verstrooid te doen, als een gewoonte of zo.

D: (Ik besloot haar ernaar te vragen.) Heb je last van je oor?

K: (Ze trok haar hand heel snel weg en vouwde haar armen over haar borst.) Nee! (Abrupt)

D: *Ik vroeg het mij gewoon af.*
K: Het is een gewoonte.
D: *Oh, slechts een gewoonte? Okay.*
K: Het oor, er is een duidelijk teken, waardoor iedereen kan weten dat je een slaaf bent geweest.
D: *Oh. Hoe kun je dat zien door naar je oor te kijken?*
K: Het oor is ... gesneden. (Haar vingers speelden er weer mee). Het lelletje heeft een V.
D: *In het onderste deel daar? (Ja) Oh, is dat wat dat is daar? (Ik deed net alsof ik het kon zien.) (Ja) Dat bedoel je en je vindt het vervelend, omdat mensen dat kunnen zien?*
K: Het is een teken dat iemand anders je bezit. Zelfs nadat je een vrij man bent gemaakt, is het daar nog steeds.
D: *Dan is het een soort gewoonte, bedoel je, dat je er telkens mee speelt. Je hoeft je geen zorgen te maken. Ik heb er geen last van, omdat je mij nu het verhaal hebt verteld—Doen ze dat bij alle slaven? Ze snijden het oor?*
K: Ja, het is een teken.
D: *Oh. Dan werd dit al bij je gedaan, toen je nog heel jong was. (Ja) Waar doe je ... je hebt mij eerder verteld, dat je opereert. Waar voer je de operaties uit?*
K: Ik heb een kamer achter in mijn huis, die wordt gebruikt als mijn ... waar ik mijn patiënten ontvang en waar ik hen help ... die nergens anders naartoe kunnen. Ze verblijven daar en ik voer mijn operaties uit in één van die kamers.
D: *Ga je ooit naar de huizen van de mensen?*
K: Bij gelegenheid als het een rijke klant is, ja.
D: *Dan zou je daarheen gaan, in plaats van dat ze naar jou toe komen (Ja) Wat voor soort operaties doe je?*
K: Er zijn vele soorten. Ah, die voor stoornissen van de maag, wanneer er tumoren in de onderbuik zijn. Als een man een ledemaat heeft, dat koudvuur heeft, dan wordt het geamputeerd. Er zijn vele soorten operaties.
D: *Zijn dat de meest voorkomende soorten, die jij uitvoert?*
K: Ik zou zeggen, ja.
D: *Wat is een tumor?*
K: Er zijn twee verschillende typen. Er zijn er, die als ze eenmaal tot een bepaalde grootte zijn gegroeid, niet verder groeien. En er zijn er, die blijven doorgroeien. Ze zijn ... (op zoek naar het woord)

kankerachtig. En ze blijven groeien. Ze consumeren wat er rondom leeft en ze moeten worden verwijderd.
D: Okay. Is dat het woord dat je ervoor gebruikt, kankerachtig? Is dat hoe je het benoemt, wanneer het zo is gegroeid? (Ik wilde weten of ze een woord gebruikte uit haar eigen taal, of vanuit Karens gedachten).
K: Verderfelijk. [Malefic]
D: Verderfelijk? Is het moeilijk, om het woord te vinden? (Ja) Maar dan zou jij waarschijnlijk een ander woord gebruiken, of niet? (Ja) Okay. Maar heb je dat vaak, dat mensen tumoren hebben in de maagstreek?
K: In de maag en de onderbuik zijn verschillende soorten, ja. (Zucht) Er zijn er, zoals de vrouwen hebben. Een gezwel op hun vrouwelijke organen (Had moeite om de juiste woorden te vinden.) Er zijn stenen in de blaas, die normaal gesproken ... je voert een operatie uit, om deze te verwijderen.
D: Nou, als je een, zoals je zei, een tumor hebt in de onderbuik, hoe zou je deze verwijderen?
K: Je zou allereerst ... of je gebruikt één of ander verdovend middel om hen in slaap te brengen, of je zou hen in hypnotische trance brengen, zodat ze geen pijn meer kunnen voelen. Dan neem je een mes en je maakt een incisie in het vetweefsel. En je snijdt met de spieren mee, in plaats van ertegen in, dan open je de buik zodat je erbij kunt en je snijdt de tumor weg, van waar het zich aan heeft bevestigd.
D: Is dat moeilijk om te doen, het eruit te halen?
K: Soms is het onmogelijk en dan moet je hen ... gewoon weer dichtnaaien. Omdat het onmogelijk is, om het weg te halen. (Zucht)
D: Is het af en toe moeilijk?
K: Soms wel. Dan zouden we de aanwas weghalen en de spieren nemen en die aan elkaar hechten, die je uit elkaar moest halen en dan hecht je het vetweefsel samen. Dit is het moeilijkste, omdat het altijd los raakt. Het is niet makkelijk om te hechten. En daarna hecht je de huid.
D: Ja, het zou glibberig zijn, of niet, het vet? Het zou moeilijk zijn om te hechten. (Ja) Opereer je wel eens de organen binnen in het lichaam? Of, kun je dat doen? Ik weet het niet, ik stel maar vragen.

K: (Zucht) Leg mij dit uit. Ik—
D: Je zei dat je aanwas weghaalt. Heb je ooit in een orgaan moeten snijden?
K: Om de stenen in de galblaas te verwijderen, ja, daarvoor zou je de galblaas open moeten maken. En de stenen verwijderen, ervoor zorgend dat geen van de ... vloeistoffen van de blaas in de buikholte terecht komen. Want dat zou een groot risico vormen voor ... infectie. Dan zou je de stenen verwijderen en de blaas dichtnaaien. En wederom, dezelfde procedure als hiervoor, je naait alles dicht.
D: Hoe kun je voorkomen, dat de vloeistoffen in de buikholte terecht komen?
K; Normaal gesproken is er een assistent aanwezig die hierbij zou helpen. Je hebt het gebied omringd met ... (heeft weer moeite om de juiste woorden te vinden) katoen. Dan neem je het katoen dat hiermee doordrenkt is, zodat het niks anders kan aanraken. En dan gooi je het weg en maakt het leeg.
D: Oh, want ik dacht dat er geen manier zou zijn, om ervoor te zorgen dat het eruit zou komen. (Ja) En dan haal je de stenen eruit en naait het weer dicht. (Ja) En geneest het goed op die manier?
K: Ik geef er de voorkeur aan om hypnose te gebruiken in deze gevallen, want je kunt op die manier de persoon in een staat brengen die bijdraagt aan het bespoedigen van het genezingsproces. En ze hebben een grotere kans om het te overleven.
D: Maar het lijkt mij dat het achteraf pijnlijk is. Je weet wel, in hen snijden.
K: Dan laat je de suggestie achter dat er geen pijn of ongemak zal zijn. En de genezing zou sneller plaatsvinden en dan zou je niet zoveel problemen of zoveel doden hebben.
D: Nou, ik was benieuwd naar de andere organen in het lichaam, of je die ooit hebt geopereerd. Naast de blaas. Of je daar ooit in hebt gesneden.
K: Ik heb gehoord over hen die zulke operaties uitvoeren. Maar voor mij klinkt het alsof het risico groter is, dan het voordeel dat erbij te behalen is.
D: Zoals in de maag snijden. Of de—
K: Je zou in de maag snijden als er een tumor op zou zitten en het dan hechten, ja. Maar ik heb gehoord over hen die wensen te

experimenteren met het hart. En er is geen enkele manier om het bloed te laten pompen en de patiënt in leven te houden, als je zoiets doet.

D: *Zijn er mensen, die denken dat ze dit kunnen?*

K: Ja. Maar er zijn er, wie het niks kan schelen of ze de patiënt verliezen of niet, want ze houden zich gewoon bezig met slaven.

D: *Oh. Ze experimenteren, om te zien of ze het kunnen doen? (Ja) Oh, dat lijkt heel erg gevaarlijk. Met het hart. (Ja) Nou en hoe zit het met de ingewanden? Ken je de ingewanden?*

K: Ja, de ingewanden, ja.

D: *Kun je die opereren?*

K: Ze kunnen worden ingekort, als men heel erg voorzichtig is tijdens deze procedure. Want opnieuw, ze hebben ... want als iets wat erin zit, lekt in de buikholte, dan zou de persoon ziek worden en sterven. Het is dus iets, dat beter met rust kan worden gelaten. Maar je kunt het opereren, ja.

D: *Nou en de nieren? Ken je die organen? (Ja) Kunnen die worden geopereerd?*

K: Ik ken niemand, die er ooit een succesvolle operatie op heeft uitgevoerd, nee.

D: *Ik vroeg mij gewoon af, welke organen je kunt aanraken. Weet je wel, en welke gevaarlijk zijn om mee te rommelen. Dan zijn er organen, die je maar beter met rust kunt laten, of niet? (Ja) En hoe zit het met de longen? Dat deel van het lichaam? Heb je daar ooit operaties op uitgevoerd bij patiënten?*

K: De enige reden, dat ik ooit aan de longen heb geopereerd was ... één keer had ik een patiënt waarbij het was doorgeprikt. En het moest worden gehecht en dan opnieuw opgeblazen, want het was ingeklapt. En om dit te doen, hebben we de long dichtgenaaid en werd er een rietstengel ingebracht. En er werd lucht door de rietstengel in de long geblazen, om deze weer op te blazen.

D: *Waar werd de rietstengel ingebracht?*

K: Hij werd ingebracht ... ah, ongeveer op dezelfde plek waar de vierde rib is.

D: *Oh, waar je de snee maakte, bedoel je? (Ja) Je stak de rietstengel daarin en ... wat? Dan wordt het met de mond opgeblazen? (Ja) En dit werkt? Het blaast de long op? (Ja) Oh, hm. Dit is wat je zou doen, als ... oh, hoe zit het met oorlogswonden? Of iets dergelijks, als daar iemand gewond zou raken. (Fronst) Ik denk*

aan strijd—waarbij iemand in een oorlog vecht. Weet je. (Fronst nog steeds) Heb je bepaalde gevallen ... heb je zoiets dan niet?
K: Ik begrijp niet wat je— (klaarblijkelijk kwam oorlog zelden voor in dat gebied, in die periode.)
D: Nou, soms in oorlogen als soldaten vechten, dan hebben ze—
K: Ze zegt, dat ze dan wonden hebben in de longen. Is dat wat je—
D: Of ergens anders, ja.
K: Ja. Ah, in principe, waarschijnlijk. Deze specifieke wond kwam door een ... argument.
D: (Lachte om haar expressie.) Dan hebben jullie momenteel geen oorlogen?
K: Hier niet.
D: Okay. Ik dacht, dat er soms veldslagen gaande waren en dat artsen dan nodig zijn in zulke gevallen. Nou, word je wel eens opgeroepen als vrouwen kinderen krijgen?
K: Als ze niet in staat zijn om te bevallen, dan voeren we ... een operatie uit om het kind eruit te halen. De ... In veel gevallen wordt de moeder niet gered, maar dit is een laatste redmiddel.
D: Doen ze dit alleen, als er niks anders kan worden gedaan, klopt dat? (Ja) En het kind blijft op deze manier in leven?
K: In ... als de vrouw het kind lang genoeg heeft gedragen en het is bijna tijd, ja. Maar als het te vroeg is, is de kans op overleven niet erg groot.
D: Hmmm. En soms zal de moeder dan overlijden?
K: Als er te veel bloedverlies heeft plaatsgevonden, voordat ik was opgeroepen of als er veel andere problemen zijn, zoals zwellingen. Veel vrouwen die niet in staat zijn om kinderen op natuurlijke wijze te krijgen, die krijgen tegen het einde van hun zwangerschap, ehm, vloeistoffen in het lichaam die niet kunnen ontsnappen. Deze kunnen niet weg en zitten gevangen rond de polsen en handen, voeten en enkels en diverse uiteinden van het lichaam zullen opzwellen met deze vloeistof. En dit is gevaarlijk, zowel voor de moeder als het kind en in veel van deze gevallen zal de vrouw een operatie nodig hebben. Maar ... vanwege de stress op het lichaam die hierdoor wordt veroorzaakt, zullen ze de operatie niet altijd overleven.
D: Ik begrijp het. Nou, is het dan gevaarlijk om in het lichaam te snijden om het kind eruit te halen?

K: Elke keer dat je een bepaald type operatie uitvoert, is het gevaarlijk voor het lichaam. Het is een schok. En het moet worden voorbereid op deze schok en ... de klap die het hiervan krijgt. Ja, daarom is het gevaarlijk.

D: *Nou, kun je mij vertellen hoe je de operatie uitvoert, als je het kind verwijdert?*

K: Je neemt en je zult—vaak snijd ik op deze manier rondom de buik. (Ze gebaart met haar hand een kruislingse snede over het onderste deel van de buik, in het gebied wat nu wordt beschreven als een bikinilijn.) Lager, zodat je het midden van de baarmoeder [utero] snijdt. En dan open je de buik, waarin zich de ah, legt het ... weefsel bloot van de baarmoeder [utero, uitgesproken als utro, uttro), waar je het kind doorheen kunt zien. En je snijdt heel erg voorzichtig, zodat je het kind op geen enkele manier verwondt. En dan til je het eruit, samen met de placenta en je legt het aan één kant of je geeft het aan je assistent, zodat zij kunnen nakijken of het kind in orde is en het kunnen schoonmaken. Ondertussen naai je de moeder dicht. En—

D: *Even een moment. (Ik moest even opstaan om het raam dicht te doen. Een grasmaaier 'hield een feestje' door op en neer te gaan, precies onder het raam. Het was erg moeilijk om haar te verstaan en ik ben blij dat de taperecorder haar woorden zo goed heeft opgenomen, zelfs terwijl ik het niet kon horen.) Het spijt mij, ik was afgeleid door een hoop lawaai. Ja, je zou heel erg voorzichtig moeten zijn bij het insnijden, of niet? Zodat je het kind op geen enkele manier zou verwonden. (Ja) Okay. Je zei dat je soms ook ledematen afsnijdt?*

K: Ja, als zij ... een wond zo slecht is geworden, dat de wond het lichaam in gevaar brengt. Als misschien de botten zijn verbrijzeld, zodat het ledemaat geen nut meer heeft. Dan zou je het verwijderen.

D: *Okay. Ah, ken je het woord "infectie"? (Fronst) (Hoe leg ik dit uit?) Ik was benieuwd hoe je de—Oh? Hoe je de wond schoon zou houden na afloop, zodat het niet—opnieuw slecht zou worden.*

K: Er zijn er die, ah, cauterisatie (uitbranden) gebruiken, waarbij zij een ... een stuk gereedschap nemen, dat roodgloeiend is verhit en op die manier dichten zij het uiteinde. Er zijn er die ... verschillende soorten teer gebruiken, om het af te sluiten.

D: *Verschillende wat?*

K: Teer, harsen om de wond af te sluiten. Een hars, wat minder schok veroorzaakt aan het systeem, je zult … als je iemands been afzaagt en daarna het systeem nog een keer schokt door dicht te branden, dan breng je dubbel schade aan, want je hebt die zenuwuiteinden al geschaad. Maar als je hierop hars en balsem aanbrengt, die het bloeden stelpen, dan veroorzaakt dat niet zoveel stress aan het lichaam.

D: *Dat is, wat ik bedoelde. Dat als je soms opereert—ik weet niet of je het woord "bacterie" kent of niet, dat bedoelde ik met infectie—het wordt slechter. Ik weet niet, hoe ik het anders moet uitleggen. (Lach)*

K: Je bedoelt om te … wanneer er pus ontstaat vanwege koudvuur … ah … (Zij had er ook moeite mee, om het juiste woord te vinden.)

D: *Wanneer het weer terugkomt, weet je, nadat je hebt geopereerd. Ik vroeg mij af, hoe je zou voorkomen dat dit gebeurt. (Ja) Soms gebeurt dat.*

K: Ja, je moet proberen om alles zo schoon mogelijk te houden, zodat er geen—ah, herbesmettingen voorkomen.

D: *Okay. Ik wist niet hoe ik dit moest verwoorden op een manier die jij begrijpt. Nou, gebruik jij dan zalf en hars?*

K: In de regel, ja. Als er geen voorhanden zijn … bijvoorbeeld, als het een noodgeval is, waar dit plaatsvindt. Dan ben je genoodzaakt om cauterisatie te gebruiken. Maar het is niet de beste manier om te gebruiken.

D: *Nou, welke zalf gebruik je, of hars? Zijn er bepaalde soorten?*

K: (Zucht) Het soort zalf dat wordt gebruikt om … wanneer de wond heelt. Het vermindert de jeuk, dat zou kamferolie zijn. Het verzacht de huid en de nieuwe huid die groeit.

D: *Welke gebruik je, om de bloeding te stoppen?*

K: Meestal teer of ceder.

D: *Dat is er erg goed voor?*

K: Ik heb dit erg vaak gebruikt, ja. Het is stroperig genoeg om het gebied af te dichten.

D: *(Ik dacht dat ze zei cederolie.) Dan is het dikker. Ik dacht dat olie iets duns zou zijn.*

K: Je zegt olie. Dit is geen olie. Dit is residu of sap.

D: *Oh, ik begrijp het. Het is dikker dan olie. (Ja) Ik dacht, dat olie zo dun zou zijn als water. Maar heet het cederolie, dan?*

K: Hars van de ceder.

D: *Hars van de ceder. Dat maak je en je smeert dat als ... een zalf? Dat is een woord dat ik zou gebruiken. Ik weet niet of ... (Fronst) Je kent dat woord dan niet.*

K: Balsem?

D: *Een balsem. Dat zou dezelfde betekenis hebben. En het wordt op de stomp aangebracht, of hoe je dat ook noemt, waar je hebt gesneden. (Ja) En dit stopt het bloeden? (Ja) En helpt het helen? En dan gebruik je kamferolie, om het jeuken dan te verlichten. Dat klinkt alsof het zou werken. Wat doe je wanneer je, zoals je zegt, in iemands buik snijdt en daar een operatie verricht? Smeer je daar iets op? Om te helpen genezen? Nadat je het hebt dichtgenaaid?*

K: Meestal gewoon ... kamferolie of iets gelijksoortigs, gedrenkt op een stuk stof. En het wordt over de wond aangebracht.

D: *Dit zorgt voor een snellere genezing?*

K: Ja en het beschermt tegen, ah, pestilentie en ... (Eindelijk vond ze een woord dat in de buurt komt van "bacterie", waar ik naar op zoek was.)

D: *Pestilentie? Is dat het woord dat je gebruikt? (Ja) Ja, je zegt hetzelfde. Je gebruikt gewoon andere woorden, om hetzelfde te beschrijven. Dat is interessant. Ik probeer altijd nieuwe dingen te leren. Als ik iemand tegenkom die mij nieuwe dingen kan vertellen, dan stel ik graag vragen. —Hoe zit het met het hoofd? Opereer je wel eens aan het hoofd?*

K: Ik heb er over gehoord dat ze, ah, operaties doen om tumoren en dergelijke te verwijderen. Meestal als iemand in deze staat verkeert, stuur ik ze door naar iemand die ervaring heeft op dit gebied. Ik—Ik heb er geen behoefte aan, om mij op dit gebied te begeven. (Ze hadden dus klaarblijkelijk ook specialisten in die tijd.)

D: *Dan hou je er niet van, om op dat deel te opereren. Maar er zijn mensen die aan het hoofd opereren?*

K: Ik heb gehoord dat er zelfs [mensen] zijn die ... patiënten hadden, die het overleefden.

D: *Dan is het erg gevaarlijk. Als er een tumor op de hersenen zit, dan is het meestal ...*

K: Ja. Het is fataal.

D: *Ja, het zou erg gevaarlijk zijn, om met dat orgaan te rommelen, of niet? (Ja) Dan doe je dit type niet. (Nee) Wat voor soort instrumenten gebruik je? Heb je er veel, waarmee je opereert?*
K: Meestal is dat een scalpel, je mes. Ehm ... (heeft moeite om het woord te vinden), grijpers, ah— (Pauze, terwijl ze denkt)
D: *Hoe noem je het? Gebruik maar gewoon woorden waar je bekend mee bent, als het moeilijk is om de juiste woorden te vinden.*
K: Die zouden worden gebruikt om iets te grijpen, dat je probeert te, misschien om iets uit de buurt te houden van iets anders. Of om eruit te trekken. (Okay) Er zijn, ehm, klemmen die worden gebruikt om bloedvaten vast te houden en te voorkomen dat ze over het geopende deel bloeden. —Er zijn naalden en, ah, dat is het zo'n beetje.
D: *Dan heb je niet heel erg veel instrumenten, die je gebruikt bij je operaties? (Nee) Nou, zijn er andere—*
K: (Ze onderbreekt alsof haar iets anders te binnen schiet.) Een zaag.
D: *Wat doe je, als de patiënt te veel bloed? Is er één of andere manier dat je ... iets wat je daaraan kunt doen? (Ik denk natuurlijk aan bloedtansfusies.)*
K: Als het een serieuze operatie is, dan gebruik je hypnose, zodat je een betere controle hebt over de functies van het lichaam. En je geeft hen instructies om de bloedstroom af te sluiten in dat specifieke gebied. En dat stopt de bloeding daar totaal, of neemt op zijn minst enorm af.
D: *Kunnen ze dat dan doen met hun geest, als ze de instructies hebben gekregen om dat zo te doen? (Ja) Maar wat gebeurt er als de patiënt te veel bloed verliest, is er dan iets dat je kunt doen? (Nee) Nou, na de operatie, stuur je hen dan naar huis? Of wat doe je met hen?*
K: Ze blijven of ... degenen die arm zijn, meestal blijven zij hier. Als ze een huis hebben om naartoe te gaan, dan worden ze daarheen gebracht. De allerrijksten laten de operatie uitvoeren waar ze uiteindelijk zullen verblijven.
D: *Oh. In hun eigen huis dan? (Ja) Nou, dan worden ze naar huis gebracht, hoe, op paarden of hoe doen ze dat?*
K: Nee, op een, ehm, draagbaar.
D: *En dan dragen ze hen terwijl ze platliggen, op die manier? (Ja) Ga je dan later naar ze toe, om ze te controleren?*

K: Ja en om er zeker van te zijn, dat er geen koorts is of ... problemen die zich voordoen naar aanleiding van de operatie, of de ziekte zelf.

D: *Moet je hen dan in de gaten houden, totdat ze er helemaal bovenop zijn? (Ja) Wat doe je in het geval van koorts?*

K: Het hangt van het soort ziekte af. Als het iets te maken heeft met ... als het onderdeel uitmaakt van de natuurlijke, ehm, ontwikkeling van de ziekte, dan geef je hen gewoon een hoop vloeistof, om te helpen het uit te spoelen, ah, wat het dan ook is, dat de koorts in hen veroorzaakt. Als het te hoog wordt, dan neem je hen mee en dompelt ze onder in koud water om te helpen het te verlagen. Er zijn gevallen waarbij het extreem ... heet is. En er zijn diverse soorten kruiden die je hen kunt geven, die soms ook helpen om de koorts te verlagen. Of wederom, hypnose. Je kunt hen vertellen dat er geen reden is voor deze hoge ... temperatuur en je kunt het op deze manier verlagen.

D: *Wat, maak je een mengsel van de kruiden? Om ze toe te dienen, of hoe gebruik je dat?*

K: Meestal worden de kruiden toegediend met, ah, wijn, zodat ze niet geproefd worden.

D: *Oh, in de wijn?*

K: Ja. Soms bestaat het uit iets dat hen gewoon bewusteloos maakt, zodat ze de rust krijgen die ze nodig hebben, om te helpen vechten en dan kan de ziekte gewoon zijn eigen koers varen.

D: *Ik begrijp het. Welke kruiden gebruik je voor koorts? Weet je de namen van de kruiden?*

K: Nou, er zijn verschillende, ah, die kunnen worden gebruiken (Zucht) Sommige van de verdovende middelen die we zouden gebruiken, zouden zijn, ah, gewoon om hen in slaap te brengen, zou papaver zijn. Ah, soms om te koorts te verlagen, gebruik je de bloemen van knoflook die zijn gedrenkt in ... azijn.

D: *Oh? Dat helpt de koorts te verlagen? Alleen de bloemen?*

K: Ehm, het is iets dat is overgeleverd. Ik heb gezien dat het werkt. Maar veel van de medicijnen, of men het wil toegeven of niet, hebben ermee te maken dat de patiënt erin gelooft dat het werkt.

D: *Ik denk dat dit waar zou kunnen zijn. Sommige mensen kunnen zichzelf beter, of ziek maken op die manier. Dat geloof ik. —Maar je neemt de bloemen die in azijn gedrenkt zijn en dan ... hoe verwerkt je dit, zodat ze het kunnen drinken? Verpulver je het of zo?*

K: De bloemen, nadat ze zijn doorweekt, worden vermalen en dan ... zodat het een ... pasta-achtige samenstelling heeft. Dan wordt dit toegevoegd aan de wijn, zodat de smaak van de azijn niet te hevig is en het kan worden gedronken.

D: En dan drinken ze dat. (Ja) Is dat het belangrijkste dat je gebruikt voor koorts? De knoflook dan.

K: Het is er één van, ja.

D: Zijn er andere die goed zijn om koorts te verlagen? (Zucht) Behalve die ze bewusteloos maken, zoals je zei.

K: Er zijn veel verschillende soorten, afhankelijk van wat er op dat moment beschikbaar is, ja.

D: Ik ben benieuwd, want ik ben geïnteresseerd in kruiden en wat ze kunnen doen. Ik weet niet welke—

K: (Onderbreekt) Ben je een arts?

D: (Verbijsterd) Nou, dat zou ik graag willen zijn. Als ik het zou kunnen leren. Ik wil in het bijzonder leren over kruiden en waarvoor ze kunnen worden gebruikt.

K: Kruiden en hun aftreksels kunnen erg gevaarlijk zijn, voor degenen die niet goed geïnformeerd zijn en niet ingewijd.

D: Oh. Bedoel je dat ik het niet zou moeten proberen, zonder opleiding?

K: Ja, want ze kunnen—in de juiste samenstelling—zeer bruikbaar zijn. Maar in de verkeerde [samenstelling], kunnen ze erg dodelijk zijn.

D: Ja, dat klinkt logisch. Maar ik wilde op zijn minst de namen weten, dan zou ik tenminste weten welke kruiden belangrijk zijn. (Pauze) Ik zou het niet op mijzelf uitproberen.

K: Dat is goed.

D: Is dat waar je bang voor bent? Dat ik zoiets zou doen? Nee, ik zou er te bang voor zijn om iemand te schaden. Ik zou het niet op mijzelf toepassen. Ik was gewoon benieuwd wat—

K: (Onderbreekt) Het is bekend, dat degenen die er nieuwsgierig naar zijn, dat ze er genoeg over uitvinden om ze op anderen te proberen.

D: Oh, op de verkeerde manier? (Ja) Ik begrijp wat je bedoelt. Ik was gewoon benieuwd naar welke wat doen, omdat er zoveel zijn.

(Geen antwoord) Nou, je zei een keer dat je elixers aan het maken was. Zijn dat medicijnen?
K: Ja, dat zijn verschillende dingen die zijn gedestilleerd van bepaalde kruiden en soms zijn er zelfs smaakmakers aan toegevoegd, ja.
D: *Oh. Dit zijn medicijnen voor mensen, waar verschillende dingen mee aan de hand zijn.*
K: Sommige zijn voor mensen, die denken dat er diverse dingen aan de hand zijn met hen (Glimlachend)
D: *(Lach) Het werkt hoe dan ook, of niet soms? —Maak je jouw eigen medicijnen? Je eigen elixers?*
K: Ja. Op die manier weet je wat je de mensen geeft, die je behandelt.
D: *Oh, dan weet je dat het goed gebeurt. (Ja) Ik heb gehoord dat mensen soms dingen kopen.*
K: Waar zou je deze dingen kopen? Je kunt misschien verschillende kruiden kopen, of soms op zoek gaan om ze te vinden, maar waar zou je—
D: *Nou, ik heb gehoord dat er plaatsen zijn waar mensen, dat is alles wat ze daar doen, elixers maken en deze verkopen aan andere mensen. In andere landen, andere gebieden.*
K: (Zucht) Dit klinkt heel erg ongebruikelijk. Hoe zou ik kunnen weten dat ik de persoon die ze voor mij maakt, te vertrouwen is?
D: *Dat is waar. Hoe zou je kunnen weten of ze het goed doen?*
K: Ik geloof niet dat ik dit zou willen.
D: *Dat zou je dan niet prettig vinden. (Nee) Dat is wat ze doen op sommige plekken. De artsen behandelen de zieken en laten dan iemand anders de elixers voor hen maken. Ze geven hen de instructies.*
K:mDit klinkt erg ongebruikelijk.

(Moest de tape omdraaien.)

D: *Je weet hoe het eraan toegaat in andere landen, er zijn veel verschillende gebruiken. Andere manieren om dingen te doen.*
K: Dit klinkt behoorlijk vreemd, vergeleken bij dat waar ik aan gewend ben.
D: *Hmmm. Dan maak jij dus gewoon je eigen [elixers] en dan weet je dat het goed gebeurt. (Ja) Wat voor soort—wat is het woord dat ik zoek? —ziekte, kwaal? Maak je de meeste elixers voor? Waar mensen het meest om vragen.*

K: Er is er één, die ik achter de hand hou, welke ik veelvuldig geef, dat is, ah, Vingerhoedskruid [Foxglove]. Het is voor mensen die symptomen hebben met ... als het hart is geblokkeerd. En het ... het helpt de functie van het hart op een manier dat het ... het opent het omringende gebied in de, ah, aorta [aorti] (uitgesproken als: a-ort-i) van het hart, zodat het zijn werk kan doen. (Had moeite om de woorden te vinden om het uit te leggen.)

D: Okay. Dat is wat je het meest gebruikt, de meest voorkomende?

K: Het komt veelvuldig voor, vanwege het feit dat er ... wanneer mensen ouder worden, zijn er behoorlijk veel die problemen met hun hart krijgen. Je kunt zien wie hartproblemen heeft, door ... het wordt blauwig rondom hun mond. Ze zullen de neiging hebben om vocht vast te houden in het lichaam, vanwege het niet functioneren van diverse andere dingen, die niet de juiste hoeveelheid bloed toegediend krijgen, omdat het hart niet functioneert.

D: Dit is dan één van de manieren waarop je dit kunt vaststellen. (Ja) Hebben ze soms pijn?

K: Ze zullen een beklemd gevoel hebben in het gebied van de borst en soms zal de pijn zo hevig worden, dat het ervoor zorgt dat ze ... (zoeken naar het juiste woord) ... ah, flauwvallen, ja.

D: Zijn er nog andere medicijnen, die je veel gebruikt?

K: Laat mij even denken. Verschillende soorten thee. De bladeren van de framboos worden gebruikt, voor vrouwen die problemen hebben om tot volledige zwangerschap te komen. Je zou deze aan hen geven, en dan maken ze er zelf een thee van. —De wortel van de ginseng wordt soms gedestilleerd, voor diverse soorten disfuncties aan de nieren en verschillende dingen zoals dit. Er zijn er die beweren, dat het ook het verouderingsproces vertraagt, hoewel ik dat niet geloof. Ik denk dat dit ... (Glimlachend, wuift hand alsof ze het afwijst.)

D: (Grinnik) Geef je dit ooit aan iemand om deze reden?

K: Nee. De kruiden in medicijnen zijn te kostbaar en vele zijn te zeldzaam, om zomaar willekeurig aan iemand uit te delen.

D: Oh. Dan kunnen ze jou niet voor de gek houden, om bepaalde medicijnen van je te krijgen?

K: Nee. Er zijn ... veel voorkomende ziektes die worden behandeld ... zoals "zoet ziekte" [sweet sickness] en—

D: De "wat" ziekte?

K: De zoet ziekte. De ... dit komt meestal voor bij mensen die te veel fruit en suikers in hun dieet hebben. Het wordt zo genoemd omdat zoals wordt gezegd, de eerste artsen een zoete geur ontdekten aan de urine. En er wordt gezegd dat de persoon zoveel suiker consumeert, dat het overal uitkomt op elke mogelijke wijze.

D: Wat geef je daarvoor?

K: Meestal hou je dit onder controle door het dieet. En je zou ... deze mensen zouden veel zoetvlees van kalveren en ossen moeten eten. Er wordt gezegd dat dit ertegen helpt.

D: *Moeten ze een regulier dieet aanhouden, waarbij ze dit zoetvlees elke dag eten?*

K: Tenminste enkele keren per week, ja.

D: *Dan moeten ze in de gaten houden, dat ze niet te veel zoetigheid eten dan.*

K: Ja, ze zouden veel groente, groene groenten moeten eten, maar niet veel brood of wortelplanten. Dat zou slecht voor je zijn.

D: *Ik gok, dat het moeilijk is om mensen te laten stoppen om zoete dingen te eten, aangezien ze er zoveel van houden. (Lach)*

K: Ze hebben er alleen zichzelf mee.

D: *Wat gebeurt er, als ze de zoetziekte hebben en niet doen wat jij zegt? (Denkend natuurlijk aan diabetische coma.)*

K: Dan gaan ze dood.

D: *Is het zo gevaarlijk?*

K: Ja. Ze zullen dan een staat bereiken, ah, waarbij er geen hersenfunctie meer zal zijn. Ze zijn ... ze liggen maar en zullen langzaam wegteren.

D: *Bedoel je dat ze slapen?*

K; Ah, het is dieper dan dat. Het is een staat waarin ze niet meer bereikt kunnen worden. Een ... coma.

D: *Zou dat het juiste woord zijn?*

K: Coma, ja. (Uitgesproken met het accent op de laatste lettergreep.)

D: *Is dat een woord dat ik het zou noemen, of dat jij het zou noemen? (Geen antwoord) Okay. En als ze dan in deze staat terechtkomen, is er dan nog iets anders dat je kunt doen? (Nee) Dan is het te laat, of niet? Dan sterven ze daarna, als je niet kunt—*

K: (Onderbreekt) Dan sterven ze.

D: *Oh, ik begrijp het. Dan is het een gevaarlijke ziekte. —Dit zijn dan allemaal zaken die jij behandelt. (Ja) Nou, is Alexandrië een grote stad?*

K: Het is behoorlijk groot. Het is een erg drukke stad, ja.

D: *Zijn er veel mensen daar?*

K: Het lijkt erop dat de mensen van dag tot dag veranderen, maar ze blijven altijd hetzelfde. Er zijn altijd de armen en de ... smerige. En de rijken, ze komen en gaan, en je ziet verschillende gezichten. Maar zij ... het verandert altijd.

D: *Nou, wat voor soort—is Alexandrië een—oh, is er veel handel daar, zeg maar?*

K: Het is een havenstad; het is een handelsstad. Veel van alles gaat door Alexandrië de Nijl op, naar verschillende steden. Veel van alles komt van dingen vanuit de buitenwereld, dat hierbinnen wordt gebracht, het komt hierdoorheen en ze krijgen allemaal hun deel ervan.

D: *Daardoor is het erg druk, veel handel en zaken. (Ja) En je bedoelt dat schepen binnenkomen? (Ja) Komen die van over de hele wereld dan?*

K: Ja, ze komen hier van elke nationaliteit.

D: *Zijn er dan veel andere landen rondom daar waar je van weet? Waar dingen vandaan komen?*

K: Griekenland en Italië en, hm, soms komen ze over land en er zijn zaken die vanuit Turkije komen, die per schip komen, of soms over land. Zelfs van helemaal boven in het noorden. De handelaars met een lichte huid die komen, Germats [fonetisch].

D: *Germats? Is dat wat je zei?*

K: Visigoten [Visgots] en, ha.

D: *Die komen dan ook hier naartoe. —Zei je Germaans of Germack? Hoe sprak je dat uit?*

K: Germat.

D: *Okay. En dit zijn de mensen met een lichte huidskleur. Nou, waar jij woont—ben je lichtgekleurd of donker?*

K: (Glimlachend) Ik ben—eigenlijk geen van beide. Ik ben, ik heb donker haar en een lichtbruine huid, maar ik ben niet extreem donker. Ik ben niet als (accent op de eerste klemtoon) de Bedoeïen (accent, fonetisch) die uit de woestijn komen, of de—mensen die komen uit—ah de verschillende landen uit het zuiden.

D: *Zijn zij veel donkerder? (Ja) Wat is de naam van degenen die uit de woestijn komen?*

K: (Meer uitgesproken als Bud-wins, maar ze bedoelde waarschijnlijk Bedoeïenen.)

D: *Zijn zij ook donker? (Ja) Hebben de meeste mensen waar jij woont dan dezelfde kleur als jij?*

K: (Zucht) Degenen die hier wonen, de meesten zijn waarschijnlijk donkerder dan ik. De mensen in Alexandrië en Egypte en dit gebied, ze zijn een beetje van alles. Ze zijn niet helemaal Egyptisch, maar ze zijn ook niks anders.

D: *Ze zijn een mix. Okay. Nou, ik vind dat interessant. Ik was gewoon benieuwd. Laten we deze scene verlaten. Ik zal tot drie tellen en dan gaan we naar een belangrijke dag in je leven. Een dag die je als belangrijk beschouwd, wanneer je ouder bent. 1, 2, 3, het is een belangrijke dag in je leven, wanneer je wat ouder bent. Wat ben je aan het doen? (Geen antwoord) Wat zie je?*

K: Ik zie de ... mijn lichaam dat op het bed ligt.

D: *Oh, is er iets gebeurd?*

K: Hm. Ik heb besloten het te verlaten.

D: *Had je daar een reden voor?*

K: Gewoon—vermoeidheid.

D: *Hoe oud was je? Weet je ongeveer hoe oud?*

K: Zesennegentig.

D: *Dan was je niet ziek of zo?*

K: Er was een probleem met het hart en dus hield het op te functioneren.

D: *Terwijl je zelf een arts bent kon je niet—het medicijn kon je niet helpen?*

K: Het zou een tijdje hebben geholpen, maar ik was gewoon moe. (Zucht)

D: *Hoe denk je over dat leven?*

K: (Bedroefd) Ik zie ... veel opoffering voor anderen, maar een ... bijna mijzelf hoger inschatten dan anderen, vanwege een behoefte om mij ... groter of hoger te voelen dan hen.

D: *Denk je dat je dit echt is, hoe jij je voelde?*

K: Ik zie dat het dienen van anderen iets was van ... van het schuldgevoel afkomen, dat werd gevoeld op een lager bestaansniveau. Hm. Het was geen slecht leven, vanwege het feit dat er geen kwaad werd gedaan aan anderen.

D: *Nou, waarom zou je je schuldig hebben gevoeld?*

K: Voor de wens om mij beter te voelen dan anderen, dat was waarom er zo'n inspanning was. Een groot deel hiervan werd overwonnen.

D: *Ik zat te denken, weet je, het is niet slecht om iemand te willen zijn, om iets van je leven te willen maken.*
K: Het is niet slecht om iets van je leven te maken. Maar om neer te kijken op anderen die die niets hebben gedaan, dat is ... daarin schuilt het probleem.
D: *Oh, denk je misschien dat je dit deed en het je niet realiseerde?*
K: Voor een deel van dat leven, ja. Het werd voor een groot deel gedaan.
D: *Nou, het schuldgevoel was dan ... je zei dat je het schuldgevoel moest overwinnen.*
K: Ja. Dat was—ah, deze persoonlijkheid realiseerde zich, dat dit een probleem was. En offerde zichzelf daarna op door—degenen te helpen, die minder fortuinlijk waren en dit was goed.
D: *Okay. Maar dan denk je, dat jij je schuldig voelde door, ah, een onderliggende oorzaak, je bedoelt uit eerdere jaren, of? (Ja) En dan wilde je dit doen om dat te overwinnen. Nou, het was geen slecht leven. Het leek erop dat je veel goeds deed voor andere mensen.*
K:Hier werd naar gestreefd, ja.
D: *Dit is goed. Nou, je bent nooit getrouwd, of wel?*
K: Nee. Er was een gevoel om—een soul mate vinden zou maar afleiden van de behoefte om te slagen, of deze behoefte zou groter zijn dan de behoefte om anderen te helpen. Als er iemand was geweest die—energie zou hebben afgenomen.
D: *Dan heb je jouw hele leven bewust zo doorgebracht dan, om andere mensen te helpen. Daarom had je geen familie. (Ja) Ik begrijp het. Ik denk dat je het goed hebt gedaan. Je hebt bereikt wat je van plan was.*
K: Dat kan ik slechts hopen.
D: *Waar ga je nu heen? Weet je dat?*
K: Ik denk dat ik zal rusten.
D: *Dat zou een goed idee zijn, of niet? Rust een tijdje, om dit allemaal uit je systeem te laten. Okay. Nou, laten we deze scene verlaten. Laten we verder teruggaan in de tijd. We hebben gekeken, het was rond de jaren 400. Laten we teruggaan naar de jaren 300, wat verder terug is dan dit tijdperk. Ik ga tot drie tellen en dan zijn we terug in de jaren 300 en kun je mij dan vertellen wat je ziet en wat je aan het doen bent? (Geen antwoord) Wat zie je? (Geen antwoord maar ze fronst.) Is het iets waar je last van hebt?*

K: Ik zie—de studenten. De studenten omcirkelen het lichaam.
D: De studenten omcirkelen het lichaam? (Ja) Wat bedoel je?
K: Ze—bidden voor mijn ziel om verlichting te bereiken.
D: Je zei dat je het lichaam bekijkt. Is er iets gebeurd?
K: Ik heb—dit bestaan verlaten.
D: Waar ben je?
K: Ik was in Tibet.
D: Oh, in het klooster? *(Ik had het laatste van de eerste levens gevonden, waar ze doorheen was gegaan en ben nu in staat om ze in de juiste volgorde te plaatsen.)* (Ja) Je was een oude man in dit leven, of niet? (Ja) Wat doen de studenten? Je zei dat ze het lichaam aan het voorbereiden zijn?

(Ik had haar niet goed verstaan, meestal begon ze erg zacht.)

K: Nee, ze omringen het en ze zijn voor mijn ziel aan het bidden, om voort te gaan op het bestaanswiel in de richting van verlichting.
D: Oh. Wat doen ze na afloop met het lichaam? Hebben ze bepaalde rituelen of dingen die ze doen?

Karen was nog eens honderd jaar teruggebracht en scheen teruggekeerd te zijn naar de laatste dagen van dit nieuwe leven. (Hopelijk is dit één van de levens die we nog zullen vinden, wanneer we Dolores' tapes/ files zullen transschrijven.)

Dolores had met Karen aan nog enkele aanvullende levens gewerkt en we hebben twee hiervan toegevoegd aan deze laatste sectie.

Hoofdstuk 17
De Dokter, Deel 3
(Opgenomen op 25 augustus 1983)

Het eerste deel van deze tape is 'Jezus, tape nummer 12'. We waren de sessies van het leven van Saudi aan het afronden, en wilden wat meer informatie krijgen over de dokter in Alexandrië voordat we de ontmoeting beëindigden.

D: Laten we deze scene verlaten. Laten we vooruitgaan. We zullen die tijd verlaten en ons niet langer druk maken om die tijd. Laten we vooruitgaan naar de toekomst. Vooruitgaan. Laten we een paar honderd jaar naar voren gaan, nadat je door nog een paar levens ontwikkeld bent. Laten we naar het jaar 400 gaan. Ergens rond het jaar 400. Ik zal tot drie tellen en dan zijn we daar. 1, 2, 3, we zijn ergens rond het jaar 400. Wat ben je aan het doen?
K: Ik ben medicijn aan het mengen.
D: Okay. Waar ben je?
K: (Diepe zucht) Ik ben in Alexandrië. (De uitspraak is samengevoegd.)
D: Alexandrië? Okay. Heb ik het juist, dat jouw naam Alexandro is?
K: Alexandro, ja. (Meer rollend uitgesproken.)
D: Zeg ik het niet goed? (Ze herhaalt het weer, meer rollend.) Okay. Hoe oud ben je op dit moment?
K: (Diepe zucht) Eénenzestig, twee—ënzestig, ah. Ik ben een oude man, het doet er niet toe.
D: Oh, hou je de jaren niet bij?
K: (Zucht) Wie telt er nog?
D: Okay. Wat voor soort medicijn ben je aan het voorbereiden?
K: Het is om een vrouw te helpen met de zwellingen (zucht) in haar polsen en enkels en gewrichten.
D: Oh. Weet je wat de oorzaak van de zwellingen is?

K: (Zucht) Ze eet niet goed en ze is zwanger, dit—. De afvalstoffen van het lichaam blijven binnen en hopen zich op die plaatsen op. (Accent is heel erg sterk en verschillend van dat van Saudi.)
Harriet (H): Wat kan ze eten om dit te voorkomen?
K: Minder van het brood, vlees, het bloed. Meer van de bladeren (uitgesproken: blad'ren) en kruiden en dingen, rauw fruit.
H: Kun je ons vertellen, wat dit met het systeem doet?
K: Het helpt en ... het hele gevolg van het voortdurend verzamelen van afvalstoffen is dat de nieren weigeren te functioneren, omdat ze bepaalde ... elementen missen. En wanneer ze stoppen met functioneren, dan hopen de afvalstoffen zich op. En door deze fruitsoorten en kruiden te introduceren aan het lichaam, zal het helpen om deze uit te spoelen, zodat zich minder problemen voordoen. Dit is een probleem van ondervoeding (vreemd uitgesproken), om dit probleem te hebben tijdens de zwangerschap. (De woorden introduceren, ondervoeding en zwangerschap werden snel uitgesproken met een vreemd accent. Als ik de woorden niet had gekend, zou het moeilijk zijn geweest om ze te herkennen.)
H: Waarom is het zo, dat de vloeistoffen zich met name ophopen bij de polsen en de enkels? Waarom niet ergens anders? Ik weet dat het dit uiteindelijk ook doet, maar waarom merk je het op deze twee plaatsen het eerst op?
K: Dit zijn de plaatsen waar je dit het eerst opmerkt, omdat bij bestemmingen in de rest van het lichaam, ehm, je merkt de zwelling eerder op bij deze knokige delen, dan in elke andere plaats. Ik weet niet precies waarom het deze plaatsen uitkiest, afgezien daarvan, je merkt het hier het eerst op.
D: Wat voor soort medicijn ben je aan het bereiden? Heeft het een naam?
K: Het is een elixer, het heeft verscheidene kruiden en dingen die ik zal gebruiken.
D: Wat, een drankje of om het in te smeren op—
K: Het is om te drinken.
H: Is een medicatie of iets dergelijks van deze aard, beter werkzaam als het op het lichaam wordt gesmeerd, of als het wordt ingenomen?
K: Het hangt ervan af, wat je wenst dat het doet. Er zijn bepaalde dingen die beter worden opgenomen door de huid. Sommige zijn

beter als ze in de maag worden opgenomen en dan van daaruit hun werk doen. Het hangt allemaal van de ziekte af en het probleem.

D: *Wat zou er met haar gebeuren, als ze geen verlichting zou krijgen van—*

K: (Onderbreekt) Ze zou sterven! En het kind ook.

D: *Kan het zo slecht zijn?*

K: Ja, het is 'giffig' [poisons]. (giftig? [poisonous])

D: *Oh, ik dacht dat het misschien alleen maar vocht was.*

K: (Onderbreekt) Nou als je—ah—dollekervel [hemlock] neemt, zou je dan niet sterven? Het is giftig. Het lichaam neemt het gif en als dat niet uit hun systeem wordt gespoeld, dan is er dood.

D: *Ik begrijp het.*

H: *Zijn de gewrichten van het lichaam—hebben die één of andere nadere toegang tot het interne systeem? In andere woorden, als je een zalf hebt om erop te smeren, zou dit dan sneller worden opgenomen vanuit het gebied van het gewricht, dan van een gebied met orgaanweefsel?*

K: Ja. In de meeste gevallen is dit waar.

H: *Hoe zit het met bepaalde gebieden in het lichaam? Bijvoorbeeld onder de armen en de liezen. Zou dit meer toegankelijk zijn, of zou dit enig verschil maken met het gebied rondom de gewrichten?*

K: Nou, er zijn bepaalde dingen die worden ingesmeerd bij de nek en—het gebied van de borst. Andere zijn beter in de gebieden van de klieren, waarbij ze de klieren zouden binnendringen en van daaruit door het hele lichaam worden verspreid. Voor sommige zou je de voeten nemen en deze weken in dit … ah, brouwsel, elixer, wat dan ook en je zou dit deel gebruiken om het in het lichaam in te brengen.

H: *Kun je ons een beetje meer vertellen over—Ik ben erg geïnteresseerd in de voeten, want de voeten dragen zoveel van ons lichaamsgewicht. Ik ben er erg in geïnteresseerd. Kun je ons iets vertellen over waar we onze voeten in kunnen weken, om gewoon verlichting te geven aan het gehele lichaam?*

K: (Zucht) Water waarin zeezout is opgelost is erg goed, gewoon voor algemene verlichting van het lichaam. Het heeft vele mineralen en zo. Of als je gewoon zeewater kunt nemen en daar je voeten in weekt, dan is dat ook erg goed.

D: *Voor hoelang?*

K: Niet erg lang, misschien—een 'kwart van een uur'.

H: *Ik begrijp het. Voor een korte periode dan. En hoe zit het met de huid van het gezicht? Het gezicht wordt zo vaak blootgesteld, de huid op het gezicht wordt zoveel meer blootgesteld dan de rest van het lichaam. Is er iets dat we op de huid kunnen aanbrengen, om de huid te beschermen en te weerhouden van veroudering of rimpels of verharding, of ruwheid?*

K: Er zijn bepaalde planten, die hier goed voor te gebruiken zijn. Je neemt de olie—van de kokosnoot, ja, of vermalen kokosnoot waarvan een pasta is gemaakt en je smeert dat erop. Of—laat mij even denken hier—de ... verschillende soorten olie van het vet van dieren dat verwerkt is, zou ook goed zijn als er sprake is van een extreem geval van uitdroging.

D: *Dit zijn sommige van de dingen, die jij zou gebruiken?*

K: Bij gelegenheid, ja.

H: *Zou de kokosnoot de betere zijn van de—*

K: (Onderbreekt) Als het geen ernstig geval is en je zou er vroeg genoeg mee beginnen, ja.

D: *Heb je voornamelijk mannelijke of vrouwelijke patiënten?*

K: Beiden.

D: *Beiden? En hoe zit het met kinderen? Behandel je ook kinderen?*

K: Bij gelegenheid. De meeste kinderen zijn erg gezond.

D: *Waarom? Is Alexandrië een gezonde plaats om te wonen?*

K: (Walgend) Nee!

D: *Waarom niet?*

K: Te veel mensen. Te veel vuil, smerigheid. 't Is geen schone stad. Daarom woon ik ver weg van de ... binnenstad [inner city uitgesproken als inter city], want het is vuil. (Klinkt misnoegd)

D: *Oh. Waar jij woont, is dat niet het belangrijkste deel? (Nee) Okay.*

H: *Weet je van het bestaan van de gebouwen die bekend staan als de Pyramides en de Sfinx? (Ja) Ben je daar ooit geweest en heb je ze gezien?*

K: Eén keer.

D: *Wat vond je daarvan?*

K: Er is daar een immense kracht. Het is ongelooflijk.

H: *Is het op één of andere manier op een helende manier behulpzaam voor mensen, om in dit gebied te wonen? In de buurt ervan?*

K: Er hangt een goedaardige aantrekkingskracht rondom, ja. Het zou erg helpen.

H: Eén bepaald gebouw meer in het bijzonder dan de andere? Of het hele gebied?

K: De noordelijkste, in de Koninginnekamer.

D: Is dit één van de grotere Piramides? (Geen antwoord) Je zei dat je er slechts één keer geweest was? (Ja) Kun je—weet je, ik ben altijd nieuwsgierig geweest naar Alexandrië. Kun je mij een beschrijving geven van de stad? Ik vroeg mij gewoon af, hoe het eruit ziet. (Ik had onlangs gelezen over een grote vuurtoren die in de haven stond.) Eerder had je mij verteld, dat je wel eens zit op de ... bij de oceaan en dat je uitkijkt over de zee en de schepen. Hoe ziet het belangrijkste deel van de stad eruit?

K: Het belangrijkste deel van de stad is gebouwd rondom de dokken. Er is een gebied met dokken en de markt opent zich daar naartoe. Er zijn dus honderden en honderden stalletjes en mensen roepen en—de ratten rennen overal naartoe. En de gele klei van de gebouwen. Alles is laag en er is niks groots en verfijnds aan dit alles. Het is een— (diepe zucht) wederom, een hele smerige stad. Het is erg druk, alles staat op elkaar gebouwd.

D: De gebouwen zijn klein en laag?

K: Ja, en opeengepakt naast elkaar.

D: Zijn er geen—zijn er ook grote gebouwen in de stad?

K: Ja, de overheidsgebouwen en de bibliotheek en de school. Die gebouwen zijn groot, maar die staan niet in het centrum van Alexandrië, die staan meer aan de rand.

D: Ik vroeg mij af of er ook enkele grote gebouwen staan in de stad. En hoe zit het langs de waterkant? Is daar iets groots te vinden? (Ik dacht aan de vuurtoren.)

K: Schepen.

D: En niets—

K: De kades zijn soms erg lang, ze lopen heel lang door, maar die zijn niet—ik ga daar niet vaak naartoe, het is geen goede plaats.

D: Is er niets, geen opmerkelijk kenmerk in het havengebied? (Ze lijkt na te denken.) Zie je, ik vroeg mij af, ik heb gehoord dat daar een vuurtoren was.

K: Het is buiten bij—er is een eiland, het is in het midden van de baai, waar een huis staat.

D: Kun je dat zien vanaf de stad? (Ja) Hoe ziet dat eruit?

K: Het is erg hoog en rank. Het lijkt gemaakt te zijn van één of andere witte steen, ik weet niet—ik ben daar nog nooit geweest, ik weet het niet.
D: Hoe hoog is het?
K: Om hier vandaan te kunnen zien, is het erg hoog. (Gaapt)
D: Hoe zouden ze het licht daarboven laten branden? Daar was ik benieuwd naar.
K: Hoe zou ik dat moeten weten?
D: (Lach) Heb je dat nog nooit gehoord?
K: Ik ben er nooit benieuwd naar geweest.
D: Ik ben gewoon nieuwsgierig naar diverse dingen, denk ik. —Maar je leeft ver van de stad vandaan dus.
K: Redelijk.
H: Ik weet dat jij behandelt met kruiden en andere—misschien gebruik je af en toe een mes. Gebruik je wel eens kleur of stenen om bepaalde ziektes mee te genezen?
K: Er zijn vele toepassingen van stenen bij genezing.
H: Wil je er enkele met ons delen? Ik ben daar erg in geïnteresseerd.
K: Bepaalde soorten kanker kunnen met stenen worden genezen.
H: Wat voor specifieke stenen?
K: Het is wat sommige mensen een magneet [lodestone] noemen. Het heeft—magnetische eigenschappen, waarmee je er naartoe beweegt.
D: Zou je de steen moeten dragen of—(Ja)
K: (Onderbreekt) Het zou worden geplaatst op het gebied waar het kankergezwel groeit.
H: Kun je ons vertellen, hoe dit hierop reageert?
K; Er wordt gezegd, dat het dit uit het lichaam trekt. Ik weet het niet zeker.
D: Nou, hoe lang zou je de steen erbij moeten houden?
K: Totdat de zwelling zou zijn afgenomen.
D: Je ziet er vermoeid uit.
K: (Haalt adem). Het is een erg lange dag geweest.
D: Is het nacht?
K: Nee. Het loopt tegen zonsondergang.
D: Hoe zou jij een kankergezwel behandelen?
K: Als het zover is gegroeid, dat het niet—er geen verandering optreedt, door toedienen van kruiden en dergelijke, dan zou ik proberen een operatie uit te voeren om het te verwijderen.

D: *Is dat aan te raden? En zou een persoon dit overleven?*
K: (Diepe zucht) In sommige gevallen wel en in sommige gevallen niet. Maar aangezien hij toch dood zou kunnen gaan, zou dit hem tenminste een kans geven om te leven.
H: *Ik zou je graag verder ondervragen. Gebruik je wel eens kleuren bij de behandeling van de patiënten? En als je dat doet, hoe dan?*
K: Ikzelf gebruik dit niet vaak. Ik weet dat ze er zijn, die dit doen.
H: *Heb je ooit gezien, dat dit werd toegepast? (Ja) Kun je dit delen?*
K: (Abrupt) Nee!
D: *Is dit iets, waar normaal gesproken niet over wordt gesproken?*
K: ((Zucht) Ik ben niet vrij om hierover te spreken.
D: *(Verandert van onderwerp.) Zijn er nog andere soorten stenen, anders dan magneten, die waardevol zijn bij genezing?*
K: Vele verschillende stenen die bekend staan als edelstenen, worden gebruikt op verschillende manieren. (Gaapt)
D: *En hoe zit het met kristallen? Heb je die wel eens gezien? (Ja) Zijn die waardevol bij genezing? (Ja) (Ze wil geen informatie meer loslaten op dit gebied.) Komt jouw patiënt vanavond langs, om het medicijn op te halen?*
K: Ze is hier.
D: *Oh, is ze nu daar? (Ja) Ben je daarom nog zo laat aan het werk?*
K: (Gaapt) Ik werk altijd laat. Maar ik word hier te oud voor.
D: *Dat zou je denken. Nou, zal de patiënt in jouw huis verblijven, of zal ze teruggaan naar—*
K: (Onderbrekend) Ze zal voor een dag of zo blijven, totdat de kruiden beginnen te werken.
H: *Heb je een speciale plaats waar jouw mensen verblijven, nadat ze hun medicijnen hebben ingenomen? (Ja) Kun je beschrijven hoe het eruit ziet, waar ze verblijven?*
K: Het is aan de achterkant van mijn huis. 't Is een redelijk open kamer. Er is veel licht. Er zijn—(Gaap) diverse bedjes die kunnen worden neergezet als—met schermen ertussen, zodat ze enige privacy hebben.
H: *Is het bedje in een bepaalde richting geplaatst, of heeft dit enig belang?*
K: Noord-zuid.
D: *Heb je veel patiënten die op een bepaalde tijd hier verblijven?*
K: Meestal niet.

H: *Is het belangrijk aan welk eind—is het hoofd geplaatst aan de noordkant of de zuidkant.*
K: Het noorden.
D: *Het hoofd is richting het noorden? Heb je een specifieke reden om dit te doen?*
K: Uitlijning met de polen.
D: *Oh, dit maakt het dan gemakkelijker. Nou, als zij daar verblijven, blijven ze dan alleen of zijn er andere—*
K: Mijn hulp kan bij hen blijven, als er iemand is die 's nachts moet blijven. Op deze manier kan ik worden opgeroepen als er een verandering plaatsvindt. (Gaap)
D: *Vertel mij over je hulp. Is hij een—is het een man, vrouw, jong?*
K: Het is een assistent, het is een jonge man. Hij wordt opgeleid.
D: *Om medicijnen te leren. (Haar stem klonk steeds vermoeider.) (Ja) Verblijft hij daar de hele tijd bij jou? (Ja) En heb je nog andere patiënten in dit—*
K: (Onderbreekt) Niet op dit moment.
D: *Niet op dit moment. Komen mensen naar jou, of ga je naar hen toe?*
K: Het hangt ervan af. Als ze rijk genoeg zijn, dan ga ik naar hen toe.
H: *Als ze rijk genoeg zijn? Betekent dit, dat ze jou in munten betalen voor je diensten? Hoe ben je—wat doen ze voor jou, wanneer je hen geneest of helpt?*
K: Als ze het zich niet kunnen veroorloven, dan reken ik niks. Als ze arm zijn, maar inkomen hebben, dan vraag ik een kleine vergoeding. Soms ruil ik, voedsel, wat dan ook. Maar als ze erg rijk zijn, dan breng ik het in rekening. Ze kunnen zich mijn diensten veroorloven.
D: *Waar betalen ze jou normaal gesproken mee?*
K: Ik heb geen vaste vergoeding. Ik beslis—soms is het in (woord is moeilijk te verstaan. Klinkt als: 'dring'?) ... soms, andere waardevolle dingen.
D: *Okay. Maar ik vroeg mij af wat voor soort munten.*
K: Goud, soms zilver, afhankelijk van wat ik vraag.
D: *Heb je een naam voor de munten in jouw land?*
K: Drachmen [drachma] (Ik liet het haar herhalen.)
D: *Noem je de munten zo?*
K: Dat zijn degene waar ik de voorkeur aan geef. Ze zijn van Griekse origine. (Het woord klonk óf als origine, óf als bestelling [order].)

D: Okay. Zijn er nog andere munten behalve die?
K: Ja er zijn sjekels [shekels] en van alles. Er is Romeins geld.
D: Zijn er veel Romeinen in jouw gebied?
K: De macht is gevallen.
D: Oh, zijn ze niet meer zo machtig als dat ze waren? (Nee) Waarom?
K: Hun daken vallen op hun hoofden.
D: (Lach) Wat vind je daarvan?
K: (Zucht) Elke beschaving heeft zijn eigen tijd. Het overkwam de Grieken, toen de Romeinen opkwamen. Nu overkomt het de Romeinen.

(Schakelde de tape uit, terwijl ik een briefje las, dat mij door een waarnemer werd aangereikt.)

Andere D: Weet je enkele namen van de edelstenen waar we het een tijdje geleden over hadden, die worden gebruikt om te genezen?
K: Het is jade.
H: Zijn bepaalde kleuren jade krachtiger dan andere?
K: Er is een zeer zeldzame [kracht] van jade, paarse jade of koninklijke jade, zoals het bekend staat. En er schuilt veel goeds in de groene kleur. De gele kleur is minder geschikt. De witte is ook toegestaan.
H: Hoe zit het met rode stenen?
K: Nee. De energie daarin is erg verontrustend en te wild.
D: Dan is dat geen goede kleur om te gebruiken. (Nee) Okay. Weet je of er in Alexandrië een heerser is, of een leider of iets dergelijks over het gebied?
K: Er zijn ouderlingen en—ah—nou, ik geloof dat je het een heerser zou kunnen noemen. Er is een—prins, iets dergelijks, die heerst over wat er gebeurt in de stad en de—Het is geen prins—maar een magistraat.
D: Magistraat? (Ja) Nou, heeft Rome er iets over te zeggen wat er gebeurt in Alexandrië? (Ik dacht eraan dat magistraten meestal vertegenwoordigers waren van Rome.)
K: Niet langer. (Glimlachend)
D: Wat bedoel je? Is er iets gebeurd?
K: Rome heeft niet langer de macht. Ze vallen over hun hoofden. Ze kunnen niet komen en zeggen: "Nou, je moet dit doen, omdat wij

hebben besloten dat het moet gebeuren." Daarom doen ze nu, waar ze zin in hebben.

D: *Oh. Er bestaat geen gevaar dat ze dan binnenkomen en zeggen, ah, problemen veroorzaken omdat jullie niet doen wat ze zeggen?*

K: Ze hebben zelf genoeg problemen, waarom zouden ze zich bezighouden met die van ons?

D: *(Lach) Is er iets in het bijzonder gebeurd?*

K: Ik heb gehoord dat er een invasie was in Rome. Ik weet het niet. Dit is wat ik heb gehoord. Ik besteed niet vaak aandacht aan politiek.

(Haar gezicht vertrok plotseling, alsof ze pijn had en op adem moest komen.)

D: *Heb je ergens last van?*
K: Het—zal wel goed komen.

Ik weet dat de dokter overleed aan hartproblemen. Ik vermoedde dat dit nu aan de hand was. Ik gaf haar kalmerende suggesties, dat ze nergens last van zou kunnen hebben. Harriet merkte ook dat er wat aan de hand was en gaf mij aanwijzingen dat ik haar vooruit moest brengen. Ik wist dat als ik dit zou doen, dat de dokter niet langer in leven zou zijn. Maar dat kon ik Harriet niet laten weten, zonder een notitie voor haar te schrijven. Harriet was niet aanwezig geweest bij het overlijden van de dokter, dus wist ze niet hoe hij was gestorven. Ik besloot vooruit te gaan en haar sowieso te verplaatsen, omdat ik haar ongemak wilde beëindigen.

D: *Laten we deze scene verlaten en vooruitgaan—een paar jaren. Ik zal tot drie tellen. 1, 2, 3, we zijn een paar jaar ouder in dat leven, wat ben je aan het doen?*

K: Er is nu niets. Er is geen voortzetting.

D: *Okay. (Dit is, wat ik al dacht dat zou gebeuren, omdat de dokter in zijn zestiger jaren was, toen hij overleed aan hartproblemen.) Wat is je overkomen?*

K: (Zucht) Het hart is opgehouden te functioneren.

D: *Okay. Maar het was een gemakkelijke dood, of niet? Je hebt een lange tijd geleefd.*

K: Het loslaten werd zeer verwelkomd.

D: *Dan had je een goed leven daar, of niet? Je hebt een lange tijd geleefd en veel mensen geholpen. Dat is in orde, het was een goed leven. Laten we die scene verlaten. (Ik besloot haar terug te nemen naar het leven, omdat we nog steeds vragen wilden stellen. Maar ik wilde hem terugnemen naar een jongere leeftijd, waarbij hij hopelijk minder vermoeid en uitgeput zou zijn.) Ik zal tot drie tellen en dan zijn we terug rond je veertigste levensjaar. Alexandro in Alexandrië, de arts op veertige jarige leeftijd. Laten we teruggaan naar die leeftijd. Ik zal tot drie tellen en dan gaan we achteruit naar de leeftijd van veertig in het leven van Alexandro. 1, 2, 3. Alexandro is ongeveer veertig jaar oud, wat ben je aan het doen?*

K: Ik ben aan het wandelen.

D: *Waar ben je?*

K: Ik kijk uit over de kust.

D: *Wat, over het water? (Ja) Vind je het aangenaam daar?*

K: Het is hier erg vredig.

D: *Wat zie je daar?*

K: (Weer het woord voor diezelfde boten, waar ik moeite mee heb om op te schrijven.) De ... (klinkt als dokken [docks] en een ander woord dat klinkt als scheppen [scoops] of skepen [skips]?) ... voornamelijk gewoon het water.

D: *Oh, zijn er niet veel boten vandaag? (Nee) Kun je de stad zien, van waar je bent?*

K: Ja, maar wie wil dat nou?

D: *Je houdt niet erg veel van die stad, of wel? (Nee) Als je de keuze zou hebben, zou je dan ergens anders heen gaan?*

K: (Zucht, Ja. (Haar stem klonk nu jonger en levendiger.)

D: *Waar zou je heengaan, als jij het voor het zeggen had?*

K: (Ze zegt een naam, die ik moeilijk kon verstaan.)

Harriet zei dat het Gaza was, maar ze sprak het uit met het accent op de laatste lettergreep. (Liet het haar herhalen.)

D: *Oh, is dat in de buurt?*

K: Niet te ver.

D: *Waarom zou je daarheen willen gaan?*

K: (Pauze) Om meer te leren.

D: *Oh, ik dacht dat Alexandrië het centrum van kennis was.*

K: 't Is het centrum voor uitwendige kennis.

H: Gaza is waar de Sfinx en de piramides zijn. Heb ik dat juist? (Ja) En dit is het centrum voor inwendige kennis? (Ja). Dank je.

D: Zijn daar mensen, die jou zouden onderwijzen? (De encyclopedie zegt dat de Sfinx en de piramides bij Al Jizah zijn. Zou dit hetgeen zijn, dat ze zei? De uitspraak was vreemd.)

K: Mijn leraren zijn daar. (Ze had een nogal weemoedig stemgeluid.)

D: Oh. Wonen zij vlak bij de piramides?

K: Ik wil hier niet over praten.

D: Okay. (Dit gebeurde heel vaak in andere levens, wanneer ik te dicht kwam bij verboden kennis.) Ik vroeg het mij gewoon af. Daar zou je naartoe gaan als je zou kunnen. (Ja) Ja, het is zoals je zei, Alexandrië is gewoon een vieze stad?

K: Ja, zoveel pestilentie en oneerlijkheid en dieven. 't Is erg corrupt.

D: Heb je problemen met dieven?

K: Nee. Ik zeg gewoon, dat ik ze vervloek met lepra en dan laten ze mij met rust.

D: (Lach) Dan laten ze je alleen. Maar als de stad vol is met pestilentie, dan hebben ze doctoren nodig, ze hebben artsen nodig.

K: Ja. (Zucht) Maar bij sommigen vraag ik mij niet eens af of de wereld beter af zou zijn, als zij er niet zouden zijn.

H: Waarom komen ze in eerste instantie bij jou?

K: (Ze stelt hier een vraag, die ik niet kan opschrijven.)

H: Waarom? Deze mensen die zich niet houden aan de wetten van de gezondheid en die niks geven om hun stad, waarom komen zij naar jou toe? Waarom komen zij, waarom reïncarneren zij? Wat is hun doel, weet je dat?

(Ik dacht dat Harriet misschien was vergeten dat we met haar spraken gedurende een leven. Dit was het soort vraag, dat we normaal gesproken stelden in de staat tussen de levens in. Maar Harriet zei later, dat ze gewoon wilde weten wat de dokter hierover te zeggen had, of hij iets over deze zaken wist.)

K: Veel van de mensen die een lagere ... vorm hebben, wat dan ook, wat je daar dan ook voor term aan wilt geven, zijn slaven. En sommige van de slaven of bevrijde slaven [freedman] geven eigenlijk niks om zichzelf. En veel mensen die moe zijn van het streven, zijn op zoek naar een gemakkelijk leven.

D: *Oh, op zoek naar één of andere gemakkelijke manier om dingen te verkrijgen, is dat zo?* (Ja) *Nou, ik zat te denken, jij kunt niet neerkijken op slaven, want je was zelf een slaaf, of niet?*
K: Ja, maar er zijn vele soorten en verschillen tussen slaven. Er zijn er, die verlangen naar iets hogers en zij die gewoon in het slijk zitten en wensen daar te blijven.
D: *In jouw geval, jij wilde hogerop komen, of niet?*
K: Er was een streven daarnaar, ja.
H: *Zal er een snelle uitweg zijn voor hen die niet wensen te streven? Zal hun tijd hier korter zijn?*
K; Soms. Soms zal het eeuwig lijken te duren. En misschien zullen zij daarvan leren dat als je in een slechte situatie verkeert, en je er niks beters van maakt, dan kan het een hele lange tijd voortduren.
H: *Ik begrijp het.*
D: *Wat voor religie heb jij? In Alexandrië. Heb je een religie? (Pauze) Weet je wat ik bedoel?*
K: Wij zijn de volgers van de Ene.
H; *Wat betekent dat?*
K: Het is—het pad dat ik volg.
D: *Ik bedoel, aanbid jij Egyptische goden?*
K: Nee, ik aanbid de ene God.
D: *Oh. Dan aanbid je niet de Romeinse goden.*
K: Nee. Noch volg ik de priesters van—de mensen die zichzelf Christians (uitgesproken: Christ-ians, het woord werd opzettelijk gescheiden), die het ene zeggen en dan iets anders doen. Dit is verkeerd.
D: *Zijn er Christenen in Alexandrië?*
K: Er zijn gemeenschappen van hen, ja.
D: *Wat bedoel je, dat ze het ene zeggen en het andere doen?*
K:Ze zijn—hypocriet. Ze vertellen je om in het ene ding te geloven en gaan dan rond en zeggen—dat je dit moet doen en dan draaien ze zich om en zijn hebberig en graaien net als de anderen.
H: *Hoe komen ze aan de naam 'Christenen'? Weet je dat?*
K: Dat namen ze over van de Cristos.
D: *(Vroegen haar om het te herhalen.) Wat betekent dat?*
K: Het was een naam welke gegeven werd aan de Jood, die bekend stond als de Messias.
H: *Wie was dit? Kun je ons daar wat over vertellen?*
K: Zijn naam was Yeshua.

H: *Leefde hij hier in de wereld of in Alexandrië, of— (Ze is duidelijk aan het proberen, om te zien wat ze zal antwoorden.)*

K: Ja. Hij leefde in Israël.

D: Nou, ah, denk je dat dit een slechte religie is?

K: Het pad dat zij volgen is dat, ja.

D: Hoe zit het met de Christelijke gemeenschappen? Zijn zij geaccepteerd in Alexandrië?

K: Ja, voor een groot deel. Ze hebben erg veel macht.

D: Nou, je zei dat je de weg volgde van de ene God. Heeft die religie een naam? *(Nee)* Hoe zit het met de Joden? Hebben zij een ander geloof, dan jij hebt?

K: Er zijn veel verschillende geloven die zij hebben, die wij niet hebben.

H: *Heb je wel eens gehoord van het volk dat de "Kaloo" wordt genoemd? (Dit komt van de [Dolores Cannon] informatie over Jezus.) (Ja) Zijn zij ergens in dit gebied, of—(Ja) Zij zijn er? Dank je.*

D: Kun je ons iets over hen vertellen? We hebben over hen gehoord. *(Nee)* Ik heb gehoord, dat ze er al een hele lange tijd zijn.

K: Zij zijn hier geweest sinds het begin.

D: In dat gebied, gemeenschappen? *(Ja)* Als we op zoek zouden gaan naar hen, zouden we hen dan kunnen vinden?

K: Nee. Het zou niet worden toegestaan. Ze zouden jou opzoeken. Jij zou niet in staat zijn hen te vinden.

D: Oh. Okay. Nou, zijn er in Alexandrië kerken of synagogen, of zulke dingen? *(Ja)* Hoe zou je de gebouwen benoemen—ga je naar een gebouw voor jouw religie? *(Nee)* Okay. Jij gaat niet naar de synagoge of iets dergelijks. *(Nee)* Je zei dat je de ene God volgt. Is die God Jahweh?

K: Hij heeft geen naam.

D: Hij heeft geen naam. Okay. Ik vroeg mij dat af, omdat het klonk alsof je het had over Judaïsme. *(Nee)* Dat is het niet. Okay.

K: Het is veel ouder dan Judaïsme.

D: Oh, het gaat veel verder terug dan. Hoe zit het met de Christenen dan, werden zij een tijd lang vervolgd?

K: Ja, dat heb ik gehoord.

D: Dit zijn dan niet de dingen die nu gebeuren. *(Nee)* Okay.

(Probeer nog wat meer vragen te bedenken.)

D: Heb je op dit moment veel patiënten?
K: Ik heb er ongeveer vier in het huis en ik heb er nu ongeveer vijftig, die ik op een wekelijkse basis zie.
D: Oh, dat zijn er veel, of niet? (Ja) Moet je hen elke dag zien?
K: Sommigen elke dag. Verschillenden. En de rest één keer per week.
D: Moet je hen allen tenminste één keer per week zien? (Ja) Zijn ze in de buurt, zodat het niet moeilijk is om bij hen te komen?
K: De meesten komen naar mij toe.
D: Ze komen naar jouw huis? Dat maakt het dan minder moeilijk. Heb je er momenteel één die jou bezoekt, die een zwaar geval is? Of zijn het allemaal simpele dingen?
K: Niets bijzonders.
D: Wat voor soort gevallen heb je momenteel?
K: Veel verschillende dingen. Van alles van, ehm, verkoudheid tot zweren op een man die—elke keer dat hij kwaad wordt, krijgt hij huiduitslag, alsof het gewoon overal uitbreekt.
D: (Lach) Alleen wanneer hij kwaad is dan.
K: (Lach) Maar hij is bijna altijd kwaad.
D: Heb je ooit eerder zulke gevallen gezien?
K: Ja, toen ik bij mijn meester was.
D: Nou, hoe behandel je dan zo iemand? Gewoon ervoor zorgen, dat hij niet kwaad wordt?
K: Je probeert hem te overtuigen, dat dit hetgeen is dat het veroorzaakt. En dat is de uitdaging. Want hij heeft zo'n sterke mening, dat hij niet de mening van iemand anders wil aannemen.
D: Dan gelooft hij jou niet. (Nee) Hij wil dat je hem één of ander medicijn geeft.
K: (Zucht) Hij wil een onmiddellijke, alles genezende oplossing. Een pil die hij zou kunnen nemen, waardoor hij er voor altijd vanaf is. (We lachen.) Zo werkt het niet.
D: Dan gelooft hij jou niet. Is dit de meest ongebruikelijke die je hebt? (Ja) Je had het over pillen, wat zijn dat?
K: Waarbij bepaalde medicijnen—compact zijn gemaakt in een kleine dosis, zodat het gemakkelijk door te slikken is.
D: Maak je deze zelf?
K: Ja, ik maak al mijn eigen medicijnen.
D: Is dat moeilijker te maken dan een drankje?
K: Ja, omdat het moet worden samengeperst.

D: *Okay. Dat is dan één ding dat je kunt doen. —komt er wel eens iemand naar je toe met een gebroken arm of gebroken been?*

K: Ja, en ze moeten worden gezet of gewoon verbonden met spalken, als ze niet van hun plaats zijn.

H: *Hoe weet je wanneer ze gebroken zijn? Hoe kun je dat vaststellen?*

K: Dat kun je weten door te voelen. Je kunt dat merken, als je jouw hand over de arm of been laat gaan. En je kunt de energie voelen, waar het niet doorstroomt, is een breuk.

D: *Oh, je kunt het weten door de energie te voelen?*

H: *En dit is dan ook de manier waarop je het ledemaat zet? Dan zit het goed, als de energie weer goed stroomt.*

K: Dan is het op de juiste plaats.

D: *Oh, je kunt het weten. Want ik weet, dat het erg pijnlijk is. Ik wist niet hoe je een gebroken been kon onderscheiden van een been dat alleen gekneusd is. Waar de spier is verrekt of zoiets. (Pauze) Heb je ooit een geval gehad, waarbij iemand zijn rug heeft gebroken? (Nee) Ik vroeg mij af, of je in staat zou zijn om een dergelijk geval te behandelen.*

K: Ik weet het niet.

D: *Wat dan als zo iemand naar jou toe zou komen? Zou je dan weten hoe je hen moest behandelen?*

K: Het is mogelijk dat ze de dokter nooit zouden bereiken, want ze zouden sterven.

D: *Door de gebroken rug?*

K: Het zou het koord in de rug breken en dat zou de dood tot gevolg hebben.

D: *Hoe zit het met een gebroken nek, zou dat hetzelfde zijn?*

K: Opnieuw, niet veel overleven dat.

D: *Ik vroeg mij af, of er een manier zou zijn om zoiets te genezen.*

H: *De wervelkolom is een bron van enorme energie. Is dit één van de redenen? (Ja)*

D: *Wat zou er gebeuren als iemand zou overleven—kan iemand overleven met een gebroken rug?*

K: Ik heb er nog nooit over gehoord, maar dat betekent niet dat het niet mogelijk is.

H: *Wanneer een ledemaat wordt gezet, is er dan een manier om de energiestroom rondom het gebroken gebied te vergroten, om zodoende te helpen bij de genezing?*

K: Het eerste wat je zou doen, is de patiënt onder hypnose brengen, zodat ze in een staat verkeren waarbij ze niet de pijn voelen van het rechtzetten van het ledemaat. En je zou hen hun gedachten laten gebruiken om een—ik geef er de voorkeur aan om een groen licht te gebruiken, rondom de breuk. En ze zouden dit zelf doen en energie vanuit hun eigen lichaam hier naartoe zenden.

D: Nou, je zei dat je ook spalken gebruikt? Waar maak je die van?

K: Gewoon van hout.

D: Allen hout? Je maakt het gewoon zo, zodat het niet kan bewegen. (Ja)

H: Wanneer ze onder hypnose zijn en ze gebruiken het groene licht, hoelang duurt dat? Of laat je hen dat periodiek doen?

K: Ik zou de suggestie in hun gedachten opwekken, dat elke keer dat er een bepaald woord wordt uitgesproken, dat dit in werking treedt. En dan laat ik het één van hun familieleden periodiek uitspreken.

D: Oh, zij zouden het woord kunnen zeggen en dat zou het—(Ja) Een ander persoon, ik begrijp het. Wij zijn gewoon erg nieuwsgierig naar deze verschillende dingen, zodat we elkaar kunnen helpen. Ik hoop dat je het niet erg vindt, om mijn vragen te beantwoorden?

K: Nee. Ik ben alleen erg moe.

D: Is het een lange dag geweest? (Hm-hm) Met vijftig patiënten, zou ik wel denken dat je moe bent. (Lach) Maar je zei dat je hen niet elke dag ziet, toch? (Nee) Ben je soms wel in staat om je geduld te bewaren met deze mensen?

K: Pardon?

D: Je weet wel, dat je niet kwaad wordt. Ben je in staat om kalm te blijven?

K: Voor het grootste deel.

D: (Lach) Dat is het moeilijkste deel, of niet?

K: Soms. (Klonk vermoeid.)

D: Okay. Nou, ik denk dat je het heel erg goed doet. Je bent een erg goed persoon. Bedankt dat je met ons wilde praten. Ik zou graag nog een keer langskomen en met je spreken. Zou dat goed zijn? (Ja) Dank je. We zullen deze scene nu verlaten.

(Subject werd teruggebracht.)

Hoofdstuk 18
Het Meisje Dat Elfjes Zag

Ik was net klaar met Karen naar het jaar 1350 te brengen en zodra ik klaar was met tellen, zag ik dat ze diep fronste. Ik vroeg haar wat er aan de hand was.

K: (Haar stem was zacht.) Vuur! (Ze klonk angstig.) Mijn huis! (Zwaar ademend) Het—staat—in—brand! Ik wil dit niet zien!

Meestal wanneer een subject afstemt op een leven, zal het in een normale, alledaagse scene terecht komen. Maar van tijd tot tijd, komen ze binnen wanneer er iets traumatisch plaatsvindt. Dit leek één van die gevallen. Ik gaf haar snel kalmerende suggesties, zodat ze in staat zou zijn om erover te praten.

D: *Wat gebeurde er, hoe is de brand begonnen?*
K: Zij hebben het aangestoken. De mensen in het dorp. Ze waren bang voor mij. (Haar stem was erg zacht en timide.)
D: *Waarom waren ze bang voor jou?*
K: Omdat ik anders was, en omdat ik niet was zoals zij zijn. Ik luisterde naar—mensen die zeiden dat ze er niet waren. (Ze had een uitgesproken accent, Schots of Iers.) En ik zie dingen voordat ze plaatsvinden.
D; *Waar vond dit plaats?*
K: 't Was in Schotland. We zijn net buiten het dorpje Glenmara.
D: *Was je een man of een vrouw?*
K: Ik was een vrouw. (Ze klonk erg bedroefd.)
D: *Waar hield jij je mee bezig?*
K: Ik maakte kant.
D: *Ik zie daar geen kwaad in.*
K: Nee. Maar ik was anders. Ik had het 'tweede zicht'.
D: *Is er iets bijzonder voorgevallen, waardoor ze zo kwaad werden?*

K: (Zucht) Ze—toen ik hen probeerde te vertellen, dat er dit jaar een probleem zou zijn met de oogst en zulke dingen. En toen dat gebeurde, zeiden ze dat ik het was, die het boze oog op de gewassen had aangewend. En ervoor had gezorgd, dat de schapen allemaal te vroeg hun lammeren kregen en daardoor allemaal stierven. (Zucht) En ze zeiden, dat het mijn fout was. (Bedroefd) Ik zou nooit Gods schepsels kwaad doen. Ik dacht dat het goed voor hen zou zijn, om dit te weten.

D: Ze klinken als onwetende mensen, ze begrepen het niet.

K: Nee, ze wensten het niet te weten.

D: Leefde je daar alleen, of had je een familie?

K: Ik was alleen. Mijn moeder is enkele jaren geleden gestorven. En ik was nu slechts alleen.

D: Was je erg oud toen dit gebeurde?

K: Misschien tweeëntwintig, misschien jonger. (Het accent is erg uitgesproken.)

D: Dan was je nog jong. Ben je ooit getrouwd?

K: (Hoestend) Nee.

D: Wat gebeurde er met jou toen het huis afbrandde?

K: (Feitelijk) Ik stierf.

D: Ik vraag mij af hoe de mensen zich nu voelen?

K: Ze voelen zich waarschijnlijk geweldig. Ze denken dat ze iets glorieus hebben gedaan in de naam van de Heer.

D: Had je hen vaker dingen verteld, die ze niet begrepen?

K: Oh, gewoon een paar alledaagse dingen over mensen en misschien iets—als ze zouden oppassen, dat hen dan niet bepaalde dingen zouden overkomen. En uiteraard, als ik iets zag dat misschien slecht was, dan zouden ze zeggen dat ik het had gedaan. Gewoon om te bewijzen dat ik de toekomst kon zien en dan gaven ze mij daarvan de schuld.

Ze begon meer te hoesten, waarschijnlijk van de rook van het vuur. Om haar dus verlichting te geven van haar ongemak, besloot ik haar uit deze scene weg te halen. En daarnaast wilde ik meer te weten komen van het eerdere leven van dit jonge meisje en hoe het zo ver was gekomen met deze droevige omstandigheden. Het gebeurt maar weinig dat een subject begint aan het einde van hun leven, maar het komt wel eens voor. Ik nam haar terug in de tijd en vroeg haar wat ze aan het doen was.

K: Kant aan het maken.
D: *Is dat moeilijk om te doen?*
K; 't Is niet erg moeilijk, als je de tijd neemt om het te doen. Het kan erg simpel zijn om te doen. Ik had een erg goede leraar, mijn moeder leerde het mij toen ik een klein meisje was.
D: *Hoe maak je het? Gebruik je een naald of zo?*
K: Het is een—een spoel en je knoopt het er omheen en—hoe kun je dat uitleggen, het is—ik weet het niet. Het is erg interessant.
D: *Wat doe je met het kant, wanneer je ermee klaar bent?*
K: We verkopen het aan heel aardige dames. Zij komen en kopen het.
D: *Reken je er erg veel voor?*
K: Een paar stuivers [pence].
D: *Is dat veel geld?*
K: Niet echt. Maar het geeft ons geld voor eten. En we kunnen veel— niet te slecht eten. En we verbouwen wat voedsel, zodat we niet verhongeren.
D: *Het lijkt erop dat met zoveel werk dat erin gaat zitten, dat je meer geld zou willen vragen.*
K: Waarom zouden ze ons betalen om het voor meer geld te maken? Dat zouden ze niet doen.
D: *Maar het vergt erg veel werk, om iets moois te maken.*
K: Jawel, maar rijke dames zijn erg zuinig met hun geld. En er zijn erg veel kantklossters.
D: *Wat is je naam?*
K: Het is Sarah MacDonald.
D: *Met wie leef je samen?*
K: Mijn moeder.
D: *Maakt zij ook kant?*
K: Dat deed zij voorheen. Ze kan het niet meer. Haar handen zijn te slecht. Als jij je vingers niet kan buigen, dan kun je geen kant maken. Het gaat erg slecht met haar. Het zal niet lang meer duren voordat ze niet langer bij ons is.

Haar stem was zo zacht, ze leek erg verlegen en stil. Ze gebruikte haar mond op een vreemde manier wanneer ze sprak en in het bijzonder als ze lachte. Ze trok haar lippen ver terug, waarbij ze veel van haar tanden liet zien, en de bovenlip stak uit boven de onderlip. Ik was in de veronderstelling dat ze hazentanden [buck teeth] had. Ik had ook het gevoel dat ze erg onzeker van zichzelf was. Ik moest heel voorzichtig zijn met deze persoonlijkheid. Ze leek erg breekbaar.

D: *Dat moet heel erg tijdrovend zijn. Ik denk dat je erg slim moet zijn, om zoiets te kunnen doen.*
K: (Ze leek zich te schamen. Ze glimlachte en bloosde.) Ik weet het niet. —niemand heeft mij ooit eerder slim genoemd.
D: *Is Glenmara een klein dorp?*
K: Het is niet te groot.
D: *Ben je gelukkig daar?*
K: Wie zal het zeggen? Wie weet wat geluk is?
D: *Denk je dat je ooit zult trouwen?*
K: Ik—Ik weet het niet. Ik heb niet veel geld en er zijn niet veel— beschikbare vrijgezellen in de buurt (Ze klonk droevig.) Het is aan de goede Heer, om dat te bepalen.
D: *Heb je nog steeds problemen met de mensen in het dorp?*
K: Jawel. Ze vinden ons vreemd, dat we hier zo wonen en vreemde dingen doen. Maar—ik ben helemaal niet veel anders dan zij zijn. Soms wens ik wel eens, dat ik precies hetzelfde was zoals zij en mij niet druk hoef te maken, over wat mensen van mij vinden.
D: *Waarom denken zij dat je anders bent?*
K: Nou, zie je, in mijn familie worden de vrouwen allemaal geboren met 'het zicht'. En mijn moeder zei dat je daarmee mensen zou moeten helpen en wanneer we proberen dat te doen, denken ze allemaal dat we heksen zijn en hier dingen doen die verkeerd zijn. Maar dat zijn we niet! (Haar stem was zo zacht, ik dacht dat ze een heel mooi persoon moest zijn.)
D: *Ze begrijpen het gewoon niet. Sommige mensen kunnen heel onwetend zijn.*
K: En onwetendheid kan mensen pijn doen, maar—het is gewoon niet erg eerlijk.
D: *Ik denk dat ze je heel erg aardig zouden vinden, als ze je zouden leren kennen.*
K: Dat zou ik graag willen geloven.
D: *(Ik sprak op deze manier met haar om haar vertrouwen te winnen, maar ook omdat ik het arme meisje aardig vond.) Ik denk dat je een goed meisje bent. Ik zou willen, dat ik de helft zou kunnen van wat jij kunt.*
K: (Blozend) Dank je. Dat zou je kunnen, als je het zou proberen.

D: *Het is niet verkeerd, om in staat te zijn met dingen te praten die er niet zijn, om mensen dingen te kunnen vertellen—*
K: (Onderbrak) Het is niet zo dat ze er niet zijn, het is zo dat niemand anders ze kan zien. Ze zijn heel erg echt, het is gewoon zo dat de meeste mensen niet open staan, voor de dingen die rondom hen bestaan. En omdat wij ze zien, denken ze dat wij vreemd of anders zijn.
D: *Wie zijn die mensen, die niet kunnen worden gezien door anderen?*
K: Ik heb vrienden onder de feeën, ze komen en ze zingen voor mij.

Om haar vertrouwen te bewaren, moest ik dingen die zij mij vertelde als waarheid aannemen en er geen vragen over stellen, ook al leek het vreemd. Ze waren overduidelijk echt voor dit arme meisje.

D: *Heb jij je hele leven al feeën gezien?*
K: Oh, jawel. Ze kwamen altijd met mij spelen, toen ik een klein hummeltje [bairn **] was. Ik vertelde de kinderen altijd wanneer we naar de kerk [kirk] gingen dat, weet je, dat ze langskwamen om mij te zien. En ze dachten dat ik gek was.

** Bairn (Schots, Noord-Engels): een kind. **

D: *Dat betekent dat je een eenzaam leven moet hebben gehad, omdat ze het niet begrepen. Hoe zien de feeën eruit? Ik ben geïnteresseerd, ik wil het graag weten.*
K: Nou, ze zijn echt heel erg klein en ze zijn heel erg verlegen. En ze hebben, de vrouwen hebben vleugels die fonkelen en—ze zijn gewoon een erg blij volkje.
D: *Hoe groot zijn ze?*
K: Oh, misschien vijftien tot tweeëntwintig centimeter groot.
D: *Ik heb over zulke dingen gehoord, maar ik dacht altijd dat het alleen maar verhalen waren.*
K: Mensen denken dat het alleen maar verhalen zijn, omdat ze zich meestal niet meer vertonen. Maar sommige mensen zien ze nog steeds. Maar ze worden ervan beschuldigd dat ze erg ondeugend zijn, weet je, zodat iedereen die met ze praat, als slechts wordt beschouwd. En misschien 'aangeraakt door de feeën' [pixie-touched], zoals wel wordt gezegd, misschien een beetje gek en ze doen vreemde dingen.

D: *Nou, zijn ze menselijk, van vlees en bloed?*
K: Nee, ze zijn—ze bestaan, maar ze zijn niet menselijk. Ze zijn veel, veel ouder dan mensen en ze zijn hier al een eeuwigheid.
D: *Als een geest?*
K: Nee, ze bestaan echt, maar—
D: *Ik vroeg mij af of ze een lichaam hebben, net als mensen dat hebben.*
K: Soort van, maar het is niet hetzelfde. Het is—je kunt ze niet zien met menselijke ogen en beweren dat ze zijn zoals ik, dat is niet zo. Het is iets totaal anders, maar dat betekent niet, dat ze niet bestaan.
D: *Zijn er ook mannelijke feeën?*
K: Ja, maar ze zijn niet zo blij en kleurrijk als het vrouwvolk.
D: *Hebben zij ook vleugels?*
K: Nee, alleen de vrouwen.
D: *Ik heb gehoord over de leprechaun (elf van Ierse oorsprong), is dat hetzelfde?*
K: Ik zou dit niet weten; ik heb nog nooit een leprechaun ontmoet.
D: *En ik heb gehoord over elfjes.*
K: Die staan dichter bij de feeën. Elven zijn groter, maar ik heb nog nooit een elf ontmoet.
D: *Of een kabouter? Deze heb ik ook nog nooit gezien, maar ik heb over hen gehoord.*
K: Weet je, de kabouters zijn het volk van de heuvels. En er wordt gezegd, dat als een kabouter ooit wordt geraakt door daglicht, dat hij dan in steen veranderd. Maar ik weet het niet, dat is alleen maar een legende.
D: *Maar je hebt de feeën gezien, ik denk dat dit een hele eer is. Ze zouden zich niet zomaar aan iedereen tonen.*
K: Ze zijn erg verlegen.
D: *Komen ze met jou praten?*
K: Ja en ze vertellen mij dingen.
D: *Hoe klinken hun stemmen?*
K: Als het fluisteren van de wind over de snaren van een harp. Het is heel erg zacht en erg mooi. Het is als muziek. Wanneer ze zingen, is het alsof de vogels in de bomen zingen.
D: *Misschien denken de mensen dat dit het is, wanneer ze het horen.*
K: Soms, ja.
D: *Hebben ze je ooit wel eens iets geprobeerd te leren?*

K: Bedoel je een stukjes toverkunst?
D: Nou, wat dan ook.
K: Nou, ze leerden ons vroeger hoe we dingen kunnen vinden. Weet je, als je ze kwijt bent geraakt en zulke dingen. Als dat is wat je bedoelt.
D: Is dat moeilijk om te doen?
K: Niet als je jezelf kunt indenken dat je het voorwerp bent dat is kwijtgeraakt.
D: En denk je dan waar je zou zijn, als je dat voorwerp bent? Werkt dat?
K: Oh, jawel. —En ze vertelden mij verhalen—over koning Mab en haar hofhouding en gewoon van dat soort verschillende dingen. Lange, lange verhalen.
D: Waar leven ze?
K: Sommigen van hen leven in bomen en beschermen deze als geesten. En sommigen van hen leven—wat bekend staat als watergeesten, ze leven in het water en in putten en bronnen en dat soort dingen. En verschillende andere dingen.
D: Leven ze lang?
K: Honderden en honderden jaren, ja.
D: Zien ze er oud uit?
K: Nee, ze zien eruit als kleine kinderen.
D: Nou, ik denk dat ze er verstandig aan doen, om zich te verbergen.
K: Ze weten dat de mens wreed is. En ze hebben een erg goed geheugen. Ze herinneren zich een tijd dat—dat ze hier leefden en dat er geen mensen waren. En ze trokken rond door de bossen en hadden een gelukkig leven. En ze vertellen mij verhalen over die tijd.
D: Als de feeën hier waren voordat de mens er was, wat vinden ze dan van mensen?
K: Ze houden niet erg veel van ze. Want ze zeggen dat mensen ooit erg goed waren en allerlei goede motieven hadden en dat ze gewoon zijn—neergeslagen door allerlei omstandigheden en zo. Dat ze niet langer allemaal goed zijn en dat er erg veel gemeenheid en wreedheid is. En ze—daarom verbergen ze zich, daarom worden ze nog maar door weinig mensen gezien.
D: Ik kan begrijpen waarom; ze zouden bang zijn om wat mensen hen zouden aandoen.

K: Jawel. Daarnaast bestaan er veel mythen en legenden rondom hen, zoals—hmm, feeëngoud. En ze proberen hen te vangen en hun schatten te vinden en dat soort dingen. En het kan niks anders dan schade berokkenen.

D: *Ik kan mij voorstellen, dat de feeën vriendelijker waren in de eerste dagen dat de mensen hier kwamen.*

K: Jawel, de feeën hielpen hen altijd en leerden hen verschillende dingen. Maar, weet je, destijds stonden mensen meer open voor verschillende dingen, dan dat ze dat nu staan. Maar ze werden terneergeslagen en ze werden minder aardig. En ze probeerden dingen af te pakken van de feeën, zoals hun bomen misbruiken en verschillende dingen zoals dat. En dat was het moment dat het wantrouwen begon.

Harriet H: Hebben ze je ooit dingen geleerd over het groeien van planten en dergelijke?

K: Ze vertellen je, dat als je praat met de geest** [sprite] die de plant heeft, dat je hen dan kunt overtuigen om te groeien of—weet je, hen vragen om je te helpen. En het zal de boom een stuk groener maken of wat het dan ook is. Maar je moet erkennen dat ze er zijn. En hen laten weten dat je geeft om hun individuele plant of boom, of wat het dan ook is. En dan doen ze allerlei dingen.

** Noot van de vertaler: in Griekse mythologie werden dit ook wel dryaden of (boom-)nimfen genoemd. [Note of the translator: in Greek mythology these were also known as dryads or (tree) nymphs.]

D: *Wat bedoel je met een geest? Is dat een geest voor die bepaalde plant of zo?*

K: Het is de beschermende geest van die plant, jawel.

D: *Dat is interessant. Dat wist ik niet. Wat voor soort geest is dat? Bestaat die altijd of—*

K: Ik weet het niet. (Ze lachte) Ik heb het nooit gevraagd.

D: *(We lachten.) Wat zou er met de geest gebeuren als de plant sterft?*

K: Dan zou deze misschien een andere plant vinden om naartoe te gaan.

D: *Eén die net begint te groeien?*

K: Misschien, ik weet het niet.

D: *Maar je moet erkennen, dat een plant een geest heeft?*

K: Het is net als praten met planten, wanneer je ze laat weten dat je om ze geeft, dan doen ze het beter.

D: Ik wed dat jij dat toepast, als je dingen laat groeien. Ik denk dat je slimmer bent dan die mensen uit het dorp. —Als iemand met de feeën zou willen communiceren, is er dan iets dat ze zouden moeten doen?

K: Ik weet het niet, want, weet je, het is altijd aan de fee of ze wel of niet langs willen komen. En dat als je zou proberen om nobele gedachten te hebben, kan ik mij zo voorstellen—dat zou ze dan kunnen aantrekken. Maar ik weet het niet.

D: Leven de feeën overal in de wereld of alleen waar jij woont?

K: Ik weet het niet, ik ben nooit ergens anders in de wereld geweest. Hoe zou ik moeten weten of ze daar zijn?

D: (We lachten.) Dat is waar. —Je zei iets over Koningin Mab. Is zij nog steeds de koningin, of--?

K: Nou, weet je, zover ik weet, worden alle koninginnen 'Koningin Mab' genoemd. Het gaat van dochter op dochter en misschien kleindochter.

D: Oh, dan sterven ze dus wel.

K: Ja, maar ze moeten heel erg oud zijn.

En dus werd dit lieve, verlegen en zachtaardige, jonge meisje wiens enige misdaad was, dat ze geloofde in feeën en helderziend was, wreedaardig gedood door het onwetende, bijgelovige dorpsvolk. Karen had veel levens waarin ze niet werd begrepen, met name wanneer ze bewijs liet zien van haar paranormale begaafdheid. Bij een laatste gelegenheid, belandden we op de dag waarop ze stierf in het vuur. Het leek vreemd hoe ze zich telkens aangetrokken voelde tot die dag, ondanks dat het traumatisch en verschrikkelijk voor haar was. Ze wilde niet toekijken. Ik overtuigde haar ervan dat het goed voor haar zou zijn, als ze erover zou kunnen praten zonder toe te kijken. Ze zuchtte en stemde in, "De tijd van dit lichaam is over. Ik—ik wens te spreken over deze tijd."

D: Hoe voel jij je, ten opzichte van de mensen die jouw huis hebben afgebrand?

K: (Diepe zucht) Gedesillusioneerd.

D: Ben je boos op hen, of geef je hen de schuld?

K: Nee. Ze waren gewoon onwetend en onwetendheid voedt angst. Zij moeten ermee leven. Wetend dat ze iemand hebben vermoord, en ze weten dat ik onschuldig was. Ze hadden gewoon iemand nodig om het op te botvieren, als het ware. En ik was in de buurt.

D: *Ja. Maar ben je dan helemaal niet kwaad op hen— (Ik probeer altijd karma vast te stellen, dat misschien wordt overgedragen op andere levens.)*

K: (Haar stem was erg ferm.) Waarom zou ik mijn eigen vooruitgang tegenhouden, alleen maar door kwaad te zijn op iemand die zo onwetend is, om zoiets slechts te doen?

D: *Dat is goed. Dat toont dat je intelligenter bent en meer ontwikkeld, dan dat zij zijn.*

K: Misschien is het alleen maar, omdat ik er meer om geef.

D: *Dat is een hele goede zaak, ergens om geven. Op een dag zullen ze dat misschien leren.*

K: Ik kan het slechts hopen.

D: *In deze fase doen ze dat niet en ze hebben iets gedaan, waarvoor ze verantwoording moeten afleggen.*

Ik gaf haar suggesties dat niets vanuit dit leven haar fysiek of mentaal zou belasten en ik bracht haar terug.

Hoofdstuk 19
De Griekse Priesteres

We komen binnen in dit verhaal op het punt waar Dolores aan Karen vraagt om óf voorwaarts, óf achteruit te gaan in de tijd. In dit geval liet zij Karen de keuze maken.

D: *Ik zal jou de plaats laten kiezen, ik laat jou de tijd kiezen. Ik zal tot 5 tellen en dan ga je terug en terug en terug. En we zullen dat bespreken. 1, 2, 3, je gaat terug en terug en terug, 4, 5. Wat zie je?*
K: Zie de tempel.
D: *Wat voor soort tempel?*
K: Het heeft witte pilaren.
D: *Klinkt als een mooie plaats. (Ja) Waar ben je?*
K: Buiten in de binnenhof.
D: *Waar zijn we? Heeft deze plaats een naam?*
K: (Pauze) Thracië. [Thrace] ((Herhaalt) Thracië.
D: *Je staat in de binnenhof? (Ja) Hoe zie je eruit?*
K: Ik ben slank –bruin haar—kort geknipt.
D: *Hoe heet je?*
K: Diane.
D: *Okay, dan ben je een vrouw. (Ja) Hoe oud ben je, Diane?*
K: Zestien.
D: *Wat ben je aan het doen in de tempel?*
K: Leren om een priesteres te worden.
D: *Ben je daar al lang?*
K: Sinds ik tien was.
D: *Waarom ben je daar gekomen?*
K: Omdat zowel ik, als mijn ouders dat wensten.
D: *Is dat normaal? Willen veel jonge meisjes naar de tempel gaan?*
K: Sommigen willen het, weinig slagen erin. (Ik begreep het niet en ze herhaalde het.) Sommigen willen het, maar niet veel slagen erin.
D: *Ben je dan trots dat jij erheen mocht?*

K: Ben blij.
D: Dan ben je daar nu al, oh, ongeveer zes jaar. (Ja) Wat studeer je daar?
K: Alles. Over de wereld. Over het leven.
D: Wat ga je doen, als je klaar bent?
K: Hoop dat ik een priesteres word.
D: Verlaat je dan de tempel? (Nee) Zul je dan in de tempel blijven en daar een priesteres zijn? (Ja) Wat voor soort tempel is dit? Is het voor een bepaalde God of Godin of zoiets?
K: Alleen het orakel. (Dit is het orakel.)
D: Het wat?
K: Het orakel.
D: Ik bedoel, staan er beelden in de tempel? (Nee) Enige schilderijen of afbeeldingen?
K: Twee lijnachtige schilderijen—op de muur.
D: Wat stellen die schilderijen voor?
K: Verscheidene scenes met mensen die naar de tempel zijn gekomen.
D: Zijn ze in kleur?
K: Oh, ja. Ze zijn erg mooi.
D: Maar geen beelden? (Nee) Staat deze tempel in de buurt van een stad? Of in een stad?
K: Nee. Je moet een grote afstand afleggen, om er naartoe te komen.
D: Oh, geïsoleerd.
K: Het is een verkozen plaats.
D: Waar eet je in die tempel?
K: Het is een enkele kamer.
D: Zijn daar nog andere mensen?
K: Alle ingewijden eten in één eetkamer.
D: Zijn er veel?
K: Ongeveer twintig nieuwe per jaar.
D: Wie onderwijst jou?
K: De leraren en de priesteres.
D: Vertel mij eens hoe de plek eruitziet, waar je eet.
K: Het heeft hoge plafonds. Het heeft een (koperen) stoof [brazier] in het midden van de kamer.
D: Een wat in het midden?
K: Een (koperen) stoof. Het verwarmt het eten en de kamer.
D: Aan wat voor soort tafels eten jullie?
K: Van hout. Met stoelen voor eenieder om op te zitten.

D: *Wat voor soort voedsel eet je?*
K: Granen en groenten.
D: *Eet je ook vlees? (Nee) Waarom niet?*
K: Dat houd je gebonden aan de Aarde.
D: *En jij eet, wat, alleen fruit en groenten? (Ja) Nou, wat doe je dan als het koud is en je kunt geen fruit of groente krijgen?*
K: Het is hier nooit koud.
D: *Wordt het daar nooit zo koud? (Nee) En er groeit altijd wat?*
K: In de winter eten we veel voorbereide olijven en we hebben het graan opgeslagen.
D: *Dingen die je hebt opgeslagen, zoals dat. (Ja) Ik dacht, dat de bomen niet het hele jaar door zouden bloeien. Wat voor soort fruit heb je daar?*
K: Citroenen en sinaasappels. Bepaalde noten.
D: *Wat?*
K: Bepaalde notenbomen.
D: *Waar haal jij je groenten vandaan?*
K: We verbouwen onze eigen groenten.
D: *Welke soorten?*
K: We hebben kool en sla en bloemkool.
D: *Ik ben altijd benieuwd naar eetgewoonten. Waar slaap je in de tempel?*
K: We hebben een kamer, waar iedereen een mat deelt. En ze leggen die op de grond en ik slaap daar.
D: *Je bedoelt: iedereen deelt—allemaal in één groot bed?*
K: Nee, gewoon de kamer. (Wat?) Gewoon de kamer, niet de mat.
D: *Je zei dat ze het op de grond leggen.*
K: Ze leggen hun matten op de grond.
D: *En ze slapen op hun matten? (Ja) In de ene grote kamer. Hm, dat klinkt interessant. (Pauze) Diane, kun je lezen en schrijven?*
K: Natuurlijk.
D: *In welke taal schrijf je?*
K: Grieks.
D: *IK vraag mij af of je mij een dienst kunt bewijzen. Wil je iets voor mij schrijven? Denk je dat je dit kunt doen voor mij? (Ik had papier en een stift en gaf het aan haar. Ze nam de stift in haar rechterhand en hield het papier vast met haar linker. Toen ze schreef, deed ze haar ogen niet open.) Schrijf alsjeblieft iets voor mij. Het hoeft niet veel te zijn. Gewoon een paar woorden voor*

mij. Ik ben erg geïnteresseerd. Kun je het goed zien? (Haar ogen zijn nog steeds gesloten.) Heel goed. Heb je dit in de tempel geleerd? (Ja) Wat staat er, kun je mij dat vertellen? Een naam?
K: Het zijn gewoon de symbolen die boven de deur staan, boven de doorgang.

** Wanneer Dolores in staat was, vroeg ze de persoon om iets te schrijven, als ze konden schrijven. In dit geval zijn we niet in staat geweest om door alle documenten te gaan van Dolores, om dit stuk schrift/tekening te vinden. Maar als je kijkt in het boek Vijf Levens Herinnerd [Five Lives Remembered], hoofdstuk 6, daar was Dolores in staat om twee handtekeningen te verkrijgen van de persoon, terwijl deze in trance was in twee verschillende levens. Nadat een handschriftdeskundige het schrift had geanalyseerd, was het antwoord dat dit niet door dezelfde persoon had kunnen worden geschreven. **

D: De doorgang naar de tempel? (Ja) Okay, dank je. Ik ben altijd geïnteresseerd in dingen die anders zijn. Je weet hoe je moet schrijven, of niet? Heel goed. —Okay, Diane, Ik ga tot drie tellen en dan gaan we vooruit in jouw leven naar een dag die jij als belangrijk beschouwt. Wanneer er iets belangrijks gebeurde in jouw leven. 1, 2, 3, je bent nu ouder en het is een belangrijke dag. Een dag die jij als belangrijk beschouwt in jouw leven. Wat gebeurt er?
K: Ik gaf vandaag mijn eerste lezing.
D: Oh, hoe oud ben je nu?
K: Drieëntwintig.
D: Heb je nu genoeg geleerd, zodat je lezingen kunt geven? (Ja) Was het een goede lezing? (Ja) Was de leraar trots op je?
K: Ik denk het. Het is moeilijk te zeggen. Ze laten zo weinig los.
D: Ze laten geen emoties zien? (Nee) Deed je de lezing voor één van de studenten of voor iemand die langskwam?
K: Voor iemand die langskwam.
D: Hoe voer je de lezingen uit?
K: We gebruiken de rook.
D: Rook? (Hm-hm) Er zijn vele technieken. Hoe doe je het met rook?
K: Je zit daar met het drievoetig statief voor je en je kijkt naar de rook. En je vertelt wat je ziet.
D: In de rook? (Ja) Heb je dit eerder geprobeerd?

K: Dat was ons niet toegestaan. Dit is de eerste keer.
D: *Denk je, dat je nu klaar bent?*
K: Ze zeggen van wel.
D: *Was het een accurate lezing?*
K: Voor zover iemand dat kan zeggen. We zullen zien.
D: *We zullen zien. Geniet je hiervan?*
K: Het is waar ik voor leef.
D: *Heel goed. Nou, ik zal tot drie tellen en dan gaan we vooruit tot je veel ouder bent, naar een belangrijke dag in jouw leven. 1, 2, 3, het is een belangrijke dag in jouw leven. Wat gebeurt er, Diane?*
K: De koning is op bezoek gekomen.
D: *De koning is gekomen? Waarom kwam hij?*
K: Omdat hij een lezing wil.
D: *Nou, dan moet dit een hele belangrijke dag zijn. Is iedereen opgewonden?*
K: Voor zover iedereen opgewonden raakt, ja.
D: *Maar niemand toont echt zijn moties, dan.*
K: Het is niet gepast.
D: *Wat is de naam van de koning? Heeft hij een naam?*
K: Theodus. (Herhaalt) Theodus... (Fonetisch)
D: *En is hij de koning over het gehele land?*
K: Nee, alleen ons gebied. Er zijn meer dan honderd koningen.
D: *Oh, er zijn veel koningen. (Hm-hm) En dit is de koning van dit gebied.*
K: Ja. Ze zijn altijd aan het vechten.
D: *(Lach) Het lijkt erop dat er altijd wordt gevochten. Wie gaat de lezing doen voor de koning?*
K: De Hogepriesteres.
D: *Oh, jij zult het dan niet doen? (Nee) Ga je toekijken?*
K: Alle studenten kijken.
D: *Welke methode gaat ze gebruiken?*
K: Ze gebruikt de bladeren in de stoof.
D: *Hoe doen ze dat?*
K: Je neemt ze en verkruimelt ze en dan gooi je ze in het vuur. En dan kijk je naar de manier waarop de vlammen oprijzen en knetteren en dan vertel je, wat je in de vlammen ziet.
D: *Dan is dit anders, dan naar de rook kijken. (Ja) Wat wil de koning graag te weten komen?*
K: Of hij wel of niet zal overwinnen.

D: *Wat vertelt de Hogepriesteres hem?*
K: Ze vertelt hem, dat hij zal overwinnen. Hij is erg tevreden.
D: *Wat doet hij wanneer hij tevreden is? Geeft hij geld of iets dergelijks?*
K: Hij geeft goud.
D: *Wat zou er gebeuren, als zij hem een slechte lezing zou hebben gegeven?*
K: Dan zou hij gewoon zijn vertrokken.
D: *Dan zou hij haar geen goud geven?*
K: Weet ik niet.
D: *Maar je zei dat hij tevreden was, dat ze hem een goede lezing gaf. (Ja) Hoe ziet de koning eruit? Wat draagt hij?*
K: Hij draagt een paars gewaad, met sandalen die tot aan de knie reiken. Hij heeft een band om zijn hoofd. Zijn haar is kort geknipt. En gekruld.
D: *Wat voor soort band om zijn hoofd?*
K: Het lijkt op goud, maar zijn haar bedekt het grootste deel.
D: *Je zei dat zijn sandalen tot aan zijn knie komen? Hoe doen ze dat?*
K: Het heeft leren stukken aan de voorkant en het wordt aan de achterkant vastgebonden.
D: *Dat klinkt als een vreemd paar schoenen. En hij heeft een paarse mantel om?*
K: Vastgebonden bij zijn middel.
D: *Heeft hij iemand bij zich? Of kwam hij alleen?*
K: Zijn adviseurs. En zijn wacht.
D: *Spreken zij met de Hogepriesteres?*
K: Nee. Niemand, behalve de koning.
D: *Hij spreekt met haar en dan vertelt zij hem, wat zij ziet? (Ja) Heel erg interessant. Hoe oud ben je nu?*
K: Drieëntwintig.
D: *Oh, dezelfde leeftijd. Okay, je bent nu drieëntwintig jaar oud, Diane. Ik zal tot drie tellen en dan ga je vooruit, tot wanneer je drieëndertig bent. We nemen je vooruit in je leven en gaan zien, wat er met je gebeurt. Een belangrijke dag wanneer je drieëndertig bent. 1, 2, 3, je bent drieëndertig jaar oud. Wat gebeurt er?*
K: Ik ga studenten uitkiezen.
D: *Oh, geef je nu les? (Ja) Dezelfde tempel? (Ja) Waarheen ga je, om jouw studenten uit te kiezen?*

K: Door het hele land. Je vindt mensen, jonge meisjes, die veelbelovend lijken. En die neem je mee terug.

D: *Hoe weet je, dat je het juiste type hebt gevonden?*

K: Dat weet je gewoon.

D: *Heb je lesgegeven? (Ja) Erg goed. Waar ga je heen? Naar bepaalde steden of gewoon overal?*

K: Waarheen ons voetpad leidt.

D: *Gewoon in de buurt. (Ja) Moet je een bepaald aantal vinden, voordat je terugkomt?*

K: Nee. Tenminste één.

D: *Hoelang zul je wegblijven?*

K: Zolang als nodig is.

D: *Om er tenminste één te vinden. En dan ga je terug naar de tempel? (Ja) Wat nu als je niemand vindt, die met je mee wilt gaan?*

K: Dat zullen we wel. Anders zouden we niet worden uitgezonden.

D: *Wie stuurt je?*

K: De Hogepriesteres is degene die kiest.

D: *En zij vertelt je, dat je erop uit moet gaan en enkele andere pupillen moet vinden en hen terug moet brengen. Hoe verricht je jouw lezingen? Gebruik je nog steeds de rookmethode of een andere methode?*

K: Soms staan we gewoon en luisteren naar de bladeren en horen wat ze te zeggen hebben.

D: *In het vuur?*

K: Nee gewoon luisteren naar de bomen. Alles heeft een stem.

D: *En die vertelt je, wat je de mensen moet vertellen? (Ja) Eerder zei je dat de koning een lezing wilde en hij wilde weten of hij zou zegevieren. Heeft hij gewonnen? (Ja) Dan waren ze accuraat, of niet? Het was een accurate lezing.*

K: Natuurlijk! De Hogepriesteres zit er nooit naast.

D: *Oh. Ben jij zo accuraat? (Nee) Maak je wel eens fouten?*

K: Soms.

D: *Nou, je bent nog steeds aan het leren, toch? Okay, we gaan verder vooruit, Diane. Ik wil je naar de laatste dag van je leven nemen— als Diane. Ik zal tot drie tellen en dan komen we aan bij de laatste dag van jouw leven en vertel me dan wat er met je gebeurt. Je zult het gewoon beschrijven, je hoeft het niet te beleven. Je zult niks voelen, helemaal niks zal je lastigvallen. Op deze manier kun je*

er zonder problemen over praten. 1, 2, 3, het is de laatste dag van je leven als Diane. Wat gebeurt er met je?
K: Ik besloot dat het tijd was, om het lichaam op te geven. (Klonk oud en vermoeid.)
D: Hoe oud was je?
K: Zevenenzeventig.
D: Oh dan was je erg oud, of niet? Je hebt lang in die tempel gewoond, dan toch? (Ja) Was je daar gelukkig? (Ja) Had je veel studenten?
K: Veel succesvolle, ja.
D: Dat was goed. Heb je er ooit spijt van gehad, dat je naar de tempel bent gekomen? (Nee) Je vond het daar prettig, dat is dan erg goed. Het was een goed leven, of niet? (Ja) Je kreeg er geen genoeg van, of wel? (Nee) Misschien was dat waarom je zo lang leefde; je had veel dingen die je moest voltooien in dat leven.
K: Ik had veel te leren.

Het subject kreeg instructies en een versterking voor de suggestie van het sleutelwoord en werd teruggebracht. Gedurende het Duitse leven had het subject een kinderachtige stem en soms een opmerkelijk Duits accent. Gedurende het Griekse leven, leek de stem te veranderen en volwassener te worden, naarmate ze ouder werd. Van tijd tot tijd was er sprake van een vreemde uitspraak, die het moeilijk maakte om woorden te verstaan. Met name de manier waarop de "r" rolde. Ze had ook een verschillende manier om de woorden te gebruiken.

Dolores had aantekening achtergelaten als referentie aan één van Karens andere levens als een Viking. Hopelijk zullen we alle documenten/ tapes van Dolores kunnen uitschrijven en in staat zijn om de vele avonturen met jullie te delen die ze door de tijd heen beleefde, terwijl ze aan het werk was met de vele verschillende subjecten, die in haar leven kwamen.

De sessie die we hielden op 20 juni, 1985, was de laatste keer dat ik ooit met Karen werkte. Ze verbleef uiteindelijk in Little Rock en trouwde. Ze had later twee kinderen met hem. Hij leed aan hemofilie (bloederziekte) en had veel verzorging nodig. Karen gaf hem veel liefdevolle aandacht en reisde met hem mee voor zijn werk. Jaren later verhuisde zij terug naar Fayetteville, maar we onderhielden geen contact meer. Toen vernam ik dat haar echtgenoot plotseling was overleden, omdat zijn bloed niet stolde. Ze bleef achter in een goede financiële situatie, vanwege het pensioen van haar echtgenoot. Daarom hoefde ze niet meer te werken, maar kon ze thuisblijven om voor de meisjes te zorgen. Er was geen reden meer voor onze paden om te kruisen en dat is waarschijnlijk maar beter. Ik hoorde jaren later, dat ze ontkende dat de sessies ooit hadden plaatsgevonden en dat ze deze ervaringen ooit had gehad. Ik had haar kopieën gegeven van de tapes en uitgeschreven versies, maar ze wilde ze nooit luisteren of doorlezen. Wanneer ze ontwaakte van een sessie, lachte ze en vroeg: "Waar zijn we vandaag naartoe geweest?" Wanneer ik het haar vertelde, zei ze dat het interessant leek, maar ze vroeg er nooit verder naar door en volgde het nooit op. Meestal nam ik haar mee terug naar haar werk en haar focus kwam daarna gewoon weer op haar dagelijkse leven te liggen. Vanwege haar diepe somnambulistische staat van trance, herinnerde ze zich niet bewust de vele avonturen die we hebben meegemaakt, gedurende de twee jaar dat we af en aan werkten. Daarom was het voor haar waarschijnlijk makkelijk, om zich voor te stellen dat het nooit had plaatsgevonden. Voor haar zou het zich hebben voorgedaan als dromen die vervagen wanneer je wakker wordt. Het was waarschijnlijk maar beter zo. Ze leefde een normaal en gelukkig leven. Het was alsof het haar rol was, om mij deze verhalen te geven en daarna terug te keren naar de normale wereld. Ik kan eerlijk en vol vertrouwen zeggen, dat de sessies haar normale leven totaal niet hebben belemmerd. Alle andere levens waren als een waas voor haar. Het is vreemd voor mij om deel te hebben genomen in een schaduwwereld, waarvan zij het bestaan niet kende. En zonder de bandopnamen die het hebben overleefd en de getuigen bij de sessies, had ik hun werkelijkheid waarschijnlijk ook in twijfel getrokken. Maar ik weet dat het heeft plaatsgevonden. Voor een kort moment was ik een onzichtbare toeschouwer in gebeurtenissen in de geschiedenis, als een onbewuste tijdreiziger. En als de verhalenverteller en verslaggever, moet ik vertellen wat ik heb gevonden.

Afscheidsboodschap

Dolores heeft onze ogen geopend voor wonderlijke en mysterieuze werelden. Ze had de moed om de verboden gebieden te betreden van de geest. Als het niet aan haar onverzadigbare honger had gelegen, om meer te willen weten en de vele, vele vragen te stellen, waren we waarschijnlijk nooit iets te weten gekomen over de verborgen kennis, die ze vond met haar sessies. Ze vond informatie jaren voordat we dit ontdekten in dit leven. Een voorbeeld is de ruïnes van Qumran. Toen archeologen naar buiten kwamen met hun vondsten en deze afweken van wat haar was verteld tijdens de sessie, stond ze voor een hele moeilijke keuze. Zou ze gewoon weggooien wat haar was gegeven, of zou ze het geloof bewaren dat wat ze had ontvangen ook de waarheid was? Als je haar boek Jezus en de Essenen [Jesus and the Essenes] hebt gelezen, dan weet je dat ze het geloof heeft behouden en heeft gepresenteerd wat ze had ontvangen. Later ontdekten de archeologen, dat er een fout zat in hun bevindingen en dat wat Dolores had geschreven correct was. Een ander voorbeeld is in Vijf Levens Herinnerd [Five Lives Remembered] toen Dolores en Johnny het "tussen-leven' aan het onderzoeken waren en informatie ontvingen over hun toekomst. In dit boek werd gezegd, dat Johnny werd gezien terwijl hij in een stoel zat, omringd door zijn kleinkinderen, wonend in een heuvelachtig gebied. Deze gebeurtenis was de waarheid. Wij ontvangen talloze brieven en e-mails van mensen, die vertellen hoe Dolores hun leven heeft veranderd. Dit is iets waar wij heel erg trots op zijn en we zijn erg dankbaar om de wonderlijke verhalen te horen, die worden verteld.

Toen zij ons verliet, was ze aan het werk aan diverse boeken. Dit was heel gebruikelijk voor haar. Mensen vroegen dan: "Wat wordt het volgende boek?" Haar antwoord was dat ze dat nooit wist en dat het datgene zou zijn, wat als eerste af zou zijn. Dit boek was er zo één waaraan ze werkte en het heeft nu zijn voltooiing bereikt.

We hopen dat je ervan hebt genoten.

-Nancy

Over de Auteur

Dolores Cannon, een regressiehypnotherapeut en psychisch onderzoeker, welke "Verloren" kennis opneemt, werd geboren in 1931 in St. Louis, Missouri. Ze is opgeleid en leefde in St. Louis tot aan haar huwelijk in 1951 met een beroepsmarinier. Ze bracht de volgende 20 jaar reizend over de hele wereld door, als een typische mariniersvrouw en bracht haar gezin groot. In 1970 werd haar echtgenoot eervol ontslagen als gehandicapte veteraan en ze gingen met pensioen in de heuvels van Arkansas. Daar begon ze haar schrijverscarrière en begon artikelen te verkopen aan diverse tijdschriften en kranten. Ze heeft zich sinds 1968 beziggehouden met hypnose en exclusief met vorig-leven-therapie en regressiewerk sinds 1979. Ze heeft de diverse hypnosemethoden gestudeerd en derhalve haar eigen unieke techniek ontwikkeld, welke haar in staat stelde om op de meest efficiënte wijze informatie van haar cliënten te verkrijgen. Dolores doceert haar unieke hypnosetechniek nu over de gehele wereld.

In 1986 breidde zij haar onderzoek uit naar het gebied van Ufo's. Ze heeft ter plaatse onderzoekingen gedaan naar vermoedelijke Ufo landingen en heeft Graancirkels bestudeerd in Engeland. Het grootste deel van haar werk op dit gebied, is het verzamelen van bewijsmateriaal van vermoedelijke ontvoerden, door middel van hypnose.

Dolores is een internationale spreker, die les heeft gegeven op alle continenten van de wereld. Haar zeventien boeken zijn vertaald in twintig talen. Ze heeft wereldwijd tot radio- en televisiepubliek gesproken. En artikelen over óf geschreven door Dolores, zijn verschenen in diverse Amerikaanse en internationale tijdschriften en kranten. Dolores was de eerste Amerikaan en de eerste buitenlander die ooit de "Orpheus Award" heeft ontvangen in Bulgarije, voor de hoogste vooruitgang in het onderzoek naar paranormale fenomenen. Ze heeft 'Outstanding Contribution and Lifetime Achievement' awards [Uitnemende Bijdrage en Levenswerk prijzen] ontvangen van diverse hypnose organisaties.

Dolores heeft een zeer grote familie, die haar stevig met beide benen op de grond hield tussen de "echte" wereld van haar familie en de "ongeziene" wereld van haar werk.

Indien u wenst te corresponderen met Ozark Mountain Publishing over het werk van Dolores, over privésessies of haar trainingscursussen, neemt u dan s.v.p. contact op met het nu volgende adres: (Voeg s.v.p. een zelfgeadresseerde envelop toe met voldoende porti voor een antwoord.) Dolores Cannon, P.O. Box 754, Huntsville, AR 72740, USA

Of email het kantoor via onze website: www.ozarkmt.com

Dolores Cannon, heengegaan van deze wereld op 18 oktober 2014, heeft ongelofelijke prestaties op het gebied van alternatieve genezing, metafysica en vorig-leven-regressies nagelaten, maar het meest indrukwekkend van alles, was haar aangeboren begrip dat het meest belangrijke dat zij kon doen, het verzamelen van informatie was. Om verborgen en onontdekte kennis te onthullen, die van vitaal belang is voor de verlichting van de mensheid en voor onze lessen hier op Aarde. Het meest belangrijke voor Dolores was het delen van informatie en kennis. Dat is waarom haar boeken, lezingen en unieke QHHT-methode voor hypnose nog steeds zoveel mensen overal ter wereld blijven verbazen, leiden en informeren. Dolores heeft al deze mogelijkheden, en nog meer, onderzocht terwijl ze ons meenam op de reis van ons leven. Zij wilde graag, dat medereizigers haar reizen naar het onbekende zouden delen.

Other Books by Ozark Mountain Publishing, Inc.

Dolores Cannon
A Soul Remembers Hiroshima
Between Death and Life
Conversations with Nostradamus,
  Volume I, II, III
The Convoluted Universe -Book One,
  Two, Three, Four, Five
The Custodians
Five Lives Remembered
Horns of the Goddess
Jesus and the Essenes
Keepers of the Garden
Legacy from the Stars
The Legend of Starcrash
The Search for Hidden Sacred
  Knowledge
They Walked with Jesus
The Three Waves of Volunteers and the
  New Earth
A Very Special Friend
Aron Abrahamsen
Holiday in Heaven
James Ream Adams
Little Steps
Justine Alessi & M. E. McMillan
Rebirth of the Oracle
Kathryn Andries
Time: The Second Secret
Will Alexander
Call Me Jonah
Cat Baldwin
Divine Gifts of Healing
The Forgiveness Workshop
Penny Barron
The Oracle of UR
P.E. Berg & Amanda Hemmingsen
The Birthmark Scar
Dan Bird
Finding Your Way in the Spiritual Age
Waking Up in the Spiritual Age
Julia Cannon
Soul Speak – The Language of Your
  Body
Jack Cauley
Journey for Life
Ronald Chapman
Seeing True
Jack Churchward
Lifting the Veil on the Lost
  Continent of Mu

The Stone Tablets of Mu
Carolyn Greer Daly
Opening to Fullness of Spirit
Patrick De Haan
The Alien Handbook
Paulinne Delcour-Min
Divine Fire
Holly Ice
Spiritual Gold
Anthony DeNino
The Power of Giving and Gratitude
Joanne DiMaggio
Edgar Cayce and the Unfulfilled
  Destiny of Thomas Jefferson
Reborn
Paul Fisher
Like a River to the Sea
Anita Holmes
Twidders
Aaron Hoopes
Reconnecting to the Earth
Edin Huskovic
God is a Woman
Patricia Irvine
In Light and In Shade
Kevin Killen
Ghosts and Me
Susan Linville
Blessings from Agnes
Donna Lynn
From Fear to Love
Curt Melliger
Heaven Here on Earth
Where the Weeds Grow
Henry Michaelson
And Jesus Said – A Conversation
Andy Myers
Not Your Average Angel Book
Holly Nadler
The Hobo Diaries
Guy Needler
The Anne Dialogues
Avoiding Karma
Beyond the Source – Book 1, Book 2
The Curators
The History of God
The OM
The Origin Speaks

For more information about any of the above titles, soon to be released titles,
or other items in our catalog, write, phone or visit our website:
PO Box 754, Huntsville, AR 72740|479-738-2348/800-935-0045|www.ozarkmt.com

Other Books by Ozark Mountain Publishing, Inc.

Psycho Spiritual Healing
James Nussbaumer
And Then I Knew My Abundance
Each of You
Living Your Dram, Not Someone Else's
The Master of Everything
Mastering Your Own Spiritual Freedom
Sherry O'Brian
Peaks and Valley's
Gabrielle Orr
Akashic Records: One True Love
Let Miracles Happen
Nikki Pattillo
Children of the Stars
A Golden Compass
Victoria Pendragon
Being In A Body
Sleep Magic
The Sleeping Phoenix
Alexander Quinn
Starseeds What's It All About
Debra Rayburn
Let's Get Natural with Herbs
Charmian Redwood
A New Earth Rising
Coming Home to Lemuria
Richard Rowe
Exploring the Divine Library
Imagining the Unimaginable
Garnet Schulhauser
Dance of Eternal Rapture
Dance of Heavenly Bliss
Dancing Forever with Spirit
Dancing on a Stamp
Dancing with Angels in Heaven
Annie Stillwater Gray
The Dawn Book
Education of a Guardian Angel
Joys of a Guardian Angel
Work of a Guardian Angel
Manuella Stoerzer
Headless Chicken

Blair Styra
Don't Change the Channel
Who Catharted
Natalie Sudman
Application of Impossible Things
L.R. Sumpter
Judy's Story
The Old is New
We Are the Creators
Artur Tradevosyan
Croton
Croton II
Jim Thomas
Tales from the Trance
Jolene and Jason Tierney
A Quest of Transcendence
Paul Travers
Dancing with the Mountains
Nicholas Vesey
Living the Life-Force
Dennis Wheatley/ Maria Wheatley
The Essential Dowsing Guide
Maria Wheatley
Druidic Soul Star Astrology
Sherry Wilde
The Forgotten Promise
Lyn Willmott
A Small Book of Comfort
Beyond all Boundaries Book 1
Beyond all Boundaries Book 2
Beyond all Boundaries Book 3
D. Arthur Wilson
You Selfish Bastard
Stuart Wilson & Joanna Prentis
Atlantis and the New Consciousness
Beyond Limitations
The Essenes -Children of the Light
The Magdalene Version
Power of the Magdalene
Sally Wolf
Life of a Military Psychologist

For more information about any of the above titles, soon to be released titles,
or other items in our catalog, write, phone or visit our website:
PO Box 754, Huntsville, AR 72740|479-738-2348/800-935-0045|www.ozarkmt.com